新世紀叢書

當代重要思潮・人文心靈・宗教・社會文化關懷

相關評論

《心靈的棲地》對薩依德的軌跡有豐富闡述……對於薩依德的思想和寫作的演變，以及他在一九九一年被診斷出白血病後回歸到他年輕時的重心——音樂——的過程，布倫南刻劃入微……薩依德作為學者和公眾人物的活力和持久重要性在這書裡有強烈呈現。

——梅蘇德（Claire Messud），《哈潑雜誌》（*Harper's*）

一幅非常流暢且精闢的知識分子肖像……薩依德的心靈戲劇得到了很好的展示。布倫南聚焦在薩依德在作品中最關注的事情——這是一個明智的決定，因為這是我們今日仍然閱讀他的原因。

——明尼（Thomas Meaney），《新政治家》（*New Statesman*）

《心靈的棲地》是一本思想傳記，布倫南為寫此書獲得了接觸薩依德私人文件和信件的前所未有機會……細緻入微〔和〕親暱。

——施來姆（Avi Shlaim），《金融時報》（*Financial Times*）

藉助一系列讓人動容的材料，布倫南為美國戰後最傑出的其中一位知識分子繪出第一幅全面性肖像。

——塔蒂西（Ayten Tartici），《紐約時報書評》（*The New York Times Book Review*）

一本高強度和讓人獲益的書。

——瓦拉達拉揚（Tunku Varadarajan），《華爾街雜誌》（*The Wall Street Journal*）

布倫南這書是一部豐富的思想史，概述了薩依德主要作品的內容，追蹤了它們產生的環境和影響力。詳細論述特定的談話和地點是如何激發他的作品，以及討論薩依德未發表的詩、小說和散文的性質，布倫南在擁擠的薩依德研究領域注入了新的生氣。

——哈拉比（Esmat Elhalaby），《波士頓書評》（*Boston Review*）

一幅銳利的肖像。藉助豐富的檔案材料、龐大的FBI偵查檔案、薩依德已發表和未發表的作品和數百次的採訪，布倫南……追溯了一位勇於轉變和充滿爭議性的思想家的演變……模範性的學術研究為這部引人入勝的傳記提供了資糧。

——《科克斯書評》（*Kirkus Reviews*）星級書評

細緻入微的敘述……布倫南的作品對研究薩依德的學者或他引發的後殖民批判運動來說將是無價的讀物。

——《出版者周刊》（*Publishers Weekly*）星級書評

布倫南有效地利用一系列第一手資料來深入探討是什麼影響了薩依德的思想，以及他是如何處理對他的主要作品的批評……布倫南成功寫出的這書既是一本充滿愛的作品，也是對一個讓人著迷的人的扎實研究。

——《圖書館雜誌》（*Library Journal*）星級書評

布倫南是一位文學學者，同時也是薩依德的學生和朋友……由此寫出來的著作熱情而敏銳，探索了二十世紀一個極引人注目的心靈和塑造它的激情。

——迪斯克爾（Brendan Driscoll），《書單雜誌》（*Booklist*）

獻給巴勒斯坦人民

For the Palestinian people

……不是表現為和諧與解決（resolution）①，而是表現為不妥協、困難和未解決的矛盾。

——愛德華．薩依德（EDWARD W. SAID），《論晚期風格》（*On Late Style*）

① 音樂術語，指音樂從緊張狀態進行到穩定狀態的過程。

心靈的棲地：愛德華．薩依德傳 Places of Mind: A Life of Edward Said

【目錄】本書總頁數512頁

序

距離薩依德二〇〇三年去世很久後，他依然參與著許多想像性談話。對認識他的人來說，他生前的談話就像他的為人一樣讓人懷念。這個人有一雙銳利的黑眼睛，富於同情心但為人火爆，心胸寬大而機敏，有一點點令人生畏，常常非常風趣。

他去世那一年的十二月，我人在南印度的馬德拉斯大學。他的白血病幾個月前才發作，然後他就走了，紀念他的活動越來越多。我被邀請到遠離他家鄉紐約的地方談他的作品，原以為只會在一個小教室演講，卻不料被帶到校長室喝茶。校長旁邊坐著一位美國領事館的官員，兩人對薩依德作品都知識豐富，讓人驚訝。然後我被帶到一個高中體育館大小的演講廳。一排排的聽眾穿著顏色鮮明的校服，演講廳裡瀰漫著興奮的嗡嗡聲。

現場座無虛席，很多人得站在牆邊和窗口，聽眾中有學生，有社區成員，也有一些國際訪客。他們看似想要抓住任何曾經跟薩依德擦身而過的東西。據埃及小說家阿達芙．蘇伊夫（Ahdaf Soueif）回憶，年輕人聽完薩依德的演講後喜歡走向他，只是為了摸摸他。[1]在我即將開始演講前，演講廳最後兩排學生突然站起來（顯然是預先安排好），唸誦法農（Frantz Fanon）①的《大地上的受苦者》（*Wretched of the Earth*）的段落，情形就像正在舉行政治集會。

這個喧鬧插曲跟薩依德多年來獲得的毀譽參半觀感似乎有點相左，而第三世界革命跟他數變的立場和平分的同情②也看似有點距離。事實上，在十年前，他儼然將要——借英國作家馬丁・艾米斯（Martin Amis）形容小說家魯西迪（Salman Rushdie）的話說——「隱身到了報紙頭版裡去」，即變成了一個象徵符號，而不是一個接地氣和相當沒有安全感的尋求者（他對自己總是有這種感覺）。

另一方面，對一個曾經成功將街頭吵架轉化為有教養辯論的人來說，演講廳的插曲又是適得其所。因著薩依德，巴勒斯坦人有了一個探測大都會狂躁的文雅代言人；因著薩依德，以色列的支持者找到了他們需要的吹牛大王和恐怖分子；因著薩依德，研究東方的學者在後視鏡裡看到了一個武裝很好的敵人。大學裡的非白人移民感謝他為他們的多元文化現身開路，大學裡的左翼分子納悶持他那樣觀點的人怎麼竟能得到有權勢者的獎賞。換言之，我們輕易就可以把薩依德變成為一系列沒有深度或細微差異的標語牌。

不過，他的整體效果卻是讓人難以忽視。作為巴勒斯坦裔美國人、知識分子和活動家，薩依德現在被認為是半世紀以來最有變革性的思想家之一。又是詩人又是理論家，又是誘哄者又是策略家，他在學術刊物、大眾雜誌和大量流通的報紙同樣如魚得水。他的書和文章被翻譯為三十多種語言，現在仍然在全世界各地被人閱讀和景仰。薩依德在多得驚人的領域發揮影響力。他是威瑪一支管弦樂團的經理，是全國性電視台的常客，是開羅報章的在地報導人（native informant），也是一個在國務院爭取巴勒斯坦人權利的談判者。他甚至偶爾在電影裡粉墨登場，扮演自己。他的事業就像一本小說，內容一直延伸至他人生最後十年的致命血液疾病，受到他談論個人衰頹和文明衰頹的作品所襯托。

薩依德一九三五年出生在耶路撒冷，父親是個商人，一家人因著一九四八年的英國託管和隨後的軍事行動而失去家園。他是個優秀但有時分心的學生，從小彈得一手好鋼琴，成長階段主要是在開羅度過，一九五一年抵達美國。後來，他上了普林斯頓大學，又在哈佛大學取得博士學位，從一九六三年起成為哥倫比亞大學英語系教員，在那裡度過了大部分職業生涯。到了一九七五年，他的事業已經開始成為傳奇。隨著他發起了一些改變大學面貌的全新研究領域，基金講座的邀約和榮譽學位向他如雪片湧來。

他的政治活動不限於政治寫作。寫作固然是他的強項，但薩依德也是一個有原創性的戰術家，主張的政治立場常常起初不受歡迎但後來卻被草根運動接受。他會締結出人意表的聯盟、開創新的機構空間、糾纏外交官和請教國會議員，既是美國新聞建制的嚴厲批評者又是媒體的寵兒。在雷根和布希主政的不友好年間，他常常在夜間新聞節目跟智庫的「專家」激辯，讓大學在很多人眼中顯得是一個更加刺激的地方。在把人文學從大學移到政治地圖中心一事上，他比任何

①追求第三世界解放的法國黑人思想家。
②指他既同情巴勒斯坦人亦同情以色列。

人做得更多。

他不只連同杭士基（Noam Chomsky）和其他少數人戳破官方說法，而且這樣做時是帶著強烈的個人色彩：充滿不耐煩，時而憤怒，時而浪漫，讓濃密和困難的部分同時變得有娛樂性。透過幾年前仍然不被容許的立場去到舞台的中央，他為其他人推開了門。就像伊朗學者達巴什（Hamid Dabashi）所說的：「他是我們和瘋狂敵人理論時的大戰士薩拉丁（Salah al-Din），是讓我們在絕望中保持理智的泉源。」[2]當薩依德初進大學教書那時候，以色列的維護者們可以完全不理會巴勒斯坦人的訴求，但十年後，他創造了一套新的詞彙和一份新的英雄名單。他幾乎隻手讓錫安主義者的立場不再神聖不可侵犯，讓批判這種立場變得體面（在一些圈子裡甚至變得流行）。

雖然在大學留下了自己的印記，但大學生活的成規並不總是讓薩依德覺得自在。他心儀一種較早期類型的知識分子（一種博覽群書和對自己不懂的事情感興趣的知識分子），從來沒有太受賽博龐克（cyberpunk）、情感理論（affect theory）或後人文主義（posthumanism）這些學術時髦所吸引。他更多是個翻譯員（dragoman），專門培養老派、普遍和「美好」的特質。

不管他在作品中談到多少流亡，他都是有根的人。他想像中的根是巴勒斯坦，實際上的根是紐約，總是受到紐約「靜不下來、騷動不安、精力充沛和引人入勝的」的韻律所吸引。[3]他住在紐約的時間最長，期間雖然有很多機會可以離開，卻從未離開。就此而言，棲地（place）和心靈的棲地（place of mind）③在他是相左。如果說他跟杭士基、漢娜・鄂蘭（Hannah Arendt）和蘇珊・桑塔格（Susan Sontag）同為二戰後最知名的美國公共知識分子，他卻是四人中唯一以教導文學為生。

薩依德對此樂在其中。他自己認為，文學除了是一種志業，還是他的政治活動之岩床和他的大眾吸引力之所繫。透過引用從樂譜到中世紀阿拉伯文抄本等不尋常的資料來源，以及向英國的媒體分析家和巴基斯坦的社會主義詩人汲取靈感，他把人文學帶到了公共生活的中心，蓄意地用戰爭和反殖民革命的激情去把「偉大作品」重新活躍起來。我自己認為，這是他的主要貢獻，成就遠大於他為巴勒斯坦人做過的任何事。畢竟，二十世紀沒有人能比他更有力地論證，除了對聖典，對世俗文本的意義的爭奪一樣可以左右權利和土地的命運。

那些只透過薩依德的書來認識他的人不會看見他的全部。他們斷然不會看見他的孩子氣，不會看見他對朋友的熱烈忠誠——他的朋友則會反過來原諒他相當多的壞習慣，例如虛榮心重、偶爾的耍脾氣，以及對被愛和被肯定的不斷需要。就連他的仰慕者——例如歷史學家賈德（Tony Judt）——都認為他基本上是個易怒的人。不過這種看法完全沒有顧及他和計程車司機聊天時的溫和有禮，或他在收看勞工階級警察影集《法網遊龍》時的聚精會神。一個在他人生後期登門探望他的朋友指出，要是他的敵人有看到他在給太太端茶時有多麼熱切和優雅，就不會認為他是個好論戰或獨斷的人因而不值一哂。[4]

當我在一九八〇年代剛進哥倫比亞大學唸研究所的時候，只模糊意識到薩依德越來越大的名

③「心靈的棲地」是本書書名。

氣。當我到他的辦公室要求選修他開的一門關於二戰後英國馬克思主義的討論課時，我並沒有因為厚臉皮而受到責備。他看來樂於碰到一個還沒有學會向他表現恭順的人。後來，當我因為要申請系內研究獎金而遞上一篇研究文化革命的計劃書時，他對我說：「好孩子，這是雷根的時代。你這樣做不會有搞頭。」我是在紐約市的黑人區和拉丁區做了三年政治組織工作之後才唸研究所，所以，當我發現他老是要我給他講一些「街頭生活」的故事，不禁莞爾和有一點點驚訝。說來奇怪的是，雖然他是來自一個預科學校④的世界和對那個世界——按我的品味標準——太過自如，他後來卻成為了我躲避哥大的東岸勢利眼的心理庇護所。幾年後，有一次我在學院大道上從後追趕上他。那時我在學生報剛寫了一篇論雷根的文章，標題是〈一個罪犯的形成〉。他和我目光交會後，給了我一個心照不宣的微笑，走過我身邊時沒有說話，只比出一根拇指。

《世界・文本・批評者》（*The World, the Text, and the Critic*）在一九八三年出版後不久，有一天我們一起走過校園，前往巴特勒圖書館。我對他這本談大學政治的書的修辭成就感到驚嘆，便告訴了他。他的反應是貶低自己的成就，指出我們的首要之務除了是言之有物，還要避免落入把文學批評家視為藝術家的錯置美學渴望。這是當時很多理論家會犯的毛病，他們說的話玄之又玄，就像神諭。「我不是藝術家。」他鄭重地說。他暗示，能夠把話寫出來又能夠讓別人明白，這本身便已經夠藝術了。然而他其實是個藝術家：他既是音樂表演者，又是小說創作者和文章體裁的匠人。只不過，他在每種情況中都盡力壓抑藝術衝動。

有時，薩依德會脆弱得不得了。有一次，我跟他和小說家扈利（Elias Khoury）一起吃午餐（這兩個阿拉伯基督徒喜歡開玩笑說他們是「榮譽穆斯林」），席間，他皺著眉頭談到，蘇珊・桑塔格最近得到一個以色列文學大獎，之後便取消了一個原定和他合作的法文寫作計劃。（他和葛蒂瑪⑤都曾分別請求她拒絕領獎，但沒有成功。）[5]因為看見他大聲納悶說「該怎麼辦」，我魯莽地建議他公開和蘇珊・桑塔格劃清界線。他靦腆地微笑，看著我的眼睛說：「你不明白嗎？她看不起我。」

他是一個不可預測的混合體。他的一些密友有時會開玩笑說他是「愛德華多」（Eduardo）⑥和「阿布瓦迪」（Abu-Wadie）的合體：「愛德華多」是一個瀟灑義大利文藝復興知識分子的名字，「阿布瓦迪」是典型巴勒斯坦革命分子的化名。[6]匪夷所思的是，聯邦調查局的檔案真的是稱他為「愛德華多・薩依德」。這看來是因為，在一九七九年的「康特拉戰爭」（contra wars）⑦的前夕，恐怖分子更有可能取一個拉丁名字。[7]這種指控將會在持續的監視下消散。事實上，那些檔案透露出聯邦調查局真有爬梳他的著作和他為《紐約時報》寫的文章，它的線人為他們在華盛頓辦公室的上司寫了忠實的撮要。最終，他們的報告讓人覺得他們認為薩依德的作品相當有意思（「一位技巧高明的作家」，其著作「被翻譯為八種語言」），所以只被當成異議學者的作品

④ 指為十一歲以上孩子上大學作準備的私立中學。
⑤ 南非女作家，諾貝爾文學獎得主。
⑥ 「愛德華多」（Eduardo）是愛德華（Edward）的義大利文形式。
⑦ 發生在尼加拉瓜的內戰。

對待。[8]

雖然容易對批評生氣和總是迅速還擊，薩依德也能夠接納玩笑。一九九九年四月（離他死前只有一個月），他的好朋友巴基斯坦活動家暨學者艾克巴爾·艾哈邁德（Eqbal Ahmad）寫信給他，調侃環繞著他的浪漫光暈。艾哈邁德首先感謝薩依德為巴基斯坦《破曉報》（*Dawn*）所寫的一篇有關科索沃戰爭的文章，然後用一個只有好朋友能用的方式來逗他，在結尾處用乞憐者的語氣寫道：「巴勒斯坦之子，耶路撒冷上空的月亮，閃族之光，世界的避難所，大地之王的陰影⑧……一粒微塵在您穿著高價皮鞋的腳下俯伏，歡迎你回到炸彈與飛彈齊飛之地，回到冷奶與罐頭蜜之地。⑨」[9]薩依德讀信後大樂，「從烈士的神壇上走下來，捧腹大笑。」——這形容是出自他另一個好朋友、新聞工作者暨政治評論家科克本（Alexander Cockburn）。[10]

艾哈邁德的搞笑讓人回想起人們多年來對薩依德的膜拜方式，所以他加諸薩依德的過火頭銜只是後者人生現實的一個反映。有一次，埃及總統納賽爾（Nasser）的左右手和日後的知名新聞工作者海卡爾（Mohamed Hassanein Heikal）望向薩依德今已變得著名的照片，驚嘆說：「他的臉充滿高貴的受苦表情，和在表現基督受難的偉大油畫上所看見的相似。」[11]一樣誇張的是，當德隆望尊的蘇丹小說家薩利赫（Tayeb Salih）聽到一個朋友說薩依德是一部偉大和漂亮的小說時，竟點頭稱是，還補充說「這小說將會隨著時間而成長，變得更加漂亮。」[12]

但一輪光暈能持續多久？以一個用鋼筆寫作的人來說，薩依德在數位時代受到的對待好得出奇。網路上有大量網站、部落格和短片記錄這位紐約純文學的現代使者的生平，而儘管有著種種不利的資歷，他也依然有辦法在死後對年輕人說話。他的過分講究穿著也並不構成障礙。對。他是講究穿著，常常身穿 Burberry 西裝和手戴勞力士金錶（他的西裝從不是米蘭的最新款式而總是英國紳士的派頭，更多是在薩佛街〔Savile Row〕訂造而不是在「巴尼斯」〔Barneys〕購買）。⑩每位朋友都至少有一件關於他癡迷於衣物的軼事，例如他們其中一個就說：「你能想像有人會像他那樣老是往裁縫店跑的嗎？」他在倫敦常常會拉朋友一起到傑明街（Jermyn Street）買皮鞋，半開玩笑說「除此以外我不能被看見和你在一起。」[13]有些人覺得他的左派立場和他的光鮮穿著是一種矛盾。但他們沒有抓到重點，因為他一身花呢絨的形象並沒有妨礙他照片常被人從網路下載、列印在「大起義」（intifada）⑪參與者的T恤上，又或是被印在從倫敦到拉各斯的抗議海報上。

就連他的對手——例如穆拉夫奇克（Joshua Muravchik）——都不能不承認薩依德在思想界是一股長青力量，經得起世代交替。在《把大衛變成哥利亞：世人怎麼會轉而指責以色列》（*Making David into Goliath: How the World Turned Against Israel*）中，穆拉夫奇克指出迄今有超過四十本書是談薩依德，而全世界都有大學開設完全是談他的作品的課程。不過，它們無一同時全面描繪出他的阿拉伯人自我和美國人自我，無一曾經說明他對巴勒斯坦、音樂、公共知識分子、文學和媒體等主題的書寫是怎樣交織在一起。我把這一點視為寫作一部思想傳記的特別重大挑戰。他的所有領域都

---

⑧ 這裡是把薩依德形容為巴勒斯坦之子、耶路撒冷上空的月亮和閃族之光等。
⑨ 仿「流奶與蜜之地」。
⑩ 薩佛街是英國著名裁縫街，「巴尼斯」是美國奢侈品連鎖百貨公司，總部在紐約。
⑪ 指自一九八七年起由巴勒斯坦人發起的一系列對以色列的長期軍事占領的抗議和暴動。

是重要的（結合在一起的時候尤其重要），儘管他的很多讀者只知道他的其中一些領域，忽略了另外一些。

在一個不同的規模上，薩依德不只讓人文學有了更大的能見度，也讓它更加令美國、歐洲和中東的輿論引領者不得安寧。他不只揭發了歐洲帝國和美國帝國令人髮指之處（有些人認為這是他的唯一關心）。他還恢復了一種較舊的閱讀倫理，根據這種倫理，閱讀應該要忠於書本在自己時地所說過的話。這也是薩依德一輩子的信念：發生在過去的事並不總是只能含糊不清，而是可以透過詮釋而被重新發現。沿著這種思路，他在思想和行為上創造了一個有別於媒體權威和國務院知識分子的有吸引力替代選項（他喜歡說國務院的知識分子是「強者的捍衛者」）。

雖然是個暢銷作者（他說過他寫書和演講所賺的錢多於他的全部薪水），薩依德常常用三種語言探討語言學、哲學和社會理論的專門問題。我們都知道「學院人」（academic）一詞現在有多讓人鄙夷，但身為電視名人和暢銷書作者的薩依德卻以學院人的身分自豪，力主大學是個可以讓人遠離紛擾政治的清淨地和自由思想的訓練場。如果「學者的」（sholarly）一詞對那些把矽谷輟學生寫成天才的記者來說是不相干或不可理解，這種態度和薩依德設法去創造的那個世界相去甚遠。對他來說，語言、文化和影像的理論不只充滿意義，還充滿美感，而他也持續不懈地顯示它們有著很深的物質效果。

更因為他的個性的力量，薩依德讓文學批評和社會批評成為了下一代每個有進取精神的學生所想要從事的工作和擁有的本領。我們也許甚至可以把今日這個「後批評」（post-critical）時代視為是建制對薩依德和他有效地帶來的那個世界的報復。但這種報復是否有可能完全成功讓人懷疑。因為，在三個前景不看好的十年，薩依德曾經排除萬難，讓批判精神保持活力，給予它最溫暖、最仁慈、最憤怒和最忠實的形狀。

第1章

繭

THE COCOON

親愛的父親和母親，親愛的兄弟和姊妹
在基督那裡，離我遠去，
而基督是我的安寧我的分離，我的干戈與衝突。
——霍普金斯〈我的命運像陌路人〉

一九三五年十一月一日，愛德華・威廉・薩依德（Edward William Said）誕生在耶路撒冷一個陽光柔和的下午，為他接生的是猶太產婆貝爾太太（Mme Bear）。他父親瓦迪（Wadie）是在姊姊納碧哈（Nabiha）的建議下把貝爾太太找來，為家裡的頭生子接生。他們住在每逢待在耶路撒冷時會住的祖居。所以，薩依德最早的世界是一個以堂皇和環境優美著稱的家，位於當時還不擁擠的西耶路撒冷的塔爾比亞區（Talbiya），四周都是花園，再過去是開闊的空地。

他出生時，貝爾太太時而以希伯來語時而以阿拉伯語哼唱：「啊，我們的主諾亞，救了一個又一個靈魂。」她唱這個，大概是以防萬一：薩依德誕生時出奇地瘦。因為這個原因，小嬰兒交由一個育兒專家、德國猶太人格林費爾德醫生（Dr. Grunfelder）照顧。他媽媽希爾妲・穆薩・薩依德（Hilda Musa Said）後來在日記中寫道：「為什麼叫他愛德華？別問我理由。我和丈夫都喜歡這名字。當時人們常常談到威爾斯親王愛德華，所以我們就選這個名字。不過愛德華長大後討厭它，寧願要一個阿拉伯名字。」[1]

薩依德誕生時，大家族的成員環繞在待產房間四周，一切的安排都是為了驅除希爾妲一年半前在開羅一間希臘醫院產房經歷的夢魘。那一次，年方十九歲的希爾妲由一個傑出的奧地利醫生接生，但這醫生——據說是因為喝醉——卻用了過量止痛藥導致嬰兒（也是一個男孩）死產。這件傷心事在夫妻兩人心中留下了陰影，而且也許可以部分解釋希爾妲為什麼會對小愛德華過份溺愛。薩依德日後指出，他媽媽會那麼喜歡他，是因為「有一個我之前的小孩沒有活下來」，而他爸爸「一直希望能夠再有一個兒子。」[2]原先，在希爾妲第一次懷孕時，瓦迪堅持要讓太太接受最先進的醫學技術照顧，在最現代的醫院由受過最好西方教育的醫生接生。悲劇發生後，夫妻倆決定下一次要倚靠傳統的方法生產，而且是在家鄉生產，覺得這樣才心安。這也是他們為什麼會選擇讓兒子出生在外省色彩的耶路撒冷，而不是國際大都會色彩的開羅——薩依德妹妹珍妮（Jean）也將是追隨這種模式。他們遠赴耶路撒冷朝聖，以確保兒子是在巴勒斯坦的首府誕生。

在一九四〇年代拍攝的家庭紀錄片中，住在耶路撒冷的薩依德（大約十歲）顯得精力過剩、有點圓胖、像日後一樣斜肩，對攝影鏡頭非常敏感。事實上，在這些家庭紀錄片中，他都是攝影鏡頭的焦點。他跳跳爬爬，活像成年薩依德的迷你版，只是沒有那分矜持。他的整個童年都像小號的大人，看來要比實際年齡大，可又同時一臉稚氣。今日，這種情形也許會被稱為過動症。幾年之後，他在學校照片中顯得比同班同學老成，像個小孩中間的大人（情形在上了中學之後更為突出）。除了別的原因，這主要是因為他個子高大。後來，加上性格深沉和說話尖利，他更加讓人無法忽視他的存在。他宣稱他被家人視為「小流氓」或「說謊鬼」，但看來沒有一個家人同意這種嚴苛評論。他在電影《自我與他人》（*Selves and Others*）中形容自己（當時他看著自己十三歲時的照片）是個「肅穆和受壓抑的年輕人」，但是他家人的記憶中卻無此印象。他小時候固然也有沉思默想的時候，但在他四周的人看來，這個小大人「暴躁，頑強，直率得近乎粗魯，動個不停，戲劇性，總是非常搞笑。」[3]

在他所屬的那一代人（若不是在他所屬的社會階層的話），男孩不管做了什麼都會獲得原諒。基於這個原因，小愛德華的俏皮淘氣行為很少受到責備。他白天喜歡爬到父母房間的大型衣櫃上玩，從那裡向走過走廊的妹妹們和她們的朋友扔核桃，一面看著她們閃躲一面尖笑。[4]他這樣又爬又跳無可避免讓大型衣櫃終於有一次倒了下來。衣櫃門的鏡子打碎，碎片割傷他最小的妹妹葛莉絲（Grace），傷口只位於眼睛上方一點點。雖然因此而被揍，他這件不端行為和其他不端行為也成了他父母日後對訪客津津樂道的往事。

在開羅，薩依德一家住在沙馬雷克區（Zamalek）一棟大樓，地址是阿濟之．歐斯曼街（El-Aziz Osman Street）一號。大樓有一部漂亮的「裝飾風藝術」電梯，而這種電梯是他們那個街區建築的正字標記。不同於其他高檔地區（例如由英國大使館規劃的城市綠洲「花園城」〔Garden City〕或者南方更遠處的市郊區馬阿迪區〔Ma'adi〕），沙馬雷克區既地處要衝又地點孤立，是尼羅河中央一個如詩如畫的島嶼，靠著橋樑的連接而成為從市中心通往更西的吉薩（Giza）和大金字塔群的踏腳石。和今日不同，這個島嶼在一九四〇年代到處都是大片大片未開發的公園用地、樹林、自行車徑、高爾夫球場和外國魚魚池。著名的吉西拉運動俱樂部（Gezira Sporting Club）——開羅最時髦的運動俱樂部——就離他們家幾條街。

島上的馬球場、草地滾球場和紅土網球場充分實現了殖民者「與農民隔離開來」的夢想，但也相當於一種天然公園，讓他可以在自家的「私人遊樂場」騎馬或騎車，不用受人擠人之苦。四周是他們很少與之互動的歐洲人。[5]當他們厭倦了吉西拉俱樂部，總是可以改為到丟菲吉雅俱樂部（Tewfikiya Club）打網球或到馬阿迪俱樂部（Ma'adi Club）看兒童電影。後者有湯姆．米克斯（Tom Mix）、獨行俠（The Lone Ranger）和羅伊．羅傑斯（Roy Rogers）主演的電影可看，不過薩依德最喜歡看和終生難忘的是泰山電影。在一八六〇年代，埃及「君王」（Khedive）伊斯邁爾（Isma'il）曾師法奧斯曼（Haussmann）對巴黎的做法，改造開羅。作為一種社會工程，一條「綠帶」把「破舊的中古城區和它人口過多的貧民窟」隔離開去，為開羅的資產階級形成一個緩衝區。[6]伊斯邁爾把沙馬雷克區（來自土耳其語的「葡萄園」）稱為「植物園」（Jardin des Plantes），而事實上，薩依德家對面的「岩穴公園」（Grotto Graden）就養著一批罕有的非洲魚類，其花園是一個英國上尉的心血結晶。

金迪家（Gindy）姊妹荷妲（Hoda）和納迪婭（Nadia）跟薩依德家住同一棟大樓，她們懷著深情回憶發生在「岩穴公園」的往事。在那裡，薩伊德會和她們比賽，看看誰先爬到那座人工岩山的頂上。愛德華總是得第一個爬到山頂，到達之後「就會跳舞和唱我們從學校學來的殖民歌曲：『我是城堡裡的國王，你們是骯髒的流氓。』」[7]這群小孩又會在愛德華帶頭下在大樓的樓梯跑上跑下，製造大量噪音，惹得家長們生氣。不過他母親在和訪客聊到這些往事時眼睛都會閃耀喜悅的光芒。這和她的口頭禪「要學妳們哥哥那樣」如出一轍：要學妳們哥哥那樣出色，要學妳們哥哥那樣好成績，要學妳們哥哥那樣好看。不只她們媽媽是這個樣子，學校裡的老師也是不斷要她們以她們哥哥作為榜樣。不過在當時，他卻是這樣一個哥哥：他會突然從門後面跳出來，發出震耳欲聾的泰山吶喊，讓妹妹們飽受驚嚇。[8]他既是惡作劇的製造者，又集萬千寵愛在一身，家人的責任是協助他、讚美他、安慰他、出席他的網球比賽、在他彈鋼琴時為樂譜翻頁，或者是他在舒韋爾村（Dhour el Shweir）①四周山區難得打獵時幫他拿著他獵到的野禽。有一次，他在開羅被迫和幾個妹妹拍合照時，他不肯像其他人那樣，伸出左手去勾站在他旁邊的人的右手。[9]

他的幾個妹妹倒不是一直屈讓。她們在當時和後來都會跟他競爭，尤其是羅絲（Rosy）和珍妮。珍妮在年紀上雖然不若羅絲那麼接近薩依德，但後來也成為了知識分子，所寫的一本中東戰爭回憶錄（一九九〇年的《貝魯特碎片》）比薩依德自己的回憶錄更早面世。兩兄妹對音樂的愛也一樣熱烈，兩人一生常常談論音樂。因為在五兄妹中居中，珍妮錯過了和幾個姊妹組成聯盟的機會，始終心向愛德華，自言「崇拜」他，他則深情地稱她為「小蝦」。[10]薩依德最小的妹妹葛莉絲（Grace）感嘆說：「我們生活在一個男性中心的文化中。」每逢哥哥從國外回家度暑假，她都被規定稱他為「愛德華叔叔」。雖然葛莉絲和喬伊絲（Joyce）共睡一房，珍妮和羅絲共睡一房，薩依德卻有獨自的房間，每逢他們媽媽明白說出她偏愛兒子，幾個女兒的不平之感就會特別強烈。

薩依德的生活看來有兩道平行的水流。對第一道水流——守紀律、家庭秩序和上學唸書——他依責奉行但不是滋味。但另外還有一個「地下的」愛德華，這個愛德華不只渴望看書還渴望**成為**一本書。[11]每一種藝術傾向都屬於這個面向：他對閱讀的興趣，他對音樂的愛，他在回憶裡讓人不信服地稱為「撒小謊」（fibbing）的創造性。他的少時朋友一致認為：「薩依德從來不真正是我們的一部分……他生活在一種和我們不同的生活裡，以一種真正的中東方式受到父母和親戚的驕縱、溺愛和崇拜。」[12]

薩依德雖然反抗父母，但卻帶有他們的性格特點。他媽媽希爾妲善於交際而開朗外向，瓦迪則「內向而沉默寡言」。這個父親——他的陰影籠罩著薩依德回憶錄《鄉關何處》（*Out of Place,*

① 舒韋爾村是黎巴嫩的一個山區小鎮，黎巴嫩最受歡迎的避暑勝地之一。

1999）的每句句子——有著「一種童稚的幽默感」，以這種方式來掩蓋他的「病態焦慮傾向」。[13]事實上，當薩依德將父親描繪為「一個專制君主，有點像狄更斯筆下的父親角色，發怒時專橫，不怒時仁慈」[14]，已經有了未來自我批評的伏筆。寬闊胸部、斜肩、運動員能耐和戰鬥精神：這些特質都由父親完全傳給了兒子，不過瓦迪的影響力也因希爾妲歡樂無憂個性而緩和。

薩依德幾個妹妹對他在回憶錄裡為父母所塑造的形象感到驚恐。[15]在她們眼中，瓦迪不但不是無情的暴君，會動輒因為精神崩潰而對子女實施「嚴厲的鞭打」，反而是個溫柔文靜的父親，會用愛和仁慈來寵她們。有一次，她整晚抱住生了病的珍妮，為她唱歌和表演魔術。在納迪婭的回憶中，瓦迪有時像個沉默寡言和「面帶微笑的聖誕老公公」。他在聖誕節也會扮演這個角色，給大樓裡每個小孩送禮物。[16]

雖然薩依德——他在緬因州的營友②稱他為適應不良的「開羅奇蹟」——把自己的隱密幻想生活形容為對一個向上流動家庭的嚴格要求的逃避，但他的童年之所以不得放鬆或沒有休閒，看來更多是因為他不停歇的內驅力導致，而不是因為愛管事的父母總是要求兒子做得好而更好。[17]他的慢性失眠，還有他刻意培養的孤獨，都是為了清出空間，供他去做他感到有需要做的事情。

他在開羅維多利亞中學（Victoria College）的校友安德烈・沙倫（Andre Sharon）暗示，薩依德還有其他心魔。雖然是個有著娛樂別人天分的傑出學生，但薩依德總是吝於表現，嘴巴緊閉，表情冷漠。[18]從年少時就認識他的馬利克（Nabil “Bill” Malik）回憶說，每次他找愛德華玩，對方都會用要練習鋼琴、網球或法語來推托。在大受歡迎的同班同學卡杜徹（George Kardouche）身邊，愛德華顯得靦腆退縮。[19]卡杜徹和他的一群仰慕者可以在薩依德謹慎的言行舉止中看出他暗藏著不安穩的情緒。但是薩依德努力讓自己表現得有趣，就像那是一天行程的另一項要務，並且大致上成功了。因為雖然他看很多書，但沒有人認為他是個書蟲。

像薩依德家這樣擁有很多銀行存款和專業技能的外國人，在二十世紀中葉的開羅可以過得很不錯，不過他們想要攀爬社會階梯依然有障礙。開羅以多樣性和開放性著稱，而薩依德家信奉英國聖公會，在以東正教徒為主的一成基督徒中是少數中的少數。不過人數雖少，他們卻是受到英國青睞的基督教派，所以本來可以指望獲得優惠對待。實際上卻不是這麼回事。像在巴勒斯坦那樣，埃及的「阿拉伯聖公會教徒在英國託管期間開始受到指控，說他們與英國占領勢力勾結，又由此延伸至被指控為與錫安主義者勾結。」[20]因為他爸爸的公司為英國占領軍和埃及託管政府供應大量辦公室設備，這家人需要加倍努力來證明自己是純正的巴勒斯坦阿拉伯人。在開羅，英國人主要把他們看成是「蕭萬人」（Shawwam），即從大敘利亞（Greater Syria）遣返的人——大敘利亞稱沙姆地區（Bilad al-Sham），涵蓋今日的敘利亞、約旦、黎巴嫩和巴勒斯坦，在鄂圖曼帝國崩潰後被英國和法國瓜分。[21]當基督徒或當猶太人便等於是另一個部落的成員，儘管這些部落之間的互動還算和諧。薩依德的少時朋友安德烈・沙倫解釋說：「我們以前習慣說『我是敘利亞基督

---

② 他十三歲曾在緬因州參加夏令營。

徒』或『我是敘利亞猶太人』。」[22]

但薩依德更加難於被同化，因為他就像幾個妹妹一樣，一出生便因為父親的美國公民身分而獲得美國護照。他的「美國性」（Americanness）不只是一種法律地位，還是一種文化地位，因為他父親雅好各種美國事物，包括在感恩節吃火雞晚餐和特別喜歡聽美國歌曲。十四歲的時候，他的美國人身分讓他在他的開羅同儕眼中更加偉岸，而他們也對他的各種「美國科技小玩意」又敬又畏。[23]這個光環在他從普林斯頓大學回家度暑假的時候仍然明顯。荷妲回憶說：「對我們這些被留在後頭繼續沉悶上學的人，他是一個充滿浪漫氛圍和被妒忌的對象，因為他是『在國外受教育』——這是一句常常被人靜悄悄和帶著敬畏說出的話。」[24]

「蕭萬人」多的是作家、知識分子、生意人和工業家，形成一個緊密的社會圈子，薩依德人生有一大部分是受其形塑。即便他們會跟非敘利亞人的埃及人互動，以及以更低的程度跟歐洲人互動，這兩群人在他們的社會生活中仍然只有邊緣性。[25]所以不管薩依德家看起來多麼有地位，他們從來不在開羅社會的最高層。

儘管如此，開羅仍然是薩依德童年時代的錨碇。雖然耶路撒冷是歷史上的巴勒斯坦的中心，是他出生和受洗之處，也是他家常常朝聖和他最早的受教育之地，但他筆下的耶路撒冷總是昏昏欲睡和不吸引人，不若開羅那般喧囂熱鬧。在後者的權力要塞後面，站著一群高級娼婦、皮條客、騙子和從歐洲或其他地方逃到開羅的可疑人物。到了一九二〇年代，開羅有五分之一人口是外國人，在信奉科普特教派的本地人中間混雜著塞法迪猶太人（Sephardic Jews）③、希臘人、義大利人和法國人，還有「數不清的白俄人、帕西人（Parsees）、黑山人（Montenegrins）和其他異國情調的人。」薩依德戲稱之為一個「擁擠但非常精鍊的文化迷宮。」[26]在他出生前不久的一九三〇年和他前往美國前一年的一九五〇年之間，開羅的人口增加了一倍。隨著時間的推移，他童年時代居住的沙馬雷克區也變得有一點點多於「一個市集」。[27]與此相反，耶路撒冷的塔爾比亞區則繼續是以摩爾人風格和阿拉伯風格的優雅房子為主，四周別緻地環繞著樹木和花園。

即便彼此會擦肩而過，耶路撒冷的不同信仰部落大多數時候都不相往還。與這個城市的教條氣氛符合一致的是俗氣的宗教旅遊，是那些在聖墓教堂殘破和照明欠佳環境裡探頭探腦的中年男女遊客。[28]薩依德認為沙法德（Safad）和拿撒勒（Nazareth）這兩個資產階級色彩較少的城鎮（也是她媽媽父母的家鄉），勝過他爸爸那「殮房般的耶路撒冷」。即便是他對這城市最熱烈的回憶，也只是禮節上所必須：他人生後期帶兒子去看的聖喬治學校（St. George's School）牆壁上的板球隊照片（他父親是板球隊一員）；他對他在一九四七年十三歲時入讀那所學校的猶太同學的愉快回憶；一家人在童話故事般的大衛王飯店裡拍的照片（飯店有亞述風格大堂、西台風格酒吧和腓尼基風格餐廳）。耶路撒冷固然是薩依德的故鄉，但從來不是他的家。

反觀埃及則是站在阿拉伯世界的最前列，有著一種可敬的文學文化和一些受到整個中東地區熱烈閱讀的大報。薩依德日後的一個「師父」指出：「在近東所有國家中，不管是阿拉伯國家還是非阿拉伯國家，最先到達現代形式和結構的是埃及。偉大戰士暨領袖穆罕默德·阿里

③在十五世紀被驅逐出伊比利亞半島的猶太人。

（Mohammed Ali）的西化改革帶來了一些工業化和一個新興的中產階級，比阿塔圖克（Ataturk）和李查汗（Reza Shah）④的改革早了一個多世紀。」[29]開羅是最多阿拉伯父母送子女求學的阿拉伯國家首都。薩依德住在那裡的時候，開羅仍然是個迷人、不太擁擠和大體世俗化的大都會。但當時，激烈的政治變遷已迫在眉睫。這不是薩依德把時間拿捏得恰到好處的最後一次。

畢竟，開羅讓人望而生畏的宗教少數群體大雜燴，受到對空間的一個徹底劃分而抵消（薩依德對這個劃分越來越敏感），那就是，較不富裕的穆斯林市民——如馬哈福茲（Naguib Mahfouz）在小說《宮間街》（*Palace Walk*）和《米達格胡同》（*Midaq Alley*）所描述——被安排住在城市的一邊，向上流動的移民住在另一邊（有規劃的市郊區）。不管有什麼弱點，馬哈福茲這位偉大埃及小說家都精確記錄了他自己體驗過的遷移軌跡：從舊城擁擠的穆斯林工人階級區，搬到歐洲風格的內郊區阿拔斯區（Abbasiyyah）。

薩依德的開羅也經歷了一樣粗魯和戲劇性的轉變。從他父親瓦迪在一戰期間為逃避鄂圖曼帝國的兵役而逃到美國，到薩依德在一九五七年大學畢業這段期間，埃及經歷了兩變：先是從被土耳其統治變成一個由英國占領軍支持的蘇丹國，再發生了納賽爾領導的「自由軍官革命」。因此，薩依德在少年和成年早期分別跨越了兩個時期，而這些黎凡特的重大歷史轉變和他的人生軌跡完全符合一致：從體現在法魯克國王（King Farouk）身上的君主埃及的結束，到兩次大戰間英國對蘇伊士運河的支配，再到阿拉伯民族主義的時期。由於蘇伊士運河具有巨大的戰略重要性，英國軍隊從一八八二年至一九五四年期間對其作出不同程度的占領，而英軍的存在以所有可能的方式影響了埃及文化，從俱樂部的組織到教育機構莫不受到波及。在法魯克國王的門面背後，一群外國商業精英欣欣向榮。[30]這群「外國佬」（*khawagat*）在世紀之交擁有的國民資本的比例，高達驚人的九六%。

透過教會學校，美國人在開羅社會的存在具體可觸，不過最終來說，他們就像聖公會的大敘利亞人一樣邊緣。兩者都無法進入最有勢力的社會網絡。然而在二戰剛結束的那些年間，擁有美國公民身分是一種殊榮，因為美國帝國的範圍已經可以和英國匹敵。瓦迪曾經移民美國，取得美國公民權——在十九世紀晚期和二十世紀初期的「阿拉伯覺醒運動」（Nahda）期間，移民西方在阿拉伯人中間蔚為流行。在二十世紀初期，曼哈頓其中一區住著極多的阿拉伯人，以至有「小敘利亞」之稱，其居民打贏一場官司，讓他們有資格被美國法律視為白種人。[31]可以預見的是，這個勝利讓他們認同每一種主流態度，甚至認同美國的種族偏見。他們對美國的愛國情緒看來也自自然然，因為美國畢竟是個曾經擺脫英國統治的國家。

薩依德抱怨，住在沙馬雷克區的時候，父母把他「隔絕於」政治之外。但家庭內的無憂生活帶來了他第一次政治覺醒。緊密的家族生活讓他有機會見證到姑媽納碧哈的志願工作：幫助一九四八年後抵達埃及的巴勒斯坦難民（這些難民有些是他大家族的成員）。雖然對巴勒斯坦的歷史

---

④阿塔圖克即土耳其國父凱末爾，李查汗是伊朗巴勒維王朝開創者。

所知甚少，但他卻可以從訪客的愁容感覺出他們曾經歷一場災難。[32]後來，他將認為他會在《貝爾福宣言》發表的同一個月出生是饒有深意——這宣言是英國政府在一九一七年十一月二日發表，意在支持猶太人在巴勒斯坦地區建立一個民族家園。不過，讓薩依德的天命受到阻礙的，主要不是父母的保護，而是家人的沒營養閒談和平庸的漫畫書。[33]

他第一次掙破這種無聊乏味狀態是在貝魯特山上舒韋爾村度過漫長暑假期間。十幾歲的時候，他從一個比他略長的鄰居納薩爾（Munir Nassar）那裡第一次接觸到一些嚴肅觀念，納薩爾父親是一間總部設在倫敦的保險公司的高層，兩個哥哥在貝魯特美國大學讀書，一家人住在山腳下。他們幾兄弟借書給薩依德看，交談中提到康德、黑格爾和柏拉圖——這些名字是他第一次聽見。[34]他從旁聽著他們熱烈談論他以前從未聽過的人事物：「穆罕默德．阿里、波拿巴、伊斯梅爾帕夏（Ismail Pasha）、阿拉比叛亂（Orabi rebellion）和丹沙微事件（Denshawi incident）。」

除了這些場合以外，他能夠擺脫母親不停歇保護的機會是在書房練鋼琴的時候。有時，他會「皇恩浩蕩地」讓妹妹們在「外頭瞧瞧他的書房，而在更罕有的情況下，他甚至會批准她們跨過門檻，進入這個神聖不可侵犯的地方，瞪大眼睛看他的藏書和房間中最重要的寶貝：他的鋼琴。」他每次練琴都是一彈幾小時。[35]我們很容易會認為彈鋼琴是他自別於家人的方法，但事實上那是一種歸屬的方法。五個小孩在孩童時期必修的鋼琴課上完之後仍繼續彈琴，把這種興趣維持終生。不管怎樣，音樂（和閱讀）成了薩依德的心靈鍛鍊和想像力的主要資源，也是哲學進入他的視野之前他所探索的第一個「理論」。

除了不斷練琴以外，他第一批鑽研的書籍也是音樂書籍，像是《科貝的歌劇全書》（*Kobbé's*

Complete Opera Book）。這書包含從蒙特威爾第（Monteverdi）到雅納捷克（Janáček）的歌劇內容摘要，又從樂譜選擇有代表性的段落加以說明。薩依德六歲開始學琴，到了十歲半變得認真。從十一歲起，他開始到開羅的皇家歌劇院（Khedival Opera House）看歌劇。這歌劇院是對巴黎歌劇院的小型複製，第一齣上演的戲碼是《阿依達》（日後薩依德對此劇的談論將會引起重大爭議）。讓他特別印象深刻的是一九四〇年代晚期上演的「義大利抒情季節」系列——這倒有趣，因為他日後變得看不起義大利歌劇。身為一個住在開羅日常生活裡面和上面的觀眾，他發現歌劇可以讓他一窺「一個情色的世界」，它「聽不懂的語言、野蠻殘酷的情節和奔放不羈的情緒」全都讓人無比興奮。[36]

雖然薩依德比幾個妹妹把這些音樂啟迪帶到更高的層次，但她們全都享受這些啟迪。他的父母都是一等小孩年紀大得足以欣賞歌劇，就馬上帶他們去欣賞。[37]薩依德對音樂的浸淫和對書本的愛，還有他日後對於高價鋼筆和奢侈文具的熱愛，都是他父親的辦公室文具生意的直接產物。瓦迪店裡的銅版紙、高端打字機和精美書寫工具大量進入他家裡，形成一種美學氛圍。家中鋼琴是一架從萊比錫運來的「博蘭斯特」（Blüthner）小平台鋼琴，琴鍵上蓋著一塊深紫色的天鵝絨，兩邊都有繡花和「Alfredo Bertero, Le Cairo」字樣。這不是瓦迪販售的商品，但卻與薩依德家富裕的舊大陸氣氛完全符合一致。

薩依德氏族和穆薩氏族⑤的教育使命（這兩個氏族包含大量的老師和自願的社區工作者）與家族事業密切相關。薩依德父親的文具公司為很多開羅的學校提供文具，包括巴德小姐（Miss Badr）——也就是薩依德的梅利亞阿姨（aunt Melia）——開辦的女子學校。它也為薩依德家裡那間相當大的書房填滿了書本和古典唱片。[38]在耶路撒冷的「巴勒斯坦教育公司」（Palestine Educational Company）的文學與塑膠贈與⑥中，有一本《家庭歌集》，薩依德待在舒韋爾村的漫長夜晚會以唱這歌集中的歌自娛，唱例如《吟遊男孩》（The Minstrel Boy）和《約翰．皮爾》（John Peel）之類的英國歌曲。

希爾妲有時會和弟弟埃米爾（Emil）搭檔演唱阿拉伯民歌，她負責敲德貝克鼓（*derbake*）而埃米爾負責彈烏德琴（*oudh*）——希爾妲的父親也彈得一手好烏德琴。[39]然而讓人驚訝的是，這些時刻並沒有讓薩依德留下深刻印象。他日後將會語帶欣賞地談論埃及著名流行歌曲歌唱家和電影明星烏姆．庫勒蘇姆（Umm Kulthum）所代表的文化自豪感，但卻幾乎沒有談她的音樂，而將這音樂比作哀哭。他有一次問好朋友特拉布爾西（Fawwaz Traboulsi）為什麼會喜歡阿拉伯音樂，因為他自己幾乎全無興趣，但又承認他是無法理解這種音樂，而不是有敵意。

一如在所有其他方面，薩依德是家中最有音樂天分的人。他最知名的音樂老師是蒂格曼（Ignace Tiegerman）。蒂格曼是波蘭猶太人，他除了和薩依德的淵源外，本身在音樂史上也有重要地位，是浪漫主義音樂（特別是蕭邦和布拉姆斯）的傳奇演奏者。他的「音樂學院」位於埃及博物館後面的商博良路（Champollion Road）二號，只收最有天分的學生。法魯克國王的首相之女妮文．米勒（Nevine Miller）是他的學生之一，而法語是音樂學院裡的通用語。⑦蒂格曼的課非常嚴格，一堂課收一英鎊（這在當時是很高的價錢）。「不存在討論的餘地……他總是對的……他會向你示範你準備彈奏的樂曲應該是什麼樣子，如果你敢爭辯，他唯一需要做的是給你看樂譜和作曲家所寫的註記。」[40]

曾經當過他學生的巴爾達（Henri Barda）回憶說，如果學生準備不夠，蒂格曼就會暴跳如雷：這時，教室的門會忽地打開，然後流洩出鋼琴聲，然後是學生被轟出來……他的眼睛會像刀子一樣刺穿你。」[41]而薩依德卻崇拜這位老師，常常談到他，但都不是關於他教學上的嚴厲。相反的，他專談蒂格曼彈琴時的驚人精準、優雅和輕描淡寫——在練習室裡展示音樂段落的時候尤其如此。每逢這種時候，他會強烈專注在踏板上，教導學生在開始彈每個新的和弦前先把聲音「刷乾淨」。[42]薩依德偶爾會邀蒂格曼到家裡用餐，而日後，大學畢業回到開羅度假時，他會開車載蒂格曼在城裡到處兜風。

另一個前學生埃斯克納西（Maurice Eskinazi）回憶，蒂格曼的教室裡擺著兩台面對面靠在一起的「斯坦威」平台大鋼琴，讓師生二人可一起彈奏。當學生彈出樂譜裡沒有的音時，他喜歡挖苦說：「你不需要一面演奏一面作曲。」[43]在美國唸書期間，薩依德師從過六、七名著名的老師，包括紐約茱莉亞學院（Juilliard School）和波士頓的老師，但「他們加起來都比不上蒂格曼的小拇

⑤ 穆薩氏族是薩依德媽媽的氏族。
⑥「巴勒斯坦教育公司」就是薩依德父親的公司，所謂的「文學與唱片贈與」是指他帶回家的書和唱片。
⑦ 指他以法語教學。

指。」[44]

知性上來說，蒂格曼是第一個對薩依德有實質影響力的人。他們關係親密，後來又成為朋友，會像他們在一九五〇年代時那樣「一起彈琴，回憶往事，讓我們回到開羅更加是屬於我們的那個時代，也就是回到開羅還是一個國際大都會、自由自在和充滿各種神奇事物的時代。」在一九六〇年代，薩依德甚至到奧地利的基茨比爾（Kitzbühel）探訪他的老師——蒂格曼在基茨比爾給自己蓋了一間農舍。[45]蒂格曼也讓薩依德有機會一窺開羅非法的法語地下世界，這個世界由酒館、劇場和私人畫室構成，堪稱「歡樂開羅」。蒂格曼是在一九三三年被開羅的各種「可能性」吸引——「可能性」是薩依德的委婉語——而來到這個城市，他讓薩依德可以站在一個距離之外，意識到一個充滿「未知歡樂」的世界和其他種類的人際關係。[46]

薩依德對於蒂格曼的音樂可以流傳後世貢獻甚大。[47]是他在開羅找到一批蒂格曼本已散佚的鋼琴錄音，而他也成為了音樂史家填補蒂格曼生平空白的主要資料來源。蒂格曼的演奏錄音非常稀少，原因之一是埃及電台把他的廣播錄音帶洗掉，改用來錄製薩依德未來密友巴倫波因（Daniel Barenboim）的密紋唱片。[48]

對薩依德兒時中東的大部分居民來說，日常生活是一種不停的轉換。在一段很短的時間內，他就從耶路撒冷的聖喬治學校轉到開羅的格吉拉預備學校（Gezira Preparatory School），再轉到開羅的美國子弟學校（1948-1949）。接著又轉了一次校，進入維多利亞中學就讀，從一九四九年唸至一九五一年。他在維多利亞中學的學業結束得很突然，發生在他和一個老師的爭吵之後。當時，該老師因為班上學生不願意讀莎士比亞而生氣，指薩依德是帶頭造反。他把薩依德摔倒在地，其他學生在驚恐中尖叫。

維多利亞中學以中東的伊頓公學自居，儘管薩依德的英語發音從來不是道地的英國英語。當然，在他長期居留美國後，他的英語也帶有了美國色彩，不過，一點點外國味從沒有離他的英語而去。他早在格吉拉預備學校讀書期間便已經能說法語（他媽媽的法語很流利），入維多利亞中學之後又學到更多，在「法語社」裡把正式談話練得更流暢。[49]父母強迫孩子們上的阿拉伯語課「感覺就像懲罰」，但瓦迪的阿拉伯語從來說不好。又雖然希爾妲的阿拉伯語說得好，而且在家裡會說阿拉伯語，但他的子女通常是以英語答話。[50]只有到了較後來，他們為了聲援他們被圍困的文化，才更認真地學習阿拉伯語。他們大都是在國外住過一段時間之後便搬回中東定居。

瓦迪在第一次世界大戰期間待在美國。他會在一九二〇年代早期回到耶路撒冷，是為了滿足母親的臨終願望。為了讓兒子得到他自己沒有得到的自由，他沒有逼薩依德留在埃及，接手家族生意。[51]瓦迪從美國帶回來一種對美國事物的喜好，薩依德聲稱他並不分享這些喜好，但不可信。雖然瓦迪在早餐時常常吃傳統的優格起司（*Labneh*）或沾醬料的皮塔餅，他更喜歡吃的是加了番茄汁的炒蛋和加了楓糖漿的厚煎餅。[52]感恩節少不了的是蔓越莓醬和拔絲蕃薯。他以自己的皮膚白皙為傲，宣稱自己是克里夫蘭人，又常常把自己的名字寫成威廉⑧。剛好倒過來的是，愛德華的中名確實是威廉，儘管他的批評者常常把這個名字阿拉伯化，寫成為瓦迪。

一八四八年夏天，瓦迪在和生意夥伴們發生爭執後帶著家人遠航美國，心裡有點永遠留在美國的打算。此行主要是為了找美國專家進行腎臟大手術。逗留美國期間，愛德華被送去了緬因州的馬拉納庫克營區（Camp Maranacook），想要讓他適應美國的新環境。這是因為美國將可能是他的新家。愛德華在營區可憐兮兮，直到父親康復到一定程度，有體力把家人帶回開羅，才得到解脫。

除了為了和親戚舉行家族聚會或找一個涼爽地點避暑，薩依德一家在黎凡特的不斷遷移和瓦迪的生意有關。他的「巴勒斯坦教育公司」已經擴大為「標準文具公司」（Standard Stationery Company），在亞歷山卓和開羅都有分號，在蘇伊士運河地區也有一些子公司。這種安排讓瓦迪常常要來來去去，經常是全家出動。這種居無定所的情形常常讓人指控巴勒斯坦人是遊牧民族，對土地沒有權利，因為他們沒有建立城牆和官僚體系去保障他們的法律主張。他們對英帝國和法帝國正式邊界的不理會讓混亂更加加深。

多年以後，在薩依德死前幾年，有些惡毒文章利用這種文化差異，主張薩依德從來沒有住在耶路撒冷，在那裡沒有家族基礎，一直都是安安全全窩在開羅的資產階級居住區。[53]這種主張暗示，假如巴勒斯坦人的主要代言人對自己的根源說謊，則所有巴勒斯坦人的主張都必然是編造。[54]這種指控很好反駁，因為薩依德曾經唸過聖喬治學校（當地人稱之為「老主教們的學校」），而他出生的那棟房子是家族集體擁有（房地契握在瓦迪妹妹手中）。那些指控者甚至懶得向薩依德本人查證，也不去問一問他當時住在紐約的聖喬治校友。

以色列把巴勒斯坦人地區性的遊牧主義轉變為全球性的離散。因此，就像很多其他家族那樣，薩依德氏族和穆薩氏族被打散，分別住在貝魯特、安曼、被占領區或國外。要保持聯絡意味著要常常到處移動。希爾妲的幾個兄弟——穆尼爾（Munir）、阿利夫（Alif）、拉葉克（Rayik）和埃米爾——住在巴勒斯坦。薩依德回憶說：「我們會有點定期地到那裡探望他們。在一九四八年之後，他們進進出出開羅……我們過去習慣從采法特（Safad）前往塔布加（Tabgha），那是我舅舅穆尼爾住的地方，是個獨一無二的避暑勝地。」[55]就像他妹妹珍妮回憶的那樣，雖然他們「從一九四八年到一九六〇年代早期固守在開羅」，這並不意味他們不會「到埃及沙漠和黎巴嫩山區去野餐」和為十架節點燃營火。由於對薩依德被指控為不是真正的巴勒斯坦人感到揪心，他的朋友安德烈·沙倫曾經投書《紐約時報》（未獲發表），解釋「家」對他們那一代人來說意味著什麼：

> 在我們成長的那時期，並不存在有意義的邊界，特別是不存在心靈的邊界……這是鄂圖曼帝國的一項正面遺產。作為埃及猶太人，我的祖先是來自敘利亞。我的祖父帶領商隊從伊拉克抵達埃及……對埃及居民來說，他們是來自伊拉克或是沙烏地阿拉伯或安曼並不重要，這種事只對奧賽碼頭的外交部重要。簡言之，薩依德無縫地從巴勒斯坦搬到埃及再搬到黎巴嫩一事之所以特別，只因為它對他和那些跟他一起長大的人來說一點也不特別。就像我是一個埃及猶太人那樣，他是一個巴勒斯坦阿拉伯人。[56]

---

⑧「瓦迪」是「威廉」的阿拉伯語變體。

不過，薩依德大概對於他被捲入的沒完沒了宗教例行公事有點輕描淡寫。每個早上的學校集會都是以讀一段經文展開一天。[57]即便到了人生後期，他繼續保存他在開羅時期用的《公禱書》（Book of Common Prayer），而且直到一九八九八年仍然會翻看，以此「表示他對《新修訂標準版聖經》的呆板的不屑。」[58]他不但沒有嘲笑聖公會的核心文本，反而斥責新花樣的修訂，更喜歡十七世紀的優雅翻譯，連帶喜歡書中包含的連禱、聖靈降臨節禱文、天譴威嚇、聖詩和教義問答。他大概不會用得著書最後面那些真偽可疑的材料（例如那篇感謝老天讓詹姆士一世躲過火藥行刺陰謀的古怪感念文）。薩依德在人生後期甚至接受邀請，成為了聯合國的「聖公會觀察員」（Anglican Observer）顧問委員會的一員，又自豪地告訴每一個人。[59]

這些虔誠的紋飾是他的社會位置和地理位置的自然結果。用他人生中一個重要人物的話來說，也就是用他媽媽表妹伊娃的丈夫馬利克（Charles Malik）的話來說，西方文明乃是「十個城市的後裔」，它們是「雅典、伊斯坦堡、安提阿、貝魯特、大馬士革、巴格達、耶路撒冷、亞歷山卓、開羅和麥加。」[60]所以，即便不是宗教信仰本身，宗教儀式一樣在薩依德的生命中具有大得驚人的核心性。他所來自的地區不只是一個東方與西方在地域意義上相遇的地方，還是（如他在一九六九年所說的）「世界上背負著三種一神絕對主義最沉重重量的地方。」[61]

學生時代在他周遭的人看出了聖公會對他後來思想的另一些影響。哈巴奇（Nazeeh Habachy）回憶說，他跟薩依德和另一個同學在學校裡是良性競爭者。「我們三個常常一起吃飯，而有趣的是，我們討論的話題往往是宗教。」[62]三人中的阿比沙伯（George Abi-Saab）坦承自己是無神論者。哈巴奇表示自己是虔誠信徒，會固定上教堂。薩依德則是內心交戰地「介於兩者之間」。事實上，在一份問卷上，他在回答「你是一個無信仰者嗎？」的問題時回答了「不」，但對緊接的問題（「那你一定是有信仰者了？」）卻沒有作答。[63]據和薩依德常常通信的英國維多利亞時代文學專家沙欣（Mohammad Shaheen）回憶，有一次薩依德在開羅美國大學演講之後，一個聽眾問他：「你跟上帝是什麼關係？」對方顯然是個虔誠信徒，想要拆穿他是個無神論者。薩依德回答說：「你問的問題不屬於我的專業。我的專業是比較文學和英國文學。但不管怎樣，上帝掌管著我們所居住的世界，也掌管著我們所有人。」[64]

另一次，薩依德在安曼東正教俱樂部（Orthodox Club）演講完之後和沙欣一起吃午餐。沙欣好奇，為什麼偏偏是他受邀演講。薩依德笑著回答說：「大概是他們以為我是基督徒。」[65]生命後期，在他病得厲害之後，有一次在黎巴嫩一間餐廳和一個從前的學生共進晚餐。當時坐在隔壁桌的一個黎巴嫩教士認出他，走過來為他祝福，揮了幾揮手上的大十字架。教士回到自己的桌子之後，薩依德聳聳肩對學生說：「又不會痛！」[66]死前不久，在一個畢業典禮演說中，他看來試圖解決這個矛盾：「我是個決絕的世俗主義者，但這不表示我反對宗教。對我來說，宗教是一種私人選擇和信仰。」但在這裡一如在其他地方，他並不一貫。在致《紐約時報》雅各比（Tamar Jacoby）的一封信中（先前雅各比問他在巴勒斯坦國民議會扮演什麼角色），他用手書寫了兩句附筆：「一件不容小覷的事情是，我在英國教會受過洗和行過堅信禮！」他這個補充就像是說屬於一種建制性信仰可以讓他的巴勒斯坦訴求不至於顯得太出格。[67]說來弔詭，正如沙欣所指出的，因為西方在阿拉伯人和伊斯蘭教之間畫上等號，「愛德華為伊斯蘭教所說的好話比世界上所有謝赫（sheikhs）⑨加起來都多。」如果他本來就是一個穆斯林，他就會「像你我一樣無法為伊斯蘭教辯護」。[68]

他在宗教態度上的缺乏明晰，部分當然是因為他不想在宗教事務上冒犯別人。當他有那麼多其他立場都充滿爭議性的時候，對宗教採取一種戰術性的閃躲看來是適切的，更何況如果人們認為你侮辱上帝，就不會再聽你說話。有一次，他在計程車上和開車的阿拉伯人司機聊天，對方直接問他是不是穆斯林。他回答說：「讚頌歸於真主！」這句話可以是任何意思，他等於是讓司機自己去猜。這種閃避是典型的。在家人面前他稱自己為「大約每隔一日的無神論者」，又對一對子女說《聖經》不過是「一部有趣的文學作品」。在他生活在紐約的全部時間，他沒有上過一次教堂，而每逢走過有新教徒唱詩歌的宗教場所，他也從不會有興趣停下腳步聆聽。[69]

但宗教氛圍在他的世界裡無所不在（這種氛圍對他幾個妹妹的影響應該大於對他）。希爾妲父親是福音教派牧師，母親則是黑色皮革裝訂的阿拉伯語聖經從不離手（這種習慣在她當大敘利亞新興新教社群第一位阿拉伯人牧師的閨女時便已養成）。這就不奇怪希爾妲在不用有心防的家裡會不時說些「基督復活了」或「主啊，我的保衛者！」之類的話以加強語氣。瓦迪雖然沒那麼虔誠，一樣會有時提提「登山寶訓」的段落：「在後的將要在前，在前的將要在後。」每個孩子在每晚上床就寢前都會和媽媽一起背誦主禱文。[70]

每當基督教進入薩依德對自己生平的記述，他都會予以淡化。然而，開羅的國家大教堂（諸聖大教堂）同時是城中英國人的大本營，是薩依德一家和朋友圈子每星期天前往做彌撒、上主日學和接受堅信禮的地方。他上過的每所學校每天都是以唱一首新教詩歌揭開序幕，而這種情形甚至在他十五歲離開埃及之後繼續維持。在「黑門山」（Mount Hermon）⑩，「我們全被要求一星期（包括星期日）到小禮堂敬拜四次。」[71]午餐時也是一樣，學生在開動前都會站在椅子背後齊聲進行飯前禱告：「我們感激上帝將要賜予我們的一切，阿門。」《上主是我堅固保障》、《上帝是我們過去歲月的幫助》、《齊來謝主》和《眾聖頌讚》等聖詩變成了他習慣的旋律，也把一些奇特的英國用語深印在他心裡[72]。應該對窮人公道和慈悲的教誨，和薩依德家的基本政治立場相吻合：這家人雖然富有，卻有很好理由關注喪家失產者的命運。

薩依德在男性中心的阿拉伯家庭裡雖然是高高在上，但他的思維方式卻大有基督教平等主義的精神。這種精神是他從生命中一些異乎尋常的女人學來。首先是他媽媽。他對可以和哪個家人分享祕密說得不能再白：「我這一生的頭二十五年，母親當然是最親密的同伴……反觀我和幾個妹妹的關係卻是淡淡的，至少是沒能讓我滿意。」[73]這種母子親密性——和隨之而來兄妹緊張性——將會持續到最後。薩依德抱怨父親從來不曾給他寫一封「真正的私人信」，總是寧願向祕書口授，再自己簽名。但這樣的私人信——充滿受傷感和不安全感——卻可以在薩依德的文件檔

⑨ 伊斯蘭教長老。
⑩ 薩依德到美國之後唸的中學。

案中找到。一個特別卑屈的瓦迪一度懇求愛德華對來訪的親戚更加客氣，以及懇求兒子代表他接觸生意夥伴。兒子的回答是他「相當倦於聽到我是個多差勁的人，倦於聽到我總是達不到當一個好哥哥和好兒子的標準。」[74]他又補充說：「我認為是時候教訓我的幾個妹妹，讓她們知道怎樣才是對待一個大哥的恰當方式。」

當希爾妲於人生盡頭在華盛頓為癌症接受治療時，由最小的女兒葛莉絲負責照顧，這讓葛莉絲有機會從近距離觀察薩依德和母親的關係。她很驚訝地發現，兩人竟然可以每天聊幾小時電話。這完全不是《鄉關何處》裡的希爾妲：在該書中，薩依德稱他媽媽為「專門編派繁重工作的人」，又說她「用一件利器來操縱我們，使我們失去平衡，使我和幾個妹妹之間、和世界之間都芥蒂難除。」[75]她也沒有像《鄉關何處》所說的那樣，認為所有子女都讓她「失望透頂」。據納迪婭．金迪⑪的回憶（她認為希爾妲「著實漂亮」，有著「高顴骨和美好的皮膚」，總是「穿戴著矚目的首飾」），情形剛好相反：她總是向人一一列舉子女的成就。[76]葛莉絲說：「我真的認為我們的所有政治教育都是來自我們媽媽。她是阿拉伯民族主義者，總是投入社會運動。」[77]畢竟，納賽爾廢除了掌管家庭法律的宗教法庭、派遣工程師和醫生到鄉下，為藝術家提供政府津貼、推動土地改革和給予婦女投票權。希爾妲不是活動家，不是任何黨派的成員，但她總是納賽爾的熱情支持者，對埃及的社會不正義有強烈感受。[78]

這位母親的思想風格傳給了她的獨子。就像珍妮所說的：「媽媽總是一個編故事人和說故事人。即便她只是講述一件最小的小事，她都會用細節和色彩去潤色它，讓它變得有社會趣味和歷史趣味。」[79]就像拉丁美洲的魔幻寫實主義小說家那樣，她覺得現實非常怪異，只有用虛構才能抓住。希爾妲的媽媽穆妮拉（Teta Munira）——薩依德家裡另一個主事者——樹立了一個和女兒有點不同但一樣有力的榜樣。她弄了一個「很大的資料庫，記錄誰在一九四八年的戰爭期間和其後離開了巴勒斯坦——這場戰爭也讓她和她的子女失去故鄉。她知道她的大圈子裡的每一個熟人曾經住在哪裡，成為難民之後又落腳在哪裡。」[80]這個家族多的是「說故事人和檔案保存者。」

神祕的平行關係讓這個大家族的關係更加緊密。我們知道希爾妲痛失第一個兒子，但她媽媽也失去了一個女兒。這表示，就像薩依德沒有兄弟一樣，他媽媽也沒有姊妹。受到女孩和女人圍繞，薩依德只能和兩個堂哥羅伯特（Robert）和阿爾伯特（Albert）建立男性情誼。他們都是姑媽納碧哈的兒子，比他年長約七歲。不過，薩依德也和一個未來的朋友建立了更持久和更有性格形塑性的關係，而對方也是比他年長。這人名叫阿布—盧格德（Ibrahim Abu-Lughod），是「三個聰慧女孩的父親，又是一位大有天分的學者的丈夫」，因此「對女性的態度比一般阿拉伯人寬容。」[81]

他和親家的關係也是保持這種模式。他和第二任妻子瑪麗安．科塔斯（Mariam Cortas）是在一九六七年認識，兩人在薩依德跟第一任妻子離婚後於一九七〇年結婚。瑪麗安是一個富裕之家的獨女，她的家族以罐頭食物和果醬馳名全黎巴嫩。因為這段婚姻，薩依德加入了一個和他自己的家多有相像的家庭：科塔斯家族不只就像薩依德家族那樣是靠著開創不久的生意致富和屬於一個基督教少數派（貴格教派），而且也是出了許多矢志奉獻社會的女教育家。科塔斯家族的罐頭生意直接源自第一次世界大戰期間的慈善工作。當時，土耳其人把食物全徵去供應部隊，導致饑

---

⑪ 薩依德兒時的鄰居。

荒。食物危機在黎巴嫩山地區特別嚴峻，為此，科塔斯家族啟動了緊急食物收集和分配服務。來訪的英國貴格派教徒注意到這件事，所以把家族一些成員邀請到英國，教他們罐頭裝罐的技術，就像瓦迪一樣，瑪麗安的父親是從無到有地把事業建立起來。他也像瓦迪一樣擅長運動和英俊，當過黎巴嫩的網球冠軍。

科塔斯家住在卜魯馬納（Brummana）一個貴格派小社區（由不多於五個家庭構成），離薩依德家在舒韋爾村的避暑處只有十二英里之遙。貴格派譏諷當時的聖公會為「先令的教會」，本身世俗化得無可再世俗化：採行社群主義，不設講道人，光以行善為動力。[82]與希爾妲住在拿撒勒和獲得重生的浸禮派教徒父親不一樣⑫，瑪麗安的媽媽瓦妲・馬克迪西・科塔斯（Wadad Makdisi Cortas）從小就喜歡讀《聖經》，而她父親還因為害怕她變得太虔誠，禁止她讀當地的美國福音派學校。[83]最後，她多少可說變成了一個傳教士，也就是當了貝魯特女子學院人文學科的熱心老師。在一個認為婦女教育是社會改革重要一步的社群，那些沒有變成老師的人就會變成鼓吹男女平等的作家或鬥士。

雖然就像薩依德父母那樣有時會勸勉別人不要浪費時間、不要亂扔垃圾和對鄰居友善，瓦妲在很多方面是個「十九世紀的社會主義者」。[84]和瑪麗安一道，她把反教權主義引入了薩依德的生活。瑪麗安回憶說，有一年夏天，她媽媽「決定把學校裡唱的所有詩歌換掉，因為它們都是英語的，而且內容具宗教性。多年下來，她已經不再愛《聖經》，又譴責宗教在中東扮演的角色。她花時間閱讀阿拉伯文詩歌，選擇其中一些來入樂。」瑪麗安除了幫薩依德管理家裡，讓他不用為養育兩個子女的事費神，她和家人又把他引介進入貝魯特的社會和以貝魯特美國大學為中心的知識圈。

不過，他日後為巴勒斯坦人請命和在大學教書這兩件事，在他年輕時卻是縮影在兩個有力人物身上，她們一個是梅利亞阿姨，一個是姑媽納碧哈。梅利亞阿姨其實是姨婆，因為她是他外婆的姊妹，她的學生都叫她巴德小姐。她獨身，身材嬌小，有一雙嚴峻銳利的藍眼睛。根據哈巴奇的回憶，梅利亞在開羅非常有名，公認是一位傑出的老師和嚴厲的導師，能夠把年輕小姐塑造成她想要的獨立和得體模樣，是個「有點難纏的傢伙。」[85]在這位開羅美國女子學院的嚴格監督人的面前，「一代又一代的學生怕得要死。」[86]我們不知道薩依德是怎麼樣突破她那難以接近的外殼，成為（就像他自己說）她的「寵兒」。她和薩依德家女孩的半正式茶會並不包括他，所以當他幾個妹妹日後得知他和梅利亞的感情深厚時，就像任何人那樣大吃一驚。[87]在她們長大的過程中，這件事一點都不明顯。然而愛德華會向梅利亞傾訴，而她看來看出他有什麼不凡之處，對他鍾愛有加。我們有理由懷疑，他的〈三個樂章的歡慶〉（A Celebration in Three Movements）一詩中有她的身影：

> 認識她的人都愛她：弟子
> 被她的自我實現波浪無情推送……
> 我喊說，她是一根可愛的刺……

⑫「獲得重生」指他是後來才皈信基督教。

我們被告以：流汗、待在閣樓和獻身
坐下來和創造，就這麼多
在街角商店買你所有需要的：燈、膠水和一把尺[88]

梅利亞的教學不只是要為年輕人提供指引，還是在追求國家發展所仰賴的紀律。在這個意義下，薩依德對他的深情和她的嚴格是分不開的——這嚴格在其他人引起的是懼怕。

和梅利亞一樣，矮壯的納碧哈也讓薩依德大為動容。她每星期四固定到薩依德家吃午餐，每次都會講些巴勒斯坦人在一九四八年之後的不幸遭遇，「內容哀傷而讓人憤慨」。[89]她對營養不良、痢疾和無家可歸情況的令人心碎講述，她的不斷呼籲政府機關和慈善機構為湧入開羅的巴勒斯坦難民提供救濟，有力地讓薩依德第一次認識到自己的身分。納碧哈和梅利亞是兩個相異程度不能再大的人，她們一個嚴峻而另一個有耐心和同情心。她們也是不同輩且分屬男家和女家，然而她們卻分別體現著薩依德廣闊情感範圍的兩極。

如果說女性為他提供了堅強的政治榜樣，那麼，他的其他指引則是來自激進男性。早在十幾歲之前，薩依德就對左派活動家——有時甚至是對極左派運動家——心懷敬畏。當他在《鄉關何處》提到，哈達德（Farid Haddad）的死——這個人是「活動家，忠誠的共產黨人，又是獻身社會與民族事業的游擊隊員」——成為「四十年來潛伏在我生命中的一個主題」時，他不僅是在表白自己年輕時的一種傾向，也是在宣稱哈達德的榜樣潛藏在他後來成為的一切，是在指出對他的事業其他方面很了解的人都忽略了這個方面。[90]

薩依德少年時代就認識哈達德，一九五〇年代中葉每年大學放暑假期間又找他。這些時候，雖然薩依德一再追問，哈達德仍然「絕少談他的政治活動和行醫以外的事情。」[91]一九五九年十二月，薩依德震驚地得知，哈達德在獄中被毆打致死。這是「埃及政府對所有反對勢力——不分自由派的華夫黨人（Wafdist）、共產黨還是穆斯林兄弟會——的殘酷鎮壓的一部分。」[92]兩人的政治見解一致，哈達德最吸引薩依德的是他們的不同之處：不為名或利工作，沉默謙遜，服從黨紀的自我犧牲精神，全心為窮人奉獻。薩依德指出，哈達德所做的一切「是以一個人類和一個政治激進分子的身分去做，不必然是以一個巴勒斯坦人的身分去做。」[93]

明顯帶有基督教弦外之音的是，薩依德形容哈達德和哈達德父親瓦迪的工作（瓦迪是薩依德家的家庭醫師和活動家）為「慈善義行」（charitable mission），情形就像他形容納碧哈是「聖徒般」（saintly）。[94]薩依德的另一個楷模卡邁勒．納賽爾（Kamal Nasser）也差不多。卡邁勒．納賽爾是巴勒斯坦基督徒、激進的復興黨（Ba'athist）黨人、新聞工作者、律師和政治科學家，為巴勒斯坦解放組織工作。一九七三年四月，他被以色列派入黎巴嫩的一支暗殺小隊殺害，死前一天才和薩依德共進過晚餐。[95]以刻意的淡化，薩依德認為形容這個兩個人的最佳字眼莫過於「善好」（good）。

很多人都以為薩依德本來是個抽離和非政治化的人，後來受到一九六七年戰爭的刺激才改弦易轍。[96]事實並非如此。大學時，他在半張打了字的紙上拚命想辦法定義自己：「當一個黎凡特人⑬就是要同時住在兩個或以上的世界而沒有歸屬於任何其中之一……他沒有能力創造，只有能力模仿。他在失落、自命不凡、憤世嫉俗和絕望中顯示自己。」[97]他的自責明顯見於他把自己的童年形容為一個由特權和溺愛構成的「繭」。然而，真要形容的話，我們應該形容他的童年為一個早熟的成年。

小時候，他常常聽他的堂哥尤素福（Yousif）和喬治（George）埋怨《貝爾福宣言》。雖然他當時還不知道這宣言的意義，卻已經能夠感受到兩個堂哥的憤怒。他還隱隱記得受託管耶路撒冷的檢查哨、塔爾比亞區新舊居民之間的摩擦，還有開羅收音機廣播對錫安主義敵人的激烈譴責。[98]納迪婭記得的也是一個不是那麼沒有頭緒和更加激進的愛德華：「從早年起，薩依德就鄙視英國殖民主義的裝飾品，反抗帝國的地理中心。但在那時，他是一個孤獨的聲音，一個異類的聲音。」[99]讓人同樣驚訝的是，他形容他在一九五〇年代和一九六〇年代到開羅探訪蒂格曼時，是一個「納賽爾派和激烈的反帝國主義者。」[100]換作一個對自己母親的政治激情較不敏感或沒有被摯愛的納碧哈姑媽的「國人同胞一人援助中心」⑭感動的小孩，情形有可能是別的樣子。[101]不過，就在薩依德把他的信念組織為一個綱領的同時，他也需要跟中東革命分子讓人困惑的非理性和讓人洩氣的黨派主義角力。他們的模樣讓他不願加入政治組織。儘管如此，他的政治性格早在少年時代已經輪廓分明。

---

⑬ 黎凡特指敘利亞、黎巴嫩、約旦和巴勒斯坦一帶。
⑭ 指她以一人之力援助國人同胞。

第2章

不能安生

UNSETTLING

一個讓人困惑、失能和失去穩定的世俗傷口。[1]

由父母陪同，薩依德在一九五一年十五歲那年抵達美國，進入「黑門山」就讀。那是位於麻塞諸塞州鄉村地區的新英格蘭寄宿學校，由福音教派佈道家穆迪（Dwight L. Moody）於一八八一年創立。他父母一度考慮全家移民美國，在威斯康辛州麥迪遜熱心看房子，但很快就拋棄這個念頭，返回開羅。他們希望，新學校除了可讓兒子有一個新的開始，也可在他和維多利亞中學老師衝突後提供他極為需要的宗教紀律。但薩依德討厭這個地方，稱之為「極端具有壓迫性」。不過沒有什麼證據可以證明這一點。

當然，和開羅的都市吸引力相比，新環境的狹隘看來會讓人窒息，但校方從來沒有對他行使過分的權威。他痛恨「黑門山」的道德教育，因為這教育要求學生做削馬鈴薯皮之類的粗活來表現謙卑。但這絕不是薩依德少年時期做過的唯一體力勞動活。還是學生的時候，他在波可諾基督教協會風景區當過救生員和康樂，在學生飯堂打過一小時賺一美元的工，在足球經紀人公司當過收銀員，還有當過保母。[2]

就連宗教灌輸也不像乍看那樣嚴厲。雖然宗教教育是「黑門山」課程的核心，但它們並不像「福音教派」這個字常常讓人聯想到的那麼教條。其實，讓薩依德感到「黑門山」極端壓迫的，與其說是任何洗腦或體罰，不如說是新英格蘭冬天對一個黎凡特小孩的心理衝擊，以及麥卡錫美國的僵化思想氛圍。事實上，這是薩依德大開竅的一個時期。這段期間，他發現了可信賴的老師，也第一次獲得公開肯定。

雖然已經是美國公民，他的文化脾性卻讓他沒有成為美國人的實感。不過，黎凡特文化的流動性特色幫助了他更輕鬆地適應美國文化，特別是讓他越來越喜愛美國電影。不過，薩依德從一開始就覺得住在美國是在一種負面意義下的激進化。[3]在他看來，這個國家的知識分子土味十足，讓人反胃。讓他特別惱怒的是看見許多左派人士已經把他們政府的帝國野心內化。與此同時，錫安主義方案看來只是對美國引以自豪的自我形象的回收再利用：根據這個自我形象，美國白人是奉上帝之命進入荒野開拓，趕走土著。[4]

因為最早的開拓者是逃避英國宗教迫害的清教徒，流亡一直是美國自我形象的一部分，而這讓薩依德想要與這種身分割蓆。「稱我為一個難民十之八九有點言過其實。」他說。[5]不管有多笨拙，他其實還是嵌得進這個國家，因為它是一群流亡者所建，而這群流亡者雖然在一個新大陸建立了一個新國家，卻仍然心繫舊大陸，就像「流浪的猶太人」或「飛翔的荷蘭人」那樣，身處在「流浪癮與思鄉病」之間——薩依德的博士班導師李文（Harry Levin）日後將會指出，這是美國小說的古典主題。[6]

最終，薩依德將會在一番話中承認自己的美國人身分（這番話也許會因為太愛國而讓他的很多讀者覺得怪）：「我們絕不可忘記，我們的國家是一個移民的共和國。正是因為這樣，它才會那麼獨特，那麼開放，不斷變化和讓人興奮。美國總是處於揭示自己和轉化自己的過程。」[7]但他在這一點上很不一貫。在首先讓自己適應新英格蘭時，他發展出對美國大眾文化的鄙夷態度（他挖苦地說：「我的人生裡可沒見過汽水販賣機和汽水販售員。」），又在美國電影裡發現了他在開羅夜生活可望而不可即的性愛。[8]

要同時當一個美國人和舊大陸人，大概只有在紐約這個他稱之為「變色龍城市」的地方才做得到。因為它一方面（這從他的角度看不是好事）是「全球化的晚期資本主義經濟」的軸心，另一方面又是有創意和持異議的「都市外國移民」大湯鍋。[9]他早在搬去美國之前就已經是一個紐約客。一九四八年、一九五〇年和一九五一年，他都分別在美國待過一段長時間，常常上電影院或逛百貨公司。他進出美國一律是透過摩天大樓林立的紐約。[10]

到他第三次造訪美國，在他還沒有被父母毫不客氣地丟在「黑門山」以前，他到第四十二街看電影的癮頭已經根深柢固。那時，第四十二街的電影院還是主流電影院，要到很後來才變得聲名狼藉。三年前，在前往不可愛的馬拉納庫克營區的路上，他在曼哈頓發現了他「預期於美國的豪華『特藝七彩』（Technicolor）世界。」[11]從「黑門山」畢業後，他和堂哥阿比（Abie）一家在新英格蘭進行了一場不愉快的旅遊（他們讓他覺得無聊透頂），所幸最後兩星期是住在紐約大都會藝術博物館對面的時髦斯坦霍普飯店（Stahope Hotel）。這時的他對紐約已不陌生。

雖然有一種揮之不去的孤獨感，薩依德在新大陸從不完全孤單。他在美國阿拉伯社群中的親戚包括了充滿魅力的馬利克（Charles Malik）。馬利克是未來的黎巴嫩駐美國大使，住在華府，太太伊娃是希爾妲的表姊妹。再來還有阿比，他住在皇后區的伍德賽德（Woodside）。他們兩人都扮演薩依德的監護人角色，會在他需要用錢或有突發狀況時予以幫助。不過隨著時間過去，薩依德和兩人的關係都變得緊繃。[12]阿比是薩依德已故伯父阿薩德（Asaad）的兒子，薩依德在「黑門山」讀書時每年的寒暑假都是在他家度過。但薩依德討厭他們，一有機會就偷溜到曼哈頓去看「一齣接一齣的電影」。[13]

《鄉關何處》中的小男孩有時可憐兮兮，有時英勇出眾，總是被諷刺，從不把心裡話說出來。相反地，從他繼耶路撒冷之後第二次被流放期間所寫的詩和家信中，我們第一次看見了一個無法從他的回憶錄裡那個漫無目的和焦慮的主角身上認出來的人物。

到美國讀書至少可以終結薩依德六年間換了五間學校的狂躁情況。可以確定的是，他是在不受歡迎的情況下離開維多利亞中學。這到底是因為他不受教還是因為他勇於對抗暴君老師，我們無法得知。但他卻是一個不好惹的小孩，用他後來在「黑門山」的網球教練的話來說就是「不夠平和」。言下之意看來是：薩依德即便不會公然頂撞師長，也會表現得粗魯無禮。他在和教莎士比亞的老師爭吵之後，很快就與一個惡霸學生發生鬥毆。沒有被對方的氣勢嚇倒，他一拳打在這個高年級生的鼻子上，讓對方得被送進醫務室。

薩依德稱自己是被維多利亞中學「開除」，但嚴格來說事實並非如此。在被莎士比亞老師指為帶頭的搞事者之後，他被罰停學兩星期。當時，他父親認為更明智的做法是讓兒子轉校，因為他意識到英式教育已經讓薩依德變得憔悴，對他的學習有不利影響。瓦迪還有另一層考量。維多利亞中學代理校長格里菲斯（S.Howell-Griffith）曾經清楚指出薩依德在英式教育體系底下毫無未來可言，表示自己不相信薩依德有持久學習的能力，所以寫推薦信時不會有太多好話可說。事實證明，他的推薦信只有兩行半，後面補充說他想不出來薩依德在學校生活或宗教生活上有什麼值得一提的表現。[14]他又在一張預備好的表格上把薩依德的知性好奇心和禮貌列為乙等。

但是回任後的正式校長普賴斯（J. R. G. Price）沒有這麼刻薄，在推薦信中向黑門山中學保證，如果愛德華能夠在維多利亞中學再讀一年的話，應該可望被牛津或劍橋錄取。[15]面對這樣好壞參半的評價，難怪瓦迪會兩面下注，另請家族朋友巴多（John S. Badeau）寫一封推薦信。巴多是「黑門山」校友，也是開羅美國大學的校長。其實就是他把「黑門山」推薦給薩依德的父母。有了他寫的推薦信，申請成功的機會自是高了不少。巴多向校方保證（我們沒有理由認為他說的不是事實），薩依德的父親「急切於把兒子送進一間有上好基督教氛圍的學校。」[16]為了成事，也無疑是出於父母的建議，薩依德在申請書上歪曲真相：「我可以放心地說，我在維多利亞中學或任何其他學校都沒有紀律上的問題。」[17]

把薩依德送到美國還有其他原因。瓦迪業已覺得，愛德華對母親的過度依戀已經變得不健康，有礙情感發展。再來還有保留他的美國公民權的問題。就像愛德華在他那封頗為笨拙的手寫申請信上說的：「我在埃及住了一輩子，而根據規定，我必須到美國住五年，直到二十一歲為止。我今年十五歲半，所以今年年底必須前往美國才能保留我的公民權。」[18]瓦迪年輕時是為了實現母親的遺願才不情願地離開美國，所以決心讓愛德華有機會留在美國。發生在維多利亞中學的事件只是推了他一把，讓他加快處理這個問題。

事情起初並不看好。薩依德寫的申請信內容粗糙，有些地方甚至不合語法，而且帶有貴族色彩。他在信中仔細交代，他的課外興趣包括網球、足球、游泳和騎馬；他是科學社和辯論社的成員。他「對人生目標還沒有作出最後決定」，不過他「傾向於學醫」。只不過，他的學習後來追隨了一些醫科預科生的模式：他們因為學不來微積分而發現自己的興趣是在文科。他在維多利亞中學的最後一年，成績平庸：英語是甲下，生物是丙，物理是丙上，化學也是丙上。而嚇人一跳的是，他的法語是丙下。

不管他有多少缺失，他的申請書都讓人留下難忘印象。他畢竟是個轉校生，已經在維多利亞中學當過兩年的高年級生。雖然還沒有十六歲，但他在申請書的照片看起來有二十一歲，這也許可以解釋他待在「黑門山」的期間，校方為什麼對他有那麼多要求。他的身材、運動員體格和成年人味道全都是他一輩子習慣和年紀比他大的人交朋友的理由。這種情況我們已經在他和舍韋爾村鄰居納賽爾兄弟的交往中看到過，但同樣情形將會見於他的第一段羅曼史（對象是比他大七歲的伊娃·伊馬德〔Eva Emad〕）、他的堂哥羅伯特和阿爾伯特、他在普林斯頓唸大學時的死黨，以及他在哥倫比亞大學當教授時的緊密同事圈子——他們所有人再一次大致比他大七歲．

他那些記錄在學校心理測驗的明顯心理弱點（所有申請入學者都要參加一項標準化的多項選擇題測驗），是他要經歷艱難過渡的另一個標誌。測驗中的簡單數學問題把他難倒，他也答錯很多視覺和空間認知相關問題。他的成績總的來說不太差，但他答錯的地方暴露出其情感弱點。在測驗的最後部分，他被問了一連串問題，採取的形式都是這樣：希望的反面是什麼？（答案當然是絕望。）然後他被問到：「以下何者為真？父親——比兒子更聰明：(1)總是 (2)通常 (3)一般 (4)極少 (5)從不會。」他的答案是「總是」，所以答錯了。類似的，在被問到「母親總是比女兒——：(1)更聰明 (2)更高 (3)更肥碩 (4)更老 (5)更多皺紋」，他的答案是「更聰明」，再一次是個有披露性的錯誤。

然而，在經過這個結結巴巴的開始之後，他就以迸發的鎮定自若顯示出自己的本領。他積蓄的潛力獲得迅速釋放，前後的表現判若兩人。一年之內他就變成了一名「傑出的鋼琴手」，又學會用一種近乎奉承的風格自信地表達自己。他在畢業紀念冊上的照片顯示他是個英俊而沒有明顯異國色彩的人。他是該年級三個「非白人」學生之一，另外兩人是黑人，一個是合唱團成員，一個是詩班成員。他日後將會取笑說，「黑門山」是那麼文化單一，以致一個來自檀香山的男孩被找進國際社。雖然不會粗魯得當著他的面說，但他的同學都把他視為「外國佬」[19]——這是根據斯潘諾斯（William Spanos）的回憶，他是《邊界2》（*boundary 2*）雜誌的創辦人，日後也常常和薩依德通信，在薩依德就讀「黑門山」時是那裡的年輕老師。他又指出「黑門山」的種族歧視相當嚴重，人們都因為他有希臘血統而在背後稱他為「史必克」（spic）①。[20]

隨著信心漸增，薩依德第一次放膽創作文學。他在低年級寫的詩〈城堡〉（Castle）贏得了學校的「芬德萊詩歌獎」。詩中，他用可預料得到的道具佈置舞台。「在岩石累累的高山頂上，十字軍勇敢地俯視顏色駁雜的撒拉森人②大軍。」粗聲尖叫「從惡臭的城堡主樓」傳向城牆，創造出一首「真正的不和諧交響樂。」[21]這首詩古怪地混合了卡夫卡和丁尼生的筆法，預示著薩依德日後的政治主題。毀滅臨到了那些用「狂妄自大和鄙夷眼神」看待阿拉伯人的人，出現了一種比人類殘忍更大的力量：大自然的磨蝕力慢慢侵蝕石頭城牆，最後，城牆像「倒在泥土裡的陶土偶像」那樣崩潰碎裂。

如果年紀再大一些，薩依德八成會對這首詩很不客氣，一如他對待「傻笑的打油詩人」布倫（Keith Bullen）的詩那樣。布倫是他在格吉拉預備學校時的老師，曾經因為他頑皮用鞭子打他。在《鄉關何處》中，他取笑這位施虐者的詩「風格化甚至矯揉造作」，不然不會出現「一些奇怪至

---

① 對希臘人的藐稱。
② 撒拉森人（Saracen）即阿拉伯人。

極的字眼和字序（例如「粉紅的肉色」）」。[22]不過，拿〈城堡〉來和布倫的詩相比並不公道，因為和布倫的矯揉造作不同，薩依德的詩是出於道德義憤。而且，他那時畢竟只有十六歲。

全詩三十八行，分為描寫城堡威風凜凜和崩潰的兩大部分，氣勢頗為雄渾。〈城堡〉不是由隨意出現的意象構成，而是有著由攻擊性道德義憤推動的精心敘事。雖然對文學聲音有一雙利耳，但薩依德對維多利亞時代的文學公式卻喜歡得不得了，所以提到力量的時候一定要用 might 這個字，而「常春藤」一律是蛇的比喻。雖然有這些缺點，〈城堡〉一詩成功把古典詩歌語言轉化為一件政治武器，不只痛批城堡的不正義還痛批其違反自然。我們很難不把城堡在詩歌結尾時的瓦解看成是對維多利亞高中的一種報復。

雖然為擺脫舊學校而高興，薩依德對於新學校能提供他什麼卻沒有把握。從一個國際城市中設備完善處所被放逐，他現在必須忍耐和它南轅北轍的所在：麻薩諸塞州的諾斯菲爾德（Northfield）。電話服務時有時無，而他被允許使用電話的機會也很少。郵件遞送的速度慢得讓人洩氣，猶似加爾各答銀行的文書作業。他形容自己當時過著「僧侶」生活，但這更多是指共同浴室和沒有門的馬桶單間，而不是指常規的宗教課程。模仿常春藤聯盟的一般安排（即兩性被安置在不同的校園），黑門山中學的姊妹校是諾斯菲爾德年輕女子神學院（兩校在一九七一年合併）。薩依德用忙碌的社團活動讓自己不去胡思亂想。他是國際社的副社長、法語社的副社長、集郵社的社長，又參加了辯論社和詩班，只不過這一切活動現在都是在一個不舒適得多的白雪覆蓋環境下進行。但這一切活動都無法讓他不用忍受別人不真誠的微笑和不著痕跡的奚落。它們也沒能讓他得到畢業紀念冊榮譽編輯或圖書管理員的位子——這些位子通常都是保留給像他那樣學業成績優異的人。他說他從來不覺得自己「完全是學校團體生活的一部分」。這看似是一種自剖，但我們有理由視之為一種誇口。他按照學校的規則行事但又看不起這些規則，所以是身在其中又不在其中。

實際記錄顯示他其實是學校「團體生活」的熱切參與者。在畢業前夕所作的學生評語中，校方人員認為他「是個讓人愉快的人……所有時候都樂於與別人配合。」他的校長魯賓德爾（Howard L.Rubendall）指出，他極受人喜愛，而教練們都認為他是「社群中的傑出成員」。但同學認為他為人孤僻。他是個有雄心的年輕人，遠比他們要世故。不像在維多利亞中學那樣，他在黑門山中學會遇到麻煩是因為他讓人覺得心懷不滿和自以為無所不知。日後，他對這一類麻煩的原因有不同的說法。他說他不被喜歡，是因為「我不是一個領袖，不是一個好公民，也不虔誠。」[23]他理由不明地和各種殊榮擦身而過，最要命的是失去當圖書管理員的機會。由於這項殊榮總是給予年度最佳學生，所以他最渴望獲得。

他也認為這和帝國主義文化有關，因為他指出，「就在阿拉伯世界的政治開始在美國扮演越來越重要角色的時候」，他卻在新學校裡受到排擠。就連在黑門山中學，人們都知道（至少是他的最親密朋友知道）薩依德是巴勒斯坦人運動的熱烈支持者。即便還年少，他已經常常談到他的民族的困境，而任何聆聽他說話的人都會清楚意識到他對這個議題念茲在茲。他這些觀點的見證人之一是德國同窗布里格（Gottfried Brieger），兩人在學校很快就因為彼此都受到本地生排斥而互相打氣。他們偶爾會受到當地的扶輪社邀請，介紹各自的國家。有一次，有人問布里格：「你們德國有乳牛嗎？」事後，他跟薩依德開玩笑說他應該來介紹巴勒斯坦，而薩依德介紹德國，因為沒有人會知道個中差異。[24]

第一學年快結束時，在他能力高峰時光芒四射的綜合才智開始浮現。他熱烈研讀柏拉圖和亞里斯多德的作品，還有啟蒙運動和齊克果的作品，這些都是懷特神父（James Rae Whyte）的聖經課的指定讀物（由此可見黑門山中學並不算保守）。他對音樂的業餘興趣演變為系統性地研究古典音樂的歷史、作曲家的生平和對位法的技法史。他爬梳厚重的《格羅夫音樂與音樂家辭典》，消化學校圖書館收藏的全部33轉速唱片，加入詩班和合唱團，並再一次熱烈練習鋼琴（比他人生中任何時期都要更熱烈）。到下一學期結束時，他的成績大幅躍升，並贏得他的第二個獎項：這一次是獎勵他寫小說書評的才智。雖然有這些文藝上的小成就，他心裡面仍然認定自己是個醫學預科生。他的成績單裡也包含著代數、生物、數學（第四級）和化學等科目。事實上，他在高年班贏得了「表揚在生物科學上表現優越」的「佛萊格獎」（Florence Flagg award）。[25]

不過，一點一點地，他正在轉向人文學，雖然這個轉換過程並不平順。他的老師們看出他的知性潛力，但不太確定他是不是具有人文學所需要的品質：有創造性、有想像力和「能夠用口語很好地表達觀念」。追隨他父母的意見，校方認為薩依德精神狀態的不穩定可能會讓他缺乏上述能力——這種不穩定表現在即使晚上睡飽一覺後仍然會非常困倦。學校的多夫醫師（W. F. Dodd）甚至懷疑這種白天疲倦有「可能是一種遺傳病」，因為薩依德家裡的人也有同樣情形。[26]他認為這個問題是生理性，不是心理性，又建議薩依德接受血糖指數檢查，用補品振奮精神。[27]

在他就學期間中途，慢性疲倦被恐慌所取代。薩依德在一九五二年因為放暑假回到開羅，又按一貫的樣子到舍韋爾村避暑。然而，當到了該返回黑門山中學時，他卻乞求父母允許他留在家裡。即使在第一年的時候，薩依德父母寫給黑門山高中管理層的信也是謹慎和討好，時而像是不熟悉美國文化規範而過分溺愛子女的父母，時而像是作為兒子維護者的霸道監察人。就在薩依德在一九五一年九月二十一日剛剛入學後，希爾妲便從紐約寫信給學校，要求它運用全部專業知識去應付兒子面對的特殊挑戰。[28]五個月後，她再寫了一封信，說愛德華不只是一般的思鄉病。[29]

到了一九五二年夏天，發生在開羅的「恐怖事件」把事情推到超過可忍受的程度。就像他的妹妹珍妮所回憶的：「當埃及革命在七月二十三日發生時，我們就像平常一樣住在舍韋爾村。」[30]每個人都「不停聽收音機」，想知道事態的發展。早前，在一月，也就是希爾妲第二次寫信請求魯賓德爾幫助她心煩意亂的兒子的一個月前，便有過不祥之兆。當時，英國人重手鎮壓在蘇伊士運河地區起義的埃及民族主義者（通稱「黑色星期日」），不料卻引起了群眾暴動。憤怒的民眾攻擊飯店、醫院、商店和餐廳，凡是被視為代表外國特權的地方都遭殃。被縱火燒毀的商店包括瓦迪・薩依德的「標準文具公司」和法莉達王后街（Sharia al-Malika Farida）的其他商店——這條街是以法魯克國王的第一任太太命名。

埃斯蒙德・華納（Esmond Warner）在一九五二年一月二十八日對開羅的史密斯公司（W. H. Smith & Co. Ltd.）和其父親華納爵士（Sir Pelham Warner）所作的報告，對這起事件有鮮明的記載，也表達出外國商業圈子所感受到的恐懼：「我很遺憾地告訴你們，在一月二十六日星期六大約五點三十分，我們位於上述地址的店鋪被一群暴民縱火，被完全摧毀……暴民數以百計，警察沒有企圖制止他們，所以可以為所欲為。事實上，警察看來還在協助暴民。」[31]埃斯蒙德在一月三十一日的另一封信上繼續說：

> 這城市名副其實是**一片廢墟**。所有信心都消失了。發生在賽馬場的事最是驚心……上次我在黃昏五點四十五分走在城中，四周就像但丁筆下的煉獄。許多汽車被人推到馬路中央，縱火焚燒，也有很多大樓起火。如果當時有風，開羅就會被燒毀……每個人都非常害怕會有另一次以趕走英國占領軍為藉口煽動起來的革命運動……國王有足夠力量粉碎埃爾丁（Serag el Din）和其他天殺的民主派嗎？……到處都受到破壞激情的席捲……謝弗德飯店（Shepheard's）、阿瓦德街（Fuad al Awad）的三間大百貨公司、所有四間的「格羅皮斯」（Groppis）、開羅的**每一家**電影院、巴克萊銀行、每一間餐廳和酒吧、大部分珠寶店、英國文化學院和它上好的圖書館、精美的標準文具公司（我猜它的理賠要求高達二十萬英鎊，因為裡面才剛放滿最新的辦公室機器），全部被焚毀，每一家車商和每一間槍店都被搶劫一空。

他判斷，暴民縱火的模式是有象徵性的：「和平運動」（共產黨）和海珊的社會主義黨瞄準英國的地標和象徵富裕的地方下手，例如高檔商店、珠寶店和車商；穆斯林兄弟會瞄準提供「娛樂」的場所下手，例如電影院和酒吧。他總結說，這裡所有種族的基督徒都怕得要死。

薩依德自己日後對這些事件的描述有些地方截然不同。例如，他指出他家在埃及的店「並沒有被國有化，而是賣給納賽爾政府；它們也不是被革命的暴民而是被穆斯林兄弟會縱火焚毀。」[32] 不管怎樣，暴民的攻擊對象並不限於宗教性目標。例如，同樣被摧毀的「格羅皮斯」是任何熟悉開羅日常生活的人的文化地標。這家以地中海風格裝飾的茶館有著落地窗和弧形正面，是由來自瑞士盧加諾的移民創辦。它是一個熱門的聚會地點，不限上層階級光顧。它的巧克力馳名遠近，整個中東的君主和大臣們都很喜愛。

在開羅暴亂餘波蕩漾之際，希爾妲寫信給黑門山中學，擔心愛德華會因為這事件而心理受創，因為他是一個「非常敏感的男孩」。六個月後，薩依德寫了一封嚇人一跳的信回家，信中說他父母「完全不應該以他為榮，因為他遠遠及不上黑門山中學其他學生。」希爾妲猜測「這種可怕的自卑情結」也許是很多「不利的因素」造成，其中包括換了太多次學校。[33]但是黑門山校方卻感到困惑，因為他們看不見她所擔心的事的任何跡象。到了一九五三年一月，希爾妲表示同意校方的看法，因為薩依德的信已經沒有了早前的陰暗情緒，而且因為終於能夠得到圖書館的工作而喜上眉梢。他「重新變回我們的愛迪（Eddie）③。」[34]

然而，他在黑門山的學業還是帶著遺憾結束。雖然他的成績明明足以讓他當上畢業生致詞代表，他卻沒有被授予這份榮耀。事實上，他在一九五三年六月寫信給教務處，確認過自己是班上第二名④（成績最不好的科目竟是英語，最好的科目是聖經研究和音樂欣賞）。[35]多年後，在他的回憶錄出版之後，當日的畢業生致詞代表費雪（Fred Fischer）寫信給他，指出自己和薩依德的成績一模一樣，並對他被怠慢表示困惑。[36]薩依德認為這件事證明他不知怎地得罪了師長，所以不

③「愛德華」的暱稱。
④按慣例，畢業生致詞代表由成績第二名的學生擔任。

管多努力都永遠被看成外人。

雖然開羅是他的成長之地，但在開羅發生革命以前，他總是奇怪地覺得它和自己有距離。在他的寫作中，開羅不像是理想的歸宿，更像是一個他被允許在它四周邊緣漂流的暫住城市。現在，因為被放置在一個外國的偏鄉，無法見證發生在家鄉的暴力，他加倍地感到自己的無能。幾年後，在普林斯頓大學，他將會感受到更大的無力感：當時，以色列入侵埃及，英國砲轟開羅，以回應蘇伊士運河被收歸國有。他說：「我在遠距離外帶著極大情緒壓力經驗這事件，因為我的家人就住在開羅。」[37]然後，在整整三十年後的一九八二年，他再次被迫從紐約看著貝魯特被轟炸，當時他媽媽、一個妹妹、妻子的娘家和親密朋友都住在那裡。就在他設法找管道打聽貝魯特的最新情形時，這個首都城市連日受到來自海陸空的攻擊。然後，以色列軍隊打敗強烈抵抗，開著坦克進入市中心。

埃及的動盪並沒有讓薩依德像華納那樣，對憤怒的「暴民」心生鄙夷。正好相反，他就像他其他家人那樣，對於法魯克國王被趕走和蘇伊士運河被國有化歡呼鼓掌。他同意珍妮所說的，這件事標誌著「富有得難以置信的埃及上層階級和窮困潦倒的農民之間的距離，將會被大大縮減。」[38]據他朋友哈巴奇（埃及最古老基督教派科普特派教徒）回憶，薩依德歡迎起義，雖然他家的店鋪因此被搶掠。希爾妲寫道：「整個中東仍然處於動蕩中，但埃及看來對它遇到的至少其中一些難題找到了解答。我們為重建我們千瘡百孔的店做了漂亮的修復工作，它看起來比原來還要好看。」[39]

直到一九六〇年代初期，局勢迅速惡化讓他們的安全受到威脅，薩依德一家才從埃及搬到貝魯特，永不返回。這次搬家部分是政府發布了一系列不利於商業運作的社會主義法律所促使。不像很多其他公司那樣，瓦迪的公司從來沒有被國有化，不過，他在一九六二年先發制人地結束營業，改到貝魯特開業。貝魯特的店一直經營至他在一九七一年過世為止。

不是所有政治戲劇都發生在外國。因為是在冷戰的高峰時期進入美國，薩依德對這個國家的感覺將會一生都有點異樣。雖然雄心勃勃、急於讓人有好印象和（據他自己說）不政治化，他仍然深深不信任圍繞他四周的冷戰心態、反蘇疑心病、對第三世界的不尊重和循規蹈矩要求。「黑門山」的愉快盲從心態讓他氣憤，覺得在美國人的「喜氣洋洋情緒和高昂的團隊精神之下」藏著某種陰暗的東西。任何偏離團隊的言行都不被允許。但是就像他日後會把對社會體系的爭論小心地放在埃及，薩依德對於冷戰的了解也是站在一個民族和種族的角度。他無法不認為麥卡錫主義是環繞阿拉伯困境的一朵雨雲：「從我一九五〇年代中葉來到美國開始，當一個阿拉伯人就多少會有一種自己是罪犯或行為不端者的感覺……為社會所不容。」[40]就像阿拉伯人「都不說英語。」[41]

所以他對一九五〇年代美國的反感並不難了解。正如我們看到過的，很多他少年時代的偶像——特別是他開羅家家庭醫師的兒子哈達德——都是共產黨人。此外，黎巴嫩馬龍派基督徒社群的種種（他多年來常到黎巴嫩讓他有機會近距離接觸這個社群），讓他把反共和盲目親西方相提並論，也把反共視為仇視伊斯蘭教對阿拉伯文化的影響力的表現。入讀普林斯頓大學後，冷戰培養出來的無知讓他火冒三丈。他咕噥說，大學裡的人「幾乎不讀馬克思的作品」，又「把麥卡錫主義當成音樂小品。」[42]

早在民權運動和反戰運動出現，讓人可以比較安全地持這一類觀點之前，薩依德便對恐共症的邏輯嗤之以鼻。一九五八年給哈佛大學寫研究所申請函時，他相當不知顧忌地從一件軼事談起：他曾經和一個「有智慧」的開羅書商會晤，該書商曾出資把最重要的社會主義思想書籍翻譯為阿拉伯文。他們談了幾小時的社會主義和「所謂的民主體制」。薩依德在申請函中暗示，這種坦承的交流在海外是可能的，反觀在歐洲和美國，像歐威爾和紀德這麼知名的作家卻忙著附和共識，宣稱自己對社會主義感到「幻滅」。薩依德表示同意書商所說的，這些歐美作家「負擔得起」幻滅，因為「不像他們在埃及的兄弟」，他們的讀者都已經不關心思想。薩依德說他喜歡歷史學家霍夫施塔特（Richard Hofstadter）所說的，會有這種現象是因為美國教育已經變成是「貪婪性」而不是「精神性」。當薩依德把這個道理講透澈時，「黑門山」道德公民教育的弱點便昭然若揭。他指出，整個教育過程「應該在一種不會減弱的傳福音精神中找到能量。」一個教育家「應該同時是他人和自己的牛虻。」[43]

遠遠不像《鄉關何處》裡描繪的那個沒有「正確態度」的棄兒，他畢業後寫給「黑門山」師長的信總是喜氣洋洋。在從埃及寫給魯賓德爾校長的信中，他分享了他在普林斯頓獲得威爾遜獎學金的好消息，又補充說：「我沒有再年輕一些真是可惜，那樣的話，我在黑門山就不只可以享受到體育館，還可以享受到學校提供的所有奇妙設施。不用擔心，魯賓德爾先生，黑門山在開羅這裡有一個很好的宣傳部。⑤」[44]

但他畢竟已經上了大學，將要在美國建立生活，將要像托克維爾、布萊斯子爵（Viscount Bryce）和西蒙波娃那樣，帶著一種美國人總是會授與外國人的權威來診斷美國。他這關鍵勝利很大程度取決於他有能力讓自己通過成為美國人一關。他有很多批評者總是很難認為他是一個如假包換的巴勒斯坦人。他的惡意中傷者總是不放過任何機會，把他描繪為一個假扮巴勒斯坦人的紐約客。薩依德在收養他的文化裡是那麼怡然自得，以致至少有一半他的讀者看不出來他的阿拉伯性（Arabness）。一九八〇年代早期，當他和耶魯沙爾米（David Yerushalmi）——教他太太瑪麗安希伯來文的伊朗猶太人——一起散步時，後者問他：「薩依德教授，你對美國沒有任何疏離感嗎？」他回答說：「曾經有過，但已經克服。」[45]

但這始終是一件他需要努力的事。從他的文章判斷，他總是鄙視美國的娛樂工業，激烈抨擊美國電影、報紙和漫畫的霸權性力量。他為自己建立一座情感碉堡以抵擋「中產階級美國」（Middle America）的荒涼，表示同情那些「困坐在布魯克林的人，他們的女兒打扮過度、嚼口香糖、趕時髦穿短襪。」[46]假以時日，他駕馭了美國的俚俗語，但使用時一律會帶點英式英語腔，加以自嘲。（多年後他從女兒娜吉拉〔Najla〕學會「口紅女同志」〔lipstick lesbian〕一詞時就是這樣。他後來在每次交談中都儘量把它用上。）[47]美國的平頭化甚至蠶食他的名字。他討厭別人稱他愛德（Ed），每逢有人這樣稱他就怒目以對，不過也有例外的時候。[48]至少是有寬恕對方的時候。杭士基都喊他愛德，薩依德從來不糾正他。他在「黑門山」和普林斯頓的朋友，還有他父親，也是這樣。在美國生活的頭五年，他在信末都是署名「愛德．薩依德」。

⑤ 指他自己。

就像其他時候每當他設法梳理他對身為美國人的複雜感情時，他總是前後不一貫。他早已內化了父親對美國文化的喜好，也像父親一樣以作為一個即興者、實驗者和自我發明者取得成功。[49]在麥卡錫主義橫行那十年，他甚至在荒涼的地貌上找到一些亮點。艾森豪總統不是強迫以色列撤出西奈半島，把該地區交還埃及嗎？女記者的前輩桃樂西・湯普遜（Dorothy Thompson）不是在《婦女家庭雜誌》的專欄把錫安主義熱形容為一種永久的戰爭，用善解的態度描繪阿拉伯人嗎？除了是為了符合畢業典禮演講的傳統格式，他去世前一年在黑門山高中所說的話也是發自心坎：「我們的共和國……是那麼獨特，那麼開放，不斷變化和讓人興奮。」[50]這是因為，美國也有自己的異議分子（正如薩依德指出的，他們被津恩〔Howard Zinn〕的《美國人民的歷史》〔*A People's History of the United States*〕記錄了下來）：民權運動、哈佛大學黎巴嫩裔法學院學生納德（Ralph Nader）的公民運動和「把婦女帶進光天化日之下的婦女革命」。

薩依德早年的遊牧生活有助於解釋他在文化效忠上的可變性。他曾經宣稱：「除了圍繞著我，大眾文化對我而言全無意義可言。」然而，他少年時期卻明顯對大眾電影著迷，人生後期又帶著罪惡感被它提供的快樂吸引。[51]至於美國的體育文化，他稱之為「對批判意識的麻醉」，他又納悶童年時代環繞他的心靈世界「和任何嚴肅意義的心靈的關係是那麼的小」，後來他怎麼會變成知識分子？[52]然而，在他最多產的那些年間，他看過的電視斷然比他自己承認的多得多，除此之外，他還貪婪地讀勒德倫（Robert Ludlum）的小說。

在一九九三年一次沒有刊登的採訪裡，他比任何時候更加坦白地承認，人生頭二十年在開羅和美國看過的美國電影對他的思想大有影響。在他可以在紐約的電影院自由自在看電影之前，他都是到不時髦的埃爾丁街（Emad el Din Street）的戴安娜電影院看電影。家裡規定他每星期只能看一齣電影，都是在星期六下午看。那是他「唯一能夠從沒完沒了拳擊訓練和家教中透一口氣的時候。」因為他媽媽禁止他把同一齣戲看兩次，每一幕對他都彌足珍貴。當他終於一個人在紐約的時候，他養成在第四十二街反覆看同一齣電影的習慣（那裡的電影都是不分場）。不過對他而言，就連樂趣都可以變成一種鍛鍊。在紐約，他一口氣看了麗塔·海華斯（Rita Hayworth）的《莎樂美》五遍：因為「那是我被訓練出來的做事方式……做什麼都拚了命。」[53]

他對美國電影的口味在開羅的時候已經養成，在那裡，他「對於好萊塢電影應該是怎樣有了一整套複雜的想法。」事實上，他的想法一點都不複雜。他解釋，對他來說，好萊塢電影就是要有「穿著誘人衣服和長得像黛比·雷諾（Debbie Reynolds）或賽德·查里斯（Cyd Charisse）的女孩」。一九四六年十一歲那一年，他因為渴望去看麗塔·海華斯的《吉爾達》（*Gilda*），在媽媽面前大吵大鬧，想要她就範。但她就是堅不同意，讓他「繼續被管得死死。」[54]

因為逃不出媽媽的掌心，他想辦法繞過她的禁制。每逢媽媽禁不讓他看那齣戲，他就會翻閱《影畫雜誌》，探究他錯過的劇情和打量女明星的有光澤照片，以滿足他的少年好奇心。和別人交換電影知識是他最喜歡的消遣之一。例如，他有一次在黎巴嫩和一個較年長的朋友爭論，羅伯特·泰勒（Robert Taylor）芭芭拉·史坦威（Barbara Stanwyck）。但薩依德其實對羅伯特·泰勒毫無興趣，認為他是個「蠢貨」。

他也利用他媽媽的假定。她和瓦迪想辦法把他導向《萊西》（*Lassi*）、《任丁丁》（*Rin-tin-tin*）和《我的朋友弗利卡》（*My Friend Flicka*）之類的電影，他卻迷上了《陽光下的決鬥》（*Duel in the Sun*）中的珍妮佛・瓊絲（Jennifer Jones）——他獲准看這電影是因為它是西部片。《聖女之歌》（*The Song of Bernadette*）因為是關於修女，所以家裡也沒有反對他看。就這樣，他媽媽無意中滿足了他的幻想。

> 《聖女之歌》本來是非常虔誠……但我卻覺得……它非常有勾引力。伯納黛特⑥是創立盧爾德（Lourdes）的女人，我現在仍然認為，如果我病得很重的話，那是我會想去的地方。⑦為什麼是伯納黛特？……我認為她很純潔……卻又……很性感……我們家非常清教徒式……珍妮佛・瓊絲在片中是個修女和聖徒……這讓我非常興奮。[55]

到了中學，他變得更加不順服。十四歲那一年，在即將前往美國之前，他終於蹺課去看「犯禁電影」（那一年的成績單滿是丙和丙下）。幾乎任何電影都比安全的中東歷史愛情片吸引他。後者——例如《天方夜譚》和《阿里巴巴與四十大盜》——是他父母大力推薦，由於他受的是英式教育，這些電影是他對「我所生活的世界的一部分——阿拉伯世界」的唯一一瞥。

被好萊塢以刻板印象對待的不只是東方。瑪莉亞・曼提茲（Maria Montez）、薩布（Sabu）和杜漢・貝（Turhan Bey）這些常演阿拉伯人的明星固然不是貨真價實（杜漢・貝是土耳其裔奧地利人），但電影裡的洛杉磯一樣是贗品，充滿各種來自「米高梅音樂劇的人物，例如計程車司機和穿制服打小蝴蝶領結的電報男孩。」[56]當薩依德在二十三歲終於第一次看見加州時，他不能自已地設法在街上尋找這一類人物。

好萊塢不能提供他鋼琴老師蒂格曼介紹他認識的開羅高級妓女，卻可以提供一些同樣的挑逗。某種程度上，兩者在他的頭腦裡融合了起來。畢竟，主流大眾文化很早就意外地吸引住他，之後繼續跟他的階級和家族位置所屬的高調品味競爭。雖然他在一九七〇年代和一九八〇年代是「傑作劇場」（*Masterpiece Theatre*）的粉絲，又看不起兩個孩子看的電視節目，但藝術戲院的電影卻讓他覺得無聊乏味。他特別迴避有政治信息的勵志電影。「我不想看那些人類學電影。」他說。[57]他看的電影絕大部分是動作片，例如《終極警探》、《魔鬼總動員》和《致命武器》。[58]他也仍然會透過情慾電影逃避現實。在一封從國外寫給同事的信中，他假心假意地說：「我在離開紐約前行禮如儀地看了《深喉嚨》〔轟動的色情電影〕……這電影沒有社會價值。」[59]

薩依德在一九五三年六月七日領到「黑門山」的畢業文憑，此後繼續和老校長長久保持聯絡。他感覺魯賓德爾很好親近：這位溫文的校長過去總是極其重視希爾妲慌慌張張的來信，又像第二父親那樣幫助薩依德在學校安頓下來。顯然，薩依德在「黑門山」的拚命已經讓他對這個學生日後可能會有什麼成就有了堅定看法。在他為薩依德所寫的申請研究所推薦信中，魯賓德爾指出：「薩依德先生的中東背景，讓他能夠以不尋常和中肯的方式有效地刺激別人的思考。」[60]薩依德對自己的看法和別人對他的看法終於一致了。

⑥《聖女之歌》的女主角。
⑦盧爾德位於法國，是一處以讓人得醫治著稱的宗教聖地。

第3章

常春藤學徒生涯

AN IVIED APPRENTICESHIP

詩是嘴巴和口語的愛子：它必須被說出來。**在未被說出以前，它沒有表演**，如果沒有表演，它就不是它自己。

——霍普金斯[1]

當薩依德一九五三年入讀普林斯頓大學時，他很確定這個地方的親近感將會讓他忘卻黑門山中學所在地新英格蘭的嚴峻。他沒有多想就選了這學校（哈佛也收了他），部分原因是他在一九五一年夏天已經和父母參觀過這校園。與哈佛不同，普林斯頓一向被譽為外國精英子女的避風港，而薩依德家雖然遠遠不是皇族顯貴，但無疑是有錢人。到頭來薩依德卻失望了，發現普大不過是「紐澤西曠野裡」一間特大號的淑女學堂①，提供的是更多他以前在「黑門山」忍耐過的上流社會怪癖和空洞談話。只不過，這一次他的同班同學們還會酗酒。[2]

普大讓他唯一留戀的是它深具實驗精神的音樂系。這個系網羅了美國最大膽的其中一些作曲家，包括巴比特（Milton Babbitt）和塞欣斯（Roger Sessions）。還有爵士鋼琴家和作曲家伊頓（John Eaton），以及孟德爾（Arthur Mendel）和斯特倫克（Oliver Strunk）等重要音樂學家。薩依德後來的讀者也許想不到的是，他曾經好好考慮過要不要主修音樂。進入普林斯頓大學之前是他人生中最聚精會神練習鋼琴的時期，而現在他卻有機會師從作曲和音樂理論上的領導性人物。紐約近在咫尺，而當他的表演好得足以贏得「音樂之友獎」之後，他被容許跟從紐約的傑出演奏會鋼琴家謝里登（Frank Sheridan）學習，後來又被允許在茱莉亞學院（Juilliard）學習。

在普林斯頓，把薩依德引離開音樂的不全是文學研究。不像其他常春藤名校，在普林斯頓，最有文學進取心的學生都不會選讀英文系，而會選擇只有普林斯頓提供的一種學位：「特殊人文

---

① 富家女子學習上流社會禮儀的學校。

學科」學位。專為最有天分的學生而設，這個創新的榮譽課程結合了哲學、文學、音樂和法語。沒有什麼比這種結合更合薩依德的口味，所以他踴躍報名，也因此被激發出一種泛觀博覽的熱情——他一輩子沒有失去這種熱情。相比之下，例如，哈佛標榜的學者是傑出詩人暨國會圖書館館長麥克利什（Archibald MacLeish），在一眾名校中，普大標榜的卻是著名但怪脾氣的文學批評家布萊克默（R. P. Blackmur）。

薩依德最重要的活動是在自己四周集合了一群死黨和未來的對話者。其中與他最要好的是同班同學戈爾德（Arthur Gold）和法勒（Tom Farer），兩人在大學畢業後和薩依德一道轉入了哈佛，在他九年最重要的性格形成期中，結成一個牢不可破的圈子。哈巴奇②和他們的關係一樣親密，不過他是在研究所的時候才加入這群人。薩依德普林斯頓圈子其他人的重要性比較間接：卡特三世（Hodding Carter III）讓他後來可以收到卡特總統的國務院邀請；納德（Ralph Nader）在他唸哈佛時幫他避開兵役；席格爾（Erich Segal）是與薩依德同屆的英語系研究生，薩依德佩服他有能力寫出暢銷小說《愛的故事》和極懂得怎樣「自我促銷」。[3]

薩依德在普林斯頓的生活看來比在「黑門山」快樂很多。助理院長在一封推薦信上說他「是個有吸引力的年輕人……受到同伴的仰慕，被他們接受為自己人。」[4]換言之，他雖然**不是**他們的自己人，仍然成功地讓他們接受。一九五七年班的山德勒博士（Dr. Gerald Sandler）回憶說，他的同班同學「愛德·薩依德……八成因為他巴勒斯坦人的身分而感到像我們猶太人一樣孤立。」[5]大學時代圍在他四周的人常常聽見他慷慨激昂談論巴勒斯坦人的議題。[6]這樣做的風險顯示在普林斯頓大學學生就業部一名人員所寫的便條；便條中說薩依德「是個皮膚非常黑的大個子」，屬於「阿拉伯血統」。[7]另一位教授雖然讚揚他認真，但認為他的外表「不夠細緻」。[8]

他也許沒有在這種種族偏見前畏縮，但也沒有反擊，至少當時沒有。他用的是另一種會讓很多人無法抗拒的策略：展現國際風華。雖然不是自己圈子中唯一突出的知識分子（這群人非常優秀），但是單單只有薩依德給人一種「見盡世面」的感覺。[9]這是錢幫的忙。他負擔得起任何朋友提議的冒險，而他的政治關係——包括拜訪華府的一些顯赫家族成員和在紐約的黎巴嫩領事館過夜——助長了他的光環。他在普林斯頓最親密的同伴大部分是猶太人和都市人，是店老闆或專業人士的子女，反觀他的宿舍室友大多來自中西部籍籍無名城鎮和工人階級。他幫助他們其中一個通過「比克的折磨」（一種兄弟會的惡搞入會儀式），讓對方被適合的社交會社接受。他的朋友麥克勞德（Alex McLeod）和他在前往紐約參加音樂會的路上，被薩依德的奇怪舉動嚇了一跳：「如果有一個正統派猶太人向我們走來，他就會過馬路，到對面繼續走，以避免和他們打照面。」麥克勞德看出這是一種象徵性抗議，是要表示對在巴勒斯坦傷害他族人的人的憤怒。不過就像薩依德圈子的其他人那樣，麥克勞德認為他「絕對沒有反猶太主義思想。」[10]儘管如此，薩依德的憤怒姿態還是讓他傻眼。

據麥克勞德觀察，在整個大學階段，「基督徒身分對他〔薩依德〕非常重要。」他甚至對入學面試委員會宣稱，他計劃讀醫，以便成為一個「行醫傳教士」，後來又志願在學校的禮拜堂裡

---

② 他和薩依德是在開羅的中學同學。

唱詩歌。（這超出了學校要求學生的：自己選擇一種宗教禮拜參加就好。）[11]這些歸屬並沒有讓他的同學誤以為他適應得很好。演奏鋼琴時的焦慮，對未來事業道路的猶豫不決，還有他習慣把他對自己的不滿視為是父親的專橫導致，所有這一切加在一起最後讓他爆發。雖然為人隨和且風趣，但當他向朋友們透露他正在看精神科醫師時，誰也沒有感到驚訝。他將會繼續看精神科醫師一輩子。

儘管受歡迎，但正如他的研究所同班同學弗里德（Michael Fried）後來指出的，薩依德「有一點奸詐（*méchant*）」。[12]他完全能夠適應普林斯頓的習俗，特別是喜歡在飲食俱樂部（eating club）吃飯的儀式，但同時又可以對這些習俗很挖苦。每個飲食俱樂部都有自己的個性，而他自己參加的「校園俱樂部」（Campus Club）——是專為知識分子型的人而設。不過，他在普林斯頓參加各種社團活動的代價是得要熬夜唸書，而他並不總是吃得消。在決定唸什麼科系的大考的前一晚，朋友發現他到半夜還待在漆黑的公共休息室，正在用頭撞牆。[13]

即使適應得來，他有時還是會顯得有點古怪：看似備受折磨、感情深藏不露。一個室友發現他都用阿拉伯語說夢話。醒著的時候，他會按照訪客的不同而調整他的語言：遇到懂阿拉伯語的人就說阿拉伯語，遇到懂法語的人就說法語，不然就說英語。他說得「一口漂亮法語」，而他的英語有兩種，一種是美式英語，一種是牛津英語——他可以為了說明一個論點或為了和對方腔調一致而瞬間在這兩種英語之間切換。[14]他本來就看書很快，後來又上速讀法的課程加強這方面的能力（他把這速讀法介紹給了妹妹葛莉絲）。[15]有一次，他不知怎地拿到一本《齊瓦哥醫生》的預印本，在宿舍房間一口氣從晚上七點讀到半夜，過程中不斷快速翻頁。當他向室友宣布「讀完了」時，對方覺得難以置信。[16]

首先讓他質疑自己的醫生夢的人是戈爾德，不久以後，文學和鋼琴都同時來爭取他的青睞。[17]當時沒有人猜得到他將會選擇前者。一大理由是文學界一片沉靜，最大的明星只有加拿大的文學分類學家弗萊（Northrop Frye）。文學也顯然不在薩依德圈子中任何人（戈爾德除外）的注意範圍內。原來，薩依德的最後選擇是受到反面壓力推一把。普林斯頓雖然擁有顯赫的音樂老師班底，但演奏上的實力相對比較弱。[18]音樂系剛剛被韋爾奇（Roy Dickinson Welch）改造過，變得側重理論，聚焦在和聲、對位法和作曲。音樂界九個最知名人物中有八個被他網羅了過來。[19]

這種吸引力也可以在表演的一側找到，儘管這一側沒有那麼顯赫。在高年級時，他師從傳奇人物卡恩（Erich Itor Kahn）。卡恩是另一個舊大陸的猶裔流亡人士，每星期會來紐約一次，指導薩依德和其他幾人。雖然薩依德不滿意這些年間的其他鋼琴老師，但柯恩（Edward T. Cone）和福布斯（Elliot Forbes）都算是第一梯次人物。[20]後者後來將會轉到哈佛，成為它的「灰衣主教」。③前者是愛默生的外孫，穿梭於波士頓的上流社會。

雖然吸收了重劑量的音樂理論，又有機會接觸系列音樂和無調性音樂作曲家巴比特和塞欣斯

③指在幕後擁有大權的人。

（以及透過伊頓接觸爵士樂），但薩依德的音樂品味相當傳統。身為合唱團的主要伴奏者，他特別受巴哈、蕭邦和舒曼的吸引。他自謂，他在鋼琴中浸淫得越深，他就越難在他的技法（一個朋友形容這技法「無疵可尋」）和演奏會表演者之間找出區別。[21]每個人都知道他正在考慮以音樂作為專業，但又知道他「受到神經過敏」所苦，有時會「推快節奏」。[22]但他的技巧無疑非常讓人驚豔。一九五七年五月十一日，他在夏仙義（Nicholas Harsanyi）的指揮下和普林斯頓管弦樂團一起演奏巴哈的C大調雙鋼琴協奏曲，流傳至今的錄音顯示出他的優異變調和閃電般的速度。[23]他的體格完全適合彈奏鋼琴：有一雙強壯和「像拳師」的手，身體頎長，彈琴時會像模仿顧爾德（Glenn Gould）似的趴在琴鍵上。[24]

隨著他對醫學與商業的短暫興趣緩和下來，且不情願地否決了音樂事業，戈爾德變成了他的「兄弟」——這是戈爾德在一九八八年年底去世後薩依德在電話中對他的遺孀瑪莉·海倫娜（Marie-Hélène）所作的形容。[25]正如瑪莉指出，他們的友誼之所以特別深厚，部分是由於雙方都有一個專橫的父親。[26]這種試煉讓其他人格特徵繁榮茁壯：「戈爾德有一種想像別人觀點的神祕能力，有著思想移情的非凡本領。」[27]正是戈爾德介紹薩依德讀維柯（Giambattista Vico）的作品：這位十八世紀早期拿坡里修辭學家和鉅著《新科學》（*The New Science*）的作者將大為形塑薩依德的思想。[28]雖然和薩依德以創新方式閱讀維柯作品無甚關係，但戈爾德順手拈來的旁徵博引和不講究實際卻讓薩依德深受吸引。在教會他「批判思考的基本要素」[29]一事上，只有他的哲學教授沙馬利（Arthur Szathmary）可以被認為和戈爾德有一樣的影響力。對一切不買帳、事事懷疑和總是支持學生的觀點，沙馬利讓薩依德第一次意識到書寫和言說的複雜性和歧義性。

戈爾德和薩依德在大學第一年一起進入「特別人文學科」計畫就讀，此後十年形影不離。不過兩人也有緊張的時候。例如戈爾德是班上第一名。他也是一部精彩獨幕劇的作者，寫過一篇論亨利・詹姆斯和福樓拜的雄心勃勃論文（他的教授們拿他的名字開玩笑，稱讚這篇論文是「純金」④）。政治也是他們不對盤的地方。兩個年輕人爭論蘇伊士運河危機（阿拉伯圈子稱這危機為「三國侵略」，指英國、法國和以色列三國對埃及的入侵），兩人都認為己方是飽受欺凌的弱勢群體。

因為穿著量身訂製的歐洲西服和有著一頭波浪形黑髮，薩依德很能打動女人，反觀戈爾德則是典型的書呆子。他的厚重眼鏡和寬鬆燈芯絨褲跟薩依德對他的描述如出一轍：「瘦巴巴，神經質地一根接一根抽著菸，眉頭深鎖，手勢頻繁，一肚子疑問，常常用風趣和沙啞的聲音自我打斷。」[30]

隨著歲月流轉，戈爾德產出的作品少得可憐，和薩依德形成強烈對比。雖然他不經意提起的想法也許比別人用著書立說來表達的還要精彩，又雖然他有無限多的文章題材構想，但他的扛鼎之作遲遲沒有下文。[31]不像大部分常春藤聯盟明星，戈爾德畢業後拒絕前往牛津或劍橋，反而接受了扶輪社一筆研究金，前往印度。這是因為他認為印度巨大、歷史古老，很有可能會改變他。他是艾森豪時代一名桀驁不遜的自由派。從印度歸國時，他和薩依德在開羅機場見面，指出自己

④「戈爾德」（Gold）的字面意義是「黃金」。

從印度得到的收穫少得可憐。戈爾德想必會欣賞薩依德的「近東」身分認同（「近東」是薩依德當時對該地區的稱呼），這種身分認同清楚見於薩依德的第一篇政治文章。該文章一九五六年發表在《普林斯頓日報》，談的是蘇伊士運河危機。[32]

這篇文章業已流露出薩依德成熟時期作品的旋律。其平心靜氣的調子和情操高尚的保留態度顯示出作者是一個熟諳國際關係的人。他指出，納賽爾對蘇伊士運河的國有化政策不是一個激進分子的草率冒險，而是「阿拉伯人和西方之間一系列僵局的邏輯表述。」世界銀行雖然同意資助部分興建亞斯文水壩的計劃，卻制定嚴苛的條件，要求埃及首先要和以色列談和。然後，西方又要求高得嚇人的貸款利率。反觀蘇聯的競爭方案要好得多，這方案允許埃及「有錢再還」，而且不收利息也不規定埃及和以色列的關係。就算蘇聯的好意另有目的，仍改變不了這是一宗較好交易的事實。另外，西方的不妥協已經損害了世界對美國的尊重。受到動搖的是納賽爾**對西方**的信任，而不是像美國國務卿杜勒斯所以為的另一種情境。因為美國仍然是以色列主要教唆者，發生在該地區的所有不公義最終都是「源自於巴勒斯坦問題」。似乎沒有一個西方強權明白，和阿拉伯國家保持友誼符合西方的長遠利益。

不管是因為戰術考量還是出自真正的內心矛盾，他的辯護並沒有流露出他的家人對納賽爾主義的殷切態度。另外讓人意外的是，這篇文章沒提一九五五年的萬隆會議——這個傳奇性會議在印尼萬隆舉行，有三十九個第三世界政府參加，表達他們對於政治自決的支持。正如薩依德的未來岳母瓦妲指出的，有關萬隆會議是一個分水嶺的說法甚囂塵上。她又讚揚會議突出了殖民主義的罪惡，特別標舉納賽爾，稱他因為挑戰以色列的正當性而「為巴勒斯坦贏得一場象徵性勝利。」[33]這一切都不見於薩依德的文章中，讓人費解，因為埃及政府對異議分子的鎮壓（他的朋友哈達德因此喪命）還未發生，而納賽爾沒有能力在和以色列的軍事攤牌中贏得勝利也是未來才知道的事。[34]不管怎樣，薩依德在列舉他認為偉大的阿拉伯政治家時，沒有提納賽爾的名字。

儘管他在普林斯頓有很多成就，但這些成就不像是在「黑門山」的時候那樣，全都是昇華的結果。校方禁止學生開車（違規者有可能被停學），但他卻偷偷在校園外頭一個車庫裡放了一輛愛快羅密歐，用它到附近其他校園尋芳——大多都徒勞無功。[35]他的妹妹們無意中幫了他一把。薩依德唸大二時，他的大妹羅絲入讀布林莫爾學院（Bryn Mawr），而透過她，他認識了她的朋友蘭希．迪爾（Nancy Dire），兩人有過一段韻事（不過不是馬上發生）。一年之前，薩依德在舍韋爾村度假時認識了富有肥皂製造商說法語的女兒伊娃伊娃．艾馬德（Eva Emad），兩人發生了關係。經歷過起初的笨手笨腳性愛之後，薩依德發現了擺脫母親監視的親密關係的快樂。

這段戀情一開始相當熾烈，一年有九個月是在遠距離悶燒，每個夏天在黎巴嫩復燃。這段關係甚至延續到研究所階段，不過由於兩人分隔異地，所以只是斷斷續續。最後，因為伊娃沒有事業野心又是東正教徒，所以被認為不適合薩依德。[36]他在回憶錄裡暗示，他們的愛情是他媽媽破壞，因為他媽媽嫌棄伊娃的年紀、宗教信仰和只會法語。不過其他因素一樣重要。伊娃仁慈、端莊和虔誠，但只有中學教育程度，而且家庭風氣保守。她在薩依德傾吐自己的思想時只能夠耐心聆聽，無法接話。這段關係一拐一拐地拖到一九五〇年代後期才終於壽終正寢，當時薩依德宣布他將會和另一個女人在一九六一年訂婚。

隨著他和伊娃的感情逐漸生變，他發現自己對蘭希．迪爾越來越有好感。最後兩人是那麼如膠似漆，他甚至帶她回開羅見家人。不過這段關係在一九五九年也戛然而止。從薩依德寫的分手信來看，兩人共同擁有一些密紋唱片：

> 原諒我寫這封信時的輓歌調子，然而它是困在我內心的憂鬱的一次自我表達。這音樂的美是許多在憂傷和狂喜中的回憶的美。對妳，它透露出一個尋求永久和諧的阿拉伯靈魂的無盡痛苦……對於我們曾有的短暫合一有許多值得感謝……我責怪我自己。然而，永遠不要為熱情之罪內疚……聆聽這個，讓自己融入永遠的、不滅的、美得不可言喻的樂音中——也許它是為我們而設，只為我們而設。[37]

幾年後的一九六二年，當他還在哈佛唸研究所的時候，他娶了瑪莉・亞努斯（Maire Jaanus）。兩人在一九五九年認識，這一次又是透過一個妹妹介紹。不過這一次的妹妹是珍妮，當時她正在瓦薩學院（Vassar）唸書，和瑪莉是同班同學。瑪莉不只是薩依德的愛人和伴侶，還是一個真正的共事者，具有可與他匹敵的思考力和語言天分。當時也在攻讀博士學位（文學博士），她和薩依德一起研讀歐陸的理論。兩人在一起的最初幾年洋溢著幸福，而他們所進入的領域才剛為他們的特殊在世性（worldliness）和哲學品味打開。

就在他要從普林斯頓畢業前不久（當時阿爾及利亞戰爭正打得如火如荼），他認識了阿布－盧格德（Ibrahim Abu-Lughod），對方是普林斯頓大學的研究生，來自雅法（Jaffa）。當時薩依德是校園裡音樂社售票亭的志工，阿布－盧格德趨前找他談話。起初兩人只是泛泛之交，但是後來阿布—盧格德把薩依德拉入阿拉伯裔美國人的政治活動中，兩人也合作寫文章、寫書和拍電影。在二〇〇一年的訃文中，薩依德稱他為自己的「古魯」（guru）。⑤在他們認識那時，阿布—盧格德正要前往開羅為聯合國教科文組織工作。薩依德出於各種理由，也要前往開羅。這種地理上的接近性讓他們的關係得以深化，而較年長的阿布—盧格德為薩依德講解第三世界的政治鬥爭態勢，特別是講解正在阿爾及利亞上演的武裝鬥爭。[38]

讓他們的認識更為命運攸關的，是薩依德前不久才答應父親的要求，要在一九五七至五八年的學年留在開羅的公司見習，然後才到哈佛唸研究所。他這樣做不只是為了取悅父親。在普林斯頓畢業之後，雖然感受到思想生活明顯讓他得到釋放，但他仍然打算按照原定計畫，定居在「近東」，從事教書或者做生意。[39]

所以他把哈佛的「豐厚獎學金」推遲一年。此舉除了是想要減輕父親的壓力（他父親因為健康的理由需要休息），也是想和伊娃分開一點，以及聽從梅利亞阿姨的建議，給從商的人生一個實驗機會。[40]但還有其他理由。他想要和蒂格曼再續前緣：「我當時回去中東一年，基本上是為了彈琴。」[41]即便他從阿布—盧格德學來戰鬥性第三世界主義（third worldism），他的心態仍然是因循的。會讓人聯想起他寫給「黑門山」校長那些奉承信的是，在他前往埃及時，他採取步驟，確保《普林斯頓校友週報》會轉寄到他在開羅的郵政信箱。[42]

---

⑤「古魯」是印度教或錫克教的宗教導師的尊稱。

雖然也有很多讓他興奮之處，但待在開羅的一年產生了一連串的反效果。他決定了不要繼承家業，也不要當鋼琴演奏家或醫生，哪怕他在大學一直有修化學和生物這兩科醫學預科課程。在向哈佛申請復學時，他解釋說：「待在埃及我父親公司工作這一年對我不無好處……我比以往更加確定，長遠來說我想做些什麼：教書……近東的政治渾水為我的思想增加了一個新的維度。」[43]事實上，他不想過一個經商的人生還有私人原因：他不喜歡卑躬屈膝的感覺。這位被尊重慣了的「薩依德先生」不想像標準文具公司其他僱員那樣，開口閉口稱客戶為「老爺」（sir）。

尤有甚者，他的周遭環境就是太俗氣了。基本上，他工作清閒，所以有時間第一次密集閱讀齊克果、尼采和弗洛依德的書，另外寫寫音樂評論和詩（有些投給了貝魯特的小刊物）。[44]我們無法得知，他會逃離合約和帳本的生活，是不是還出於更高的召喚，或出於納賽爾埃及的經商環境不穩定，又或是出於缺乏父親的數字頭腦和掌握雞毛蒜皮細節的能耐。不管怎樣，他在幾乎不自知的情況下，在人生中第一次成為了他本人。

從待在開羅這一年開始，薩依德就不斷擔心他在美國的兵役問題。他在一九五七年夏天寫信給哈佛說，他將會在九月到劍橋⑥處理兵役問題。[45]到了一九五八年，他被歸類為1–A級，所以可以立即被徵召入伍。他成功拖住徵兵委員會一段時間，但到了一九六〇年八月，他被要求到長島城接受體檢（這是入伍前的最後一步）。他的回覆是父親生病，需要他在暑假期間幫忙照料家族生意。最後，靠著納德（Ralph Nader）出面幫忙，他的在學生緩徵資格獲得了確保。

在一段略少於八年的時間裡，薩依德的思想受到四個偉岸的楷模所形塑：普林斯頓的布萊克默和沙馬利，哈佛的李文（Harry Levin），再來是黎巴嫩政治家和貝魯特美國大學的哲學教授馬利克（Charles Malik）。⑦他們全都為他的修辭風格和研究方向提供了榜樣。不過他對馬利克的政治見解反感。馬利克的右翼基督教主義讓他極為感冒，以致日後稱之為「我人生中一大負面思想功課。」[46]儘管如此，薩依德的作品還是融合了布萊克默對美國文化景觀的悲觀診斷，和馬利克建立一種鮮明阿拉伯人文主義的使命感。

布萊克默喜歡說歐洲有能力在複雜的概念化水平思考，「思想力量」要遠勝於美國人，而薩依德會在一九六〇年代和一九七〇年代率先提倡各種歐陸哲學，毫無疑問是衍生自這一觀點。薩依德經常抱怨美國思想的「淺薄」，指其「異常缺乏我們可以在法國、德國和義大利人作品中找到的哲學反省。」[47]另一方面，布萊克默又認為美國人有更高一籌的「幹勁」。說來諷刺，薩依德雖然明明具有強烈的美國幹勁和歐洲感受性，但日後《東方主義》的讀者卻把這書誤解為是反歐洲的。

布萊克默從來不是薩依德的正式導師，不過卻是他的高年級論文〈道德視野：紀德與葛林〉（The Moral Vision: André Gide and Graham Greene）的審閱者。就是布萊克默為薩依德申請「威爾遜獎學

---

⑥ 指哈佛大學的所在地劍橋，非英國劍橋。

⑦ 這四個人前面都提過。

金」寫推薦信（申請成功）。一九五七年十二月十三日，在一封手寫的短柬中，布萊克默指出：「我對薩依德的個人了解非常有限，只籠統地感覺他精力充沛，並具有吸引力。」不過又說薩依德的論文「讓他讀得津津有味，因為這論文智思連連、範圍廣闊，而且偶爾會對道德視野的性質有驚人的洞察。」[48]

至於沙馬利，他對這個年輕人的興趣幾乎可說是充滿熱忱。他覺得薩依德的法文「無疵可尋」，又極力在同事們面前稱讚薩依德「嚴肅而沒有流於沉重，溫文爾雅但不乏味，有教養但不令人厭倦。」[49]這兩位老師屬於不同領域，思想風格也不同，但就像薩依德那樣是真正的叛逆者。不過，和薩依德不同的是，他們不是生在學院環境，而是因為說話尖利——可接受的尖利——而獲得學院的保護和獎勵。沙馬利對薩依德的影響雖然關鍵，卻是一般性：他教會他「批判思考的基本要素」。[50]對他更持久的影響來自布萊克默。

讓他這兩位「師父」顯得不正統的原因在今日看來也許不值一談，但它們卻讓薩依德大受激勵。在二次大戰之後，對於在大學裡應該怎樣教授文學發生過一場尖銳爭論。抱殘守缺的老派語文學家（philologists）受到激進的「新批評家」（New Critics）的挑戰。雖然「新批評家」今日看起來是保守分子，但他們在冒出的當日卻是叛亂分子。他們堅稱閱讀文學關係到美學鑒賞和文學形式，不只是考據訓詁。他們強調文本有一個獨特的比喻向度（多多少少和一九六〇年代發生在歐陸理論的「語言革命」類似），這一點最終變成了他們運動的執念。

因為排斥老派語文學的枯燥專業知識，他們最終走得太過頭，把歷史和政治從文學批評全部移除，認定一個理想讀者就是一個除了眼前的詩歌或小說以外別無所知的人。以這種方式，藝術作品成為了有自己符碼的自我封閉意義機器。挖掘作者生平細節和尋找作品是如何寫出的做法被認為多此一舉。這就不奇怪薩依德從一開始就受布萊克默和沙馬利的吸引：他們雖然也重視作品的美學形式，但卻很不合潮流地聚焦在政治和社會面向。

作為一個異類，布萊克默發起了一些日後薩依德將會幫助提倡的潮流。雖然站在政治左派，但他和薩依德後來的博士班導師李文都對馬克思十分戒慎，雖態度尊重和有不少借用，卻保持一定的距離。他們談到資本主義時語帶鄙夷，在語言藝術中看見對一個不重視任何不立即有用事物的社會的報復。[51]在一頁小說手稿中，薩依德寫入了布萊克默一句謎樣的話：「知識本身是從混沌未開的天堂的一個下墜。」[52]這話是在暗示，認知的悲劇在於，當原初的求知衝動獲得滿足，它的美就會閉合，因為這種滿足會沉澱成為讓人不能滿足的確定性。值得過的生活是向美的神祕敞開的生活。

不是每個人都會同意薩依德所主張，布萊克默是二十世紀前半葉最偉大的美國文學批評家，但在他的大部分同時代人看來，他是獨一無二的。他不是那種「可以被複製和再利用的人，像學會了的一課那樣可以直接利用。」[53]在他的學生眼中，他不只是個老師，更像是一個「現代主義的大祭司」。他熟悉他自己在學校教的那些詩人，例如奧登（W. H. Auden）、路易絲・博根（Louise Bogan）和史蒂文斯（Wallace Stevens）。他會給學生大聲唸詩，一唸就是幾小時，手上拿著香菸。坐在他的課堂上，薩依德明白了體格和性格可以影響文學批評，可以賦予這種批評非語言文字能及的說服力。當他日後讚揚自學成功的人士時，他想到的就是布萊克默——一個除了沒有博士學位還沒有高中文憑的教授。[54]布萊克默的吸引力之一是把文學洞見和「幽默風趣」結合在一起。[55]

雖然絕不是不關心政治的人，也絕不是只是一個形式主義者，但布萊克默在英語系裡算是一個「新批評家」。只不過，「回到作品本身」的要求——「新批評」的正字標記——並沒有妨礙他撰文談理性的命運，或抗議把理性視為數學和技術的私有財產（薩依德在日後將會刻意發展這個觀點）。布萊克默幫助開創了對新聞和娛樂媒體保持懷疑的研究，將小說和詩歌的研究從才智和作者聲音的議題推開，推向「它們不由自主所代表的整個社會制度的運作力量。」[56]他研究文學的經濟學、牟利動機和「金融資本主義」對藝術的威脅，而且在很多方面比薩依德自己說得更白。

薩依德總是被認為是虛構文類（特別是小說）的批評家，但他的思想養成的核心卻是詩。布萊克默在這方面對薩依德有直接影響，這又特別是因為他對霍普金斯（Gerard Manley Hopkins）的詩有著深深喜愛。霍普金斯相信，任何偉大作品總帶有口說語言的性質。薩依德常常引用布萊克默的一句話：「把文學帶向表演。」這不只是把文學評論家想像為一個在一群觀眾面前演奏的音樂家，還是把他想像為一個在法庭上發表論據的演講家。[57]布萊克默在《作為姿態的語言》（*Language as Gesture*, 1952）中說過：「作家的筆所寫的字不像他嘴巴所說的話那麼有活力。」[58]

布萊克默不只追隨霍普金斯，指出那讓他和薩依德成為文學批評家的獨特力量所在（以湧現的自發性書寫），兩人也從霍普金斯的宗教觀獲得力量，把文學批評變成一項世俗志業。重要的是，霍普金斯本來是個殷切的英國國教教徒，後來轉皈天主教，成為耶穌會會士，而在他的詩裡，一種超自然的能量搏動在自然事物表面底下。出於這些原因，薩依德對霍普金斯無比著迷。但還有心理上的理由。當他在研究所著手寫一部關於這位英國詩人的專論時，薩依德把玩著一個想法：「在霍普金斯的詩中……我們可以找到一種對多性戀（把性轉移到文本）的純表演、一種把泛性戀從自然生命轉移到文學生命去的純表演。」[59]如果一個人想要世俗化宗教但又不讓它失去超自然力量，性將會是一條自然的橋樑。

布萊克默在其他方面對薩依德的影響亦不可低估。雖然是個現代主義者（這在當時大部分批評家來說意味著酷愛沒有指稱對象〔referent〕的象徵，或者酷愛一種謎樣的、自我取消的反諷），但布萊克默主張所有創意性書寫最終來說都是勸勉性，有著別有用心的目的和論證，而他也想要復興賀拉斯（Horace）、密爾頓（Milton）和史威弗特（Swift）的說教文學（didactic literature）。這種觀點對當時正在走紅的現代主義來說是旁門左道，而薩依德也注意到了。但是，布萊克默不是一個明顯政治性的人。他認為最佳做法是維持「玩心」，不要攪和到政治組織或政黨裡面去：他讓人難忘地把參與政治組織之舉稱為「在果醬裡鬥爭」（struggle in the marmalade）。[60]薩依德日後取笑布萊克默這種態度，稱之為「教堂墓地裡的布爾喬亞人文主義」，但這種說法忽略了布萊克默的政治自由主義本質上是憤怒的和中間路線的，即既反共又反麥卡錫派。他把「莫斯科的騙局」和「麥迪遜大道的騙局」相提並論。

就像薩依德後來那樣，布萊克默同時是在文學現代主義之內和之外——這種主義在一九五〇年代把自己鞏固為人文學和大都會藝術界的核心政治和美學展望。雖然是個打破偶像者，布萊克默分享著文學現代主義的一些核心見解。除了意味著一段藝術時期（約為一八八〇年至一九四〇年），現代主義代表一些美學立場和藝術態度的寬鬆大雜燴，雜燴中包括了前衛實驗精神、憎惡民主心態和對大眾文化的反感。雖然對這種反民主心態感到不安，布萊克默卻能夠附和現代主義對商業化、愛國主義和樂觀主義的抵抗。後來的薩依德也是這樣。他們讚揚現代主義者刻意不流俗、困難和灰暗，稱他們（用布萊克默的話來說）「有能力在自己裡面把無序吸收為有序而產生出秩序。」[61]

然而布萊克默也看到危險徵兆。他在現代主義裡面發現了一些見於物理學和數學的知識論虛無主義，這些虛無主義讓藝術和科學同時認定人類不可能真正認識真理，認定「人」（person）是一種虛構，是各種機械化刺激的集合體。薩依德也有這些擔憂，但拒絕接受布萊克默把文學批評視為一種悲壯努力的觀點，不認為文學批評是在「神性」（numen）和「癡」（*moha*）之間的無望空間中發起的戰鬥。（據布萊克默的解釋，「神性」是「是一種內在於我們的力量」，會把我們「推向一個本來讓我們害怕的理想」，而「癡」——本是梵文，是他朋友奧本海默用來暗喻原子彈——是讓人屈服於「盲目、必然行為」的「可鄙愚蠢」。）[62]不理會師父的忠告，薩依德將會毅然投入。

如果我們不知道馬利克其人，將會誤解常見於薩依德第一批作品的兩個基調：現世性（worldliness）和本真性（authenticity）。對薩依德而言，馬利克的意義遠多於一位遠房姻親。他認為馬利克的宗教觀點「刺耳和讓人不愉快」，因為後者「經常用『淫蕩』、『虛偽』、『腐敗』和『墮落』等字眼來譴責伊斯蘭教和先知穆罕默德。」儘管如此，薩依德還是不能自已地成為了馬利克的思想門徒。[63]

除了在中東政治、國際關係、聯合國的歷史和黎巴嫩的公共生活舉足輕重以外，馬利克也是二十世紀一位偉大的阿拉伯知識分子。他是聯合國賴以成立的憲章的原始簽署者之一，和羅斯福夫人一樣是草擬聯合國《人權宣言》的委員會的核心成員，又在聯合國連續服務十四年，最後成為聯合國大會的主席。雖然是一個常常要作出艱難決定的政治家，他卻有一個形而上的心靈。在一九五六年至五八年的第一次黎巴嫩內戰期間，他是外交部長，美軍就是應他之邀進入黎巴嫩。當時的總統是夏蒙（Camille Chamoun），他就像黎巴嫩獨立以後的所有總統一樣，是個馬龍派基督徒。馬利克也是改造貝魯特美國大學哲學系的人，一九六二年至一九七六年期間擔任榮譽教授。許多著名大學都把榮譽學位頒授給他。

薩依德從沒有遇過在師承上能與馬利克相比的人。[64]馬利克在一九三四年和一九三七年曾在哈佛師從懷海德，一九三五至一九三六年間又曾在弗萊堡大學從學於哲學家海德格。[65]在「黑門山」和普林斯頓唸書的時候，薩依德常到華府探望馬利克，這讓兩人的關係得到深化，讓他可以享受到有如在開羅家中的愉快氛圍。[66]雖然馬利克不是薩依德的近親，但薩依德卻是馬利克妻子伊娃的近親，而馬利克和薩依德父親也交誼深厚，乃至會在戰時的開羅登門造訪。馬利克器宇不凡（有人會說是傲慢自負），聲如洪鐘，讓他身為老師、外交家和政治家的多重角色更有分量。

然而他在政治轉捩點的角色卻越來越舉步維艱。他在一九四〇年代是巴勒斯坦人的發言人，但在一九四九年之後成了讓黎巴嫩基督徒右派和以色列結盟的推手。對此，薩依德在回憶錄裡有小小的報復，把他描繪為一個自以為無所不知的人，包括宣稱知道古代的太空人是怎樣計算出到星星的距離。雖然兩人年紀和地位不同（馬利克在薩依德大二時已經是知名人物），政治觀點也不同，他們的關係卻越來越深厚，這特別是因為馬利克一家也是舍韋爾村的常客。薩依德對避暑生活越來越感到無聊，但和馬利克討論問題讓他可以擺脫和家人耗在一起的乏味。

他們的人生路途一再交會。當薩依德在哈佛唸研究所的時候，馬利克在一九六〇年擔任哈佛夏季課程的客座教授。後來，當薩依德在哥倫比亞大學已經取得終身職，在貝魯特度教授休假時，馬利克也是那裡的教員，兩人常常接觸。據薩依德自述，至少到一九六七年為止，他一直尋求馬利克的指引。對於馬利克精通阿拉伯語、英語和德語，以及馬利克從費希特（Fichte）到普羅提諾（Plotnus）的哲學家無所不知，薩依德佩服不已。據家人的回憶，薩依德也仔細拜讀了馬利克的作品。這是因為，他在造訪華府的時候是個易受影響的年輕人，而馬利克作品的主題也和他的興趣相契合。[67]

一九五二年，馬利克在華府權力圈子的喉舌刊物《外交事務》（*Foreign Affairs*）發表了一篇重要文章，為未來的東西方關係制定一個研究方向。這篇文章理應會讓薩依德留下深刻印象。題為〈近東：探尋真相〉（The Near East: The Search for Truth），文中馬利克除了突顯了一些薩依德日後將予以深化的主題，還採取了一種會讓薩依德學到許多的平易近人風格。[68]他懇請讀者，為了處理日益高漲的阿拉伯民族主義激情，有必要理解它的觀點。阿拉伯民族主義運動不再把西方看成是解放者，改為看成陰謀家，認為這個陰謀家志在分化和支配，違背在地人的意願而把「無數的猶太人安置在敘利亞的土壤」。[69]

馬利克耐心地檢視中東地區每一個阿拉伯和非阿拉伯伊斯蘭國家，指出古怪的發展軌跡讓它們產生彼此一體的錯覺，但一個反面因素也讓它們真正統一起來，這個因素就是西方強權所創建的以色列國。馬利克力稱，地緣政治有一個文化和精神的層面，不能化約為對自然資源的爭奪。比喻地說，在其兩大主角的理解裡，這場衝突不只是對土地的爭奪，還是以撒子孫和以實瑪利子孫之爭。⑧「以色列和近東其他國家之間有著極深的思想和精神鴻溝……歷史上沒有一個國家像以色列那樣，是與它四周的國家永遠為敵。」[70]西方必須明白，伊斯蘭教不只是一種宗教，也是一種世界觀。對它的了解向來都少得讓人洩氣，不過拜胡拉尼（Albert Hourani）、馬西尼翁（Louis Massignon）、希提（Philip Hitti）和祖雷克（Constantine Zurayk）的先驅性學術研究之賜，對伊斯蘭教的了解已取得初步進展。這些名字是薩依德第一次聽見，而他將會記住。

在他這篇宏文最後，馬利克勾勒出為達成文化了解所必須探索的關鍵知識領域：「近幾十年的『東方學』。」他寫道：「東方學者帶來了多少好處，又造成了多少傷害？為什麼一種對等的『西方學』沒有產生？」他也提出了另一些建議：「有一個絕對的開端嗎？如果沒有，我們要從哪裡開始？」然後他就像薩依德後來的那樣，強調地理是核心問題：阿拉伯文化中的「地理決定論」。他懇請悲憤的阿拉伯人進行基本的自我批判，停止把一切責任歸咎於西方，指出阿拉伯人必須有原創性，不能一味模仿。在提出一張什麼是應該要做的藍圖時，他強調應該在美國建立研究伊斯蘭教和近東的機構，反之，對阿拉伯世界來說最重要的是每年出版「一或兩百部世界最優秀的經典。」他沒有忽略人文學，主張阿拉伯國家由於缺乏中產階級，宮廷詩人因此變得重要：

⑧根據《聖經》，猶太人和阿拉伯人分別是亞伯拉罕兒子以撒（Isacc）和以實瑪利（Ishmael）的後裔。

「為了統治，你必須要聘用一位修辭學家或詩人，要不就得你自己是一位。」[71]

強烈意識到席捲非洲和亞洲的民族解放運動，他把他的建議建立在這個轉變中的景觀。這種為第三世界未來所作的鬥爭為阿拉伯知識分子提供一個開口，讓他們認識到它正向世界各地基督徒——特別是西方基督徒——發出一個緊急警告。他說，我們必須注意「馬克思和馬克思主義—列寧主義並不屬於一個死掉的過去……它們是最活生生的現實，無時無刻不在縈繞我們。」[72]他警告說，透過馬克思主義，「非西方將會逐漸壓倒我們！」[73]

薩依德對於馬利克作品中的海德格成分沒有好感，本著否定他的反伊斯蘭教偏見的精神，同樣否定這種成分。[74]但它們其中一些仍然流連在薩依德身上。例如他就對海德格的「命運」（fate）概念深感興趣，因為它代表著前定論（predestination）的對立面。對德國哲學家海德格來說，人類的處境是擁有徹底的自由，而這也表示人同時負有責任。這種觀點很符合薩依德的世俗基督教精神。表現在馬利克反共聖戰的可怕基督教形式讓薩依德不再受到他繼承而來的信仰的任何公開吸引，加速了他的世俗化。雖然馬利克承認伊斯蘭教對阿拉伯人的身分認同有核心性，但他的宗教偏見和他對歐洲精神成就沒完沒了的讚美，都把薩依德推到非歐洲的一邊，讓他一輩子都對所有形式的反共不是滋味。[75]

入讀哈佛僅僅幾個月前，二十三歲的薩依德驅車前往拜羅伊特（Bayreuth）音樂節，途中在瑞士和一個摩托車騎士發生了「極為恐怖和血流滿地的迎頭相撞」，導致他頭部受創，需要入院治療。意外就發生在富里堡（Fribourg）外，當時他是要去探望表哥喬治（一個轉皈的天主教徒，住在富里堡一個宗教公社裡）。薩依德的「愛快羅密歐」在一條陡峭山路的彎道撞上摩托車騎士，對方和他差不多年紀，當天稍後於醫院過世。薩依德昏迷了二十四小時，在加護病房醒來時看見母親向他探身。那個夏天的其餘時間，他都待在富里堡的醫院養病。他在回憶錄裡對這事件輕描淡寫，一如不管他的家人怎樣追問，他都不肯說出詳情。這顯然是因為事情讓他太過痛苦，無法拿出來討論。這個心理傷口一輩子沒有平復。

除了在一九六二年與瑪莉·亞努斯結婚以外，薩依德在哈佛的個人成長並不像他在普林斯頓那麼多姿多彩和突出。當時是毛澤東大躍進的時代，是古巴巴蒂斯塔政權被推翻的時代，是沙佩維爾屠殺（Sharpeville massacre）的時代，是豬灣入侵（Bay of Pigs invasion）的時代，但薩依德和新婚妻子生活得有點遺世獨立。[76]就像他在日後接受訪問時所說的，那時他因為太投入於書本，連彈鋼琴都犧牲了：「我有五年除了用功學習，真的什麼別的都沒有做。」[77]與此同時，以他和阿布－盧格德在開羅一年期間所建立的深厚同伴情誼為基礎，薩依德慢慢邁向一種新的政治覺醒。當時離阿布－盧格德找他撰寫〈被定型的阿拉伯人〉（The Arab Portrayed, 1970）還有幾年（該文開啟了他的政治事業，讓他名揚阿拉伯世界），不過，他的筆記裡處處都是阿布－盧格德教導他的第三世界主義的痕跡。

哈佛的生活沿著讓人愉快的例行公事前進，這些例行公事包括音樂會、站著吃的午餐，以及跟戈爾德和法勒的思想交流。一九五九年至一九六二年之間，他利用住在劍橋之便，參加了每一場顧爾德在波士頓舉行的獨奏會。最讓人難忘的一場是在一九六一年，一起演出的是法國指揮家帕雷（Paul Paray）和底特律管弦樂團。薩依德繼續固定探望兩個妹妹，也一如既往地認識新的女性。後來成為薩依德在哥倫比亞大學的密友的羅森塔爾（Michael Rosenthal）就是同一個交遊圈的成員。有一次，他走進宿舍，看見薩依德和女朋友在一起，衣服撒滿一地。他回憶說，他早就知道薩依德以瀟灑、自信和機靈知名。這一次，薩依德沒有流露出一絲困窘，就當什麼都沒發生似地開始拿路易斯（Wyndham Lewis）的小說——他自己才剛通過口試——來考問羅森塔爾。[78]後者嚇了一跳，但又佩服薩依德的本事，兩人一輩子的友誼由此展開。

瑪莉出現後，薩依德安定了下來。不多久，這對年輕夫妻就以他們在劍橋法蘭西斯大道殖民時代紅磚屋舉行的時髦花園派對馳名，是想露露臉的人必去的地方，也是當地傳奇。薩依德就像父親一樣，培養出一種對雪茄和菸斗的品味，而當手邊沒有雪茄和菸斗就抽香菸，會毫不難為情地向朋友借菸抽。他終生抽菸，但卻是一個特別的抽菸者，因為他會寫信給登喜路公司訂購一種固定的菸草：「混合菸草 34596 號」。[79]

「藍色的鄉村」——布萊克默用來指消失在自己作品裡的藝術家的意象——捕捉了薩依德在哈佛大學唸研究所期間的心緒。[80]除了結婚以外，他的生活中沒有發生太多事，只不過他的心靈正在爆炸。他向精神分析尋求慰藉，又用生產力將情緒困難掩蓋。二十五、六歲的他投入大量時間閱讀他後來會一輩子採挖的書：維柯的《新科學》、盧卡奇（Georg Lukács）的《歷史與階級意識》（*History and Class Consciousness*）、沙特（Jean-Paul Sartre）的《存有與虛無》（*Being and Nothingness*），還有梅洛龐蒂（Maurice Merleau-Ponty）對現象學和知覺的研究。和普林斯頓時代相比，他的寫作突然變得更有原創性和個性。他大學時期談論亨利．詹姆斯的文章和談論「藝術中偉大與完美的關係」的文章中規中矩，但研究所時期的文章卻振翅高飛。[81]

任何對薩依德招牌觀念的顯性和隱性內容感興趣的人，都會認為這些文章重要。最讓人側目的大概是他對西方哲學經典投入很多心血。再一次值得注意的，是他除了出人意表地讀詩多於讀小說以外，他對科學史亦有深入研究。這些無一是他後來出版的作品的焦點，但它們從一開始就在薩依德的思想中大有分量。例如，他在讀皮爾森（Karl Pearson）的《科學的語法》（*Grammar of Science*）時寫了大量筆記——談的是「或然性」、「偶然性」、「事實」和「因果」的問題。而他也編了一份很長的科學哲學書單。他論休謨（David Hume）的《道德原則研究》（*Inquiry Concerning the Principles of Morals*）的文章讓他的教授貝特（Jackson Bate）認為，此文雖然寫得優雅，但卻不夠「純文學性」，太過「哲學性」。[82]其他文章既有談克拉蕭（Richard Crashaw）神祕詩歌和坎皮安（Campion）作詩法（prosody）的，也有談霍布斯和休謨的政治哲學的。雖然他的教育根基部分在當時是傳統性，但其他方面卻比較冒險進取。在「哲學與藝術」的名目下，他深入鑽研世紀之交的理論家（克羅齊、柏格森和杜威）、藝術家和作者（達文西、蒙德里安和馬爾羅）、心理學家（榮格、弗洛依德和蘭克），以及文化社會學家（普列漢諾夫、豪澤爾和科拉考爾）。

他有一篇文章叫〈福克納的《熊》的研究〉（A Study of William Faulkner's 'The Bear'）。在這篇文章的筆記裡，有一句用紅筆所寫的句子突出了出來：「形式作為對主題的一個道德補充。」在此，我們看到了另一個邁向布萊克默的努力的姿態，這努力就是調和對立面，運用「新批評」的形式為正確的行動服務。[83]預示著他事業高峰的寫作習慣，〈福克納的《熊》的研究〉顯然是一瀉而就，沒有經過重大修訂，文字圓潤清晰。他對霍布斯的《論公民》（*De Cive*）、密爾頓的政治作品和卡西爾（Ernst Cassirer）著作的閱讀，構成了他後來一些理念的骨幹，這些理念包括：應該把宗教理想帶入世俗性中，以及人要講求道德就必須政治化。

在〈沉思性詩歌的安靜音樂〉（The Still Music of Meditative Poetry）中，他採取一種告解的方式，以一件軼事展開全文：「有一個埃及醫學系學生問我，我學文學究竟要幹什麼。埃及是一個貧窮的國家，人民生病和營養不良，可耕地稀少而貧瘠。」薩依德為此感到尷尬，承認詩歌確實不能餵飽一個貧窮的人。不過，古人將詩人視為講實際的哲學家和「立法的先知」時，不是也有一些智慧嗎？他感到語塞，但沒有完全被說服，所以選擇反擊。詩的政治（politics of poetry）也許不是直接或即時的，但它提供了一種獨特的社會力量：「心的政治」（politics of the heart）。[84]

他在一九六〇年代就文學研究是否有助於社會行動所作的內心辯論頗具披露性：

> 因為所有書寫都是政治性的……我認為我們無需害怕「政治家主義」（politicianism）的涵蘊：差勁品味和誹謗中傷。政治學是一門關係的科學……我不能讓步去承認，這兩個人〔柏拉圖和密爾頓〕寫作只是為了打發時間，因為我深信，他們兩人都感覺說話是一種責任，影響別人和引起改革是一種責任……我是一個近東人……所以當我望向書本、報紙和雜誌在埃及的影響力時……每一個印刷出來的觀念，不管是從原有脈絡被孤立出來的還是和一大堆其他觀念混在一起的，都可以被詮釋為一場真正關鍵的政治戰爭：埃及對抗世界所有其餘部分的戰爭。

在他看來，在第三世界寫出的任何東西，都會被當成粗糙和有失優雅的反對意見。在這個節骨眼，他更感興趣的是品味一篇著作的「原來意向」和「加於這意向的過多熱忱」之間的接觸點。[85]

這就是薩依德開始讀英國文學博士學位時候的心靈狀態，這種狀態讓他很自然會選擇他所選擇的導師。其中一位是恩格爾（Monroe Engel），他是一個小說家，曾因為論霍普金斯的著作而得過獎，也是維京出版社的主編，是薩依德兩個導師中對他最親愛的一個。另一位導師是李文，他出生在明尼亞波里斯，但後來旅居巴黎，是范伯倫（Thorstein Veblen）的大粉絲——范伯倫是美國中西部的代表性叛逆分子，既是社會學家又是經濟學家，曾在世紀之交以《休閒階級理論》（*Theory of the Leisure Class*）一書引起學術界憤慨（該書是對美國企業精英精神氣質的民族誌式剖析）。

雖然本來不是常春藤聯盟的成員，但李文後來把該聯盟的禮儀舉止學得十足十，以致扮演起哈佛教授來維肖維妙。[86]儘管如此，他就像布萊克默那樣，獨樹一幟而具有原創性。在普林斯頓被薩依德認為相當蒼白的文學研究方式在哈佛這裡繼續活著，活在白璧德（Irving Babbitt）和摩爾（Paul Elmer More）的徒子徒孫身上——白璧德是兩次大戰期間東岸學術界的巨人，摩爾是他的門生，兩人並列新保守主義鼻祖。[87]正是這種文化從反面界定了李文，而當他在事業後期接受了「白璧德講席」之後，他利用就職演講的機會修理白璧德，稱他是一個美國本土主義者和「宗教分子」。[88]白璧德在兩次世界大戰期間大力鼓吹「新人文主義」，要透過希臘經典把清教徒美德敲打進學生的心靈裡，做法像極了布魯姆（Allan Bloom）和金博爾（Roger Kimball）分別在一九八〇年代和一九九〇年代發起的文化戰爭。

薩依德淡化他和兩位導師的關係，只不經意地提到他的博士論文是「在恩格爾和李文的慈祥監督下」寫成，就像他和兩人的關係並不深厚。[89]事實卻是相反。特別是李文，他為薩依德打開一些重要刊物的大門。薩依德當上教授之後仍然會請教他的意見。李文的思想風格也許沒有像布萊克默那麼讓薩依德目眩（他在普林斯頓是他朋友弗里德所稱的「布萊克默藤壺」那群人⑨之一），但他對薩依德的影響力依然不容忽視。[90]多年以後，薩依德從貝魯特寫信給一個朋友（當時他正在重讀李文的《比較的基礎》〔*Grounds for Comparison*〕），表示他終於開始明白他的導師在他思考方式的烙印有多麼深。[91]

在一個以時期專家居多的大環境中，李文是個鶴立雞群的比較文學學者。雖然是在英語系教書，他談塞萬提斯、歌德和巴爾札克的文章並不比他談愛倫坡或喬治．艾略特的文章少。當文學批評界忙於探索前衛語言難以破解的象徵時，他以一個寫實主義理論家的身分自成一格。在他的定義裡，寫實主義是矢志於診斷「布爾喬亞的偉大與衰落」的文學運動。他論寫實主義的扛鼎之作《號角之門》（*The Gates of Horn*）讓薩依德極為驚艷，以至於認為李文足以媲美奧爾巴赫（Erich Auerbach）和盧卡奇——前者是入籍美國的偉大德裔語文學家和比較文學學者，後者是大名鼎鼎的馬克思主義哲學家和寫實主義理論家。[92]在一九六五年寫給李文的信中，他說：「我越讀這本書，越覺得它偉大而深邃，乃至要到了下一代人才能完全被吸收。」[93]

在一個可觀的程度上，李文預示了薩依德的很多文學批評取向，包括為「批評折衷主義」辯護，有一種「萬事萬物」息息相關的意識，以及不信任龐大的思想體系，認為這種體系會忽視矛盾和偶然的發現。[94]李文把薩依德介紹給偉大的聖經學者暨宗教史家雷南（Ernest Renan）認識，後者的《科學的未來》（*L'avenir de la science*, 1890）曾經把文學研究和「業餘愛好者的老式植物學」

相提並論，而這也將會是《東方主義》的一大主題。[95]擁有阿拉伯文、法文、義大利文、拉丁文、德文和西班牙文的閱讀能力，薩依德能夠成為一個李文模式的比較文學學者，也讓他像李文一樣，熱心於把英國文學研究導向世界文學的方向。[96]

就像日後薩依德所做的，在李文的手中，流亡文學人不再被自動等同於旅居巴黎的美國人（他前一代的學者就是這樣認為）。現在，流亡文學人包括了政治流亡人士。李文對科斯特勒（Arthur Koestler）之類的受僱冷戰文人特別不客氣，抱怨這些人幾乎把失去祖國當成職業，專以在地報導人的身分為美國輿論提供它需要的意識形態。薩依德對康拉德的投入研究受益於李文一個觀察：他說，作為一個住在國際大都會的流亡人士，康拉德代表著「通曉多語者（polyglot）對我們時代的誤解。」[97]李文不只在薩依德之前便為文談過很多薩依德的思想基石（其中包括雷蒙．威廉斯〔Raymond Williams〕、奧爾巴赫、斯皮策〔Leo Spitzer〕、史威弗特和戈德曼〔Lucien Goldmann〕），而且在〈作為一種制度的文學〉（Literature as an Institution）之類的文章中顯示出他在方法上是跟雷蒙．威廉斯最相似的美國批評家，本著同一種社會學精神探討資訊科技對於文學研究的衝擊。[98]在〈朝向一種小說社會學〉（Toward a Sociology of the Novel）中，李文預示了薩依德日後對戈德曼的喝采，稱讚他把「一種存在主義立場和馬克思主義意識形態共治一爐」，創造出一種力量撼人的「超馬克思主義」（*paramarxiste*）融合。[99]

---

⑨ 指這群人像藤壺一樣黏著布萊克默。

毫無疑問，也是李文首先讓薩依德意識到奧爾巴赫的重要性。直到一九五七年為止，奧爾巴赫都在耶魯任教。李文跟奧爾巴赫和偉大風格主義者斯皮策通信多年，又在一九四七年一場論塞萬提斯的會議中和奧爾巴赫見過面。[100]兩人的關係非常友好，而那次會面讓李文開始和奧爾巴赫頻繁通信，頻繁程度直追他與斯皮策的通信（後者當時在霍普金斯大學任教）。李文在〈在美國的兩個羅曼學家〉（Two *Romanisten* in America）中頗為詳細地記述他和這兩人的關係。薩依德在文章於一九七二年發表後就讀過，大為驚艷，又說：「我希望你不要認為我奉承，但我真的認為你以自己的方式代表了那兩位大學者的傳統，而且這樣做的時候比美國任何學者著力更深和更有效。」[101]與沉重的瑞恰慈（I. A. Richards）形成鮮明對比（瑞恰慈是當時極有名的文學批評家，但李文認為他已經變成了來自行為科學的二流信使），斯皮策主張「語文學家的『變色龍似的』方法」要大大優越得多，因為語文學家的無拘無束淵博，讓他可以用新的學科取徑來做實驗，不致被瑞恰慈的呆板形式主義窒息。[102]李文看出了接下來幾十年的一個趨勢：學術界將會出現一種新類型的學者，他們是「歸化的流亡人士，在自己的祖國接受訓練，然後透過早期的遊歷成為別的文化的專家。來自義大利的斯拉夫語專家波吉奧利（Renato Poggioli）和來自捷克的英語專家韋勒克（René Wellek）幾乎同一時間分別抵達哈佛和耶魯。」[103]此外還有薩依德這個來自耶路撒冷和開羅的巴勒斯坦人，他為文談論英國和美國的現代主義者，很快將會進入哥倫比亞大學任教。

第4章

祕密代理人

THE SECRET AGENT

保持我將會是之所是，當一個
愛搞惡作劇的輓歌作者：阿拉伯人提爾（Till）
——薩依德〈一個東方人文主義者之歌〉[1]

一九六二年在希臘度蜜月的時候，薩依德和瑪莉有十足理由認為他們的婚姻前景光明。他們的事業軌跡穩步向上，而且不到一年，薩依德就會以他論康拉德的博士論文獲得哈佛的「鮑度恩獎」（Bowdoin Prize），跟愛默生、亨利．亞當斯（Henry Adams）和厄普代克（John Updike）等前輩共享此榮耀。

婚後不久，瑪莉曾在薩依德一頁小說手稿上寫下一句話：「雙重與格：*Est auxilio mihi*——他是我的一個幫助。①」下面又緊接著說：「最親愛的丈夫，世界上沒有什麼比全心全意的愛更可貴。」[2]在變成負債以前，他們共有的外國人身分有助於彼此互相加油打氣。薩依德在瑪莉身上也找到了一個旗鼓相當的對手：一個宣稱自由是她的全部嚮往而她也會用鋼鐵意志實現這種自由的現代女性。她具有成為薩依德終生伴侶的潛力，因為與他的前女友伊娃不同，她對他正在閱讀的作品和深深激勵他的東西瞭如指掌。瑪莉的吸引力當然也包括外貌。系上有些人認為她「讓人心蕩神馳，是嘉寶（Garbo）和褒曼（Bergman）的混合體。」[3]

然而薩依德的家人卻覺得瑪莉嚴肅兮兮和讓人不快。一個熟人稱她為一個來自北方的如假包換「雪女」（Snow Maiden），珍妮則認為她是個「一板一眼的知識分子，非常德國作風。」[4]事實上她是愛沙尼亞人，不是德國人，儘管她就像很多東歐知識分子那樣德語流利。她的人生有過黑

①「雙重與格」是一個文法術語，接下來的 *Est auxilio mihi* 就是一種雙重與格。這句話意指「他是我的一個幫助」。

暗時期。她父親在大戰中失蹤，後來沒有人查得出來他遇到了什麼事。在唸研究所時，兩人共同發現了德國哲學和法國哲學，深深陶醉其中。他們具有互補的才智：薩依德的曉暢說服力得到瑪莉對十八世紀的專業知識的平衡（他研究史威弗特的計畫就是從她得到靈感）。然而，隨著他們各自為前途努力，他們變得越來越相互競爭，而且兩人風格不同。雖然薩依德和她同樣批評以色列，但他的朋友（很多都是猶太人）卻對瑪莉的一個主張深感困擾：意第緒語不真正算一種語言。不管是對是錯，他們都由此認定她身上殘留著她童年時期的東歐反猶太主義。[5]

我們沒有直接證據可證明薩依德一九六二年寫在一本哈佛藍色測驗簿上的一首詩是關於瑪莉，但這首詩很能道出他們緊張的愛情關係：

強迫離開，哄騙
她寫了一首仁慈的歌，
在寧靜的音階中調音，
並打上印記：愛。

用鹽刺痛，
包裹在一片碎葉中，
幻想中的不穿鞋假期
傷痕累累但永遠明亮。

成色不純的愉快與奮
掉落通過糖蜜和棉花，
可口，黏呼呼，緊附
而現在進入：遁辭。[6]

愛的容易揮發，歡樂的突然轉變為猜疑，你曾向之袒露過靈魂的人突然間變成了敵人：這些都是薩依德在詩中捕捉到的感覺。後來，在經過修改以後，他給這詩取名〈小轉化〉（Little Transformation）。在寥寥數語的空間裡，這首詩從渴望轉變為拒絕，從詩人的渴盼被注意轉變為對她的緊附反感，所以就連愛中的愉快與奮都變得「成色不純」。

從他們在舍韋爾村結婚開始，家人的問題就很明顯是他們的地雷區。雖然瑪莉透過和媽媽逃到德國避過了戰爭的兇暴，她卻不能理解丈夫對家族的責任——在這個家族中，叔叔舅舅和阿姨姑姑們幾乎就像父母一樣親，沒有一個人會對其他人保守祕密。[7]或許也有點重要的是，瑪莉是個決絕的無神論者，不像薩依德那樣對宗教儀式還多少有點眷戀。[8]他在一九六五年六月二日寫給父親的信明顯帶有瑪莉的影子。帶著幾乎沒有掩飾的暴躁，他要求免去接待一個親戚的「榮耀」，因為這個親戚並不理解他和瑪莉所作的犧牲和生活在美國的試煉：「我的職業讓我一星期需要工作七天，包括晚上。」[9]他父親寫給他的信都是讓人驚訝的溫順。但希爾妲的信卻充滿會讓人難過和內疚的話。她哀求兒子回到正軌，一顆心不要完全被事業佔去。

在長島度暑假期間，他起初會在寫回家的信中興奮地提到他遇到的每一個重要人物。一段時間之後，希爾妲覺得有需要問他：「你為什麼不寫信（給我們）？如果你忙，難道不能至少讓瑪莉寫張明信片嗎？」在那整個夏天到一九六五年的秋天，薩依德憤怒地指控父母對他的事業漠不關心，而他父親則對兒子不照顧兩個妹妹感到失望。這看來是一個薩依德特別不能接受的指責，因為不管是在哈佛還是後來在紐約的時候，他都常常去看兩人，而他們也在彼此的家裡度過了很多時光。瓦迪也不明白兒子為什麼斷然忽略他的緊急請求，不去和他在紐約的生意夥伴交際應酬。薩依德以粗魯的方式回應：「我對於我的整個過去的態度都毀了。錢錢錢……對你來說這是唯一重要的。」他的媽媽不無道理地反駁說：「沒有標準文具公司的話，你現在會在哪裡？」直到十一月九日，希爾妲簡直無法駕馭兒子的叛逆，然後她直搗黃龍：

> 愛德華，我們很自然會對一個嫁給我們獨子的外國女孩不放心。但上帝可以為證，我們都盡了力去愛她。你還記得發生在你的婚禮之前的**所有**事，記得你的反應嗎？愛德華，當時我們不了解瑪莉，到現在還不了解，甚至了解得更少。我們唯一知道和確定的是，她用不著**我們六人中的任一個**。[10]

在他們交往的早期階段，愛德華和瑪莉在劍橋和波基普西（Poughkeepsie）②之間頻繁通車，幾乎每隔一晚就會打電話給對方。這設定了一種日後將會成為問題的模式。薩依德的學業微微超前，所以為了和他在一起，瑪莉搬到了劍橋，攻讀博士學位（李文是她的論文〈湯瑪斯．曼：傳記與形式〉的口試委員之一）。然而，待薩依德在哥倫比亞大學找到教職以後，她又得在劍橋和紐約之間通車。[11]累人的交通增加了她的自疑和思想疲憊感（這兩種感覺是任何寫過博士論文的人都認識）。

最後一根稻草是厄巴納—香檳（Urbana-Champaign）伊利諾大學的高級研究中心給薩依德提供的一年研究獎金。這裡沒有哥大那麼亮麗，離劍橋的距離更遠，也有太多分心事讓瑪莉需要在寫論文的過程中對付。這段時間探望他們的人會發現他們的家居氣氛幽暗，讓事情更複雜的是薩依德那種孤獨感的老毛病再次發作。[12]瑪莉曾在便條紙上引用湯瑪斯·曼小說《托尼奧·克律格》（*Tonio Kröger*）中兩句話，精彩地捕捉住丈夫的內心紛亂：在小說的最後，主角被形容為一個「住在兩個不同世界、又對兩個世界都不感到自如」的人。她繼而指出，「薩依德達斯」（Saidus）——她對他的戲稱——住在三個不同的世界，對三個世界都不感到自如。他「本來可以是一個哲學家、一個詩人或一個批評家：他是一個煩惱的三合一。」

但這個「三足的天才」仍然是不可企及，無法透過他的任一方面而被了解，因為他是一個「打結的融合」。她補充說：「可憐的我，他美學化了哲學，又文學批評化了文學和唯美主義。」[13]湯瑪斯·曼的小說對薩依德的處境來說特別貼切的是，托尼奧③就像他一樣是生在一個資產階級家庭，理應符合它的物質價值觀，卻反而被詩歌吸引。他沒有選擇投身到世俗的事務世

② 波基普西是瑪莉所唸的瓦薩學院的所在城市。

③《托尼奧·克律格》的主角。

界，而是作出妥協，設法把浪漫的狂喜帶到日常生活。

從他待在開羅那一年起到研究所結束的這段期間，薩依德一再嘗試寫小說。他最雄心勃勃的努力出現在一九六二年夏天的貝魯特，當時他著手寫一本叫《哀歌》（*Elegy*）的小說，寫出了大約七十頁正文和十三頁筆記。[14]幸而，他為當時的內心交戰留下了記錄：

三月十九日。為什麼我不能逃離慵懶？我是拖了很多天才寫這本書的。多麼可怕的自我否定……三月二十五日：今日很少進展或毫無進展……我現在在寫作是真誠的嗎？我是準備當一個「寫下自己思想」的人嗎？……我想要有一個機會，把自己留給自己（這種機會以前從不存在）。如果我能夠把我自己寫成一篇非常短的短篇故事或一部長篇小說，我將會很開心。[15]

不過，經過一段時間之後，他取得了突破。他用帶點自嘲的方式記述這件事：「我最終構思出一幅三聯畫——三個故事的三合一……一次並非失敗的經驗！」從他的筆記清楚看出，他的靈感來源是一個他不特別喜歡的作家：紀德。（另一個他不甚喜歡的作家格林是他大學論文的題目）。紀德的《窄門》（*La porte étroite*）有句話讓他印象深刻：「我的所有精力都投注在生活，以致我的美德都用光了。」

就像很多第一次寫小說的人一樣，他的故事包含很多自己童年的成分，又致力於把一九四〇年代的開羅栩栩如生地召喚回來。故事的人物極其眾多，由開羅各個階級、國籍、宗教的人編織而成，雄心勃勃地涵蓋開羅社會一個橫切面。他父親被扭曲地寫成故事角色扈利（Halim Khoury）：一個在開羅出生的黎巴嫩基督徒，一間「失敗的印刷公司和骯髒文具店」的老闆，捲入一些見不得人的生意。他想要投資在肥料。他把癱瘓的太太「塞在舒卜拉（Shubra）一間破舊公寓裡」，每分鐘都為自己把大批人的錢錯誤投資而自我辯護。湯瑪斯小姐（Dr. Edwina “Miss” Thomas）是美國女子學院的校長（有很多劇情都是環繞這學院展開），擁有「圓鼓鼓的身材，毫無一絲禁慾苦修的痕跡」，儘管她逼自己像她的阿拉伯人同儕一樣早起，並像納斯爾小姐（Miss Nasr）一樣戴「無框眼鏡」。納斯爾小姐是個嚴格的規章執行者，讓人望而生畏，既是校監又是學校創辦人之一。

湯瑪斯小姐來自俄亥俄州，屬於那「帶給美國道德音色的盎格魯—撒克遜生命線……是個工業化了的珍奧斯·汀。」故事中一個小角色是圓胖的托蒂諾（Totino），他是個坐牢的同性戀者，喜歡炫耀父母給他的一件首飾，後來娶了優雅的安東妮·拉希姆（Antoinette Rahim），後者是納斯爾小姐的學生。哈爾富什小姐（Miss Harfush）靠教阿拉伯語和音樂來維持她的演奏會鋼琴家事業。七英尺高的美國人賈德森（Judson）「瘦巴巴、未婚和山窮水盡」。

在兩個完整的敘事段落的其中之一，情節聚焦在納斯爾小姐。明顯是以他的梅利亞阿姨為原型，薩依德講述了她和同事霍布斯小姐的戰爭，後者想要讓學生演一齣戲。但納斯爾小姐認為演戲有損淑女身分，有違她的教育使命——她的教育使命是培養女孩子獨立堅強個性，不要讓她們有任何人們認為女性該有的多愁善感：

> 她從來沒有把她的反對完全公開化，就像是假裝演戲的想法太不可想像，是她的心靈

> 無法吸收……在二十年後去世時，她受到三代埃及女性的讚揚，熱烈推許她是近東歷史的一整章……她的個人習慣構成她在女子學院的生活方式，就像一張巨大、細緻和脾氣無比古怪的網……大清早，在她的房間過度擁擠的肅穆中，當她的床仍然掛著一張老式的蚊帳和墊著至少五張毛毯時，她慢慢啜著她的土耳其咖啡。

對像她那樣夠大膽的人來說，世界提供的東西要多於那些「像風標一樣心繫西方」的愚蠢模仿者假定的美好生活。

這句話有點自責意味，就像他是藉梅利亞阿姨之口來暴露自己的弱點。只有在訪談中，薩依德會偶爾流露出他在小說中無拘無束表現的模仿才華。小說中的奇怪細節和不同的抑揚頓挫是作者創造現實假象的重要元素，在那裡，他第一次充分顯示出他朋友所說的模擬本領。當他一時興起，就會演出一段《邊緣之外》或《巨蟒劇團》④的段子，裝出一副搞笑的印地安人腔調，變成一個「活靈活現的史坦納（George Steiner）」。[16]

他的文筆特別注意場面調度。在他的筆下，埃利亞斯夫妻（Michel and Elene Elias）的小資產階級居家環境被酸了一番：黑人僕人、落地窗、小黃瓜、亞力酒、蘇格蘭威士忌和菸斗。各面牆上掛著穆罕默德・貝（Mahmoud Said Bey）的媚俗油畫，畫中的尼羅河谷景觀「盛氣凌人得足以掩蓋最後潤飾的闕如和結構的歪斜」。房子裡擠滿「各種食客、打牌的人和富有朋友」。就連蒼蠅「都靜止不動，待在原地，就像一些為長者站起來後重新坐下的端正學生」。欺騙房客的考利小姐（Miss Cawley）「在十四個月後在一陣狂喜中死去，死時雙手把《天路歷程》緊緊壓在胸前」。

另一段完整的小說部分讓人覺得，如果薩依德有更多時間又沒有其他事做，他就應該可以把整本小說寫完。這個部分流暢、自信且相當完整。情節部分發生在開羅，部分發生在赫利奧波利斯（Heliopolis）。各個人物以令人目眩的速度上場下場。這些角色包括哈密德（Hamid）、喬治（George）、亞伯蘭（Samuel Abram）和科頓斯基（Maître Cortonsky）：亞伯蘭以耶路撒冷聖喬治學校的同學以斯拉（David Ezra）為原型，而科頓斯基明顯是格蒂曼的化身。另外兩個角色密菲德（Mufid）和阿邁德（Ahmed）是薩依德扭曲的自畫像。阿邁德每天上班下班，斥責骯髒的警察，用「沉悶的聚精會神態度」鑽研奧維德的《變形記》，以無線電對講機對他的司機大聲發號施令。在密菲德，薩依德的自嘲來自他在標準文具公司工作那一年的回憶：

今日一如往昔，在他那間滿佈灰塵又熱的小辦公室裡，他很多時候會把他的椅子從辦公桌向後拉，探身向前，手肘支著膝蓋，雙手托腮，香菸叼在嘴唇上，瞪著沾了墨水斑點的地板看。桌子上的巨大帳本是一個他無法認真對待的同伴，因為它那些小小個和未被保護的數字有些搞笑的地方，它們信心滿滿地挺著大步邁過無窮無盡的紙頁。對他而言，它們只有在整齊的情況下才是真的。這種整齊是他的吹毛求疵成就，至於它們對他的上司而言代表著什麼樣的銷售、利潤和損失，他一概絕對茫然無知。他的心在別的事情上，而這些事都是其他任何人不會放在心上的。

---

④電視喜劇節目。

薩依德在成為教授前夕如此自視，當時他仍然認為小說也許是可以表達他各種內在衝突的平台。這些衝突大部分都在他的學術研究被略過。《哀歌》始終沒有寫完，但他倒是寫出了一篇精緻的短篇小說。他在一九六五年二月二十六日把小說投給了《紐約客》，其內容明顯是來自他在舍韋爾村避暑時那些漫無目的的夜晚。

〈提供給聽見者的方舟〉（An Ark for the Listener）講述阿拉奧太太（Mrs. Andrao）和兩個胖女兒在被迫離開巴勒斯坦之後，造訪黎巴嫩一個朋友的夏天別墅。[17]她們像夜行者那樣在從前的鄰居和遠親中間漂流。雖然故事發生在一個地點，它的關懷卻是另一個地點。在許多英里以外的巴勒斯坦人家園，猶太人準軍事組織在鄉村橫衝直撞和攻擊英國人。對這些事件，故事中那個住在黎巴嫩山區的敏感敘事者泰半不知不覺。他只管過自己無聊透頂的固定日常生活，萬萬沒想到震波會衝擊而來。

小說的題目取自霍普金斯詩歌〈德意志號沉沒記〉（The Wreck of the Deutschland）的一句，其中的「方舟」是指保護在暴風雨中落海者的聖船。這首詩的原意是要悼念五位死在船難中的方濟各會修女。在詩中出現「提供給聽見者的方舟」一句時，霍普金斯是要區分聽見上帝召喚和聽不見上帝召喚的人。神恩「凌駕所有惡水」，賜下一艘「提供給聽見者的方舟」，而那些「磨蹭者」（沒有聽見的人）「滑入至比死亡和黑暗更深的深處」。霍普金斯以此暗示，上帝總是想辦法把遊蕩者轉化為堅決者，鼓勵他們「燃燒和重生到世上」。薩依德筆下的敘事者在故事的展開過程中正是經歷了這種轉化。

作為薩依德創意性作品中最完整的一篇，〈提供給聽見者的方舟〉以談話的方式展開。背景是一個慵懶的星期日下午，地點是「黎巴嫩中部被緩緩侵蝕的山區的高處」。作為敘事者的年輕人因為父母不在家，只好鬱鬱不樂地履行地主之誼，招待三個沒有事先通知的來訪客人。他本來就對自己在暑假幾個月無所事事有罪惡感，現在更是不情願把時間浪費在他幾乎不認識的客人。他父母夏天別墅的富裕環境，以及吃太多的阿拉奧母女的資產階級習慣，都讓他心情欠佳，所以他對她們不但沒有同情，反而心生鄙視，想著她們「只是採取了西方做夢者編出來的代罪阿拉伯人形象……骯髒沉靜的聚斂性裡散發著野蠻的慵懶，以不受約束的金錢力讓我感到害怕。」他擔心這種扭曲的形象包含著事實成分，又擔心自己就是證明。

他揣想，阿拉奧母女是資產階級基督徒，所以「不願意住進救濟營……她們選擇自己的道路，這道路從他們坐車進入貝魯特，茫然地看著骯髒的車窗外開始。她們疲倦貪婪的眼睛憂傷地評估著城市中喧鬧和令人頭暈眼花的各種活動。」在他看來，這樣一類聚會通常是把一整個下午花在自我撕裂，以審視自己開放性傷口的方式來懲罰自己。敘事者縱情於同一種受虐癖，抱怨說如果對西方人來說時間只是金錢，我們阿拉伯人則是把時間像嗑花生那樣「漫不經心地嗑掉」或「拂去」。然而，當他作為一個不情願的主人機械性地向客人遞出小糖果時，他開始因為美學理由而慢慢受到安撫。因為不管他對自己的文化有多麼不耐煩，他都不得不承認「扎加爾」（zajal）的美——「扎加爾」是阿拉伯人把「閒談提昇為高級藝術的技巧」。

他本來希望父母會回家解救他，但隨著夜幕降臨，他逐漸被阿拉奧太太說的故事吸引過去。她像是「把一齣不可愛悲劇的滑稽碎布條掛在哭腔的細竹竿上。」她說的事沒有什麼戲劇性，只是一些如今被撕碎的尋常日常生活細節：一個鄰居的家庭暴力，有關不分貧富住在彼此旁邊的猶太人、阿拉伯人和基督徒的軼事。讓敘事者震驚的是這番講述充滿尊嚴和阿拉伯的說故事藝術：「我們的語言假如能夠適當運用，則每一道菜都是一場盛宴，是阿拉伯人靈魂的衣服。」只有到了最後一絲日光褪去，他們集體命運的可觸傷痛才深入骨髓。憐憫和惱怒於是被決心取代。雖然薩依德在一九五〇年代晚期到一九六〇年代中期常常把所寫的詩投給文學刊物（在一九五八年刊登了兩首），但當《紐約客》拒絕刊登〈提供給聽見者的方舟〉之後，他退縮了。從一九六五年起，他有二十五年不再寫虛構性作品。[18]

一九六三年，薩依德進入哥倫比亞大學任教，在英語系當講師，快樂地回到那個他從未真正離開過的城市。上任後，他感激地接受一個年長同事杜皮（Fred Dupee）的指引。對方是托洛斯基主義者和勞工組織者，薩依德在他的引領下進入紐約的書寫界。杜皮是《黨派評論》（*Partisan Review*）創刊主編之一，又常常為《紐約書評》（*The New York Review of Books*）撰稿。他既把薩依德介紹給不同刊物的主編，又教他怎樣應對哥大英語系的高層。

在杜皮死後四年所寫的風趣紀念文章裡，反戰記者和《黨派評論》作家瑪莉・麥卡錫（Mary McCarthy）不經意地道出了薩依德和杜皮的心靈相契之處。[19] 寫過一本談亨利・詹姆斯的精彩短篇研究和一部沒有術語的論作家與書寫的文集《貓的國王》（*The King of the Cats*, 1965），杜皮自覺地稱自己是在他所謂「談話」（remarks）的文類中工作。他的評論作品整體而言主要是關於「作者的書信、作者的傳記……非作者的自傳……作者的晚期作品……而不是作者的主要作品。」這正好是薩依德的文學研究模式。杜皮的楷模是文學肖像畫的文字畫家：聖伯夫（Sainte-Beuve）、麥考利（Macaulay）和瑪莉・麥卡錫的前夫威爾遜（Edmund Wilson）。考慮到薩依德常常回頭談同一小批作家和思想家，把他們像是朋友和家人那樣呈現在讀者面前，重視他們的個性不亞於重視他們的觀念，杜皮的這種模式看來繼續存在。瑪莉・麥卡錫繼續說道：「杜皮的血液裡流著一種歐陸式老練，這讓他比其他的《黨派評論》主編——拉夫（Rahv）、菲利普斯（Phillips）和麥唐納（Dwight Macdonald）——更加溫文儒雅。」他的藝術不費吹灰之力、逗趣、觀察敏銳而若無其事，他的調子是「交談的調子」。

更有甚者，杜皮明顯同情美國共產主義的成就。他在一九三〇年代編輯了《新群眾》（*New Masses*），在一九五九年編輯了托洛斯基的《俄國革命》（*Russian Revolution*），認為後者可以和修昔底德（Thucydides）的《伯羅奔尼撒戰爭》（*Peloponnesian War*）和凱撒的《高盧戰記》相提並論，因為就像他們那樣，托洛斯基是他所記載事件的一個參與者，同時是個「文學人和行動人」。[20] 日後薩依德也會這樣稱讚史威弗特。他佩服杜皮站在雜貨店門外收集反越戰請願書簽名的舉動，不過自己從來不會這樣做。

到了一九六〇年代末葉（當時距離他的突破性著作《開端》的出版還有五年左右），薩依德已經習慣了哥大的生活和紐約明日之星知識分子的身分。第一批發表他文章的雜誌都是以猶太作家和批評家為主要撰稿人，這讓他和他們很多人有親身認識。他也向駐校的諷刺家和弗洛依德主義者特里林（Lionel Trilling）請益。不過他繼續以杜皮馬首是瞻，後者介紹他認識瑪莉・麥卡錫，她是杜皮在柏爾德學院（Bard College）任教時的學生（是特里林把杜皮找來哥倫比亞）。這是一個緊密的圈子。與此同時，薩依德打磨一種結合純文學至上主義和現象學的風格，這種風格在沃爾科特（James Wolcott）所謂的「高品質文學批評事業」（quality lit crit biz）中獨此一家，別無分號。[21]

幸而，哥倫比亞大學鼓勵這種跨界的品味，而薩依德也和好些在紐約主要雜誌報章撰文的自由派教授結成聯盟。在這種環境中，薩依德認為明智的做法是兩面下注：研究為人熟悉的領域，但採取新穎的研究方式。這並不困難，因為既然是來自中東，他就像是他的猶太同事的「負映像」：他們在一本又一本書中發展的兩個主題——流亡和移民經驗——也是他自己的故事，只是角度非常不同。

這群人的兩極性鮮明表現在特里林和杜皮之間的對比。前者「縱情於賣弄歧異性、辯證的精微和搖曳的模稜兩可」，是個「有禮貌得幾乎讓人受不了和極盡委婉的官僚」，而後者卻是「有一點點桀驁不遜，有一點點童稚的頑固……在一個學院批評的時代採取漫遊者的立場。」[22]特里林在紐約知識分子中間享有特殊地位。人們對他的書翹首企盼，熱烈頌揚，就像它們是上天賜下的典藏。注意到正反兩面的意見，薩依德認為他是一個美國的阿德諾（Matthew Arnold）：一個對文藝有高雅品味的保守分子，站在一個遙遠的文學高處診斷社會風俗和社會心理。

薩依德還覺得特里林懶得親近新人才。不過，他寫給後者的信內容親密，而特里林的回信也感情熱烈，反映出兩人的關係友善（這種友善只被他們的相互賞弄聰明削弱）。最終，薩依德分享一個朋友的挖苦，對方在回顧往事時指出：「萊昂內爾⑤是生活在萊昂內爾的角色裡。」[23]薩依德沒有把自己對特里林的看法告訴別人，但任由它流露在他進哥倫比亞不久所寫的一則日記中：

> 特里林是一個堅不可摧的自我主義者。他泰然自若；他企圖像個神那樣和保持優雅，卻不明白兩者不可能同時存在。他變得滑稽，然而因為太過聰明，他也變得精明，因為把聰明推到邏輯的極致，所謂的聰明就是能夠精明地駕馭世界……相比之下，我感到笨拙，想要沉默不語。[24]

多年之後寫信給安格爾的時候，他的看法沒有改變：「我慢慢覺得他太過思想保守……受到幻滅心態的包圍……他把『心靈』跟『紳士和大學』相提並論。」[25]正如從這類說話裡也許可以看出的，薩依德起初並不特別喜歡哥倫比亞大學。當一個在英語系待了九年的同事庫利（Mason Cooley）申請終身職被拒之後，薩依德憤怒地告訴另一個同事，他現在終於知道「英語系有多麼狂妄自大和勢利眼。」[26]

另一方面，薩依德卻非常喜歡杜皮這個穿花呢西裝的打破偶像者，渴望像他一樣在常春藤聯盟裡當一個反律法主義者。杜皮在紐約州北部擁有一間豪宅，是一個低調的上流社會人士，喜歡和志同道合的朋友——例如顛覆性的貴族維達爾（Gore Vidal）——親密過從。他把薩依德納入保護之下，認為這個年輕人傑出但不總是最好的作家。[27]事實上，同事之間就認為薩依德的文章缺乏特里林考究的弗洛依德式文體的優雅，也不像杜皮那樣怡人和淵博。不過杜皮從薩依德對法國理

---

⑤特里林的名字。

論的著迷看出一個公共風格家正在生成，而為了阻擋別人對薩依德的批評，他大聲宣稱自己是「薩依德文體俱樂部的成員」。[28]

薩依德最像杜皮之處也許是他不理會取悅學院老衛兵那一套。因為是一個還未有終身職的新人，他儘量不去招惹麻煩，不過他也沒有像有些人以為的那麼長袖善舞，會特別跑去討好系上的要人。[29]不管怎樣，他認為自己太過謹小慎微。他在一九六六年一月一則自責的日記裡寫道：「對我來說必要的——大概也對所有人必要的——是只對一個有堅實支持的墊子說話。去贏得肯定和讚賞……是我大多數時候說話的理由，甚至大概是我的所有時候說話的理由。我斟酌細微的差異：看著它變成同意、欣賞又或是混亂。說話—嘴巴—姿態。」[30]

除了為他排難解紛和讓他有發表機會以外，杜皮還是薩依德的親密朋友。他是去厄巴納探訪薩依德和瑪莉的少數同事之一，幾年後又到貝魯特探望要在那裡待一年的薩依德和新婚太太瑪麗安。杜皮夫妻造訪的十日後，薩依德寫信給他的前導師恩格爾說：「我們兩人都很難測度我們的感情有多深厚，而我們有多麼享受這份感情。」[31]就像杜皮那樣，學徒薩依德給人一種生活優渥的印象：讓人難忘的一幕是他和同事（也是研究所時代的舊識）羅森塔爾穿著長大衣、抽著雪茄走去百老匯的情景。[32]

薩依德聰明有餘，知道寫一部研究一位經典英國作家的傳統專論會更容易在事業上取得成功，但他又受到新發現的法國和德國語言哲學的拉扯。漸漸地，它們把他帶離原來選定的研究計劃，也就是研究康拉德的虛構作者形象（authorial persona）。他最後的解決方法，是在他那部其他方面都安全的論文字裡行間注入歐陸語言哲學的觀念，這讓他一方面可以取悅那些無法看出其暗示的保守分子，一方面可以讓明眼人看到一些新東西的蛛絲馬跡。在他看來，法德的左翼海德格派、存在主義者和馬克思理論家的前景，比他當一輩子的「康拉德學者」的前景，更加豐富和更加不可預測。

最終，他動手為《紐約時報》的讀者解開法國理論的密碼，敲鑼打鼓地把它帶到一間由「新批評派」主導的學院。為了做這件工作，他援用威爾遜⑥的大眾化風格，因為這種風格無視學術成規，特別是它不搞腳註那套。[33]就在他賣力研究存有論和符號學時，他獨獨讚揚威爾遜「不費吹灰之力的見多識廣，總是對書本和歷史的人性面感到興趣」，也因此是「任何時代和任何地方」用英語寫作的文學評論家中最有可讀性的一個。[34]這種品味八成解釋了他為何與文學批評家波利爾（Richard Poirier）關係緊密。波利爾在羅斯格大學（Rutgers）任教，是「美國圖書館」出版社的共同創立人。他就像薩依德那樣積極努力用非理論的方式談論理論的東西，自一九八一年出任《拉里坦季刊》（*Raritan Quaterly*）主編後常常採用一些嚴肅但好懂的文章，又倚重薩依德作為一名主要供稿者。[35]薩依德認為波利爾是二戰後美國最偉大的文學評論家。

作為一個見多識廣的撰稿者，薩依德寫作時堅定主張，有關語言和存有的現代歐陸理論不管有多麼讓人望而生畏，它們對在當代生活與藝術中起重要作用的文化政治（politics of culture）都具有顛覆性。由李維史陀（Claude Lévi-Strauss）和杭士基之類的語言人類學家和認知系統理論家所

⑥ 指前面提過的文學批評家威爾遜（Edmund Wilson）。

揭示的人類行為的結構模式，建設性地挑戰了西方成就的獨一無二性，又對工業文明的一些好處提出質疑。他認為，應該讓人人都能夠明白他們說些什麼。

他總是熱心和仰慕或希望認識的知名教授通信，在研究所畢業前一、兩年後，他就已經被前沿的理論家注意到。在麥克西（Richard Macksey）、多納托（Eugenio Donato）和米勒（J. Hillis Miller）等重量級人物的大力推薦下，薩依德被邀請參加一九六六年十月在約翰霍普金斯大學舉行的會議。這場名為「文學批評的語言和人的科學」的會議，讓結構主義在英美大學成為人盡皆知的詞彙。

會議前幾個月，薩依德才在《國家》（*The Nation*）雜誌發表了一篇書評，評論米勒《實相的詩人》（*Poets of Reality*, 1965），繼而又在《黨派評論》高度讚揚了戈德曼被忽略的傑作《隱藏的上帝》（*The Hidden God*, 1955）。與此同時，他那部康拉德研究在經過兩年的修訂後得到李文的推薦，由哈佛大學出版。所以，法國結構主義的要角——羅蘭．巴特（Roland Barthes）、戈德曼、德希達（Jacques Derrida）和普萊（Georges Poulet）——並不是一些他只從書籍封面得知的名字。他們全都參加了在約翰霍普金斯大學舉行的那場會議。他見到他們，看著他們發言，聽著他們用法語提出論證。

這就不奇怪他有一陣子會陷入理論狂熱，並跟傅柯（Michel Foucault）、羅蘭．巴特和愛蓮．西蘇（Hélène Cixous）等人通起信來。會議一年後，在寫給任教於霍普金斯的瑞士現象學家斯塔羅賓斯基（Jean Starobinski）的信中，他告訴對方：羅蘭．巴特「來了這裡，短期造訪。」薩依德覺得他「引人入迷但又神祕莫測」。[36] 羅蘭．巴特自己曾經因為薩依德寄他一篇論文而致以謝柬：「好有力，好細緻，好有心，對我是一樂也。我打從心底感謝……您會到巴黎來嗎？來的話務必讓我知道。」[37]

薩依德的新迷戀成為構成他的一部分，甚至在休閒的時候也會傾瀉出來。一九六六年，他帶著瑪莉和同事兼好友柏格森（Allen Bergson）到西班牙度假，期間一律住帕拉多爾飯店（「因為它們是最好的」），然後買了一輛轎車用火車運到巴黎，自己再坐臥鋪火車到巴黎去。[38]西班牙之行不可思議地讓薩依德迷上了鬥牛。幾年後，和第二任妻子談戀愛的時候，他回憶自己觀賞鬥牛的經驗，又給了她一本海明威的《午後之死》以強調自己對鬥牛的熱忱。[39]據他自述，他在六〇年代「看過相當多西班牙鬥牛」，其中一次由偉大鬥牛士奧多涅斯（Antonio Ordóñez）操劍，地點在埃斯特雷馬杜拉（Estremadura）一個塵土飛揚和烈日炎炎的城鎮巴達霍斯（Badajoz）。[40]但儘管娛樂多多，他仍然忍不住在旅途上各家飯店的接待室大談文學批評和文學具有同樣重要性，各以自己的方式為首要。

但他說起話來並不總是個理論家，而是會在大白話和專門術語中來回往返。他的好朋友、巴勒斯坦歷史學家哈利迪（Tarif Khalidi）說他骨子裡「是個移民到文學去的哲學家」，但因為被捲入高盧人辯論的錯綜複雜中，所以仍然認為自己的任務不只是代表戰後的語言學去找常識的麻煩。[41]儘管薩依德的早期文章和書評為了爭取更多讀者而採取一種好懂的風格，並發表在慎選的跨界園地（《凱尼恩評論》、《百年評論》和《紐約書評》），文學理論仍永遠改變了他。隨著他越來越受文學理論的支配，他也恢復了他在學生期間對哲學經典的喜愛。

李文試圖潑他冷水。明顯是想得到「師父」的讚賞，薩依德將他那篇發表在《國家》的米勒書評寄給他。這篇文章雖然尚算易懂，卻涉及普萊對作者意識的討論和「內在性」（immanence）

之類的議題。[42]李文給他當頭棒喝：

親愛的愛德……你仍然在乎我的意見讓我感動，儘管你所公開表達熱忱的那部作品在分析原理和經驗原理上都和我努力鼓吹的相反。由於這條鴻溝是那麼的寬，我不會希望可以在一封短信彌縫……恕我唐突地說，這種方法並不是真的致力於理解文學，而是要透過某些斷章取義的引語進行某些抽象，從作者身上套取形而上範式。[43]

相當不典型地，薩依德這一次沒有選擇回嘴，而到了他在《世界·文本·批評者》（1983）裡面向理論告別的時候，他等於是承認他的師父一直是對的。不過，在那之前，他接連出版的兩本書都沒有理會李文的忠告，沉醉在那些「形而上範式」，又設法以自己的方式，透過為它們提供一個歷史立足點來挽回它們在日常關懷上的相干性。

一九六五年十一月二十四日，薩依德寄給李文一篇談康拉德的《諾斯特羅莫》（*Nostromo*）的文章，在附信上表示：「我認為……這將會是我最後一次談康拉德。」[44]事實證明這句話錯得離譜，但薩依德為什麼會這樣說引人好奇。他日後更精確地指出（而且典型地使用音樂意象）：康拉德一直是我經驗到的很多事情的一個穩定的基礎低音（groundbass）。他接下來的每部著作都至少有幾個段落（有時還是一整大節）是談康拉德，另外還寫出一篇有關康氏的創發性文章〈康拉德與尼采〉（Conrad and Nietzsche, 1976）。[45]

康拉德始終是他的祕密分享者⑦，是幾個有力的原因致之。他們兩人都用一種借來的語言寫作，都目睹過殖民的暴政，而且對政治極端（political extremes）有近乎病態的興趣。就像康拉德那樣，薩依德通曉三語，喜愛法語，一輩子熱愛華格納的音樂。[46]對於康拉德的苦惱自覺（自覺到自己是個書寫的囚徒，像奴隸那樣被拴在書桌旁邊，用雕琢的文字去創造他的本土讀者永遠不可能完全理解的經驗擬像），薩依德有著無盡的入迷。至少在他備受折磨的事業早期，他自己看來也是這個樣子。不過，到了後來，他的書寫（有一點點像莫札特）更加像是抄寫，輕易就可以想出需要的字句。[47]

不過只有當我們忽略他對康拉德有多反感，才會認為他熱心研究康氏是理所當然。在薩依德眼中，康拉德是一個帝國主義者、一個悲觀主義者和一個憤世嫉俗者。[48]他日後指出：「康拉德是一個全盛時期的現代主義者，而他追求的是經驗的美學，更精確地說是追求經驗的美學化……我相信他在很多方面恰恰與我相反。」[49]讓人意外的是他在斯吉德莫爾學院（Skidmore College）舉行的一次會議上對此坦承不諱。他向在場的奧布賴恩（Conor Cruise O'Brien）和其他人表示：「《黑暗之心》不只是有關帝國主義，而且就是帝國主義本身……這作品是用土著和黑人的落後建構起來。」[50]

薩依德常常被他本來應該不喜歡的作家吸引。例如，他研究保王派的史威弗特而不是反殖民

⑦「祕密分享者」（secret sharer）是康拉德一部小說的書名。

的願景家威廉・布萊克（William Blake），儘管他崇拜布萊克的詩並向朋友引用。[51]又例如，他集中研究政治態度上可疑的康拉德，卻不研究與之形成對照的格雷厄姆（R. Cunninghame Graham）——後者反對帝國主義，是卓然有成的作者和社會主義者。薩依德拿他和自己相提並論，認為他和自己都是抗衡康拉德幽暗人性觀的力量。[52]這位波蘭小說家代表著一切薩依德厭惡的的東西：一種不負責任的道德黑暗情緒；把歐洲視為世界的唯一燈塔；相信地處邊陲的波蘭是西方對抗泛斯拉夫主義的前哨站。薩依德看得出來，康拉德的所有這些觀念類似馬利克的意識形態：後者認為黎巴嫩基督徒從伊斯蘭蠻族大軍的手中拯救了世界。[53]

不過，薩伊德指出，即使是政治右派的作家，一樣可以是驚人的「語言技師……不合時宜和焦慮地見證著自己時代的主導潮流」。這種觀點讓他對異類產生更大興趣。[54]例如，他心儀的是沙特，但他卻把有創造力的早年投入於研究反沙特的傅柯。他珍視維柯的教誨，但又承認維柯為人貪慕虛榮、性情暴躁和令人不快。[55]後來，他暗示他會喜歡康拉德這位偉大的波蘭現代主義者，是因為他和尼采一樣，對人類性格的極端弔詭感興趣。不過，我們沒有證據可以證明他讀過尼采的全集或精讀過尼采的任一本著作（研究所時的隨手翻閱除外）。[56]

不管怎樣，出於衝動，大概也是出於策略，薩依德成了歧義性（ambiguity）的黨人。他似乎是把此舉看作布萊克默的文學「表演」觀念的一種表現，要追求一種「對自己的結論不確定的文學批評」，總是「準備好孤單和自我設限，沒有影響力或弟子」。不過布萊克默的老是支吾其詞讓他生氣。他要求一個人應該擁有信念。[57]不管怎樣，他想要捕捉住布萊克默的文學批評作為一種直接交談的偶爾的、非正式的特徵。在其中，主導的是「不確定性（indeterminacy），是互補變數關係原理」。

在薩依德最早期的文章中，「辯證」（dialectic）一詞變成了這些文學批評概念在其下運作的旗號，而這個名詞事實上也遍見於他年輕時代的作品。在一次談葉慈（W. B Yeats）的早期演講中，他解釋說「辯證」一詞對他意味著不是以直線的邏輯順序移動，而是在一連串會引起新意象的意象中移動。[58]但它不只是一種對開放性（open-endedness）的召喚。他是要追求一種可以包含不相容的哲學，而又完全不顯得是有關哲學的表達風格。

還有其他理由讓他想要開闢出這片居中的空間（space between）。在哥倫比亞大學，起初他沒有對別人說他是巴勒斯坦人。後來，在他上任之後，有一個謠言在系上傳了開來，說是英語系剛雇用了一個亞歷山卓猶太人。[59]所以，在康拉德身上，他找到了一個擅於隱藏自己的人。隨著他把自己的論文改寫為一本書（在一九六六年以《康拉德與自傳小說》為名出版），他暗示說他會對康拉德癡迷，是因為他們都是住在帝國主義世界首都的流亡者，而且都是愛唱反調的人（contrarian）：「有**兩個**康拉德……一個是希望取悅別人的有禮貌抄寫者，另一個是不配合的惡魔。」[60]一段時間之後，他把這種相提並論說得更白：「當我在哥倫比亞開始教書的時候……我真的被認為是兩個人……一個是教文學的老師……另一個就像道林．格雷（Dorian Gray）⑧那樣，偷偷在幹見不得人的事。」[61]

⑧王爾德小說《格雷的畫像》的主角，是個兩面人。

這就不奇怪他在一首寫於一九六〇年代早期的詩裡，把自己比喻為「愛搞惡作劇的輓歌作者：阿拉伯人提爾」。這裡用了「搗蛋鬼提爾」（Till Eulenspiegel）的典故。「搗蛋鬼提爾」是中世紀德意志民間傳說中的人物，喜歡扮演傻瓜惡整別人，暴露出他們的壞心眼、貪心和虛偽。所以，薩依德感覺有必要在他的「康拉德書」⑨中設計一種在詞句層次好懂但暗藏深意和歧義的風格。他日後這樣描述他的動機：「我總是努力進一步發展我的觀念，好讓它們弔詭地無法被掌握和無法被意譯。」[62]

「康拉德書」看似志在揭發作者身分的機制，強調一個著手虛構自己的人的**在彼性**（*thereness*）。這個主題和其他熟悉的主題——例如「流亡」和「外來性」（foreignness）這個現代主義的正字標記——誘使讀者感覺自己身處安全的環境中。事實上，薩依德在暗暗提出一個法國結構主義者的主張：作者並不真正存在，因為所有表面上的創造性和選擇都受到語言的擺布，而語言是一個受到語法規則和語法功能規定了的系統——法文稱這種系統為*langue*（「語言」）。作為對比，結構主義者用*parole*（「言語」）一詞來指具體的說話行為，特別是指一般人的說話行為，而我們已經知道，這是薩依德的地盤。如果傳統上認為是作者產生他們自己的作品，也因此對作品具有駕馭能力，結構主義者則認為作者死了。因為意義乃是由繼承而來的語言結構事先規定。

由於意識到多少新穎性對讀者來說也許會太多，他營造一個印象，要讓人覺得他的這個論點的原創性主要是得自對康拉德書信的研究，而不是對小說的研究。這個小轉折看來是可接受的。不多人看得出來，他是選擇了一種「言語」成分遠大於「語言」成分的書寫文類（私人書信）。

這一步棋的背後還有著精神分析的衝動，因為「康拉德書」還是探索一種熟悉得讓人痛苦的「個人辯證」——他對作為自己的辯證。[63]他暗示，康拉德的書信包含著「豐富得讓人尷尬」的證言，可以顯示一種奠基於生物學虛構的思想生活。[64]使用稍微不同的方式來說，康拉德一樣「用海作為一面鏡子，把他的誤導倒影投到大眾面前」，剝削性地利用他常常「無恥地稱作的他的『外來性』」。[65]薩依德後來抱怨，書評人對「康拉德書」的意見雖然大多是正面，但他們都看不出來這書的真義。但這種抱怨有點不公道，因為那是他戮力製造出來的效果。[66]

「結構主義者們」形形色色，沒有人是與另一人極度相似。在他對結構主義的創發性反省中，薩依德特別強調他們的不同之處。這篇文章題為〈字母學習本文化：結構主義．不在場．書寫〉（*Abecedarium Culturae*: Structuralism, Absence, Writing, 1971），本來是投給《紐約時報》。它比薩依德任何其他文章都讓他在學術圈中更名聲響亮。不過，正如德勒茲（Gilles Deleuze）指出的，傅柯和其他結構主義者有著共同動機：

> 一種對主體冰冷和齊心協力的搗毀，一種對「源頭」、「失去的源頭」和「復得的源頭」觀念的不是滋味，一種對意識的虛假統一性的拆解，一種對奉著進步、意識和理性名義對歷史進行的所有神祕化的譴責。[67]

⑨指《康拉德與自傳小說》，下同。

可作為薩依德愛唱反調作風的一個小反映是，他把德勒茲的作品推薦給朋友，好讓他們知道他讀過很多。不過，德勒茲鼓掌的每一個目標都是和他自己的觀點牴觸。[68]

經過一九六六年霍普金斯大學的會議後，結構主義幾乎一夜間變成了一股龐大的地下勢力。前衛文學批評家和作家都認為，一種新的範式正在形成，思考方式正經歷一個哥白尼式轉換，語言變得對所有的政治意義和社會意義都有核心性。薩依德覺得這種新崛起的鑑賞力讓人迷醉，這不只是因為他追隨布萊克默的榜樣認為歐洲哲學比美國的鄉土宗教情懷要成熟得多，也是因為它讓人不能再把「理論」只視為是書呆子的消遣。正好相反，「理論」現在自信而叛逆地就權力、溝通和歷史意義的議題發聲，而且帶有一種沒有人能看輕的尖刻智慧。

受到它的造反精神的吸引，但又不想把歷史和進步棄如敝屣，薩依德努力把圓形畫成正方形。在康拉德的小說裡，他無法像其他人那樣找到那條浪漫主義的公式：作者創造了一個想像性世界。他自己的觀點毋寧是，作者在書寫的行為中創造出**自己**。[69]就此而論，一個人的「在世存有」（being-in-the-world）是依賴於書寫。在這一點上，他追隨了結構主義者的熟悉帶領。但起作用的還有其他影響力，那就是馬利克對日常經驗的「根基」（ground）——即一個人的「此在」（*Dasein*）的現世性（worldliness）——的舊興趣（「根基」這個觀念是他的前老師海德格烙印在他身上）。不過，在康拉德的情況，他的自我創造（薩依德這樣認為）是別有用心：透過戴上「怪裡怪氣的面具」改變個性。薩依德斷定這是康拉德的主要目標。[70]

本著後一種精神，「康拉德書」對結構主義有大量抨擊。例如，當薩依德說「我們應該純粹從生理的角度理解康拉德的風格和語法」，他就是在剝奪結構主義想要給予語言的自主性。[71]在其他地方，他甚至輕蔑地稱結構主義為「法國的一種小思想工業」，又抱怨說它雖然也許引人入勝，但同樣惹人生氣。[72]他對李維史陀本人有很多恭維（李維史陀和雅各布森並為結構主義轉向的兩大推手），卻又暗地裡損之。

一如以往，薩依德對口語形式的語言特別感興趣。他沒有興趣主張，個人因為書寫語的專橫而無法行動或表義。他在本維尼斯特（Émile Benveniste）的炫目語言學作品《普通語言學問題》（*Problèmes de linguistique générale*）中找到盟友。這書和盛行的法國思想環境相牴觸（當時一如現在，這環境都是由尼采和海德格的後人文主義支配），認定人是歷史的行動者和充分整合的位格（persons）。

結構主義者很喜歡拿 subject（主體）一詞來大做文章，津津有味地把它用作雙關語，因為這個詞語反映了弗洛依德所謂的「原始詞彙的悖反意義」（antithetical meaning of primal words），既可指一個行動的從事者（例如在 subject of a sentence 一語中），也可以指一個統治者的附庸（例如在 the queen's subject 一語中）。因此它可以讓結構主義者用來指出，我們以為擁有的自由只是虛幻。我們想像我們是自覺的公民、歷史的推手和有個體性的人，但事實上，繼承而來的語言規則逼我們進入一些可預測的行為模式，事先就讓某些思想和討論主題變得不可能。

就像薩依德那樣，本維尼斯特是個來自中東的移民（一個塞法迪猶太人）。生於法屬敘利亞託管地，後來在馬賽唸研究所，他提出了一個著名區分：*énoncé* 和 *énonciation*，也就是「說什麼」和「怎樣說」的差別。認為語言不那麼是普遍的結構和符碼，更多是積極口語交換的偶然性，本維尼斯特力主文學是一種依賴於間接引語（Indirect speech）的書寫形式。[73]薩依德抓住這個觀念，用它來沖淡結構主義對歷史創造性（history making）和歷史能動力（history agency）的討厭攻擊。

不過，到目前為止，他在這些思路上最有影響力的盟友，卻是一個他的讀者大多忽略的思想家，儘管這思想家的重要性再高估也不為過。戈德曼的〈隱藏的上帝〉不僅是對啟蒙運動兩個唱反調人物（數學家暨哲學家帕斯卡和新古典主義悲劇作家拉辛）的細緻研究，還是一個雄心勃勃的努力（雖然是蓄意戴上面紗），要打造一個有別於當時支配法國思想界的結構主義的替代選項。[74]戈德曼是用法語寫作的羅馬尼亞馬克思主義者，以盧卡奇的門徒自居（他曾把盧卡奇兩本書譯成法文）。到了一九六〇年代中葉，戈德曼已經對薩依德很重要，這部分是因為他幫助將盧卡奇引介到美國的大學。就此而論，他是盧卡奇在《歷史與階級意識》的主要論證的獨一無二使者，這個論證就是：只有那些認同二十世紀初期發生在全球邊緣地區的革命的知識分子，才能找到出路，超越康德流傳下來的煩人主客二分法。戈德曼給了薩依德工具去安撫馬利克對海德格的借用，也從一個鮮明的左派觀點，把海德格的存在主義關注帶到當前事件的衝突中。

薩依德在《鄉關何處》裡說自己在唸研究所時「深入鑽研康拉德、維柯和海德格」，又說自此之後他們「在我的思想作品中有著強烈印記」。[75]這種說法起初會讓人困惑。前面兩人確實遍見他的作品中，但海德格只有偶一提及，而且常常是負面的。[76]不過我們發現薩依德在事業早期有時會指責文評家借用海德格的觀點而沒有道謝，這顯示他對海德格的作品頗為熟諳。在一九六九年，他又受到「現象學與存在哲學學會」邀請，參加它在西北大學舉行的年度會議，這反映出他在這個領域小有名氣。[77]事實上，在他博士論文的最後幾頁，他有實質的提到過這位哲學家。[78]

然而，他有沒有受惠於海德格的問題攸關重要，而這有幾個理由。首先，海德格在一九六〇年代和一九七〇年代強力影響法國理論的那些觀念——例如重視存有而非知識的問題、認為人文主義是一種非本真（inauthentic）的存在形式、主張語言的不可翻譯性（這意味著我們被囚在本土文化中）——看來每一點都和薩依德自己的觀點衝突。所以，他抱怨海德格在語言中「隱忍再三和百般煎熬的宿命」，這導致他的追隨者⑩接受文化而不是「揭竿反對文化」。[79]薩依德記述，在他和惹內（Jean Genet）共度了一個難忘晚上，他驚訝地發現這位政治活躍分子竟然稱德希達為「夥伴」——薩依德一直都假定德希達只是一個「最安靜的海德格型人物」。[80]然而，薩依德的思想中確實有海德格主義的底流，儘管這底流很容易被誤解。

一個理由是，當他援用戈德曼對付海德格時，他心目中的海德格是沙特筆下的海德格。在《存有與虛無》中，沙特把海德格的反人文主義扭轉為人文主義，所持的理由是人擁有徹底的自由和責任，但這剛好和海德格的觀念相反。類似地，在沙特筆下，本來只是事物一種性質或狀態的「存有」（being）一詞，被說成是歷史經驗的條件（再一次是對海德格原意的蓄意顛覆）。所以，在「康拉德書」中，薩依德呼籲採取一種心理圖析（psychographic），而不是精神分析的文學批評方法，這是因為他認為後者傾向於把自我掩埋在讓人無可奈何的各種症狀的迷宮中。[81]

在薩依德看來，鑽研胡塞爾和沙特的現象學哲學是必要的，因為這樣才能夠暴露出當時文學研究的基本弱點，就是把何謂文學視為理所當然。[82]他想要把文學「一詞」問題化（problematize），

⑩ 指結構主義者。

而此舉的意味之一是把文學的範圍大大擴大。這範圍反映在他在一九六〇年代晚期反覆教的一門談語言的課的教學筆記上。在那裡，他不只把不同的語言理論拉在一起，還把完全不同學科和思想習慣的思想家拉在一起，包括拉丁通才和維柯師父之一的瓦羅（Varro）、生物語言學家杭士基、丹麥文化學家葉斯柏森（Otto Jespersen）和結構語言學家索緒爾（Ferdinand de Saussure），還有好些阿拉伯的詞典編纂者。[83]

薩依德大量閱讀現象學、存在主義和精神分析的作品。他從這些取徑學到許多，但卻保持距離。讓他最感興趣的是藝術作品如何「在一整個環境裡」被創造出來。情況就像因為這些理論運動越來越有威望，他希望藉助它們的權威來拋棄文學批評原來的緊身衣，不再只管解讀小說和詩。基於這個理由，就像他後來承認的那樣，他「毫不知恥地」使用他們的語彙。[84]不過，他對沙特的熱忱要更深遠，因為他對沙特的依戀和後來的排斥，除了是出於思想理由，也出於政治理由。

雖然很少談沙特的作品（只有在「康拉德書」中略有一提），但薩依德卻是十足熱中鑽研他的著作，特別是從研究所時代開始到一九八〇年代早期這一階段。這種吸引力在某些方面是自然的。沙特本來就是阿拉伯知識分子中的名人，他的 *littérature engagée*（介入文學）概念在巴勒斯坦作家卡納法尼（Ghassan Kanafani）的詩學中被翻譯為 *adab multazim* 和 *iltizām*。[85]沙特一貫的反殖民立場，他對現有社會主義的開放態度，還有為法農的《大地上的受苦者》所寫的著名序言，都讓薩依德深受感動，乃至一度宣稱沙特是「二十世紀最偉大的思想英雄之一」，稱「他的洞察力和思想才華為我們時代幾乎每一個進步運動服務。」[86]他和沙特在一九六六年的國際戰爭法庭短暫碰過面，又對朋友表示他極渴望認識沙特本人。這件事本來很容易由以倫敦為大本營的《新左派評論》（*New Left Review*）代為安排，因為該刊物在一九七〇年代的時候跟兩個人都熟悉。不過薩依德儘管總是熱中結交新的朋友，他對沙特從未採取主動。[87]

不管怎樣，當《現代人》（*Les Temps Modernes*）在一九六七年六月就以巴衝突的問題發行專號之後，薩依德對沙特的仰慕明顯減少。在該期專號中，沙特沒有如他所期望的那樣表現出反殖民立場，反而採取一種平衡態度，哀嘆近東兩個活生生歷史的要角，比鄰而居，但除了「作為純粹的敵人以外，完全無所作為。」[88]最終，薩依德永遠無法原諒沙特對以色列的支持。後來，他在二〇〇〇年為《倫敦書評》（*London Review of Books*）所寫的文章中為老年的沙特畫了一幅肖像。文中，他痛惜沙特錯失了許多可能性，又提到他和沙特第二次會面的情形。那次會面發生在一九七九年，地點是知名哲學家傅柯全白色和家具過少的公寓。事緣於《現代人》就巴勒斯坦問題邀請一批名流（包括薩依德）舉行座談。[89]因為年老體衰，又被一群親以色列的門生圍繞，沙特大部分時間都保持沉默，直到為薩依德所迫，才說了一番話，不過能說出的也只是陳腔濫調。

如果說沙特讓他失望，那麼法國另一個人物則讓他敬重：跟沙特和西蒙波娃合編大有影響力的《現代人》的梅洛龐蒂。作為《知覺現象學》（*Phenomenology of Perception*, 1945）的作者，梅洛龐蒂提供了一條中道，而不用完全落入沙特明白介入種族歧視、階級歧視、反猶太主義和反殖民主義的立場，也不用完全落入結構主義的考古學方法對這些問題的政治中立。用薩依德的話說，梅洛龐蒂創立了「介於純粹主體和純粹客體之間的第三種文類」，因此把人的接觸（human encouners）看成一種嵌身（embodiment）的形式。[90]

梅洛龐蒂不害怕採取政治立場，但他比沙特對共產主義運動有更多的批評，所以是較讓人可接受的左派分子。他在薩依德的思想留下了不可磨滅的印記。梅洛龐蒂對現象學之父胡塞爾的「意向性」（intentionality）觀念的敵意併購，在薩依德後來的《開端》一書中又被轉化為「意志與意圖」（will and intention）。類似地，薩依德作品中的關鍵字「現世性」（worldliness）雖然無可置疑是衍生自奧爾巴赫的《但丁：世俗世界的詩人》（其中的德文字 *irdische* 可以翻譯為「世俗的」或「現世的」），但它一樣和梅洛龐蒂對胡塞爾的「生活世界」（*Lebenswelt*）概念的獨特轉借脫不了關係。梅洛龐蒂強調，主體的現世性質最重要的一點是擁有一個身體。透過強調真理的歧義性和偶然性，薩依德也加入到梅洛龐蒂對抗 *la pensée de l'Absolu*〔絕對理論〕的戰爭。

所有這些思想資源都爭著在他那貌似謙遜的「康拉德書」的字裡行間說話，但他還有另一個思想資源。同一時間，薩依德也挑戰了李維史陀的思想，這位人類學家在大部分人的心目中是結構主義運動的創立人。在薩依德最重要的一篇文章（也斷然是最有影響力的一篇）《心靈的極權主義》（The Totalitarianism of Mind, 1967）中，他把李維史陀的理論比作「心靈的法則」，比作「現代科學思想的法則」。[91]這不是一種恭維。在薩依德看來，李維史陀太過相信科學的邏輯，而且比康拉德還要憤世嫉俗，因為他相信人類是一個用現代性（modernity）毒害環境的物種。這樣的李維史陀正好被薩依德拿來當獨斷知性（dogmatic intellect）的榜樣。

帶著他一貫的執拗，薩依德表示他仍然仰慕李維史陀「對於世界各地土著習俗，機智的甚至抒情的描繪」。[92]不管有多麼狂妄自大，李維史陀對古代神話的研究仍然是對治「個人同一性的圈套」（the snare of personal identity）的良藥。只不過，當他企圖用普同的模式體系來解釋巨大的文化分歧時，他的專橫方法最終「吞噬了他的作品」。[93]

由於這些對存在主義和現象學的採擷，薩依德很快被譽為「理論」的使徒，但這種稱呼讓他惶恐。[94]在略多於一年以後，他就從一個霍普金斯受邀旁觀者的身分，進而變成跟普萊、德希達和高達美（Hans-Georg Gadamer）共享同一個舞台，地點是日內瓦的「文學詮釋的理論與實踐」研討會。此時，他在很多人的心目中是歐陸理論的學院代言人。

一九六三年到一九六八年之間，就在他移動至學術界中心的同時，兩起事件粉碎了他相對穩定的安全感。第一件事是一九六七年的災難性「六日戰爭」——又稱「六月戰爭」，阿拉伯報章稱之為「挫敗」（an-Naksah）。這事件標誌著以色列占領全部巴勒斯坦人領土的開始。第二件事是他的第一段婚姻在翌年崩潰（不過他拖到一九七〇年才離婚）。紐約知識分子在「六日戰爭」之後的向右轉，造成薩依德對一些他本來忙於追求的圈子的疏遠。例如，像《異議》（*Dissent*）之類的雜誌，在一九六七年之前如果難得提到以色列，都是挖苦以色列的狂熱民族主義者，但現在卻突然變身，成了熱情的錫安主義者。杭士基挖苦地指出：「歐文．豪（Irving Howe）⑪當時是那麼的極端，乃至被以色列的報章嘲笑。」[95]許多從來沒有支持以色列的人現在都開始支持這個

⑪《異議》的主編。

國家，哪怕他們也開始反對越戰。

一九六八年的卡拉梅戰役（Battle of Karameh）中，巴勒斯坦人表現出色，擊退了來犯的以色列軍隊。同一年，薩依德前往蘇黎世參加會議（保羅・德曼〔Paul de Man〕為他安排住宿），途中到黎巴嫩探望生病的父親，在貝魯特停留了一星期。[96]稍後，他「在一九六九年夏季去了安曼，在一九七〇年再去了一次……那時我是個訪客，但也是我目睹的民族復興的一個參與者」。[97]他目擊了「一九七〇年『黑色九月』的一些駭人暴力：當時流亡在約旦的巴勒斯坦解放組織和約旦軍隊發生衝突，導致雙方都有相當大的人命損失」，不過也因此產生了一些成就，「最大的成就是巴勒斯坦解放組織的區域內能見度和國際能見度都大大提升。」[98]

即使在一九六七年之前，薩依德都不是很多人所以為的那樣政治冷淡。就像我們看到的，「他是被劫持到政治」的迷思部分是他自己製造，因為他曾經在一九六九年的哥倫比亞大學校友雜誌上表示，他對自己沒有更早積極投入政治感到懊悔。在這篇他第一次分析巴勒斯坦人處境的文章中指出：

〔自一九四八年之後，〕我都是對人說我來自黎巴嫩，但這就像什麼都不說一樣懦弱，因為那表示我蓄意不說挑釁性的話。隨著時光流轉，我取得了學位，成為了教授……這在〔一九六七年〕六月那個糟糕的一星期對我並無好處。我是阿拉伯人，而我們——對我那些尷尬的朋友來說是「你們」——正在受到鞭笞。我寫了一兩封雄辯的投書給《紐約時報》（沒有被刊登），又和其他幾個阿拉伯人搞了一些群體思考會

（實際上是群體治療）……帶著一點自憐，我寫了《被定型的阿拉伯人》。[99]

雖然他責備自己，但他的學生對他這段時期的回憶和他自己的回憶大不同。他在哥大教了大約五年書之後，已經沒有人不知道他的祖籍。很多注意他的巴勒斯坦人身分的同事都是猶太人（有的是守教規的猶太人，有的是和猶太復興運動有關的猶太人），其中包括了明茲（Alan Mintz）、斯泰恩兄弟（David and Michael Stern）和雷曼（David Lehman），後者在一九七三年寫信告訴他，他把一系列十七首新十四行詩獻給了他。[100]這群人覺得這個「不隱藏身分」的巴勒斯坦人引人入勝且吸引人，找他談話以後又發現和他談幾乎任何話題都出奇的容易。[101]把他第一次帶到阿拉伯大眾面前的文章——《被定型的阿拉伯人》——事實上不是他第一篇公開發表的政治參與宣言，儘管它寫成的時間要更早。他的宣言標誌著——就像他對理論的語言學革命分子的親附那樣——他正在加入第二個革命陣營。

他將會努力讓這兩個革命陣營和諧一致，而他這樣做的主要地點是厄巴納（伊利諾大學提供他一九六七至一九六八學年的一年研究獎金）。當他離開紐約前往高級研究中心時，他心中已有一個清晰的研究方案。這個方案本來稱為「歷史中的史威弗特」（業已被哈佛大學出版社下訂），將會探索偉大的十八世紀愛爾蘭小說家、詩人和諷刺家史威弗特是如何讓人意想不到地對「知識社會學」貢獻了洞察。[102]薩依德以研究員的身分寫了半本「史威弗特研究」，但同時又被另一個方向完全不同的研究方案拉扯，後者日後將會變成他的第二部著作《開端》。在高級研究中心的時候，他發表了這部著作的一個微型版〈對開端的一個沉思〉（A Meditation on Beginnings,

1968）。緊接著是兩個「試運行」：〈敘事：探求陵墓的起源和發現〉（Narrative: Quest for Origins and Discovery of the Mausoleum, 1970）和〈保留、迴避和和承認〉（Witholding, Avoidance, and Recognition, 1971）。[103]

再一次，戈德曼對他的影響明顯可見。就像當初他在出書建議書裡解釋的（原訂的書名是《史威弗特的連貫性》或《作為知識分子的史威弗特》），如果說他的「康拉德書」的一些指導原則是採自斯塔羅賓斯基和羅蘭・巴特之類的當代批評家，那麼，現在由於「政治在史威弗特的人生中有著鮮明的重要性」，所以他對史威弗特的興趣「類似戈德曼。他在他研究帕斯卡和拉辛的著作中顯示，這兩位作者的作品中政治領域和美學形式有著結構相似性」。[104]

薩依德在這一年表現的強烈創造力超過他任何較早的時期。這倒不是說他總是會以感激回報高級研究中心的慷慨。起初，他對伊利諾大學有一些謹慎的讚美：「就像你必然知道的，厄巴納並不是個漂亮的地方，但它出人意料地怡人和容易居住。這裡的圖書館極盡豪華（藏書斷然比哥大的多）。」[105]但不到一個月後，他的態度變為輕蔑：

> 社會學地說，直到一星期前，它還是一個引人好奇的……地方。它醜陋無比，但美國大多數城鎮本來都是這樣，只有新英格蘭有一些例外……我和一位雕塑家沙恩（Jonathan Shahn）廣泛記錄下這裡比比皆是的陳腔濫調和主導生活的有色眼鏡：一件有趣和永無止境的工作……至於這裡糟糕透頂的文具就請你見諒吧。[106]

然而，正是在這些文具上⑫，他的文集的讀者可以看到他一些最銳利的筆記。在印有未來主義信頭圖案的紙張上，他勾勒出未來將會被稱為《開端》的那本書的大綱，也勾勒出他後來從沒有寫出來那本談史威弗特的書的大綱。[107]

因為有被放逐到鄉下的感覺，薩依德老是寫信向人打聽紐約發生了什麼事。在寫給他的紐約鄰居、古典鋼琴家勞文塔爾（Jerome Lowenthal）的信中，他抱怨厄巴納「偏好不能入耳的前衛音樂」，又指出「凱吉（John Cage）⑬也是高級研究中心的研究員，但大部分時間都不在這裡，要不就是在採蘑菇。」[108]勞文塔爾在不久後的回信中為了娛樂薩依德，談了他在阿勞（Claudio Arrau）⑭家吃晚餐聽到的八卦，談了賈桂琳·普蕾（Jacqueline du Pré）⑮和巴倫波因的婚姻趣事，又特別挖苦了伯恩斯坦（Leonard Bernstein）。[109]薩依德並不看重伯恩斯坦，只在他很多談音樂的文章中提到此人一兩次，而且談的是他的自我膨脹。薩依德從不能原諒這位指揮家有一次在愛樂演出時，要求把自己在宣傳海報上的名字和貝多芬並排。[110]所以當他聽到勞文塔爾把「庸俗而不風趣的熟悉伯恩斯坦風格」比作喜劇演員丹尼·凱伊（Danny Kaye）的低俗鬧劇時，為之大樂。[111]

雖然住在厄巴納期間相處得不融洽，但薩依德和瑪莉當時正在從事重要的學術合作。他們曾經在一九六五年聯手翻譯了奧爾巴赫的文章〈語文學與世界文學〉（Philology and *Weltliteratur*），現

---

⑫ 這裡指紙張。
⑬ 美國先鋒派古典音樂作曲家。
⑭ 智利鋼琴家。
⑮ 英國大提琴演奏家。

在在事隔四年之後終於即將出版（最後在一九六九年出版）。這文章在各方面都都非常有創發性，既領先時代，又大膽反對結構主義潮流。[112]在他們簡短和經過大肆改寫的譯本導論中，他們奉「所有人寫的關於人的文學」之名，掙脫狹窄的國別文學，歌頌歷史主義，又採取一種在當時會讓人氣憤的觀點，主張文學批評不應該只是評價小說或詩，而是應該對「所有或大部分的人類語言活動」進行政治和社會解碼。沒有什麼比這些姿態跟當時的文學批評潮流更相左，但它們標誌著「世界文學」崛起的關鍵性第一步。世界文學在四十年後將會是人文學科最有影響力的領域之一。

由於夫妻緊張關係越來越升高，加上思念紐約，又在不同的研究計畫之間來回忙碌，這就不奇怪他會把他的休假年⑯形容為「發熱的」。[113]這一年也是讓人挫折的。因為雖然他的創造力激昂，但沒有能夠完全把懸念在心上的大部分研究計劃落實。在他的事業全程中，有兩件大工作是他進行了幾十年卻始終無法完成的。一是對知識分子的研究，另一是談論史威弗特的書（他本來有很好理由認為自己可以在厄巴那將此書寫出）。真正重要的倒不是它們從來沒有實現，因為這兩本書的一些論證和一些段落散見於他的其他著作，而他的史威弗特計劃最後也以另一本書的面貌問世。對薩依德的遠程目標來說，沒有比史威弗特計劃更重要的計劃。

史威弗特從一開始就在薩依德的心頭。他是薩依德少年時代在開羅所發現的作家之一，其他還有伊妮德・布萊頓（Enid Blyton）、卡羅（Lewis Carroll）和巴勒斯（Edgar Rice Burroughs）等。但更重要的是，史威弗特就像康拉德那樣，可以提供他一個間接攻擊當代理論趨勢的方法。追隨戈德曼的策略，他可以把一場二十世紀的辯論假扮成一場十八世紀的辯論，以此偏轉同時代人的憤恨。[114]

就像李文那樣，薩依德欣賞史威弗特（用李文的話說）擅於「把蜘蛛視為現代人的原型，因為現代人就像蜘蛛一樣有巧妙的機制，可以從腸臟中吐出蜘蛛網，而且他們也討厭甜與光而偏好髒污和毒藥。」李文又補充說，在英國文學人中，沒有人比史威弗特更能夠幫助他揭發「非常多近代書寫的反人文主義推力」。[115]

事實上，用薩依德自己的話說，史威弗特計劃的主要焦點是「文學批評如何構成和／或轉化其研究的對象。」[116]他打算把文學批評理解為生產知識和制定政治目的的主要空間。所以，我們完全可以預期，薩依德進入哥大任教之後，最早教授的討論課之一就是關於史威弗特，而他也是在「康拉德書」出版的同一年寫好史威弗特計劃的出版提案。他在哈佛大學的一九六八年夏季課程也是教史威弗特：這類似一個宣言，表示史威弗特居於他的專業身分認同的核心。

他的出版提案受到熱烈歡迎。這提案書促使當時在哥倫比亞大學任教的貝爾（Daniel Bell）推薦他申請伊利諾大學的研究獎金。以一個熟人的身分寫信給他，貝爾表達了毫無保留的熱忱。他樂見薩依德轉向戈德曼，也樂見薩依德的取徑不像曼海姆（Karl Mannheim）那樣只是把觀念視為諸社會力量的函數，還是要顯示「藝術想像力是如何和外顯的政治和社會思想的結構平衡。」[117]在貝爾的建議下，薩依德拜讀了法蘭克福學派成員波克瑙（Franz Borkenau）在一九三四年對「布爾喬亞世界觀」的一份研究，後來又在評論戈德曼的《隱藏的上帝》時，批評戈德曼沒有參考波克瑙

⑯ 美國大學教授任教滿七年休假一年，薩依德利用這一年在伊利諾大學高級研究中心當研究員。

的著作。薩依德在談史威弗特的最長一篇文章中，對波克瑙的著作有頗為詳細的介紹。

雖然他的史威弗特計劃總是看似離出版只有一步之遙，但他每一次都把它留置，原因是他不再感覺他為這研究所採取的奧古斯都文學形式（Augustan form）是有效的。學院嚴峻的專業成規最終將會把他（一個現代英國文學的專家）置於他所謂「十八世紀專業學術行會」的檢視之下。他知道，這個「行會」很有可能會對他把史威弗特從官方肖像——「一個相當枯燥無味和讓人討厭的英國國教牧師」[118]——搶救回來的努力皺眉頭。儘管如此，他仍然在一九六九年一封信中表示他的這部書即將由哈佛大學出版，書名改為《史威弗特的保守黨無政府主義》。

在一封後來寫給特里林的信中，他提到他的「史威弗特書」膨脹了起來，而他正在忙於重寫。[119]事實上，他對這書總是不斷改寫，寫出了許多閃閃發亮的斷片，但總是合不攏。他打算把談史威弗特的書交給哈佛出版，把談知識分子的書交給「基本圖書」（Basic Books）出版。雖然他在一九六〇年代和一九八〇年代呈現方式的徹底不同，讓各個版本的「史威弗特書」風格大相逕庭，但最終把它想說的話說出來的是它的化身《世界・文本・批評者》。[120]

在英國文學人中，史威弗特是一個積極的政治人，把語言視為一個理論難題。在〈史威弗特的保守黨無政府主義〉（Swift's Tory Anarchy）一文中，薩依德把這個難題清晰表達出來：「作為無政府狀態對書面作品的抵抗，和作品中的持久保守黨秩序之間，那種高度戲劇性的衝突。」[121]這番話當然有懷疑書寫的味道，但它也涉及了布萊克默所說過的，無政府主義有一種保守黨的味道：這句話也許是意指，擺脫所有的管制會帶來獨裁專制的弔詭後果。[122]與此相反，薩依德看來是建議某種紀律（「秩序」）。沒有明白提到一九六〇年代的解構理論和詮釋學理論（它們編織出精細的詮釋之網，把所有文本意義問題化），他抱怨這部作用在文本的精密機器奇怪地竟沒有先問一問「何謂文本」的問題。[123]這正是他要做的，因為他志在把文學批評的涵蓋範圍擴大到想像性文學之外。

史威弗特當然是個保守黨人，但雖然他是一個保王派，卻從堅實的政治經驗學到，有需要一種「頑強不屈、不容懷疑和牢固的」語言秩序。[124]薩依德認為，史威弗特賴以做到這一點的，是透過用兩種方法把「文本」的定義複雜化：一種方法是視乎情況的需要，從一種文類轉換到另一種文類，有時甚至可以直接向讀者說話。例如，在《格列佛遊記》，書寫看來便代替了事件。因此，在薩依德看來，史威弗特的書寫「是一種完整性遠不如言說的活動」。[125]

言說／書寫的二分法再一次具有政治意涵。就是這種二分法讓文學界和出版界忽視非西方世界的口語文化（在那些地方，說話和身體動作顯然淩駕於圖書館裡的學術著作）。言說和書寫的對立也自然會讓人想起一神教——書的宗教（猶太教、伊斯蘭教和基督教）⑰——的教義固定性，這種固定性為中東的歷史帶來了很多毒害。為了反對這種固定性，薩依德早先才會積極把「主體」從結構主義搶救回來：在結構主義看來，主體只是文本的幻影效應。與此相反，言說表示有一個人站在你面前，是可觸的、現世的和具體的。如果說「康拉德書」是偷偷摸摸把英國文學拉去和歐陸哲學面對面，那史威弗特研究便是要靜靜揭發潛伏在語言自主性理論下的政治災

---

⑰ 猶太教、伊斯蘭教和基督教被稱為「書的宗教」（religions of the Book），其中的「書」指聖經。

難。史威弗特是一則警世故事、一個介入的藝術家，一個住在英國大都會的愛爾蘭人，一個有革命氣質但傾向保守的人，但最重要的是，他是一個政治活躍分子，對權力的陰暗現實主義有第一手的認識（這權力最終把他打垮）。

當保守黨倒下，語言亦隨之倒下，被語言的自瀆取代，在史威弗特的後期作品形成消沉訊號。爬梳史威弗特的手稿，薩依德找到「讓人目眩」的證據，可以證明這位愛爾蘭作家有著「古怪的消遣」。他沒完沒了的文字遊戲讓人不能不懷疑，其中「**也許**有詐，隱藏著什麼意義或加密的訊息。」[126]這導致了第二種立場（一種撤回命令的立場）：史威弗特代表著一個觀念，那就是，「作家的誠正完全來自他面對實際事情狀態時的立場的強度」——哪怕他對細節寫實描寫的高度掌握隨著他對髒話的興趣和對暴民的痛恨而增加。薩依德補充說，他「非常難讓人喜歡」。

雖然打造自己獨立的道路，薩依德明顯想要從史威弗特的政治事業汲取教訓。這是因為，史威弗特起初寫的小冊子是和被它們影響的政治現實無縫地結合在一起，但是到了後期，他卻無能地讓語言與政治現實對立起來，扮演起純評論者的角色。[127]史威弗特對書寫這種前後不同的態度，反映著政治氣候的重大改變。國王權力逐漸被限縮，讓從政者從有天分的業餘人士變成專業政治家，也讓一個激進辯論的時期變成循規蹈矩的政治遊戲。薩依德得出的重要等式看來是這樣：在政治處境上越是無力和無望，向自主語言理論的移動幅度就會越大。[128]

所以，史威弗特變得和薩依德一開始讚揚的那個史威弗特相反（他本來稱讚史威弗特「高度拋光的語言怒濤」能夠「把正確的字眼放在正確的位置」）。與薩依德後來論述中東政治小說時所說的話形成有意思對比的是，他提出了一個引人入勝的可能性，那就是，史威弗特的文本本身抗拒反諷：「既然它之所說即它之本意……反諷在閱讀當中完成了它自身。」再一次，直接引語（direct speech）和談話的藝術受到最高的關注。史威弗特也是如此，他對文類的選擇——無足道的建議書、故事、信件、論證和講道詞——把兩者帶到顯著地位。[129]簡言之，史威弗特作為一個作家的軌跡，記錄了在一個政治世界裡過度文學性所造成的悲劇。[130]最終，薩依德向一個朋友透露他為什麼會打消出版史威弗特研究的念頭：「到頭來我發現我沒有能力同情……這個人的憤怒和驕傲。另外是他的人生讓人缺乏興趣：他的人生總是為政治服務，總是為貴族服務。」[131]

與此同時，他抵抗伊利諾大學要他留下來當全職教授的壓力。他津津有味地形容校方開給他的薪水是「天文數字」。[132]到了一九七二年，哈佛第一次向他招手（後來還有幾次）。向他招手的還有水牛城大學和加州大學聖克魯茲分校。為了留住他，哥倫比亞大學向他開出和伊利諾大學一樣的豐厚條件：終身職的副教授職位，外加讓瑪莉在巴納德學院任教。瑪莉在薩依德成功的同時也取得了成功：她在一九六八年他們離異那幾個月完成博士論文答辯。兩人的思想同志情誼猶在，她在一九七〇年離婚後繼續去聽薩依德講課。[133]他們現在終於可以在一起了⑱，不過這已經變得不重要。

⑱ 指同在一間學校。巴納德學院隸屬哥倫比亞大學。

第5章

奧斯陸協議之前

BEFORE OSLO

一個讓人困惑、失能和失去穩定的世俗傷口。[1]

雖然是一個非常體面的落腳地點，但哥倫比亞大學在一九六〇年代晚期和一九七〇年代早期仍然含砂。高踞在曼哈頓上西區的晨邊高地（Morningside Heights），哥大校園和紐約一些最貧窮的地區鄰接，以不安全著稱。薩依德一位當時在師範學院唸書的黎巴嫩朋友憤怒地指出：「（這裡有）數不完的持刀傷人、搶劫、強姦和各種惡劣的暴力行為。一個年輕教授頭破血流……倒在百老匯大道中央……我不惜一切代價避開阿姆斯特丹大道。」[2]

在當時，哥大的建築略顯老舊，並沒有常春藤聯盟其他大學那麼多人爭著讀，入學要比現在容易。它的學生不全是預科學校的產品，也有從公立學校畢業的紐約本地人（很多是猶太人）。[3]如果說它還沒有像一九九〇年代那樣種族駁雜（這部分是薩依德蓄意推動之功），它仍然前衛、都市色彩和思想活躍。

不過哥大也自有神祕色彩。大學區分為大學和研究所兩大部分，前者被稱為「學院」（College）。這兩部分雖然是毗鄰，但極少混雜在一起。[4]薩依德從一開始就知道自己的所屬：他的辦公室在「漢密爾頓樓」（Hamilton Hall）而不是在「哲學樓」（Philosophy Hall），前者是「學院」的所在，後者是英語系的所在。[5]在他接下來的十五年教學生涯，他的作風都非常符合「學院」那種上流人士的悠遊自在氣派：它沒有把學生訓練成為學究的興趣。相反的，學生被鼓勵跟一本本經典著作角力而不借助注解，直到可以悠遊於其中為止。

一九六八年和一九六九年的反戰示威抗議，不但粉碎了這個高遠思想勝地的寧靜，還讓學校變成了戰區。哥大學生的反越戰行動在一九六〇年代是最有代表性的。當李文寫信告訴同事哈特菲爾德（Henry Hatfield）（兩人一直就瑪莉的論文通信），自豪地告訴他薩依德剛剛接受了哥大的條件留下時，挖苦地補充說：「我不太確定這些日子有誰會願意在哥大教書。早上的廣播剛剛宣布校方叫來了警察。」[6]示威爆發時，薩依德還在休年休假。他拚命想辦法收集消息，一個朋友萊伯維茲（Herb Leibowitz）為他報導了目睹的見聞：

> 革命辭令的暴力性……被警察行動的實際暴力超過……當你看見你教過的學生滿頭是血，或是滿頭包地被扔出大樓和送上囚車，你很難不震驚得合不攏嘴。防暴警察穿得像突擊隊員，一臉虐待狂的怒容。[7]

就像開羅起義時待在「黑門山」那樣，薩依德再一次在對的時間待在錯的地方。當他的學生在面對警棍或投抗議信給《紐約書評》時（杜皮兩者都幹了，落得一隻眼睛烏黑腫脹），薩依德卻仍然人在厄巴納。不過他殷切注意著事態的發展。他有些同事——例如長相和說話的樣子都像雷蒙．威廉斯的資淺教員布朗（Homer Brown）和布勞迪（Leo Braudy）——是站在第一線，但他自己卻身在遠處。[8]

當他在一九六八年秋天回到哥大時，事件餘震仍然很明顯。他回憶說因為他有很多學生都是這革命的一部分，所以他自己「也參加了相當多的反越戰校園活動。」[9]例如，他是寥寥可數支持全國學生罷課運動的教授之一。這罷課運動是由「學生民主會」（Students for a Democratic Society）發起，目的是反對當年的選舉。它呼籲全國學生團結一致，不要上課。[10]不過，薩依德對大學左派的態度是複雜的，對此，他的一個學生（後來是新聞工作者和運動家）弗里德曼（Robert

Friedman）知之甚詳。在他們當時的多次談話中，薩依德對於弗里德曼從事的政治運動非常感興趣，想要知道所有細節。[11]

然而，隨著他完全了解學生抱怨的性質，他退縮了。他發現抗議學生全面反權威主義是受到了誤導。否定所有的社會拘束，就是未能明白大學存在的目的之一就是提供權威性的判斷。它的角色不是廢除法律，而是評估一套法律是否適合一個配稱為政府的政府。在當時，他和他的未來親密戰友艾克巴爾．艾哈邁德是站在不同邊，後者是反戰運動的發起人之一，而當尼克森政府的司法部在一九七〇年荒謬地指控他和貝里根（Daniel Berrigan）陰謀綁架季辛吉之後，更被認為是反戰運動的神主牌之一。[12]

就像阿布－盧格德那樣，艾哈邁德對全球邊緣地區的馬克思主義如數家珍，也和很多第三世界的革命分子有交情。一九三四年出生在印度比哈爾邦（Bihar）一個地主之家，印巴分治時搬到巴基斯坦，他在一次農民起義中目睹父親被謀殺（當時父親就睡在他旁邊）。一九五〇年代時，他和薩依德同樣是哥大的學生，後來去了阿爾及利亞，跟法農一起工作，編輯黨報。日後，薩依德在和巴勒斯坦解放組織打交道的時候，將會非常倚重艾哈邁德的意見，而他對學生運動的看法也因為艾哈邁德而有所改變。兩人初次見面是在一九七〇年，當時艾哈邁德讀了薩依德的〈被定型的阿拉伯人〉一文，請求阿布－盧格德引見。

薩依德對學生抗議活動還有其他牢騷。雖然美國的反戰異議者不是不用付出代價（有可能會被監禁、罰款和開除學籍），他們顯然不像越共的越南人幹部那樣，需要冒生命危險。但他們有時會狂妄自大地把自己和越共相提並論。薩依德對此非常不滿，批評學生不配以游擊戰士自居。[13]

想到以色列對巴勒斯坦的占領，想到巴解組織要人被暗殺（有些是他的朋友），他認為學生不知道真正的政治危險為何物。他在一九六九年二月回到學校不久，「學生民主會」就在大學的六棟大樓裡擾亂了大約四十堂課。他們大剌剌走進教室，派發傳單，要人參加反對美國海軍預備軍官訓練團的靜坐抗議。

根據《哥倫比亞每日觀察者報》的報導，三個學生進入薩依德正在講課的教室。薩依德要求他們離開，否則他自己就會離開。七十五個學生大部分都要求擾亂者離開，但在一場投票可以舉行以前，薩依德就走出了教室，到辦公室打電話給校警，要他們來把擾亂者趕走。[14]他指出，教室是最不應該發起反對國家的戰爭之處。後來他又在圖書館的階梯上這樣質問一個激進學生：「這一切所為何來？我不明白。」[15]他的立場和很多其他教員一致：學生的要求雖顯然符合正義，但傳道授業之地不應該被擾亂。不過，有一次，當他一個學生斯泰恩（Mike Stern）在上課時爬出「漢密爾頓樓」一樓窗戶，要去報導一場示威時，薩依德笑了，佩服他的大膽無畏和這種別出心裁的姿態。[16]

後來，特里林在休假期間從牛津大學全靈學院寫了一封長信給薩依德，抱怨哥大的「教學生活衰頹」，特別是抱怨一九六八年的示威抗議「嚴重影響了我們的士氣」，以致有需要「改革課程以對治大學流行的縱容趨勢。」[17]在回信中，薩依德圓滑地沒有提出異議，因為特里林會說那番話，明顯是誤解了他三個月前在一封信中所說的：「對心靈和學問的愛已經受到威脅。」事實上，他心裡所想的「威脅」不是來自抗議，而是來自「沉默不語、追隨流俗和朝三暮四。」[18]所以，對學問的最大威脅是流行的袖手旁觀態度，因為這種態度等於是拋棄了知識分子的責任。

雖然沒有為越共高舉抗議標語，薩依德沒有完全置身於校園喧囂之外。一九七〇年他和朋友班納（Sami Al-Banna）——哥大的電腦繪圖教授——一起組織了一場巴勒斯坦問題的靜坐抗議。會中，薩依德向人群講話。[19]同一年，一篇貝沙拉（Ahmad Besharah）所寫的有關巴勒斯坦抵抗運動的長文每天出現在校園，表達對這個在「六月戰爭」之後出現的運動的支持。[20]當時巴勒斯坦人被剝奪民族身分（美國社會一律稱他們為「約旦人」），貝沙拉的話想必會讓很多學生感到震驚：他聲言捍衛「一個為保障自己家園的基本權利而進行武裝鬥爭的民族之重生」。[21]那時候，薩依德也熱烈向朋友主張，有鑑於以色列對巴勒斯坦人的轟炸、折磨和集體懲罰，巴勒斯坦人有權發起象徵性暴力行為，因為軍事對抗並不是由他們挑起。[22]

§

婚姻失敗讓一九六〇年代晚期對薩依德來說暗淡無光。他後來承認，那時候的作品是「出自我人生中一個非常黑暗的時期」。[23]有一段時間，他茫然若失。[24]一九六七年，也就是他和瑪莉婚變的一年前，他到紐約一間醫院探望跌斷腿的妹妹喬伊絲時，遇到了瑪麗安．科塔斯。當她走入病房時，他「坐在一張椅子上嗑爆玉米花」，顯然一副無動於衷的樣子。[25]瑪麗安是黎巴嫩卜魯馬納（Brummana）的貴格派教徒，她的知名父母和薩依德的父母偶爾會交際應酬。後來，當薩依德和瑪麗安開始談戀愛，希爾妲大喜過望，但因為有前車之鑑，她提醒兒子除非有十足把握，否則不要陷進去。瑪麗安在大學主修商業和經濟，畢業後從事房地產工作，但後來因為房地產市場景氣反轉，她在貝魯特美國大學找了一份臨時的圖書館管理員工作。這大學是薩依德所熟悉，優美的校園環境對暑假和假期常常到貝魯特來的他來說，無疑是最佳的談情說愛場所。

兩人在一九七〇年結婚。薩依德受到瑪麗安的進步基督徒家庭熱烈歡迎（這個家庭和他自己家很像），一切看來恢復正常。兩年後，他獲得了古根漢研究獎金，讓他可以帶妻子和新生兒子瓦迪（取名自薩依德的父親）到貝魯特做研究。他開始扮演顧家男人的角色。這個時候，他父親在跟皮膚癌奮鬥了十年後已經在一九七一年二月去世。分隔父子兩人的情感高牆消失了，但卻有太多的話來不及說。在跟心理醫生的一次見面中，薩依德涕淚交零地傾訴說自己一直想和父親建立聯繫而不可得。在當時，他唯一能做的只有堅忍地承受喪父之痛。回憶他看見父親最後一面的情形時（當時他父親時而清醒，時而昏迷），他說他抱著父親，感覺父親將臨的死亡是巴勒斯坦「古怪的最後定局」的象徵，儼如一間關上門窗和拉上窗簾，不再准他進入的房子。[26]

薩依德在貝魯特度過一九七二至七三年的學年，期間曾分別應邀前往克拉科夫（Krakow）和奧地利的林茨（Linz）演講，在「羅素百年紀念研討會」上談「帝國主義時代的勢力圈」。在瑪麗安的大力遊說下，他又帶家人去了伊朗度假：波斯波利斯「就在黎巴嫩附近，不去看看太傻」；伊斯法罕是個「神奇透頂的地方」①。[27]那一年，他一頭投入鑽研阿拉伯書面語（literary Arabic），認識了一些巴解組織的成員（巴解因為一九七〇年的「黑色九月」血腥事件而從約旦搬到了貝魯特），並徹底修訂《開端》。這本書是在厄巴納動筆，後來瑪麗安為它的不同版本打字。一如往常，他激烈抱怨家庭責任繁重，但覺得貝魯特是個又引人入勝又讓人惱怒的混合體，部分是「香格里拉」，部分是個「狂熱的非知識分子」的前哨站。[28]

《開端》（他的第二本書）出版的前幾年，薩依德的人生和工作經歷了翻天覆地的變化。他不只重寫了《開端》的文稿（有一半是完成於一九六七至一九六八年），這時期也標誌著另一個開端（一個不幸的開端）。黎巴嫩內戰在《開端》出版的頭一年爆發，而這場內戰將會斷斷續續持續十五年，期間有多輪的屠殺和多輪的短暫平靜。一九七三年一月，薩依德從黎巴嫩首都寫信給朋友迪克斯坦（Morris Dickstein），向對方報平安，指出「除了有偶爾的突襲和邊界衝突，這裡一切都好……美國明顯跟這件事脫不了關係。」[29]

因為想從修訂工作放鬆一些，且無法對發生在四周的暴力不當一回事，他渴望有更多的政治介入，所以找上米哈伊爾（Hanna Mikhaïl）。米哈伊爾是哈佛畢業生，此時住在貝魯特，他為薩依德打開了另一個世界。當初，米哈伊爾在拿到博士學位之後入華盛頓大學任教，但後來拋棄舒適安全的學院生活，到安曼當巴解組織的全職幹部。現在，隨著巴解組織搬到黎巴嫩的首都，他也搬了過來。他成為薩依德的第一個政治人脈。薩依德在他的介紹下認識了一些本地的名人，包括著名劇作家惹內（Jean Gene）——惹內將會在一九八六年以阿布．歐瑪爾的化名把米哈伊爾寫入他的劇作《愛之囚徒》（*Prisoner of Love*）裡。只不過，米哈伊爾在一九七六年便被暗殺身亡，原因不明，兇手也不明。

薩依德和惹內的第一次尷尬會面，可以讓人體會當時很多無劇本相遇的情形。他和瑪麗安住在拉斯貝魯特（Ras Beirut）科塔斯家的房子，旁邊就是黎巴嫩貝魯特大學的漂亮校園。有一晚，惹

① 這些是瑪麗安說的話。

內出其不意來訪。「他是個非常怪的怪咖，喜歡常常良久不語，讓人害怕。他一直耗到深夜一點半左右，直到我們倆都大打呵欠之後才願意離開。我後來又看見他閃閃躲躲地走在街上。他談了很多他的童年和宗教。」[30]他結識的其他人物——例如脾氣火爆的知識分子阿慈穆（Sadik Al-Azm）——也是一樣的怪和讓人難忘，增添了貝魯特奇特的吸引力。

當時這個城市的宏麗還沒受到戰爭的摧毀。它是古代和現代的無與倫比混合體，每個方向都留有腓尼基、羅馬、鄂圖曼人和法國人的遺跡，以陡峭歪斜的大街、迷人的小巷、亞美尼亞餐館和茂盛的花草樹木為人所津津樂道。貝魯特美國大學校園內的鐘樓、公共塑像、考古學博物館和大鐵門，都會讓人聯想起加州大學洛杉磯分校或南加州大學站，但它在地形上更多樣。貝魯特的歷史就像雅典和亞歷山卓一樣古老，它跟伊斯坦堡和阿勒坡並為地區內的主要十字路口，在當時是地中海東部最迷人的海岸城市，政治上也最友善。作為地區內政治和思想流亡者的避難所，這城市在阿拉伯世界扮演的角色和墨西哥在拉丁美洲扮演的頗為相似。

薩依德誇讚它「寓衝突於和諧」（*discordia concors*），譽它為一個出於選擇和命運而「能夠容納一切」的城市。它一度是大敘利亞的小分支，現在因為它的地點和漂亮而成為蓄意被選擇的目的地：

> 生活在貝魯特所意味的事情之一，就是你在做事、感覺、思考、說話和甚至當追隨者上，都有一大堆形形色色的可能結合可供選擇：基督徒（新教的、馬龍派的、東正教的、梅爾基特派的、天主教的）、穆斯林（遜尼派的或什葉派的）、德魯茲派亞、美

尼亞人、猶太人、法國人、美國人、英國人、阿拉伯人、庫德族人、腓尼基人、泛伊斯蘭主義的一部分、阿拉伯民族主義的一部分、部落主義、世界主義、納賽爾派、共產主義、社會主義、資本主義、享樂主義、清教徒主義、富有或貧窮或不富不貧、加入阿拉伯對以色列的鬥爭……脫離阿拉伯對以色列的鬥爭，等等。左派和右派之類的標籤的貧乏在此一目瞭然。[31]

薩依德自己的歸附是跨界的。如果說他分享了瑪麗安母親對阿拉伯民族主義和黎巴嫩自治的同情，他現在又被更激進的影響力包圍。[32]

「左派」和「右派」這兩個詞也許無法照顧到所有細微差異，但對巴勒斯坦人的黨人來說，它們頗具分類作用。例如，黎巴嫩的長槍黨就是一個公然的法西斯政黨，目標是要粉碎工會。就像薩依德指出的，長槍黨領袖傑馬耶勒（Amin Gemayel）以黎巴嫩的「沙阿」（Shah）②自居。[33]當內戰在一九七五年爆發時，這個國家的階級性格表現在對巴勒斯坦人的仇視：在右派的民族主義民兵看來（他們大部分是基督徒），巴勒斯坦人是對國家政治秩序的一個軍事威脅。[34]更早前，貝魯特美國大學是阿拉伯民族主義的誕生地，伊拉克人、約旦人、巴勒斯坦人和敘利亞人在那裡辯論什麼樣的共同未來對大家來說才是最好。[35]然而在一九四八年之後，盤旋在每個論證之上的巴勒斯坦危機把那種民族主義推向了左翼。

② 「沙阿」是波斯語中的君主稱號。

薩依德意識到黎巴嫩的脆弱，指出這個國家的開放與和氣，讓自己失去了一個堅實基礎。其鄰國以色列從不標定自己的邊界，對黎巴嫩南部明顯懷有意圖。這個國家的多文化寬容性不利於蘇丹們、強人們和宗教極端分子們偏愛的論述，讓它成為它的敵人的更大威脅。這也讓它順理成章從內部分裂，成為組織阿拉伯政治要求的地點。巴解游擊隊的到達——他們在「黑色九月」跟約旦軍方發生衝突後轉移至此——讓兩者加速化。

所以，當他用古根漢研究獎金待在黎巴嫩的那一年，也正是貝魯特經歷極端化的時期。作為學者、人夫、人父和一個程度越來越高的政治活躍分子，他不再只是路過中東。就像他一度向杭士基指出的，這是他自從一九五一年離開中東以後第一次實實在在地待在那裡。[36]每日的生活都是滿載，但又常常令人洩氣，因為他發現，在家裡和大學裡的談話大部分是沒有挑戰性乃至是反智的。

這種情形的一大例外是祖雷克（Constantine Zurayk）。他是貝魯特美國大學最傑出的教授，也是《浩劫的意義》（*Ma'na al nakba*, 1948）的作者——這部書的大為暢銷讓「浩劫」一詞對大部分阿拉伯人來說成為以色列建國的同義詞。祖雷克是瑪麗安的姑父，也是薩依德生活中一個熟悉人物。不過在那一年，他更重要的密友是他出生於敘利亞的盟友阿慈穆，兩個人每星期會見好幾次面，促膝長談。主題之一是阿慈穆具有爆炸性的著作《宗教思想的批判》（*Critique of Religious Thought*）。這本書出版於一九六九年，但到了一九七二年已經被除黎巴嫩以外的所有阿拉伯國家查禁。大穆夫提③譴責此書「褻瀆神明」。[37]

雖然受到這些激進影響力吸引，薩依德小心翼翼，不讓自己離研究學問太遠。他在貝魯特美國大學當研究員的第一輪演講不是有關巴勒斯坦人抵抗運動，而是有關傅柯，而他論這位法國哲學家的第一篇長篇文章也是在貝魯特發表。[38]他要到了一九七四年才有機會認識巴解組織的高層人員，也就是在他離開貝魯特回到美國一年後。這些人之中，他最親密的其中一個朋友和共事者是霍特（Shafiq Al-Hout）。霍特是巴解組織領導層中一個鎮定和異常勇敢的人物，薩依德深情地稱他為「勇猛者」。[39]再來還有哈拉夫（Salah Khalaf）、瓦齊爾（Khalil Wazir）和阿拉法特（Yasser Arafat）本人。薩依德是一九七四年才認識阿拉法特，當時他到紐約，要在聯合國發表開幕演說——這是巴解組織第一次在國際舞台受到公共承認。到了當時，薩依德已經跟納賽爾④發展出緊密友誼。納賽爾是世俗的、社會主義的和反帝國主義的復興黨的一員，也是個納賽爾派⑤，他在一九五〇年代在開羅的成長階段經常看見納賽爾派的人。這是另一個薩依德非常愛戴的激進分子，他在一九七三年被以色列人暗殺，事情就發生在他跟薩依德夫妻在納碧哈姑媽的守靈會上談了幾小時那一晚。[40]

霍特後來追述了事件的經過：一九七三年四月十日，以色列突擊隊展開一項消滅巴解組織貝魯特領導階層核心成員的行動。「一支以色列特攻隊由未來的總理巴瑞克（Ehud Barak）領導，潛入凡爾登街（Verdun Street）的兩棟建築，暗殺了納賽爾」和另外兩個人，卻因機緣不巧而沒有殺成

③在伊斯蘭教遜尼派國家提供法律意見或解釋伊斯蘭教法的最高宗教法官。
④這是前面提過的卡邁勒·納賽爾（Kamal Nasser）。
⑤指埃及總統納賽爾的方針的擁護者。

阿拉法特。[41]同一年稍早，薩依德一直忙於訪談巴解組織內阿拉法特的法塔赫（Fatah）一翼的成員。他和阿茲穆一直努力要搞清楚這個組織的內部運作，又對他們看到的事情感到不高興。他們認為，它的更大問題不是清除異己而是無所作為。官僚系統化的程度驚人，以此彌補減少的游擊活動。當薩依德邀請前衛詩人阿多尼斯（Adonis）——本名伊斯比爾（Ali Ahmad Said Esber）——起草一封信抗議埃及政府對示威學生的粗暴對待時，這位詩人過了六個月也沒有把信寫出來，理由是他「沒有靈感」。類似地，薩依德曾經設法建立一個研究小組，但開過第一次會之後就沒有人再出席。[42]雖然看到這些弱點讓他感到幻滅，但它們的澆冷水效果只讓他更加政治化。

這種新的決心成為他賣力改寫《開端》的背景。他在貝魯特講授傅柯時，主要任務之一是破譯傅柯「論述」（discourse）概念的意義。他把這個概念權宜和有點奇特地定義為「後續文本（subsequent texts）的形成規則和可能性」。他的意思是，除去字面意義外，任何語句都預設了一個特定的探索範圍、一套特定的語彙和一些特定的權威。傅柯認為任何「直述語句」（declarative statement）都不只包含它說的事，因為述說任何語句都會封閉其他選項，讓其他選項無法生存在它的語言空間中。因此，薩依德特別在意——在書寫一如在政治——踏出正確的第一步。[43]

像「康拉德書」那樣四平八穩的風格看來並不匹配《開端》的特殊任務，所以他就尋找一條不同的組織原則，這原則需要能夠做到他所謂語言的「調戲」（molestations）——他用這個詞來指作者在創造虛構的現實時所採用的掩飾。[44]他第一次使用這個自創新詞是在一九六八年的蘇黎世研討會上，然後在一九七一年的一篇文章中再次使用，這次引起了文學批評界的大老們注意，幫助他在新興法國理論的圈子發展事業。[45]因為在他們看來，這個概念擁抱了實驗性的現代主義

（這種主義以理論為前提），又捍衛了對直接意向和意義的恣意顛覆。事實上，他沒有料到人們會這樣理解，但這一點要到後來才變得明顯。

《開端》的外顯關心是梵樂希（Paul Valéry）和龐德（Ezra Pound）之類的文學現代主義者的形式創新、他們與過去的戲劇性決裂，以及他們的「讓它新」（make it new）誡命，所以這書的核心問題看來是：作者可能具有原創性嗎？還是他們注定只能炒冷飯？關心創作源頭而不關心作者的自我締造，標誌著一種對「康拉德書」的路線不著痕跡地告別。只不過他在十年後將會重拾這種關懷。

隨著《開端》改寫到了接近最後形式，他自知做出了某種獨一無二的東西。其中一點是他不只邀請美國文學批評界向歐陸理論打開大門，還邀請他們向阿拉伯詞典編纂學打開大門。作為一個技巧高明的中間人，擅長於用手肘同時把朋友和敵人從英美學術界的知識地域主義推開，他情商後得到「全國公共廣播電台」的首肯，讓他發表談傅柯和李維史陀的廣播。[46]不管多有挑戰性，《開端》都是本著與此相似的精神運作，致力於把來自法國和阿拉伯中東的思想帶給更多聽眾。

在一封寫給《開端》的出版社「基本圖書」的信中，他看來想要讓社方確信預付給他「豐厚稿費」是值得的。[47]「請恕我把謙虛擺一邊，因為我不得不說，這本書將會是一本重要著作⋯⋯我認為它的方法具有十足原創性，範圍非常寬廣。由於我在一個重要的非西方傳統有很好的扎根，所以可以把西方和阿拉伯的歷史和文學加以全面性的比較。」[48]他以同樣方式寫信給其他人。例如，在寫給他哈佛恩師恩格爾的信中透露，寫作《開端》的過程雖然極盡痛苦，卻很值得。[49]先前他足不出戶幾個月，不停修改稿子，沒有像往常那樣心有旁騖，東寫一篇文章西寫一篇文章。現在，賣力研究的階段已經結束，而在這個最後的修改階段，他發現自己什麼都讀不下去，只讀得進一些葛林（Graham Greene）的短篇小說。

寫作《開端》的過程時斷時續。他習慣在早上起來，四周踱步，東摸西摸。[50]女兒在他人生後期也看出同樣模式：焦慮、坐立不安，能量翻滾，備受折磨。當時一如後來，他的寫作都是一截一截地噴湧。[51]「在向前進的過程中，我感到我幾乎有把主題創造出來的自由。」[52]幾年後，他將會向一位比他年輕的同事透露，他以前不相信自己能夠從頭到尾寫出一本書：「我認為我善於寫文章，像羅蘭．巴特那樣用索引卡來組合成一本書。」[53]因為他這次成功地寫出一整本書，所以不管其中有多少裂隙，《開端》始終是他憐愛的作品。

不同於「康拉德書」對中東文化沉默不語，《開端》反映著薩依德對阿拉伯文化的回歸。留在貝魯特那一年，他認真考慮過辭去哥大的教職，留在貝魯特任教，甚至為此有了初步的動作，後來是在瑪麗安的勸說下打消主意。讓他比較輕易拋棄這個計劃的是他在貝魯特美國大學所受到的委屈。顯然是出於嫉妒，系方故意冷落他，不理會他願意免費教一門課的提議，甚至給他一些沒有意義的為難，讓他連辦一張借書證那麼簡單的事也辦不成。這種仇視態度無疑是跟薩依德越來越響亮的名聲和他的常春藤聯盟背景有關。一九七二年寫給一個在埃及的同事的信中，他宣洩了挫折感：「我想那是一個絕對沒有希望和甚至有害的地方，而基於我相對強的生命力量，我不想和它有任何瓜葛……那裡沒有一個人——如假包換是沒有一個人——所做的事情是有意思的。任何好人都會被擱置、閹割或掃地出門。例如比起阿慈穆來說，可憐的老巴拉卡特（Halim Barakat）⑥已經夠溫和的了，但還是一樣。」[54]在這種充滿羞辱的環境中（它讓巴拉卡特之類的體面作家受到像阿慈穆之類的火爆分子一樣的對待），只有馬利克邀請他到大學演講和參加他的討論課。[55]

薩依德對阿拉伯文的熱烈鑽研影響了《開端》的每一句話。一個重要原因是，他同意拉魯伊（Abdallah Laroui）在《阿拉伯知識分子的危機》（*The Crisis of the Arab Intellectual*, 1974）中所大膽主張的，沒有文明比阿拉伯文明更相信「真理存在於它的語言結構裡」。[56]拉魯伊還主張，法國理論對歷史研究的攻擊——主張透過閱讀文本無法復原過去的真相——和遜尼派伊斯蘭教的「基本預設」出奇地類似。[57]從進步派阿拉伯人的角度看（這些人總是受到法國思想的吸引），歐洲的前衛竟然慢慢和被他們聲討的保守阿拉伯文化傾向相似，著實讓人沮喪。拉魯伊繼續說，只有歷史知識可以帶來「真正有吸引力但大概也同樣有誤導性的東西。」[58]

薩依德對阿拉伯書面語的自習（他本來就說得一口流利的巴勒斯坦式和開羅式的阿拉伯口頭語）影響了他對「源頭」一詞的理解，而這個詞在一本稱為《開端》的書中明顯佔有核心地位。阿拉伯的語文學（philology）畢竟要比歐洲的語文學要早好多個世紀，而且在九世紀馬蒙（Al-Ma'mun）在位前後，透過翻譯古希臘的經典著作而得到了精鍊化。然而，這種對語言及其結構的注意歸根究柢是源自古典阿拉伯文的（用薩依德的話來說）「教條式固定性」（dogmatic fixity）：因為古典阿拉伯文被認為在《古蘭經》中達至完美，所以阿拉伯學者把《古蘭經》視為一個絕對的文本開端。薩依德寫回家的信見證著他賣力學習阿拉伯文語法時的興奮。他在信中坦承，在美

⑥ 敘利亞小說家。

國待了二十二年之後，他的阿拉伯文語法已經「年久失修」。[59]

如他自己所說的，他是「在媽媽的大腿上學會說阿拉伯語和英語」。[60]現在，在貝魯特，他發現自己捲入了一種「奇怪種類的事實收集」，這習慣源於他對語言問題的持續著迷（他在一九六〇年代中期和晚期的研究所討論課曾探索這些問題）。[61]他發現本名法拉希迪（Ibn Ahmad Al-Farahidi）的海利勒（Al-Khalil）——八世紀第一部阿拉伯文詞典的編纂者——「有趣絕頂」，又說他但願有時間可以學習諸種閃米特語，表示他對烏加里特語（Ugaritic）特別感興趣——烏加里特語是一種西元前十五世紀在烏加里特（位於今日敘利亞）使用的語言，用楔形文字書寫。[62]在貝魯特當研究員的那一年，阿拉伯語文學和維柯在他的心裡融合了起來，不過，他禮貌地沒有提維柯在自傳裡對阿拉伯學問的輕蔑，也沒有提維柯把阿威羅伊（Averroes）⑦稱為「不敬神的阿威羅伊」：

> 比起對於說英語的人，雄辯（eloquence）的意思對任何地方受過現代教育的阿拉伯人來說要更接近維柯所體驗到和談及的。阿拉伯文學傳統中的修辭學和雄辯術有一千年的歷史，可以回溯到阿拔斯王朝的作家，例如賈希茲（Al-Jahiz）和吉爾賈尼（Al-Jurjani）。他們設計來理解修辭學的方法現代得讓人吃驚。[63]

在為《開端》做研究和寫草稿期間，他固定抽出時間去跟一個退休的教授學習閃米特語。對方名叫弗萊哈（Anis Frayha），是薩依德家族的朋友，會教他「世界上最遙遠角落的語言。」[64]有時，當他心情欠佳，他就會認為這種努力雖然有文化價值，卻沒有實際用處。但在另一些時候，他卻宣稱語文學和阿拉伯文語法讓「『詞語底下的詞語』（*les mots sous les mots*）和諸如此類」顯得外行——這句話是出自結構主義之父、瑞士語言學家索緒爾。有兩個月時間，他賣力讀九世紀至十三世紀的阿拉伯學術著作，發現它們讓人驚豔：「羅蘭．巴特等人可以在中世紀所做的分析中學到許多。」[65]他承諾在未來會將這種學問視為他的所有著作的基本準備。[66]

與貝魯特的越來越激進化背道而馳，薩依德邁向了一個即便沒有被忘記也是受到忽略的中世紀阿拉伯文文學傳統。十四世紀的偉大歷史學家暨社會學家伊本—赫勒敦（Abd Al-Rahman Ibn Khaldun）——一三三二年出生在突尼斯的他是塞維亞貴族之家的後裔——是薩依德以後作品的一股重要影響力。正是伊本—赫勒敦讓薩依德開始考慮建立一種阿拉伯本土美學理論的可能性。更有吸引力的是伊本—赫勒敦和維柯在思路上有明顯相似之處，而維柯幾乎肯定受到他這位馬格里布⑧前驅的影響。[67]薩依德在二十年後將回憶說：「過去至少三十年來，我一直計畫開一門有關維柯和伊本—赫勒敦的討論課。」在《和平進程的終結》（*The End of the Peace Process*, 2000）中，他用了頗多篇幅去討論維柯和伊本—赫勒敦的相似性，又稱前者的《新科學》和後者的《歷史緒論》（*Muqaddimah*）為「千年之書」，認為它們是「世俗思想中最了不起的成就。」[68]

⑦十二世紀伊斯蘭大學問家。

⑧馬格里布是非洲西北部一地區，主要包含摩洛哥、阿爾及利亞和突尼西亞。

伊本—赫勒敦非常貼近薩依德的文學品味。在這位阿拉伯歷史學家的傑作《歷史緒論》中，關鍵字是「群體感情」（*asabiyyah*），那是所有群體賴以凝聚起來的原理。這一類忠誠起初完全建立在血緣關係上，伊本—赫勒敦則致力把它擴大至涵蓋觀念相同或有共同目標的人，要用這個方法走出部落主義。《歷史緒論》間接支持了薩依德的一個主張：文學政治（politics of literature）不應該照字面理解為作者所表達的激進觀點，也不應該理解做被認為可以粉碎舊思考模式的形式實驗。文學政治毋寧應該被理解為有關書寫在政體形成上所扮演的角色，以及對政體興亡的文本記錄。

薩依德不是他那一代阿拉伯知識分子中唯一發現伊本—赫勒敦是寶貴資源的人。不過他卻是唯一以這資源為基礎建立一種阿拉伯美學策略的人。在不只一個方面，《歷史緒論》看來預示了薩依德在《開端》的意圖。在一千兩百頁的手抄頁中，《歷史緒論》——這書名同時指歷史導論和對歷史的裁決（就像法庭上的裁決那樣）——就像薩依德一樣痴迷於探討知性是「如何」運作，鋪陳出任何想要影響實際政策的知識分子所使用的論證模式、修辭策略和研究方法。在這個過程中，想像性文學跟歷史分析或社會學分析的邊界被抹去了。伊本—赫勒敦用歷史科學去影響對修辭格（rhetorical fgures）、文學文類和語言性格的研究——這幾個主題佔去了《歷史緒論》最後篇章的全部篇幅。薩依德強烈意識到這個事實，一針見血地說明了由伊本—赫勒敦思想的語言學前驅所形塑的中東政治的文學後果：

在十一世紀的安達魯西亞，曾出現過一個非常精妙和極富預見性的伊斯蘭哲學與語法

> 學派，其論證方法預示了二十世紀的結構主義者和語法生成學家之間的爭辯……一小群這些安達魯西亞語言學家把語言的意義問題變為深奧的諷喻性訓練……這個扎希麗派（Zahirite school）是巴廷學派（Batinist school）的對頭。巴廷學派主張，語言的意義是隱藏在字詞之中……扎希麗派的名稱派生自阿拉伯語的清楚、明顯和可感知，而「巴廷」意味著字詞只有表面意義。[69]

「史威弗特研究」對「清晰和明顯」書寫的致意在此看來以新的面貌重新出現。薩依德想要否定的是好些在一九七〇年代和一九八〇年代學術界大為流行的觀念，包括「創造性誤讀」（creative misinterpretation）的學說：根據這種學說，書本的意義是由讀者決定，而不是由作者的意向或文本的固存特性決定。與此同時，薩依德也反對高達美詮釋學的知識論悲觀主義，以及反對法國結構主義者暨馬克思主義者阿圖塞（Louis Althusser）的「症候閱讀」（symptomatic reading）觀念，這個觀念是要鼓勵人把文本當成原材料，形同容許他們用文本來說他們認為政治上利己的話。薩依德認為詮釋雖然是複雜、艱難和充滿兩可性，但卻不是神祕的，更絕不是任性的。

他同時也抓住了《歷史緒論》中到處皆見的「班揚」（bayan，雄辯）一詞。這個詞表示（用伊本—赫勒敦的話來說）「能夠把單字結合起來，表達自己想要表達的觀念……能夠遵從文章組織的形式……讓語言符合處境的需要。」[70]「班揚」是阿拉伯人文主義一個關鍵性的修辭範疇，指那一類（就像伊本—赫勒敦繼《古蘭經》之後做過的那樣）能夠釐清、解釋或宣示真主所創造的人類尊嚴的雄辯。[71]其他兩個意涵同樣重要：首先，在它的釐清功能中，這個詞也可以表示

「宣言」或「公報」，而薩依德後來在第一次「大起義」後發出一份呼籲（呼籲舉行國際會議）就是以「班揚」作為標題。[72]不過，在阿拉伯的修辭理論中，也有所謂的「班揚的科學」（Elm al-bayan），其中的「科學」（Elm）是指人文學和文學，一如我們把化學或數學稱為「科學」。[73]

在薩依德到貝魯特任研究員的前不久和期間，政治和語言的碰撞是他念茲在茲的主題。這種關懷的基礎見於他和大語言學家杭士基就他的〈說話與語言〉（Speaking and Language）所作的坦誠交流——〈說話與語言〉是他一九七二年在《紐約時報》給古德曼（Paul Goodman）的《為詩辯護》（*Defence of Poetry*）所寫的書評[74]。就像同一輩很多其他人那樣，薩依德在一九六七年曾經對杭士基發表在《紐約書評》的砲聲隆隆宏文〈知識分子的責任〉（The Responsibility of Intellectuals）五體投地。受到杭士基呼籲知識分子批評政府的主張激勵，薩依德很快就和他熱烈通起信來，兩人也常常在和以巴問題有關的場合碰面。他把這篇〈我控訴〉的剪報⑨收藏在放杭士基文章的巨大檔案夾裡，後來又在為後者的《致命的三角：美國、以色列和巴勒斯坦人》（*Fateful Triangle: The United States, Israel, and the Palestinians*, 1983）所寫的序言中，讚揚這位語言學家是劃時代的開創者。[75]

雖然有很多相同處，這兩位公共知識分子——他們到了一九七〇年代早期已經是要好朋友——對於語言的觀點卻是南轅北轍。這個衝突的背景由薩依德一年前的文章〈語言學與心靈考古學〉（Linguistics and The Archeology of Mind）所架設，文中挑釁性地拿一個被杭士基認為是江湖郎中的思想家拉岡（Jacques Lacan）與他相提並論——拉岡是後弗洛依德派分析家，也是十足的法國理論家。[76]杭士基回憶說，當他讀了這篇文章之後，驚訝於「愛德竟然會對這種玩意兒開始認真起來。」「這種玩意兒」是指把語言看成純粹的創造性表達，在拉岡的情形則是把語言看成是無意識和社會與本能慾望結構的鏡子。[77]對此，薩依德不失敬意地堅持自己的立場。

在那篇論心靈考古學的文章中，薩依德看來故意把兩種不相容的立場擺在一起：一種是採取社會科學和認知學路徑的學院語言學，以杭士基為佼佼者；另一種是一群形形色色的法國文學批評家、詩人和哲學家的思辨唯美主義。尤有甚者，他還假裝糊塗，認為兩者有相通之處，就像這種配對是完全自然。[78]這種不和諧的折衷主義讓兩個陣營都感到困惑和惱怒，都沒能從他的敘述中認出自己來。

薩依德最喜歡拉岡的，是他的「具體處境分析」不像杭士基的普遍語法那樣，一竿子打翻一船人。在那篇談古德曼的書評發表之後，他在一封有時憤怒和帶點自衛性的信中力促杭士基讀一讀羅蘭．巴特的作品，又說鑽研一下本維尼斯特會讓人獲益匪淺。[79]杭士基沒有理會、認為羅蘭．巴特和本維尼斯特只是玩票者，既沒有看過幾本書，又會把看過的書歪曲。他特別不滿薩依德對古德曼的非專業主義的雀躍（他這篇書評的副標題是〈一個反對理論的好人⑩〉），以及不滿薩依德對言說行為（acts of speech）的浪漫固著。他認為薩依德應該像他自己那樣，研究讓任何言說或思想成為可能的語言學基礎。

在回應杭士基時，薩依德聲稱：「日常言說的複雜性不能化約為簡單陳述句的各種變化。」[80]

⑨ 這裡是把〈知識分子的責任〉比作法國文豪左拉的〈我控訴〉。

⑩ 「古德曼」（Good Man）的字面意義就是「好人」（Good Man）。

他斷言，古德曼懷疑語法結構在語意上並非中性有其道理，也有理由懷疑杭士基對語言的「硬接線」方法太過脫離生活的豐滿性，讓這種豐滿性被「非個人的『溝通格式』或『信息傳輸格式』」所取代。根據古德曼的觀點（薩依德表示同意），杭士基解釋不了「抑揚頓挫、聲調、手勢和沉默——這些全都在語言行為上扮演重要角色。」[81]另外，杭士基太過固執，不肯承認普遍語法和日常生活中的交談無關——在這種交談中，人們有無限的表達方式（常常是很個人性的表達方式）去駕馭語言。

薩依德察覺到，在杭士基對於人類能動力（agency）未言明的冷漠中，蘊含著一種有瑕疵的政治觀。他認為，杭士基在政治著作對帝國謊言的事實鋪排具有歧異性。他抱怨：「你的書都是以鬱結的心情作結，讓讀者難以知道要對整件事情怎麼辦。」[82]不管有多大膽和正直，這些揭發都沒有讓讀者曉得要怎樣對抗不公不義。另一方面，古德曼也不是解方。薩依德批評古德曼為自己描繪的反智特立獨行者畫像太過自我恭維。古德曼就像有些浪漫主義詩人那樣，老是把「個體」和「自由」掛在嘴邊，不知道應該去好好分析媒體、企業和國家給自由加上的拘限。薩依德指出，古德曼「讓讀者停留在語言的層次」，讚嘆語言的美和表達力，但「沒有能夠回望實際世界和去改變它」。這種「古典風味的自由倫理」只能是一條死胡同。[83]

讓他更重視的是一個月後發表的另一篇文章，當時他即將前往貝魯特。《開端》背景故事的這另一個面向可以回溯至一篇他從未以英語發表的文章：〈保留、迴避和承認〉。這文章以阿拉伯文發表在貝魯特的《立場》（*Mawaqif*）——一本由阿多尼斯主編的貝魯特文學季刊。[84]薩依德是在被阿多尼斯纏了三年才終於答應寫稿的。[85]這是他第一次專門為阿拉伯讀者寫有關巴勒斯坦人的文章。〈保留、迴避和承認〉是其著作《開端》的試作，一個較尖刻和激進的版本，它從一個不同的角度討論了相關的問題。[86]

薩依德在文章中有時保持心防，有時卸下心防，一路都緊繃神經，因為他知道，他也許會被看成一個試水溫的闖入者。[87]他明智地把文章交給阿多尼斯審查。阿多尼斯是個有點分量的文學現代主義者，也是薩依德的黎巴嫩密友、小說家扈利的朋友。不只是詩人還是文學理論家和翻譯家，阿多尼斯覺得薩依德的文章引人入勝和「頗有原創性」，但溫和地表示不同意它使用的方法，覺得文章有一部分不適合翻譯，又嫌這文章提出了一些它自己沒有解決的挑釁性議題（特別是英語文學和阿拉伯困境的相干性）。他又指出，薩依德引用了太多尼采之類的人，太少引用「民族資源」。[88]

這篇文章的接受度也因為它參與的論題已經有太多人談而複雜化。先前已經有很多阿拉伯知識分子為一九六七年的「挫敗」寫過檢討報告，對於阿拉伯世界要何去何從有過尖銳意見。重要的巴勒斯坦小說家卡納法尼（Ghassan Kanafani）對這一波的自我批評大皺眉頭，認為那是一種受虐癖的表現。[89]薩依德的立場和這些人基本上相似，而他也充分意識到這一點。當時很多阿拉伯知識分子都認為，這種文類的高峰是薩依德新交的朋友、敘利亞馬克思主義者阿慈穆所寫的《戰敗後的自我批評》（*Self-Criticism After the Defeat*, 1968），這部書的出版宛如一顆炸彈。連同這時期他批判宗教的那本著作⑪，阿慈穆因為驚世駭俗而在阿拉伯世界名噪一時。薩依德看來故意模仿阿慈

---

⑪ 即《宗教思想的批判》。

穆的挑釁性，因為他在文章最後用莎士比亞筆下的奧賽羅結尾，以冤枉的英雄作為當代阿拉伯領袖們的縮影。他把注意力放在這幾句台詞：「當你們把這種不幸的事實報告他們的時候，請你們在公文上老老實實照**我本來的樣子**敘述，不要徇情迴護。」薩依德主張，奧賽羅的真正悲劇不在於他的嫉妒或輕信，也不在於那些對付他的邪惡陰謀，而在於他以為他知道自己是什麼樣子。

既然談到「自我」，精神分析當然會在〈保留〉一文大派用場：薩依德自己就是把此文形容為「對當代阿拉伯現實的批判心理史。」[90]他在文中問道：「為什麼阿拉伯人會沒有效率的意識、進步的意識……沒有科學的意識或者文化活力的意識？」我們明顯是「西方和傳統的影響力的混合體」，但正因為這個理由，沒有人能「直截了當說出一個阿拉伯人應該是什麼樣子」。我們的進步並不必然需要模仿西方對書寫技術的駕馭，這種模仿已經讓我們成為二流的歐洲人。過去，西方靠著「聖經、黑板和印刷機」的力量，成功地向全球散播它的真實觀。但如今，有鑑於世界已經變成了一個「相互聯通體系的複合體」，數位資訊取代了印刷，人類物種在面對「神經機械或行星間空間這些超人類現象」時，看來已經變得無足輕重，在這張似是而非的現代性之網中，阿拉伯人「被生產出來是為了被一種侵略性的、貪得無厭的文化所吞噬。」

一九七二年七月，就在他剛到達貝魯特不久，他寫了一封熱情的信給朋友班納（Sami Al-Banna），解釋他為什麼要寫〈保留〉（該文是幾個月前發表）。這封信的無掩怒氣和篇幅見證了他在中東政治和文學界首次亮相的複雜性，也為他的思想提供了一幅最好的肖像畫。他在信中抱怨說，在貝魯特這裡，每個人的行為舉止就像一切都沒有改變，儘管已經發生了可怕改變。「過去兩星期，埃及、伊拉克、黎巴嫩、摩洛哥和蘇丹失去了幾十個將軍，有數以萬計的巴勒斯坦人被殺害、向以色列投降或失蹤」，然而每個人都把這件事「當成是喝咖啡休息時間」。[91]據他診斷，會有這種現象，是因為「這個社會……是沒有記憶的、沒有立體感的（不會向未來投射，沒有計畫能力），除了單單的均衡以外沒有穩定性。」

預示了他在《開端》裡對第三世界原創性的憂慮，他在信的結尾苦澀地說：「在阿拉伯，典型的運動是循環性的……因此重複被誤當為創新，這特別是因為人們沒有識別能力。」在假裝激進的人當中固然有很多人「叫賣馬克思」，但他們完全不懂得要怎樣搞一場革命。「對我們阿拉伯人來說，真實是語言的一個函數。雖然西方在某個意義下也是這樣，西方人卻已意識到這一點。這裡卻不是如此。」他曾經在〈保留〉一文中很好地定義這個問題，指出阿拉伯人已經透過把阿拉伯語等同於真主的語言而讓他們的語言被偷走。因為是真主的語言，阿拉伯語必然是固定的，不能隨歷史而改變。他們或者說西方的語言，或者說真主的語言，被夾在兩者之間。[92]「通俗體」（demotic）⑫提供的潛力已經被「高度裝飾性」的阿拉伯書面語封閉，這種語言不變而完美，留給人的只是「零和重複」（zero-sum repetition）。[93]

就像馬利克那樣，他認為中東不同國家之間確實有一種「阿拉伯心靈」，也就是說阿拉伯人之間雖然千差萬別，仍然有共通特性。他指出，海珊（Taha Hussein）之類的埃及知識分子在回應一九六七年的戰爭時，都是採取了未經檢驗的西方思想結構，著實讓人遺憾。就連法農（他是薩依

⑫ 一種通俗的古埃及文字。

德的偶像）都是用弗洛依德和馬克思作為反對歐洲殖民主義的工具，也因此延緩了創造鮮明本土文化的時機。[94]雖然看起來不像（因為書中有大段大段談到魏爾倫、艾略特和弗洛依德的地方），他在寫作《開端》時所尋求的正是一幅本土阿拉伯文化、政治和美學的藍圖。

當他從黎巴嫩首都返回美國時，《開端》還沒有完成。結束在貝魯特多事的一年後，薩依德於一九七三年夏天取道歐洲前往紐約——幾星期後，埃及和敘利亞就會發動「十月戰爭」，試圖奪回在一九六七年被以色列佔去的西奈沙漠和戈蘭高地。[95]在六月和瑪麗安途經法國時，他聽說了水門案舉行聽證會的消息，為之歡欣雀躍。他們落腳在巴黎舍夫勒斯街（rue de Chevreuse）四號的里德樓（Reid Hall）。從這棟哥倫比亞大學的產業寫給朋友們的信透露出他對黎巴嫩的經驗：「書報審查非常嚴厲。」[96]黎巴嫩人和巴勒斯坦人的衝突稀鬆平常，以色列的突襲也是稀鬆平常。[97]「但我的感覺是，在上次對抗期間，軍事和政治上都表現得很好。」[98]

回國不久後和仍然處於樂觀情緒中時，他讓自己一頭栽入巴勒斯坦抵抗運動。這是他的貝魯特人脈為他鋪的路，但有鑑於〈被定型的阿拉伯人〉的成功（這文章在整個中東地區和阿拉伯人僑居地都廣泛流傳），這一軌跡是無可避免的。已經是知名人物的他，被要求幫忙修訂阿拉法特預定一九七四年十一月在聯合國大會發表演說的英譯本。阿拉法特其中一個最親密的顧問霍特和阿布–盧格德從兒時起就是非常要好的朋友，兩人都是來自有「巴勒斯坦新娘」之稱的雅法。巴解代表團逗留紐約期間，薩依德和霍特一見如故，這也讓薩依德此後可以通達巴解組織的高層。薩依德在一九九四年把《喪家失產的政治》（*The Politics of Dispossession*）一書題獻給霍特和他太太班燕（Bayan），兩人的友誼維持了一輩子。[99]

阿拉法特的講稿是先由沙斯（Nabil Shaath）用阿拉伯文寫好，再寄給霍特過目。[100]然後講稿根據卡里迪（Walid Khalidi）、達巴格（Salah Dabbagh）和達爾維什（Mahmoud Darwish）的意見加以修改（達爾維什雖然是巴勒斯坦的桂冠詩人，但英文懂得很少）。接著，奧斯埃蘭（Huda Osseiran）和阿拉法特團隊攜手把這篇阿拉伯文演講稿英譯，但結果並不理想。於是霍特找上薩依德，後者答應為英譯本進行調整。和一個專業編輯法塔勒（Randa Khalidi Fattal）一道，薩依德把講稿修整成為阿拉法特一九四七年十一月十三日在聯合國發表的模樣。他加入了一些他知道會引起美國聽眾共鳴的元素，又熱心地為講稿寫上那句著名的結句：「不要讓橄欖枝從我手上掉落。」因為瑪麗安是這群人中唯一會打字的，所以由她在家裡用快要散架的「史密斯科羅納」打字機打出最後定本，然後由霍特在發表演講的當日早上四點親手送給阿拉法特。[101]

這一次，薩依德的意見被接受了。但這種情況日後很少發生，不過他讓他的影響力以其他方式被感受到。當巴解代表團在一九七〇年代晚期到紐約，要在聯合國發表演講時，薩依德安排他們和一小群對巴解同情但有批判性的人會面，其中包括杭士基、艾克巴爾·艾哈邁德和俄羅斯裔歷史學家厄爾利希（Alexander Erlich）。會面是要讓巴解領導階層從信得過的支持者聽取意見，以了解他們可能如何換上更清新的公眾面貌。杭士基覺得巴解組織缺乏戰略性地思考的能力，在第三世界的解放團體中罕見其匹。[102]住紐約的豪華飯店，吃鋪張奢侈的晚餐——這些全都是病態症候，顯示出本來備受冷落的巴解幹部在一九七〇年代突然獲得國際承認和吸引到大量鎂光燈之後的驕傲心態。艾哈邁德一度挖苦巴解這種行徑是「以飲宴作為鬥爭的最新形式」。[103]

因為在貝魯特已經有了穩固基地，薩依德接下來的年月常常回到這個城市，每次都會去看阿拉法特。在《我在巴解組織的人生》（*My Life in the PLO*, 2011）一書中，霍特敘述了作為巴勒斯坦人的公共發言人有多麼驚心動魄。他匪夷所思地逃過了六次暗殺，包括一次在他辦公室放炸彈，一次在等他走出家門時從停在街上的汽車向他狙擊。[104]阿拉法特除了獲得巴勒斯坦人民的愛護和支持，還體格魁梧、有一雙利眼和常掛著一個友善笑容，是個儀表堂堂的人物。班燕回憶說：「他完全不是什麼電影明星，但非常有吸引力，總是帶著一枝鉛筆和一本小筆記本。」[105]阿拉法特和西方媒體為他創造的形象剛好顛倒：善感、極度彬彬有禮、溫文、常常笑和為人風趣。他的流離資歷也符合巴勒斯坦人的現實：生在埃及，說話有埃及腔調，後來去了科威特，然後才回到中東領導巴解組織。

薩依德和阿拉法特見面時一律是說阿拉伯語。薩依德說的是一種黎凡特阿拉伯語而不是埃及腔調的阿拉伯語，不過只要有必要，他就能換上他童年時代的埃及腔。[106]直到《奧斯陸協議》以前，薩依德一直死心塌地效忠「老人」（他對阿拉法特的稱呼），為此受到了嚴厲批評——批評他的人甚至包括他的盟友。雖然作為一個領袖，阿拉法特有很多弱點（包括反覆無常、由上而下的領導方式、在不妥協和無必要讓步之間搖擺，以及沒有能力了解美國文化），但整個巴勒斯坦抵抗運動——不管好壞——都是和他一人的身影分不開。不過即便在前奧斯陸的較融洽時期，薩依德還是會間接向他施壓。例如有一次，在薩依德的授意下，科克本（Alexander Cockburn）為文指責阿拉法特不應該頑固地堅持包頭巾、蓄鬍碴和穿軍裝，讓美國雜誌有大量嘲諷他的機會。[107]

儘管如此，仍然是阿拉法特（透過「法塔赫」）「建立了機構，分配了武器，帶來了希望和自豪感」。[108]所以，薩依德會為他的領導辯護完全有道理——當巴解在敘利亞發生內訌，以及一九八二年以色列入侵黎巴嫩之後，尤其如此。[109]在兩人鬧翻前，薩依德的忠誠從不動搖。在接受《訪談》（*Interview*）雜誌採訪時，他熱情地講述了他到巴解在突尼斯的新總部和阿拉法特見面的經過。在這個講述裡，他對阿拉法特的個人魅力和威嚴有讓人難忘的勾勒，顯示出他雖然對阿拉法特的缺點感到失望，但仍然對這位老人一片熱情。[110]

寫作〈保留〉的其中一個效果，是標示出哲學和政治活躍主義之間的中間地帶，讓他更明白當時在大學火紅的「文學的政治」（the politics of literature）之類的說法，實際所指可能為何。他的不願意區隔開他的專業生活和政治生活讓對頭有可乘之機。利用大眾對專業知識的誤解，他們取笑他的副業。其中一人珀爾馬特（Amos Perlmutter）是跟以色列政府有密切關聯的媒體分析員，他在《麥克尼爾／萊勒新聞一小時》（The MacNeil / Lehrer NewsHour）奚落薩依德因為是個英語教授，所以「喜歡小說」⑬，暗示薩依德對以色列的指控是捏造。[111]這不是智庫知識分子第一次跟不上他的論證。薩依德常常指出，在所有政治衝突中，以巴問題在一種不尋常的程度上是一場形象戰爭：「在沒有一場現代衝突中，修辭學是如此重要，被用來正當化一件又一件荒謬的事（又稱為「創造事實」）。」[112]

薩依德的作品常常關心想像力組織信仰和行動的力量。如果和當日的其他文學批評家相比，

⑬這裡指「喜歡虛構」。

他的立場恰恰和珀爾馬特指責的相反。他相信，真相雖然也許可以獨立於用來述說它的敘事，但真相的意義卻不可能是這樣。「事實」之所以是被創造，是因為有些事實會被忽略，而另一些會被選擇性挑選，然後被安排在一種敘事形式中。這是事實唯一可以被理解的方式。對「事實」的天真堅持常常透露出一種「對意見和詮釋的鄙夷和小覷」，總是把習稱的事實視為事實，所以是一種「對『客體性』的膜拜的一部分。」[113]在撰寫《開端》的時候，他還沒有完全發展出這種立場，但到了一九七〇年代晚期，在康乃爾大學一張飯店紙張上所寫的筆記裡，他找到了自己的聲音：

我認為，近期的文學批評理論過於強調詮釋的無偏限性。我不能苟同這種觀點，理由不單是因為文本是在世界之中，還是因為文本是藉著在世界中作用而**安頓**自己，**成為**自己。[114]

這種觀點明顯從他在《開端》裡努力調和語文學和傅柯時，得到了發展。他將會在生命晚期指出，雖然他是「從不存在正確的詮釋這回事的觀念出發」，但他後來卻努力擺脫了這個觀念。他沒有說的是，他這樣做有實際理由：立場聲明和聯合國決議案的精確意義，對法律主權和政治主權是必要的，更不用提的是，想要建立一個巴勒斯坦國，必須以事實為基礎打敗競爭敘事。[115]

隨著他好幾個最親密的盟友被殺或受到生命威脅，薩依德在一九七〇年代往返紐約和貝魯特所從事的活動也有了危險性。一度，在內戰激情最高峰之際，他不但沒有把自殺炸彈客稱為「烈士」，還指出這種戰術思慮不周。很快，他就得知有一個組織把他列為暗殺對象。他和家人生活在陰影中，唯恐暗殺計劃會真的付諸實行（有些說話不中聽的人就是這種下場）。雪上加霜的是，在幾年後接受《中東》雜誌的一個採訪中，他被認為說過類似「武裝鬥爭只是口號或一個過時觀念」的話（他後來否認自己有這個意思）。[116]就像他對中東歷史學家暨政治分析家哈利戴（Fred Halliday）所解釋：「這件事情引起的憤怒……超乎想像。大部分的攻擊……指控我是叛徒、投降主義者、賣國賊、美帝的間諜、走狗、聽差，等等等等。貝魯特的《目標》（*Al-Hadaf*）雜誌最近一期發起了一個批判我的運動。」[117]危險很快就消退了，但他慢慢對這種事情感到憤怒，也讓他在文學的另一個人生變得更有吸引力。

他到中東並不總是去黎巴嫩。一九七五年夏天，他去了開羅一趟，發現這個他成長階段居住的城市雜亂無章、塵土飛揚和缺乏社會服務，所以表示永遠不會再來（一個他不會遵守的誓言）。儘管如此，他還是有機會和時間去看偉大埃及肚皮舞者塔西婭·凱若卡（Tahia Carioca）主演的一齣諷刺劇——但他憂愁地指出，因為這個女舞者為一個新興且聲調越來越高的阿拉伯右派發聲，讓阿拉伯巴勒斯坦人的建國希望平添了另一個不能預見的路障。[118]一九七七年，薩依德留在哥倫比亞，而瑪麗安帶著年幼的兒子瓦迪和新生的女兒耐吉娜，在一月利用內戰稍歇的空檔去了黎巴嫩。到六月，一家人在另一個旅行地點會合。翌年，內戰開始讓貝魯特變得太危險，不宜前往。[119]

不過，薩依德還是在戰火暫停時去了幾次黎巴嫩，每次都拉一些學院中人一道去聲援巴勒斯坦人運動。一九七九年，他找了美國文學批評家詹明信（Fredric Jameson）同去。詹明信上過奧爾巴赫的課，在一九七一年出版了《馬克思主義與形式》（*Marxism and Form*）一書，成為薩依德注意的人物。他曾經在一九七二年在大馬士革把詹明信介紹給阿慈穆認識，而現在，隨著詹明信參加他和艾克巴爾．艾哈邁德組織的中東行，團中又有德林格（David Dellinger）、克拉克（Ramsey Clark）和其他和平主義的活動家，他看見機會來了。[120]薩依德在從貝魯特寫給阿爾特（Robert Alter）的信中談到自己的動機：

> 一個有趣的巧合是，詹明信和一小群其他人來這裡旅行，是受我鼓勵和某種程度上由我安排。我認為是時候讓他們（特別是弗雷德⑭，你知道我喜歡和仰慕他）認真地涉入政治議題，涉入人民、運動、鬥爭甚至戰爭，而不是淨搞理論。但願你明白我的意思。這裡的情況非常糟糕，非常緊繃，到處都是暴力。我明天會帶弗雷德和其他人到南部去，好讓他們可以親自看看。[121]

到了一九八二年，在以色列的入侵結束之後，這個城市一度金碧輝煌的海灣，放眼望去都是彈痕累累的牆壁和被以色列飛彈開膛破肚的公寓大樓。從前是逃避開羅烈日的避暑勝地，貝魯特到了當時已經變成薩依德的第二個家，只是這個家越來越難回去。

⑭ 詹明信的暱稱。

第 6 章

外邦人的智慧

THE GENTILE INTELLECT

事情做好一半才算開了頭。

——濟慈（John Yeats）[1]

薩依德在一九七〇年代的黎巴嫩目睹了巴勒斯坦運動的潛力和困窘，這除了把他推向其知識界代言人的角色，還把他推向了活躍幹部的角色。雖然擅長用文章和演講進行鼓吹，但他被很多朋友認為不適合從事實際的政治工作。然而，從一九七〇年代中葉開始，他越來越常坐飛機去參加會議、和同事辯論、草擬立場聲明、建議政策和在幕後建立機構。不管是否屬實，聯邦調查局在對他進行密集監視之後認為，他是「美國和巴解組織的非正式聯絡官」，而「阿拉法特看重他的意見多於其他巴解聯合國常駐觀察團的成員」。[2]

薩依德從一九六〇年代晚期開始撰寫政治文章，到了一九七〇年代和一九八〇年代變得駕輕就熟。他的這些文章並不是只是資訊性或情緒反應，是一貫具有實際指導行動的作用。加在一起，它們變成了巴勒斯坦人運動的一張藍圖，揭示出這運動一些本來不被注意到的複雜性。[3]這些文章有好些超越了一時所需，變成了經典。例如，沒有比一九八八年的〈身分、否定與暴力〉（Identity, Negation, and Violence）一文對暴力的滑溜性格有更一針見血的分析。類似的，一九八六年的〈本質性的恐怖分子〉（The Essential Terrorist）一文也不只在抱怨人們怎樣用恐怖分子一詞來抹黑巴解組織，還細細解剖了英美媒體對恐怖分子的痴迷。歷史學家安德森（Perry Anderson）相信，這篇文章是對恐怖分子這個惡性詞語的最優秀說明。[4]

對薩依德來說，當一個教授可以和他的政治工作起互補作用。《國家》雜誌的前主編喬安・維皮耶夫斯基（JoAnn Wypijewski）回憶說：「你總是可以感覺得到薩依德滿腔怒火。」[5]因為必須不斷證明自己的話有憑有據，導致他積鬱得「像座火山」。但擁有一個他可以退入其中的知識世界讓他多少可以冷卻下來。

薩依德的政治信件特別可以讓我們一窺他人生的不同面向。[6]其中一個是為對巴勒斯坦進行原創研究的人，或揭發媒體對伊朗、伊拉克之類地方不實言論的人充當導師。[7]從一九七〇年代早期開始，他每天都把大部分時間用在打電話，用哄的、用推的、用遊說的、用介紹人與人認識的方式來打造一個志同道合者的網絡。寫信給他的人很多，這些人有些是受到他的榜樣所鼓舞，有些是尋求他作為喉舌。有長達三十年時間，每天都有組織機構寫信給他，以下只是對這些組織機構的隨機抽樣：阿拉伯學生組織；異議猶太人組織；美國教友會；軍備控制研究中心；美國公民自由聯盟；西班牙勞動者工會聯盟；美國民主社會主義者；歐洲非政府組織協調委員會；愛因斯坦論壇；共同勇氣出版社；亞平頓長老派教會。

他的另一個角色是勾勒研究議程，透過對雜誌、智庫、基金會和個人施壓，擴大這個或那個初步的倡議。與此同時，在他出名以後，他又忙於為來自中東或前殖民地的學者打開精英機構的大門、為阿拉伯學術研究和文學在哥倫比亞大學出版社和其他地方設定出版日程、幫助成立新的系所，或擴大已存在的系所。在他用拜託或施壓讓自己的關鍵盟友被僱用時，他也為自己創造出一個本來不存在的學院支持網絡。

因為理解到阿拉伯人在媒體形象欠佳是因為他們忽視美國文化，他不斷努力推動在整個中東的大學設立美國研究課程。同時，他在美國鼓吹發展阿拉伯研究，好讓媒體能夠對阿拉伯文化更有了解。他反覆寫信給黎巴嫩和被占領區的中學和大學，向它們保證「我隨時願意為你們所用，不管你們是想要我演講或教書或做其他事。」[8]一九七二年，他和瑪麗安為拉馬拉（Ramallah）的比爾宰特（Birzeit）女子學校發起募書活動，又為《壁壘》（*Ramparts*）和《左翼評論》招募新訂戶。十年後，在發生黎巴嫩巴勒斯坦難民營屠殺事件之後，他們夫妻創立了「巴勒斯坦防衛基金」。除了為有需要的人提供諮詢外，薩依德也歡迎別人給他忠告。例如，在一九七六年，他寫信給社區診所「我們健康中心」（Our Health Center）的琳達・福克斯沃西（Linda Foxworthy），為如何在被占領區成立社區診所尋求意見。[9]

類似的，除了分析組織機構以外，他也創設組織機構。多年以來，他和阿布—盧格德努力在約旦河西岸創辦一所「巴勒斯坦公開大學」。一九七九至八〇年，在聯合國科文教組織的資助下，阿布—盧格德主持了可行性研究。仿效英國的榜樣，公開大學的遠距離學習模式在他們看來完全適合一個被打散和喪家失產的族群。薩依德是公開大學人文學科課程的主要設計人，也負責募款，為此寫信給卡達和其他地方的重要阿拉伯官員。[10]開放大學的構想後來沒有實現，但薩依德的一些重要學術倡議卻落實了。一九七八年，他和莫拉比（Fouad Moughrabi）一道創辦《阿拉伯研究季刊》（*Arab Studies Quarterly*），並擔任八年的共同主編工作。這刊物成為阿拉伯和穆斯林學者的重要發表園地，至今仍然刊登艱深研究和從另類觀點談中東問題的文章。[11]在前國會議員阿布雷茲克（James G. Abourezk）的邀請下，薩依德也擔任了「美國阿拉伯人反歧視委員會」（American-Arab Anti-Discrimination Committee）全國理事會理事。[12]

他的政治工作還包括建立一個保存巴勒斯坦人檔案的圖書館。在一個後期的訪談中，他指出他搜集了自一九四八年以來，共八千至九千張巴勒斯坦人照片——這話讓人明白了為什麼他在以色列入侵貝魯特期間，老是敦促家人和朋友寫日記、畫圖畫和記下正在發生的事。[13]搜集事實是他的組織工作的關鍵部分。他多年來推動巴勒斯坦人人口普查，為「政策研究機構」就巴勒斯坦人的歷史編了一份長篇簡介，又和阿布—盧格德一同在一九七五年給眾議院的國際關係特別小組委員會寫了一份談巴勒斯坦人的歷史、土地利用和人口的精闢報告。[14] 一九八〇年九月，他應美國國務院之請，就國務院當年發表的「以色列和被占領區人權狀況報告」提出評論。[15] 對這份近千頁的文件，薩依德意見精審，經常具有批判性，不只反映出他對各種事實有充分掌握，也反映出他有精力和耐心咀嚼細節，以及能夠圓滑地責備作者。[16]

薩依德本來從不參加政治組織，但對「美國阿拉伯人大學畢業生協會」（Association of Arab-American University Graduates）破了例。這協會在一九六七年十月成立於芝加哥，主要是為了對抗針對阿拉伯人的種族歧視，成員主要是中產階級的專業人士，而不是地區內的草根活動家或海外阿拉伯僑居地的臨時工人。但它成立得很不是時候。尼克森政府在一九七二年發起了「博爾德行動」（Operation Boulder），而這行動就像三十年後的《美國愛國者法》（Patriot Act）一樣，旨在用遞解出境作為威脅，讓阿拉伯裔美國人噤聲。它也對大學校園的反阿拉伯人歧視和對批評以色列的人的制度性排斥視若無睹。「阿畢會」①的成員曾熱烈討論：一個由大學畢業生而不是工人組成的組織會不會被認為太過精英主義？但這種擔心被它的隱含信息抵消，這信息就是：阿拉伯裔美國人擁有高等學位，大部分移民到美國是為了唸書。它的主要目的是「提供知識」。[17]

不是所有的同志都欣賞薩依德的這種刻意選擇。②例如，班納在一九七〇年代早期就央求他減少一點謹慎教授的成分，增加一點政治介入者的成分。薩依德不以為然，主張巴勒斯坦抵抗運動需要多一些知識分子和少一些班納之類的活動家，說後者的「激進」會議基本上是一些社交聚會。當一個「影響者」（influencer）、一個學院裡的道德思想家」可以做更多事。[18]

本著這種精神，薩依德認定較有效的政治活動是為「阿畢會」演講和為它的刊物寫文章。他當過「阿畢會」的副會長，也當過理事會成員。根據該會的規條，工作（甚至最瑣碎乏味的工作）應該平均分攤，但薩依德卻是個例外，而這引起了一些怨言。這個組織的記錄者愛琳娜．哈格皮恩（Elaine Hagopian）承認，她起初覺得薩依德是個「玩票者」。然而，當她注意到他和他的左右手阿布—盧格德的分工之後，她的觀感改變了，如果說後者擅長於在幕後集結支持和跟阿拉伯商界、聯合國機構套關係，那麼薩依德則是阿拉伯人悲憤的清晰發言人，是「一座會走路的圖書館，可以揭發龐大的殖民主義和錫安主義的制度基礎，讓這基礎纖毫畢現。」[19]

他不是自然而然對這種角色勝任自如。視薩依德為哥哥的年輕一輩活動家霍夫斯比安（Nubar Hovsepian），回憶了一九七五年參加「阿畢會」在芝加哥舉行的一次活動時初見薩依德的情形。薩依德當時已經被認為是名人，但還沒有像寫《巴勒斯坦問題》（*The Question of Palestine*, 1979）的時候那樣有自信。作為宴會的主持人，他笨拙而不自在，聰明但不口才便給。[20]第二年，要出席外交關係委員會的會議時，他的準備工作做得過度充分。他的簡報優雅而精闢，顯然是花了大量心血準備，但卻在他的以色列對手的對比下顯得很不搭調，因為對方只是把所有老掉牙的立場複述一遍。委員們只問了幾個問題，會議便結束了。他的精心準備和對手有恃無恐地不當一回事所

①「美國阿拉伯人大學畢業生協會」的簡稱，下同。
② 指刻意不參加政治組織。

形成的荒謬對比給薩依德帶來了情緒壓力。在攔下一輛計程車並跟朋友道別後，他在街上吐了。[21]

雖然有這些不完美的首次亮相演出，聯邦調查局還是意識到他的重要性。聯邦調查局對他的調查檔案顯示（全部共二三八頁，目前只解密了一四七頁），他從一開始就受到監視——這特別是因為他參加「阿畢會」的活動所致。聯邦調查局特別注意他一九七一年十月在「阿畢會」波士頓會議的「文化和批判精神」討論小組當主席一事。在發生一九七二年的慕尼黑奧運攻擊事件之後，聯邦調查局對薩依德的監視更加密切。他的身世背景、他的投票動向、他的銀行帳戶動態和他的信用卡支付記錄全都受到細細審視。聯邦調查局還在哈佛校友會、普林斯頓大學和哥倫比亞大學找到情報提供者。一九八二年五月，聯邦調查局一名紐約的密探向上司韋伯斯特（William Webster）呈交一份祕密報告，指出薩依德的名字「因為跟恐怖分子的事有關而受到紐約〔聯邦調查局〕的注意。」[22]

聯邦調查局是基於關連性而起疑：薩依德一度跟一個被認為有顛覆性的人通信。但這種懷疑後來被認為是沒有根據的，所以沒有追究下去。然而，這份檔案披露了聯邦調查局對薩依德的報章文字和學術著作的入迷。例如，該密探在一九七〇年詳細分析了薩依德發表在《波士頓環球報》的文章〈哥倫比亞大學教授把種族歧視態度歸咎於以巴衝突〉。聯邦調查局後來又將薩依德在《紐約時報》發表的四十九篇文章做了摘要，主張他的觀念（特別是對以色列）是危險的，而且一定會越來越危險。[23]這種懷疑被證明為非常有根據。後來，在二〇〇三年，任職於保守的胡佛機構的人類學家柯茲（Stanley Kurtz）在眾議院「選擇教育小組委員會」作證時指出，薩依德「的後殖民批判，已經讓美國的中東研究學者沒有能力為布希的『反恐戰爭』作出貢獻。」[24]這個最終勝利的種子是在一九七〇年代播下，當時那個自稱「不是一個參加者」的人有力地參加了——也很大程度領導了——美國一支的巴勒斯坦人建國運動。

一九七七年，他獲選為「巴勒斯坦民族議會」（Palestine National Council）的獨立委員。「巴委會」是流亡的巴勒斯坦人議會，其成員一般都有黨派歸屬。薩依德起初雖然對「解放巴勒斯坦人民陣線」（Popular Front for the Liberation of Palestine）的分支「民主陣線」（Democratic Front）有好感，但他從來沒有參加該分支，決心要置身於黨派鬥爭之外。[25]不過，他和該分支的調情卻透露出他當時的政治傾向。「民主陣線」代表巴勒斯坦人組織的極左派，雖然不是公然的共產主義派別，卻是以馬克思主義為取向。「解放巴勒斯坦人民陣線」內的兩個取向彼此相關但在組織上卻是分開，反映出霍特所說的，共產主義在巴勒斯坦的歷史根深柢固，是很多巴勒斯坦人所服膺（霍特自己不是如此），因為那是表達自己鄙夷英美帝國主義政策的最清晰方法。[26]類似的，以色列共產黨的驅力幾乎完全是巴勒斯坦人。在薩依德看來，巴解組織的最大黨「法塔赫」一直太過民族主義，太傾向於跟政治伊斯蘭教（political Islam）靠攏。即便是在早期，薩依德已看出伊斯蘭基本教義派對於巴勒斯坦建國運動的威脅。[27]

他沒理會這些派系鬥爭，繼續忠於巴勒斯坦人的抗爭。他追求成為巴勒斯坦人主要國際發言人的最初努力，因卡特政府的相對溫和而得助。卡特政府對巴勒斯坦人建國的態度比之前和之後的政府都要更開放，而它想要藉助的磋商管道正是「阿畢會」。不多久，薩依德普林斯頓時代的同班同學卡特三世就出面邀他和當時的國務卿萬斯（Cyrus Vance）會面。他和其他幹部一起在一九七七年十一月八日見了萬斯和助理國務卿哈比卜（Philip Habib）。緊接著埃及總統沙達特（Anwar

Sadat）在十一月充滿爭議地前往耶路撒冷到以色列國會演說之後，卡特本人在十二月十五日接見「阿畢會」的人（只不過薩依德這一次因為要到外國演講而缺席）。翌年，國務院要求薩依德勸說巴解組織正式承認以色列。作為回報，卡特會推動一個「兩國方案」（two-state solution），保證讓以色列在一九六七年後占領的領土成為巴勒斯坦國的國土。

卡特政府會有求於他，毫無疑問是因為薩依德身分突然重要起來。三個月前，沙達特在一次演說中出人意料地提到，他認為有「一位巴勒斯坦裔美國教授」最適合領導到日內瓦和談的巴勒斯坦代表團，而他所謂的巴勒斯坦裔美國教授毫無疑問是指薩依德。[28]然而，當薩依德殷切地把卡特的提議（他認為是難得的契機）傳達給阿拉法特的時候，這位巴解主席卻沒有反應。這種莫名其妙沉默讓萬斯大惑不解，只得向薩依德打聽理由。與此同時，薩依德有鑑於當前的形勢，認為最明智的做法是不把沙達特的話當一回事。他沒有把門完全關上，在接受媒體訪問時表示他不認為自己是最佳人選，一大原因是他住在紐約。[29]他的更好選項是留在幕後。

大約有四個月時間，阿拉法特對萬斯的建議置之不理。薩依德拚命打電話給霍特，要確定訊息已經轉達。最後薩依德親自飛到貝魯特跟進這件事情，但阿拉法特拒絕接受美國的好意，理由是美國人總是不公平，而巴解組織不需要他們的承認。[30]又尷尬又沮喪，薩依德把這個壞消息帶回白宮。日後他將會見識到一個諷刺：阿拉法特在一九八二年敦促他遊說舒茲（George Shultz）——雷根政府的國務卿——阻止以色列消滅巴解組織的領導階層，因為當時夏龍（Ariel Sharon）率領的坦克正在隆隆開向貝魯特。

在哥倫比亞大學的頭幾年，薩依德主要以一名年輕和創新的康拉德學者知名。他談李維史陀之類高難度法國理論家的文章，或是談舊大陸通才暨語文學家奧爾巴赫的文章，固然受到注意但沒有太受重視。這種情形要等到他在《開端》裡大談法國理論才有所改變。他認為這本書主要是談知識分子的角色和文學批評的目標，推估它不是會讓他揚名立萬就是身敗名裂。所以第一印像攸關重要。這就是為什麼他會作出那麼非同尋常的融合，把維柯和傅柯共治一爐——他們一個是十八世紀的拿坡里偉大修辭學家和羅馬法學者，一個是沙特的繼承人和死對頭。

在大部分讀者看來，維柯和傅柯是八竿子搭不在一起。兩個人對他們偏好的焦點——語言、歷史和「能動力」（agency）——的見解都是南轅北轍。維柯認為古代的神話是一種用詩的形式來表達的理性哲學，而傅柯追隨尼采的主張，認為真理是語言的一種神話性建構。維柯力主，*verum*（事物的真正性質）只能透過 *factum*（創造之）而被得知③，但在傅柯看來，歷史不存在能動者（agent），它的轉變只能來自不知如何發生的觀點改變。

維柯是堅定的人文主義者。他認為他所說的「人的時代」（age of man）是這樣一種時代：低下階層終於能夠自我肯定，制定和推行第一部普通法，掙脫奴役的枷鎖（奴役是「諸神時代」和「英雄時代」的典型特徵）。與此相反，傅柯把人貶低為一種狂想的產物，著名地將人比喻為寫在沙上的字，是注定要被時間的浪濤抹去。他不信任法律，因為他傾向於把現代國家視為比過去的絕對君主政體還要專制，只是用一種深入生活每個方面的「仁慈」規訓取代從前直接懲罰性的

---

③ 指只有人創造的事物，人方能理解其性質。

暴力，對我們的思想、性慾和生理功能都作出規約。現代性（modernity）用監視和「教育」取代公開吊死，用理性和道德指引作為武器，無情鎮壓任何生活在它的規範以外的人。

薩依德努力化解這些分歧。他在一份較早期的手稿這樣形容他的目的：「在交戰或衝突的文化和語言之間找出一種共同語言。」[31]事實上，除了後來實際出版的那個版本除外，《開端》的每個版本都有一段談「共同語言」的長篇段落。「共同語言」這概念是借自維柯，維柯用它來指「一種所有民族共有的心智語言……一個犧牲人之間的相互直接在場，而把人綁結在一起的言語共同體。」[32]

與此同時，他在貝魯特得到的政治教育改變了他對文學可能性的思考，而這種改變的標記遍佈在《開端》各處。先前，在一九七二年，他已經因為撰文談論埃及小說家馬哈福茲的作品，而褪去了歐洲經典文學的保護殼。[33]後來，在兩年後，他在一篇異乎尋常的文章中（也是一篇很多讀者忽略的文章）把這種知識用於新的用途。〈一九四八年之後的阿拉伯散文和小說〉（Arabic Prose and Prose Fiction After）本來是為巴拉卡特（Halim Barakat）的小說《灰茫茫的日子》（*Days of Dust*）所寫的序（小說背景設在六日戰爭期間）。我們很有理由把這篇文章視為是他早期事業的關鍵性文學論文，其修辭和政策讓人聯想起他的「史威弗特書」：

> （自一九六九年起，）我便關懷一種語言……可以怎樣被構作：為建構實在（reality）而書寫，工具性地服務這個或那個目的……我也寫了一篇論一九四八年之後阿拉伯小說的長篇研究，在文中報告了敘事線（narrative line）的破碎和被圍困性質。[34]

他這裡提出的觀點是嚴峻和非浪漫主義的。從沙特的《文學是什麼?》（*What Is Literature?*）擷取觀念，他這是在跟社會寫實主義調情。這種觀點在學術圈令人反感，〈一九四八年〉會受到忽視也許與此有關。他日後將會在《倫敦書評》和他處發表好幾篇再次談論馬哈福茲的重要文章，小心翼翼把他在〈一九四八年〉揭櫫的綱領付諸實行。馬哈福茲是開羅生活無可比擬的記錄者，也是後來埃及所有小說家的靈感來源之一，可是薩依德認為他太過高遠和靜謐，是個批判性不夠的納賽爾主義同路人，也是第一個支持以巴和約的公共知識分子（薩依德因此認為阿拉伯報章對他的責罵有道理）。[35]私底下，薩依德對他的形容更不堪，稱他為埃及的利頓（Bulwer Lytton）——利頓用偽莎士比亞語言寫小說，作品野心勃勃但華而不實。[36]薩依德渴望超越馬哈福茲「那種對文字的福樓拜式崇拜」，說他「多多少少地追隨一種現代主義的軌跡」，而這種軌跡跟其他較受人忽略的阿拉伯小說家——例如賈布拉（Jabra Ibrahim Jabra）和海珊（Taha Hussein）——形成鮮明對比。

薩依德認為最新一代阿拉伯小說家的作品，在藝術和政治上都比華麗得多的馬哈福茲更重要。一大原因是年輕一代的小說家更加有「流動性」。例如，卡納法尼的「瓦解文體」（disintegrating prose）和多元敘事者捕捉住波斯灣巴勒斯坦外勞生活的無重量感，強迫命運和性格進行一系列刺耳的碰撞。哈比比（Emile Habibi）在《悲情樂觀主義者賽義德的祕密生活》（*The Secret Life of Saeed, the Pessoptimist*）中表現出「狂野的實驗性」幽默，把伊索寓言、大仲馬和迪士尼共冶一爐，呈現一種巴勒斯坦人「流浪漢小說」（picaresque）的色彩。[37]薩依德指出，一種蓄意的擺脫形式讓這些作家可以逃離傳統文類的要求，開闢出一個介於文章、自傳和小說之間的領域。他們每一個都拿迴避反諷距離（ironic distance）的符碼來做實驗，產生出薩依德所謂的一種「表達清晰的接地氣語言」。薩依德看來是要在全球邊緣地帶發現一種新的藝術形式。

就像在非洲和亞洲那樣，小說在阿拉伯世界出現得很晚，但這也有有利之處。在西方，作家輕易就可以區別不同種類的歷史敘事，例如雖然馬克思的《法蘭西階級鬥爭》（*Class Struggles in France*）和福樓拜的《情感教育》（*Sentimental Education*）都是有關一八四八年的巴黎革命，但前者是一部政治批判，後者是一部小說。因為文類之間的分類早已形成，西方的作者因此可以不理會各種文學形式的歷史，也因此更有自由從事內省和文本遊戲——西方的奠基小說《唐吉訶德》就是這個樣子，其內容多多少少是有關讀小說和寫小說。

與此相反，阿拉伯小說家則愉快地不用受這些預設的規定所制約。他們的作品在巴黎或倫敦的讀者看來是原始的紀實寫實主義，但這卻是阿拉伯藝術家面對的特殊要求使然：為危機留下記錄。就此而言，把小說的寫作稱為一種歷史行為（historical act）並不為過，甚至可以稱之為——就像埃及文學批評家舒克里（Ghali Shukri）在一九六七年之後所主張的那樣——抵抗行為：「寫作不是自由，也不可能是自由：它必須讓自己為人生服務。」[38]在〈一九四八年〉一文中，薩依德充分認同這種觀點，用流行的里哈尼（Ameen Rihani）舞台喜劇來描述口頭攻擊的場景（就像人類鬥雞），並回顧了哈利里（Hariri）的中世紀古典文本《麥卡瑪特》（*Maqamat*, 1237）的傳統——一部用詩和散文寫成的故事集，基本上是探討低下階層日常生活。在文章的結尾，薩依德透過轉向阿慈穆，把阿拉伯元素和馬克思主義元素交織起來，力主阿慈穆的著作最能夠表明這些豐富新潮流所提供的可能性。他主張，「阿慈穆的散文的說教甚至學究性質」，應該被了解成為了精準而不採取虛矯的自貶姿態，或沉溺在「荒謬主義的模仿」中，甘於因此而受到批評。[39]

《開端》就是在想著這些衝突的情況下撰寫，其本身就是雙重紛爭的產品，因為它出版那一年正是黎巴嫩內戰開始和越南戰爭正式結束之時。當時，它跟一種公共心緒迎頭相撞（這種心緒縮影在福特〔Gerald Ford〕的低級喜劇），也跟一種大眾文化迎頭相撞（這種大眾文化縮影在《週六夜現場》〔*Saturday Night Live*〕的反建制憤世嫉俗態度）。十年示威抗議所帶來的政治疲勞看來對他呼喊的作戰號召並不友善。以這種不利的時間點作為養分，他除了為文談阿拉伯詩歌和小說以外，也寫文章談作為反殖民作家的喬哀思，以及美國小說裡看不見美帝國身影的可恥現象。

兩年前寫信給《變音符號》（*Diacritics*）雜誌的主編時，他尋求同聲同氣的共鳴：「你會不會像我那樣覺得，有一股不可思議的偽書寫潮流席捲這個國家？覺得美國每個學者和知識分子都把自己變成了一個迷你的沃爾夫（Tom Wolfe），每個人都在追求魅力、容易被人接受和把所有最新的觀念混作一堆？」[40]他意識到「我十年」（me decade）④正在逼近，要用自己的方式先發制人。雖然很多人都抓不住《開端》的精微之處，但不是每個人都看不出來這本書的中東潛文本。康乃爾大學教授克萊恩（Richard Klein）從《開端》的字裡行間嗅出它「用強大的思想工具來服務於阿拉伯民族主義的利益。」（這話是他寫在給《變音符號》編輯部的抱怨信上，後來被轉給薩依德。）[41]《變音符號》用了一整期專號向《開端》致敬，內容包括一篇對薩依德的長篇訪談。克

---

④作家沃爾夫提出的詞語，指自我中心的年代。

萊恩反對這種對《開端》的隆重態度，因為他認為《開端》是以障眼法提供一個在已被接受的猶太教－基督教敘事之外的有吸引力替代選項。

一如薩依德所預料，這書大獲成功，各刊物都有文學批評界響噹噹的人物為文評論。不過這種結果在某個意義下是意料之外。《開端》龐大而複雜，讓大部分讀者舉步維艱。例如他的博士班共同導師恩格爾就舉手投降，承認自己缺乏了解這本書所需要的哲學素養。[42]一個當過薩依德學生的知名新聞工作者讀了讀《開端》之後就放棄，承認自己就是「沒有那個基因」。[43]劍橋傑出教授又是薩依德好朋友的坦納（Tony Tanner）乞求諒解：「這本書有些部分就是我的盎格魯－撒克遜心靈哪怕卯足了勁仍然無法消化。」[44]

薩依德從一開始就知道，如果想讓《開端》獲得充分了解，他就必須開發一批本來不存在的讀者。當時大部分的文學教授如果對語言理論有興趣的話，就會直接從他們閱讀的詩人和小說家那裡汲取。⑤就像普魯斯特的小說那樣，梵樂希和龐德的詩讀起來都很像理論，因為它們都是關於小說的小說，關於書寫的書寫。至於羅蘭．巴特、傅柯和德希達等人，則會在文章中運用詩人和小說家的語意詭計和文字遊戲，盡情揮灑語言的歧異性和不透明性——這種語言會引人對其本身發生注意，就像是文字創造了作者而非反過來。在《變音符號》那篇訪談中，薩依德甚至拿這種角色顛倒來開玩笑。他打趣說，一般的偏見認為，文學批評家之於藝術家就像科塞爾（Howard Cosell）之於拳王阿里，換言之一個是捧哏⑥，一個是天才。[45]薩依德在《開端》中要主張的其中一點就是，小說和文學批評同樣根本，而可揭露社會最幽深的文化暗角的，往往是文學批評，不是小說。

跟《開端》的幾個編輯通信時，他用大白話說明他的企圖。[46]這部書是要成為比較文學的豐碑，展示有什麼可能會從用原文研究英語、法語、義大利語、德語和阿拉伯語作品出現。有鑑於薩依德在〈保留〉一文中轉向了阿拉伯心理學，弗洛依德對《開端》來說同樣具有核心重要性。它的出發點是顛覆英國文學批評家科莫德（Frank Kermode）的名著《一個終結的意義》（*The Sense of an Ending*, 1967）：他對啟示錄和聖經考證的著迷恰好不適合充當現代文學批評的楷模。薩依德的主要關懷是「獨立和依賴的議題，或者說是自由和壓制的議題」，而這需要一個新的「理論和方法架構，也就是一個奠基於真實世界的架構」。

《開端》的十二篇文章本來各自獨立，但在最後的版本中，它們被改寫為互相環扣的六章，各有各的風格。在第一個篇章，薩依德精彩地審視了「開端」一詞的多種意義，主張以古典語文學來探問文本意義的歷史方法，弔詭地要比當前流行的理論還要前衛。他進而探索了不同的作家是怎樣用「開端」的概念來工作，從十九世紀的寫實主義（狄更斯的《遠大前程》是他的主要例子）談到現代主義小說（康拉德的《諾斯特羅莫》）——在現代主義小說中，寫實主義讓位了給對歷史和社會改革的嘲笑。[47]全書各處都讓法國結構主義者和後結構主義者去跟維柯較量。全書的最後一章專門談維柯，宣稱他就是整本書的目的地。[48]

⑤ 這些教授就是《開端》要開發的讀者群。
⑥ 相聲表演中兩個演員裡當配角的那位。

《開端》把「源頭」與「開端」的區別理解為宗教與世俗性的分別。《創世記》的開篇語「太初有道」標誌著一個存有論的起點。在這一點之前一片虛空，在這一點之後是天地萬有。沒有什麼出發點要比這一個更精準和戲劇性，也沒有一個出發點要比這一個更外在於人的努力和理解。所以，源頭強調的是人的努力在聖言（Word）面前的無能。與此相反，開端指向人的作為。那不是一個單一的點，因為開端有很多個，我們總是可以從新開始。薩依德對維柯的強烈興趣——他喜歡指出維柯是史威弗特和薩德侯爵的同時代人——就是根植於起源和開端的分別。重點在於要像維柯所聰明地做到過的那樣，避開「宗教的創造概念」，因為宗教乃是「人文主義事業的最危險威脅」。[49]

薩依德在《開端》的聲音常常是個人性，甚至是自剖性，這讓他的論證變得無法預測，因為他會從大相逕庭的著作徵引論據。薩依德的好奇心是非宗派性且極為多元，乃至於跟他被認定的法國理論導遊角色不和諧，因為他選用的許多作品看似都是作為動搖法國理論的基礎。事實上，在《開端》裡，薩依德明顯地要從李維史陀的結構主義移動至傅柯、德希達和德勒茲的後現代主義，但也沒有停歇在後者。他無法像他們那樣，把語言視為慾望的媒介，視為「意義效應」的媒介而不是知識本身。他拒絕跟隨他們走入深淵，儘管他佩服他們能夠讓知識分子感受到地從腳下消失時的暈眩感。他的分析聽在大多數人耳裡都是驚人的新穎和走在時代的前頭。我們很容易會忘了，他提到的那些法國理論人物的作品大部分在當時都還沒有英譯本。他們全都仍然在世，影響力處於巔峰。但就在薩依德引介他們的時候，他也走出了他們。他把他們對知識的極端懷疑融合於語文學——正如我們看到過的，語文學代表著一個立場和法國理論正好相反的批判學派，對文本精確性和正確詮釋文本的可能性深具信心。

例如，這些辭源學家、古典作品編輯者和歷史語法學家的關鍵工作之一，就是為古代的文本建立可靠性。對這一類學者來說，一件作品的原始文本（ur-text）只是一種幻影，其本來面貌只有透過校勘後來的版本才能間接建立。在實踐上，一份文本總是由流傳下來的斷簡殘編補綴而成，換言之，是靠著猜測把許多斷片重新黏合為一個整體。歷經許多世紀之後，紙張會腐爛、書頁會被放錯位置、墨跡會變淡、文本也會被編纂者搞亂和被審查者摧毀。研究者永遠不可能搆得著原件。

薩依德用這種現象提醒當代的理論家，較早期的人文主義者曾經就像他們一樣，質疑源頭的可靠性。尤有甚者，兩個學派都認為源頭是（用薩依德的術語來說）「不及物的」（intransitive）——也就是不活躍和抹去作者身分的。但和語文學不同的是，法國理論忽視了我們在任何情況下都是受到找出那些源頭的欲望所驅使，都會依賴批評家的「企圖和方法」（《開端》的副書名）去透過意志力重新活化這些文本。因為如果我們不知道我們是從何而來，我們又怎麼能夠知道我們是誰？在同時期所寫的一段有關傅柯的筆記中，薩依德說出這種差異的重大後果：

> 我越是離開……我天生和習慣的引力中心，我掌握到我渾然不覺地站在其上的地基的機會就越大……我設法找出它們的源頭……它們對我的約束。所以我設法和它們保持一段距離，並顯示要如何才能逃脫。[50]

以這種方式重新肯定源頭的積極面，他就理所當然地被帶回到開端。後結構主義者認定開端是一個迷思，而現代主義者相信那是絕對：一種不虧欠過去什麼的全新的看的方式。薩依德並不認為有絕對新穎性存在。他不想要否定源頭，只想逃出它們的專制影響。

對開端的沉思顯然也同時是他自己的一個宣言。在這方面，抓住「語文學」這個詞大概是他最出人意表的一步。因為語文學總帶有拉丁文、希臘文和希伯來文的霉味（這些語文都是十九世紀的學童在課堂上所必須學）。在這個意義下，它讓人聯想到比較語法學、詞源學和辭典編纂學的病懨懨和單調乏味鑽研，看起來和當代法國的思想實驗更不搭。多年以後，薩依德開玩笑說語文學是和人文主義有關的學問分支中最不「性感的」。[51]儘管如此，他還是備受它的誘惑。他在語文學裡面看到了維柯做過的事：研究「所有或大部分人類語言活動」，不只是研究詩歌或小說，還研究法律、社會學、經濟學和歷史，是一種整體藝術和一種新科學。他對語文學的興趣可回溯至一九五〇年代晚期，當時他在哈佛的「歷史與文學計劃」中以研究生的身分任教，教的課就是以語文學為主題。在人生後期，他又直截了當宣稱，他的一生事業可以簡單地歸結為「更新偉大語文學家的傳統」。[52]

薩依德透過說這話來拒絕專業化。他暗示，語文學家對任何語言性東西的如飢似渴，在精神上並沒有離開文學現代主義本身太遠。因為如果說語文學踏出的一大步是對知識的擴張膨脹有豪放品味，那麼法國理論的起義也許就可以用一種不同但互補的方式來扼要表達：「假定了知識的無規律性和不連續性……缺乏一個單一的、核心的**邏各斯**（*Logos*）。」[53]代之以和過去徹底決裂，薩依德尋求一種奠基於**傳統**的原創性，而弔詭的是，傅柯在這裡擋

開羅，1954 年。（取自 *Egyptian Streets*）

黑門山中學入學申請書上的照片。
（來源：Said Family Collection）

開羅時期的年輕薩依德。
（來源：Said Family Collection）

從舒韋爾村北望桑寧山（Mount Sannine）。（本書作者拍攝）

聆聽父親說話。（來源：Said Family Collection）

梅利亞阿姨（Aunt Melia）。
（來源：Said Family Collection）

音樂老師蒂格曼（Ignace Tiegerman）在基茨比爾。
（來源：Allan Evans and the Arbiter of Cultural Traditions）

戈爾德（Arthur Gold）——薩依德的1957年班同班同學。（取自 *Nassau Herald*, Princeton yearbook, Princeton University）

黎巴嫩政治家馬利克（Charles Malik）。
（來源：Getty Images）

文學批評家布萊克默（R. P. Blackmur）。（Charles R. Schulze 拍攝）

薩依德的博士班導師李文（Harry Levin）。（來源：Getty Images）

《黨派評論》（Partisan Review）編輯。站者（從左至右）：莫里斯（George Morris）、拉夫（Philip Rahv）、麥唐納（Dwight Macdonald）；坐者（從左至右）：杜皮（Fred Dupee）、菲利普斯（William Phillips）。（Maurey Garber 拍攝，來源：the Garber family）

敘利亞學者阿慈穆（Sadik Al-Azm）。（來源：Erasmus Prize Foundation）

攝於舒韋爾村別墅的門廊。後排（從左至右）：薩依德妹妹葛莉絲（Grace）、喬伊絲（Joyce）、羅絲（Rosy）、妹夫薩米爾・馬克迪西（Samir Makdisi）；前排（從左至右）：薩依德、母親希爾妲（Hilda）、父親瓦迪（Wadie）、外甥薩里・馬克迪西（Saree Makdisi）、烏薩馬・馬克迪西（Ussama Makdisi）、妹妹珍妮・馬克迪西（Jean Makdisi）。（來源：Said Family Collection）

巴解組織領導成員霍特（Shafiq Al-Hout）。（來源：Said Family Collection）

在黎巴嫩的實情調查之旅。從左至右：詹明信（Fredric Jameson）、艾克巴爾・艾哈邁德（Eqbal Ahmad）、阿拉法特（Yasser Arafat）、德林格（David Dellinger）、唐・盧斯（Don Luce）和克拉克（Ramsey Clark）。（來源：South Asian American Digital Archive）

與伯格（John Berger）在法國上薩瓦（Haute-Savoie）。（Jean Mohr 拍攝）

與巴勒斯坦學者阿布—盧格德（Ibrahim Abu-Lughod）。（Jean Mohr 拍攝）

與《大街》（Grand Street）創辦人索恩伯格（Ben Sonnenberg）。（Alexander Cockburn 拍攝）

薩依德彈奏鋼琴，1983年11月。（Jean Mohr 拍攝）

《大街》主編珍・史坦（Jean Stein）。（Brigitte Lacombe 拍攝）

薩依德於法國昆西（Quincy）。（Jean Mohr 拍攝）

與兒子瓦迪（Wadie）合影。（Brigitte Lacombe 拍攝）

與杭士基（Noam Chomsky）合影，1999年哥倫比亞大學。（來源：Said Family Collection）

1993年哥大演奏會前與戴安娜．塔基丁（Diana Takieddine）合影。（Joe Pineiro 拍攝，來源：University Archives, Rare Book & Manuscript Library, Columbia University Libraries）

與女兒娜吉拉（Najla）合影。（Yto Barrada 拍攝）

2000 年在紐約聯合廣場一場聲援巴勒斯坦的集會。（來源：Said Family Collection）

與第二任妻子瑪麗安（Mariam）合影。（Karl Sabbagh 拍攝）

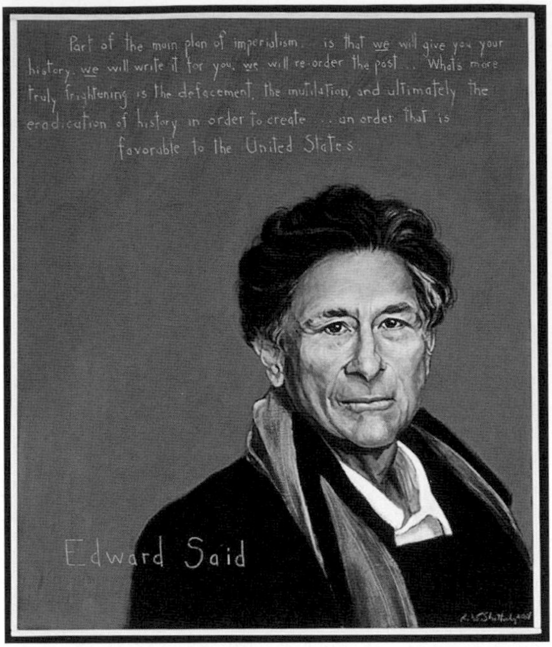

描繪他的眾多繪畫、素描和漫畫之一。（來源：Robert Shetterly, Americans Who Tell the Truth）

生命晚期伏案工作。（取自電影 *Selves and Others: A Portrait of Edward Said*。來源：Wamip Films, Paris）

住他的路。因此他對這位既提供他豐富思想資源又引起他的懷疑的法學思想家態度矛盾：

源頭和開端都是無望地異質於和缺席於〔傅柯所指的〕論述之流（stream of discourse）。（我在本書中已暗暗批評和修正過這一結構主義立場，但在這裡，我還是按照他們自己的說法陳述這一立場。）[54]

這種事先聲明透露出《開端》的內容為什麼會那麼迂迴曲折。事實上，它在有些重要方面和〈保留〉一文非常直接地互相呼應。兩者都是處理 representation 的雙重意義的問題：一種意義是用文字描繪真實事物（再現、模仿），一種意義是代表一個選區說話，例如在「民選代表」（political representative）一語。

書寫想要忠於真實事物，必須拷貝真實事物。根據薩依德的思路，模仿真實事物讓書寫擁有了太多權威。所以現代主義的功勞是揭穿文學寫實主義的自命不凡：這不只是因為拷貝永遠成色不純，也是因為這種努力會永遠讓人虧欠原物（original）。這種情形讓人聯想到阿拉伯在面對歐洲時的兩難式。借助維柯，薩依德想像一個不受模仿束縛的過去，方法部分是透過否定有任何創新是全新，部分是採取維柯的創發性見解：一個人可能以原創的方式重複他人做過的事或說過的話。在維柯的著名歷史循環理論中，每一個「回歸」（*ricorso*）都是一種新的可能性。

薩依德指出，在阿拉伯文學界，有鑑於《古蘭經》被認為是天使加百列向穆罕默德口授，所以「總有一種口語與書面語的辯證地存在於任何文本的表面附近」，而口語（民眾語言）總是拚命要掙脫書面語（官方語言）的束縛。如果說在其本身的文化神話中，阿拉伯語作為真主的語言是不可改變的，那麼，在西方文學中活躍化人文主義事業的意義之爭，在阿拉伯語就是不可能的，因為在阿拉伯語中沒有人可以是真正的作者。作者身分總是存在於**別處**。[55]

阿拉伯文人的困境從薩依德當研究生的時代起就困擾著他。他在那時的一則筆記指出，阿拉伯語「沒有一種和變動中世界直接相關的正式語言結構的中介性存在」，所以能有的只是一種「無中介的裝飾性」書寫。由此導致了「可悲後果」。[56]因為被迫「只能像西方人或真主那樣說話」，阿拉伯人發現他們無法創造一種「也許可以讓我們向自己披露自己的語言」。[57]在當時，傅柯看來方便好用，可以幫助他找出形塑這種語言形式的必要工具，需要的只是透過維柯來調合。

最終來說，《開端》的背景故事必須被視為薩依德各種思想資源為爭奪影響力所發生的碰撞。沒有人比維柯跟巴黎人的時尚更不相容。他是個性情暴躁的書蟲和拉丁語學者，在地處歐洲邊陲的拿坡里擔任低微職位（拿坡里受到宗教裁判所的牢牢控制），對北方的荷蘭心懷嫉妒：當時的荷蘭是全歐洲的思想中心，為所有非正統思想家（包括與維柯形成對照的笛卡兒）提供庇護。他埋首從事一種約一世紀前在拿坡里達到高峰的學術研究，這種研究在文學詮釋時所使用的語文學技術是奠基於對羅馬法的研究。

尤有甚者，維柯的扛鼎之作《新科學》是一部語言考古學、古畫解讀和想像性史前人類故事的大雜燴。這本書看來沒有固定模式，前前後後寫了一輩子。總是有吸引力又常常大膽和自誇，《新科學》採取了公理、格言和邊註的形式，但又奇怪地稱自己有著「幾何學的精準」。儘管如此，維柯談的事絕不枯燥陳腐，其中充滿階級衝突、揭竿起義、部落戰爭和帝國興亡的故事。它的總教誨對薩依德的目的來說再有用不過：沒有一個民族、種族或地區在人類文明的故事上有著優先性。民族（nations）——維柯指出這個詞和「誕生」（nativity）在詞源上相關——也許是從氏族（clan）開始，但假以時日，它們會發展成為不再以種族特權為基礎的國家。[58]就像是反對傅柯的「論述」概念那樣（「論述」是一種透過制度和國家的官方語言自上而下強加的意識形態），維柯指出，人類所能夠知道（也應該花時間設法知道）的是那些表達出我們的秩序和認知能力的典章制度。

在一九七〇年代，維柯的粉絲絕不是只有薩依德一個。一場談維柯的國際研討會的論文集已經在一九六九年出版，而在一九七六年一月，由「維柯研究中心」主辦的一星期長國際會議（「維柯與當代思想」）緊接在《開端》的出版後登場。[59]在哥倫比亞的「義大利樓」和新學院（New School）舉行，這會議極受看重，乃至得到《紐約時報》的報導。與會的維柯專家和出版社都求薩依德寫一本關於維柯的專論，但他態度冷淡，沒有興趣以研究維柯揚名。[60]他對維柯的忠誠有個人得多的理由。

就像「民族」這個字暗寓著「誕生」的觀念，文明的起源也需要一種誕生理論。在維柯看來，「外邦人」一詞可以捕捉住這種誕生感。雖然在俗語上，「外邦人」是指非猶太人，但對維柯來說，這個詞完全符合他那時代的基督教教義，根據這種教義，猶太人在上帝的計劃中具有優位性。儘管如此，他在整部《新科學》中的論證都有著世俗涵蘊。維柯指出，gentile（外邦人）源自拉丁文的 *gentes*，而 *gentes* 是指從婚姻制度邏輯地生長出來的擴大家族（婚姻制度是外邦人宗教的第一個行為）。在史前的破曉時期，人類爬出了森林，建造第一批城市。帶頭這樣做的人變得富有和有勢力，奴役那些晚來者和那些被迫尋求別人保護的人。所以，外邦人被迫創造**他們自己**的歷史，由此發明了婚姻制度、宗教、喪禮和政府。因為不像猶太人那樣，他們的道路並未由上帝預先訂定。

維柯看來是說：就讓選民⑦和上帝立約吧；對我們其他人來說，人類的故事還有一大部分沒有講述：這故事是關於他們是如何奮鬥，靠自己認識上帝，如何用他們對上帝的敬畏，透過語言、習俗和法律來建立文明。雖然聚焦在歷史學、社會學和比較宗教學，《新科學》就像《歷史緒論》那樣，本質上是一部文學批評性質的作品。它在一個非常特殊的意義下為破碎的歷史文件提供一個文學詮釋，因為它大膽假設，當外邦人歷史誕生的時候，人們說的是一種詩性語言。維柯發現，詩最初並不是儀式或藝術所用的語言，而是一種日常的溝通方法。我們的祖先用比喻和意象來思考和說話，而他們的第一批法律是用詩的形式來表達。維柯認為歷史會從「諸神時代」演變為「英雄時代」再演變為「人的時代」，而這個過程又會不斷循環，讓人類不斷重新倒退回到野蠻狀態。在這個意義下，重複可以不只是模仿：「用維柯喜歡的說法來說，知識分子會透過**重新找到**（*ritrovare*）發現新的關係。」

就像維柯那樣，傅柯在很多個層次對薩依德的影響都是鋪天蓋地，包括文體層次、語言層次和傳記層次。薩依德認為傅柯除了是「二十世紀西方綻放的思想反對派的中心人物」和一個「我們不可能在好幾代人之內再次看到的」傑出小圈子的一部分，也是一個機敏的修辭戰術家。[61]如果不是有傅柯別出心裁的表達自我方式，薩依德不可能找到撰寫《開端》的風格：傅柯的書寫風格看似離形去體，是一種在一個政治力量場域裡的自主技術功能。薩依德指出，對傅柯而言，一篇文本「並不是單純的記錄，並不是直接的書寫欲望的純粹筆跡結果」，而毋寧是「各種不同的文本衝動的編派」。[62]

傅柯運用語言學概念來批判社會制度的做法看似和維柯相似。[63]然而，在《開端》的近尾聲處，薩依德抱怨傅柯談到語言的「傳遞」規則時雖然很有說服力（即語言會透過分散——透過建立機構——來積蓄力量），但在他這種對「論述體系」的注意中，並沒有涉及企業壟斷、廣告審查委員會和大眾媒體。對於這些，傅柯極少直接著墨。

不過，薩依德很容易就能認同傅柯早期談病弱者和瘋子的，在這些著作中，傅柯指出社會邊緣人因為被政府標示為不正常而受到懲罰。薩依德在一九七二年用了傅柯這部《瘋癲與文明》（*Madness and Civilization*）來授課。[64]他同時被傅柯的風格吸引，認為這種風格兼具「反諷、懷疑主義、兇猛的激進主義、在推翻正統、偶像和迷思時風趣和超道德」，又對於傅柯的不可模仿性感到敬畏。[65]傅柯不只提出主張，還會透過形式本身來提出；會透過堆疊「動詞狀形容詞」（gerundive）讓「做」（doing）成為「存在」（being）的一種形式；會用四組例子而不是通常的兩、

⑦ 指猶太人。猶太人是「上帝選民」。

三組來組織觀念；會訴諸一個被吸去所有因果關係和能動力的過去來證明一個主張。薩依德樂在傅柯的「反王朝」（anti-dynastic）思考方式中，這種思考方式對既有權威滿不在乎，會創造自己獨樹一格的秩序模式。[66]

就像沙特那樣，傅柯對薩依德的吸引力也和中東有關，特別是因為傅柯對巴勒斯坦人態度親善。在一九七三年一月寫給愛蓮．西蘇的一封信中，他表示剛剛看過當天發表在《世界報》（*Le Monde*）的投書〈巴勒斯坦人上訴〉（*appel pour les Palestiniens*），上面有她、惹內和傅柯的共同簽名。薩依德對此「既感動又感激」，又抱怨美國左派在這個議題上的落後：「對我而言，你們名字的榜樣讓我們的思想和決心大為振奮——你們的作品我都讀過，但除妳以外，我沒有見過其他兩位。」[67]一九七二年秋天，他寫出他最銳利一篇論傅柯的文章〈傅柯作為一種知性想像力〉（Michel Foucault as an Intellectual Imagination）。利用這個機會，他把它像瓶中信那樣直接寄給傅柯本人。後者顯然是被薩依德把自己的工作分析得那麼透徹嚇了一跳，回了他一封熱情洋溢的親筆短柬：

> 從美國回國後，我看到了你談論我思想的文章。無庸說，我對於你為了閱讀、理解和分析我的結巴作品所作的巨大努力無任感激。……我無限仰慕你的才智，你的嚴謹分析在很多地方都有助於我釐清自己思想的未來方向……我樂於多了解你的作品，認識它們的取向。[68]

薩依德受寵若驚，馬上回了一信，信中提到他認識惹內，而對方告訴他，德勒茲、索萊爾斯（Philippe Sollers）和德希達都是親巴勒斯坦人。知道這些他早已仰慕的人持這麼進步的立場讓他心花怒放：「我要致上我的巴勒斯坦人謝意和政治謝意……我高興地發現，呈現在你的理論著作中的革命性軌跡，也許會有助於發展一種阿拉伯人—巴勒斯坦人思想和革命性思想。」[69]兩人很久後見了面，但到了那時，他們在巴勒斯坦問題上的同聲同氣已經損蝕。[70]

雖然他不斷努力調和傅柯和維柯的思想，但兩人的鑿枘不合卻越來越明顯。儘管如此，他仍然堅不放棄。他固然承認傅柯分享海德格對人類自由的「荒涼」觀點，也因此眼中的「人」非常不同於《新科學》中那個足智多謀的 *homo faber*（作為製造者的人）。不過，薩依德又認為傅柯只是不知不覺中「吸收了」海德格的觀點，並不是它們的「熱心支持者」。[71]雖然傅柯也許是個後人文主義者（posthumanist），但卻有著一種「人文主義化」（humanizing）的效應。[72]然而隨著時間過去，傅柯的神諭式表達方式開始讓薩依德覺得困擾。[73]就作為一個主要關心「非人格化規則和無作者語句」和主張作者身分並不重要的思想家來說，傅柯顯然看不見法國思想舞台上那些「『惡名昭彰』的自我，包括他本人的自我。⑧」[74]和維柯不同，他忽略或抹去自己的前驅，讓自己的思想觀念看起來比它們實際上更有原創性。[75]薩依德補充說：「語言性（linguicity）不能告訴我們的是，結構為什麼要去進行結構。」最終，他傾向接受李文的意見，認為這種思想體系是

⑧ 指他們每個人都很自戀，喜歡放大自我。

「我們時代的亞歷山卓主義」（Alexandrianism），也就是一種像古代亞歷山卓的學者那樣，癡迷於形式、跡近於神祕主義和痛斥一切常識性東西的裝飾性文學批評。[76]

隨著歲月流轉，薩依德越來越公開地對傅柯這位法國大師表示失望。他暴躁地對與他通信的人說：「我不鳥傅柯。」[77]在評價一個之前指導學生的作品時，他戲稱該學生當初應該「少讀一點傅柯和多讀一點葛蘭西和米爾斯（C. Wright Mills）。」[78]他對傅柯在〈真理與權力〉（Truth and Power）一文中的論證特別反感。文中，傅柯譴責那些為政治集體——例如無產階級、阿爾及利亞自由戰士和法國地下反抗軍——說話的「普遍型」知識分子而偏好謙遜地不管閒事的「特殊型」知識分子。

在《開端》的結尾處，薩依德宣布他要和被傅柯嘲笑的「普遍型」知識分子站在一起，這些人的其中一個是左派歷史學家科爾克（Gabriel Kolko），他把他的《現代美國史的主要潮流》（*Main Currents in Modern American History*）獻給越南革命和「締造這革命的人」，又把美國在越南和韓國的戰爭稱為「大屠殺」（holocausts）⑨。[79]薩依德要背書的其他人同樣知名，包括了布拉肯（Harry Bracken）和拉斯金（Jonah Raskin）。後者的〈本質、意外和種族〉（Essence, Accident, and Race）在一九七〇年代和一九八〇年代都常駐在薩依德的心頭，而後者的《帝國主義的神話》（*Mythology of Imperialism*, 1971）也讓薩依德感動至深。[80]他日後對拉斯金說：「在我看來，沒有人曾經稍微處理過你提出的議題。」，這是因為拉斯金的書是「關於文學界的幫派分子、陰謀分子和恐怖分子」，對艾略特、利維斯（F. R. Leavis）和特里林發出了通緝令，又盼著「為美國帝國主義送終」。[81]

諷刺的是，《開端》在出版一年後獲得了哥倫比亞大學第一屆「特里林獎」。多年之後，薩依德仍然覺得應對這本書進行補強，因為他原來的處理方式無法窮盡書中一些主題（特別是維柯）的豐富性。[82]《開端》不能取悅的其中一個人是李文，他引用但丁《煉獄篇》的話承認自己在薩依德的*selva oscura*（黑森林）中迷了路。他為薩依德一些獨一無二的洞見喝采，但仍然不確定「開端」是一個真正的觀念，或只是羅格特（Roget）所說的，是「一種抽象關係……一個普遍性極大的範疇，以至於任何脈絡都可以給予它另一種內容。」但他知道薩依德精明得足以注意到自己的雙重意識（double consciousness）：「你不是像讓你偶爾會震耳地宣稱的那樣，是那麼地遠離語文學或歷史性，又或者是那麼地反人文主義，感謝老天。」[83]

雖然薩依德對批評意見（特別是有損他的名譽的批評意見）常常很不客氣，但他這一次沒有選擇反駁。他在寫給李文的回信中說：「親愛的哈利，書中那個『撬開』大概有一點太好戰和太誇張，現在讓我感到尷尬。也就是說，我正在反對我在《開端》看來鼓吹的反歷史和赤裸裸的理論立場。」他自豪地表示，他正在寫的書應該會讓李文高興：那是一個對「西方的東方研究」的歷史探討，甚至可以稱為「實證性探討」。[84]

---

⑨ 這個字原指納粹對猶太人的屠殺。

第7章

從西貢到巴勒斯坦

FROM SAIGON TO PALESTINE

天空上的幻影飛行者，
波斯人渣準備好去死。
跟蛇和頸背一起翻滾，
真主進行創造但我們進行火化。

——美國空軍第七十七戰術飛行中隊隊歌[1]

《東方主義》怎麼看都不像一本暢銷書。它寫作於水門案聽證會接近結束之時，以貝魯特因內戰而滿目瘡痍的建築揭開序幕。幾段文字之後，讀者被匆匆帶入一門少人聽過的學科的歷史，這歷史從浪漫主義時代開始。其後各章從十九世紀小說跳躍到美國新聞圈的喜歌劇和季辛吉的齷齪勾當。除非一個讀者過去十年來一直有跟進薩依德的著作，或本已熟悉歷史學家威廉·艾普曼·威廉斯論帝國「作為一種生活方式」的作品，或熟悉拉馬丁（Lamartine）的詩，否則也許會對薩依德選擇材料的方式感到困惑或驚恐。語言學家和歷史學家也對《東方主義》的暢銷大惑不解。這書對它的一半讀者來說是一大勝利，對另一半讀者來說是一大醜聞。但不管怎樣，沒有人能忽略它。

在中東很多地區，讀者的反應接近欣喜若狂。對此，哈利迪（Tarif Khalidi）解釋說：「這是歷來第一次『我們』中間有人寫出一部書，叫帝國滾他媽的蛋。」薩依德看來是對帝國說：「我們知道你玩什麼把戲。」他要批判的不只是一些靜態的、本質性的身分特徵，還有一整套為權力服務的知識理論。《東方主義》「打開了千門萬戶，讓一條瀑流湧過」。[2]作為對英法對阿拉伯和伊斯蘭世界的學術研究的指控，《東方主義》把它的理據說得相當清楚。東方研究成功創造出一種天馬行空的投射，去滿足西方對阿拉伯人和伊斯蘭教的偏見。這些意象有時生氣勃勃和讓人迷醉，有時嬰兒化或可恨，但它們無一把阿拉伯人和穆斯林描繪為歐洲的鄰居或同時代人，也不會形容他們就像西方人一樣，需要面對各種日常煩惱。

許多世紀以來，這些意象和態度形成了一個互相加強的陳腔濫調網絡，反映在媒體、教會和大學的政策中。憑藉著看似客觀的科學權威，新的偏見加入到業已流傳的那些偏見。這座學問大廈剝奪阿拉伯人的一切，只留給他們一個文本的真實（textual reality）：通常是奠基於為數不多的中世紀宗教文件。就這樣，阿拉伯世界被困在自己過去的經典裡。雖然《東方主義》的這一層意義看似沒有爭議，但讀者們對其他事情少有一致看法。

大部分讀者都未能注意到薩依德對東方學家的矛盾心情。當然，他們有時會被看作是罪魁禍首，他們提出的「已知事實」把科學權威賦予了一幅阿拉伯和伊斯蘭他者（other）的肖像。他們說的故事更多是透露出西方對阿拉伯壞蛋的需要，而不是有關住在黎凡特那些有血有肉的人——這些人的「昭昭現實顯然要比西方能就他們所說的任何事情多。」[3]另一方面，難道這些學者不是語文學家嗎？又難道語文學不是一種薩依德想要復興的閱讀和研究方式嗎？

基於這些理由，他對東方學家的評價是複雜的。在一些緊接《東方主義》之後所寫的文章中（本來是計劃納入書中），他顯示出自己高度尊敬很多他在《東方主義》中批評的東方學家。例如，他驚嘆馬西尼翁有一個「完全不同種類的宏大心靈」，讚嘆史瓦柏（Raymond Schwab）的「別出心裁的顯而易見母題」。[4]事實上，他在《東方主義》中部分是要論證東方學家的「意象、節奏和母題」有很多可供阿拉伯學者和異議知識分子學習之處，而他也打算仔細留意他們的風格和呈現方式（而不是淹沒在他們驚人浩瀚的知識中）。[5]薩依德自己認為，《東方主義》的成功完全是拜他有向東方學家很好學習之賜。

讀者在熱烈歡迎《東方主義》之餘也有很多誤解。當然，如果說這部書不是真正有關中東，或者說巴勒斯坦不是潛伏在他講述迪斯雷利（Disraeli）、克羅默伯爵（Lord Cromer）和吉布（H. A. R. Gibb）對阿拉伯「落後」的諷刺後面，那就是言之太過。但是，這本書卻不只是（甚至主要不是）關於東方和研究它的學者。一直有在讀薩依德著作的人不太可能會看不出來，《東方主義》的一個主旨在於主張「再現」（representation）不只是對世界的文字述說，還在很大程度上是真實世界的一部分。薩依德的任務不是去測量東方學家對阿拉伯和伊斯蘭世界報導的精確性或不精確性，而是要沉思「再現」本身的回聲效果。

在那個由姿態、詞語和句子構成的自我封閉建構中，我們找到觀念賴以流傳的機制，明白它們是怎樣獲得權威性，以及它們是怎樣可以加強自己而不受實際世界的影響。很多人誤以為薩依德本來是致力於標示出作為一個學科的東方學的整體（他從來沒有這種打算），卻沒有成功。但他的目標其實完全不同。所以如果《東方主義》有什麼要說，那就是：人文學是有政治後果的。這不只是因為東方學家影響力的力量和範圍都極大，還是因為文學批評家（而非政治家、新聞工作者或社會科學家）是研究「再現」。只有他們可以解釋，像東方學這樣一種狂躁是怎樣成形和獲得了「質量密度與指涉力量」。[6]

就算那些對薩依德描述德薩西（Silvestre de Sacy）四周小圈子或分析福樓拜小說《薩朗波》（*Salammbo*）不感興趣的讀者，都至少可以感受到他的部分弦外之音：媒體、智庫和大學在國家的外交政策上都是經意或不經意的同謀者。薩依德不是第一個創造「東方主義」一詞的人，甚至不是第一個揭發它有何惡劣影響的人，但他給了這一詞語新的共振。可明確無疑地反映出《東方主義》影響力的是，有大量專門為了推翻其論點而寫的書（有些篇幅還超過《東方主義》本身的頁數）。[7]

在一九七六年八月二日完成這書的初稿以後，薩依德決定給它取名為「將東方東方化」。[8]這本日後會被區域研究專家批評為虛無主義最好例子的書，在他自己看來不過是一個基於事實所作的糾正。他想要當一個清醒唯物主義者的願望，在《東方主義》出版的那一年甚至變得更鮮明，當時他邀請李文擔任哥倫比亞大學英語研究中心專題小組討論參與人（他是這中心的主任）。先前，薩依德要邀的本來是威爾斯社會主義者暨文學專家雷蒙・威廉斯和前英國共產黨歷史學家湯普森（E. P. Thompson），但兩人都因為排不出時間而婉拒。薩依德遂轉而找李文。李文因為意識到薩依德的新認同，所以建議談法蘭克福學派對媒體的馬克思主義批評。[9]

因為知道東方主義有可能會被認為是搗毀偶像之作，所以薩依德覺得他和杭士基——另一個搗毀偶像者——的友誼更加珍貴。這位語言學家的「耶利米哀歌」①讓他備受爭議，也讓他對媒體的攻訐經驗豐富。杭士基一年前出版的《知識分子與國家》（*Intellectuals and the State*）就是批判學術機構在越南戰爭中和政府沆瀣一氣。薩依德一度考慮和杭士基合寫一書談西方人對中東的失真文化描繪，而《東方主義》的寫作計畫看來是肇源於此。不過，杭士基因為有其他事情在身，無法抽空，所以薩依德就獨挑大樑，最終寫出《東方主義》。[10]

那位麻省理工學院的語言學家②以另一種方式為他提供幫忙。他是第一個讀《東方主義》初稿的人，「幾乎一口氣讀完」。[11]他讚賞薩依德的銳利分析力度，但提醒他要多注意「分析和直接引用之間的平衡」，又指出《東方主義》會招來的批評「將不會少」，而且很有可能因為文本佐證較少而被人詬病。「也許值得談談種族主義、東方主義和越南戰爭——我記得我們有過這方面的討論。」

動筆於一九七三年的以阿戰爭之後，《東方主義》的第一個版本完成於尼克森最後一次大舉轟炸印度支那的僅僅一年後。它致力於把中東的衝突描繪為一場非常類似發生在越南的反殖民起義。[12]為此，他納悶，為什麼沒有出現代表巴勒斯坦人焚燒美國國旗或占領國會山莊的事？就像歌德是在拿破崙入侵中歐之後構思出 *Weltliteratur*（世界文學）的概念，《東方主義》也是一個對戰爭的回應。[13]

在一九七八年初寫給沙哈克（Israel Shahak）的信中（沙氏是納粹大屠殺的倖存者、化學教授和「以色列人權與民權聯盟」主席），薩依德描述了寫《東方主義》的其他動機。他指出，彌爾（John Stuart Mill）和阿諾德（Matthew Arnold）之類的西方文化英雄「不只不反對種族主義和帝國主義……還積極地把自己的名字和威信提供給那個促進邪惡的『文化』和『種族』。」他們完全知道發生了什麼事，而這讓他們成為了「現代自由派知識分子」的原型。所以，他們不只跟為政府白皮書辯護的自由派和《紐約時報》的社論相似，還是後兩者的直接祖先。[14]

薩依德寫作《東方主義》的地點相當地影響了他的視觀。初稿的主體在一九七五至七六年間完成於一個研究中心，而奇怪的是，這研究中心是專為自然科學和社會科學的研究而設：史丹佛大學的「行為科學高級研究中心」。[15]除了偶爾有一個藝術評論家或哲學家以外，人文學者通常

① 指他對美國政府的批評。
② 指杭士基。

不會被邀請到這個中心來。薩依德在受邀者中是個孤伶伶的文學批評家。[16]他在一九七六年七月愉快地告訴朋友、英國歷史學家歐文（Roger Owen）：「我已經完成了長長的兩章（大約兩百五十頁），也正在邁向完成最後的部分。」最後的部分將會在八月寫完。[17]

另外，「行為科學高級研究中心」的研究獎金並不開放申請。評選委員會對他的跨界興趣的認識，不是來自一份讓人感興趣的申請計劃。入選者是由一批匿名的德高望重評審從萬頭鑽動的學術界萬中挑一。一天，一封邀請函神神祕秘地寄到了薩依德的信箱。評審委員會中的哲學、科學哲學家、社會學家和心理學家看出了哪些薩依德的後來批評者所沒有看出的優點？我們知道，讓他們心動的一定不會是薩依德在《開端》裡闡發了伊本—赫勒敦和維柯在開創歷史社會學的功勞，因為當「行為科學高級研究中心」發出邀請時，《開端》還沒有出版。他會雀屏中選，除了因為他頻頻在《紐約時報》亮相，或因為他在學院權力掮客之中有很多朋友（包括麥克西〔Dick Macksey〕、亞當斯〔Hazard Adams〕、懷特〔Hayden Whtie〕和理斯曼〔David Riesman〕），看來還有兩個理由。他在交給「行為科學高級研究中心」的目的陳述中，除了強調自己正在研究東方語文學和準備就此寫一本書以外，又補充說：「我目前對當代阿拉伯小說感到興趣，特別是對小說扮演的文化角色和政治角色感興趣。」

「行為科學高級研究中心」明顯想要多了解中東，而且在卡特政府的政治進步空檔③（前面提過它曾經為巴解組織提供最有前景的出路），薩依德的比較激進主義（comparative radicalism）對史丹佛的開明研究者來說是一種吸引力。就像當時他在寫給歐文的信中坦承的那樣，他沒有興趣成為一個中東專家。他的動機要更直接：「我把我研究東方主義的工作視為一種對反帝國主義鬥爭的貢獻。」[18]當他和薩米（Sami）在哥倫比亞大學校園中閒逛時，寫《東方主義》的念頭便在他心中醞釀（薩米是瑪麗安的朋友，也是薩依德婚禮的伴郎）。當時他大聲問薩米：為什麼所有有關中東的偉大作品都是由西方學者撰寫？[19]為什麼阿拉伯國家的政權都那麼專制獨裁？[20]

一九七五年夏天，因為沙達特取消了幾乎在一整個一九六〇年代實行的黑名單，薩依德以遊客的身分和瑪麗安一起回到開羅，在飯店住了一星期。但這個城市的擁擠和骯髒讓他倒胃。在他前往史丹佛研究的之前那幾個月，他住在貝魯特，但貝魯特只比開羅稍微舒適一點，因為內戰已經在夏天爆發。他在史丹佛期間，朋友的來信總是提到黎巴嫩的「可怕屠殺」，對他表示同情並問候他家人是否安好。[21]

雖然他在信中告訴朋友，他並沒有多喜歡「行為科學高級研究中心」，但加州的天氣讓他聯想起地中海東岸，而他不久就在柏克萊發現一家黎巴嫩餐館。他的「高昂打網球精神」讓他交到一些朋友，尤其是女性朋友。他發現自己比較容易向女性朋友傾吐。[22]後來的哥大教務長科爾（Jonathan Cole）跟薩依德同一年在「行為科學高級研究中心」做研究，據他回憶，薩依德總是眾人注意力的中心，在午餐時漫長和活潑的談話中輕鬆自如。

就像一種神祕的對稱那樣，薩依德一個研究員同仁是前以色列軍事情報局局長和知名阿拉伯專家哈卡比（Yehoshafat Harkabi）。根據藝術史家斯韋特蘭娜・艾伯斯（Svetlana Alpers）所述，哈卡比

③這裡的「空檔」是指卡特的前後任美國總統都保守反動。

有極高文化素養，喜愛阿拉伯詩歌，含蓄內斂，「像個祕密警察」。他稱自己是個「馬基維利式鴿派」。[23]有些人擔心他和薩依德會互看不順眼，在中心上演一場中東代理人戰爭。[24]不過事實證明，薩依德和哈卡比大多數時候保持客氣，常常談一些彼此感興趣的安全話題。不過據斯韋特蘭娜．艾伯斯回憶，兩人出現過很多「可笑的、傷感情的磨擦」，讓她感覺他們的關係緊繃。[25]在進入「行為科學高級研究中心」幾年前，哈卡比從一個死硬派——杭士基挖苦地指出哈卡比的聰明創新包括一九五〇年代在加薩地帶寄送郵件炸彈——變成一個高聲支持巴勒斯坦人建國的人。[26]不管是不是受到薩依德的影響，離開中心不久，他就開始呼籲以色列跟巴解組織展開談判並撤出占領區，為建立一個獨立的巴勒斯坦國鋪路。

哈卡比出了名的能文，在到史丹佛之前剛寫出《阿拉伯對以色列的態度》（*Arab Attitudes to Israel*）一書，透過分析數以百計的阿拉伯文書籍、報紙和電台廣播，對阿拉伯人的心靈進行政治剖析。在《東方主義》一書中，他以「哈卡比將軍」的身分稍一亮相，而根據薩依德的描述，這位將軍把阿拉伯人形容為「墮落、反猶太人反到骨子裡、暴力、偏執」。[27]不管是出於什麼動機而寫，哈卡比的書都屬於一種薩依德業已熟悉和顯然要在《東方主義》裡對付的文類。

這書最顯然的後繼者是帕泰（Raphael Patai）的《阿拉伯心靈》（*Arab Mind*）。《阿拉伯心靈》是一個人類學個案研究，作者是在哥倫比亞大學和普林斯頓大學任教的匈牙利裔—猶太裔東方學家。書中指稱阿拉伯人迴避任何會弄髒雙手的工作，心心念念都在性事，對外族人一律敵視。把疑神疑鬼說成是阿拉伯人看事情的根本態度，這書得到很好的評價，最終吸引了五角大廈的注意。在二〇〇四年發表在《紐約客》的文章中，赫許（Seymour Hersh）透露，《阿拉伯心靈》已經成為「新保守主義者了解阿拉伯人行為的聖經」，被阿布格萊布監獄（Abu Ghraib）④用來攻擊阿拉伯囚犯的弱點（他們憑著此書認為阿拉伯人在面對性羞辱時特別脆弱）。[28]

早在史丹佛共處之前，哈卡比和薩依德就有過關係緊張的紀錄。五年前，「美國阿拉伯人大學畢業生協會」（薩依德是會員）在埃文斯頓（Evanston）的奧林格頓飯店（Orrington hotel）舉行年度大會。湊巧的是，美國的以色列學生也在幾條街之外舉行聚會，而擔任主題演講的人是哈卡比。出於一時衝動，這位「好將軍」在沒有事先通知的情況下帶著其中九十個學生前往奧林格頓飯店，想要進行友好對話。「阿畢會」的「人民陣線」（薩依德因為薩米是其成員而對這個小組有好感）首先聽到了以色列代表團逼近的消息。薩依德認為這是一個赤裸裸的挑釁，為之大怒，帶領「阿畢會」的人前去對抗。以色列人走近時，他高喊：「挑釁者！」雙方在樓梯上對峙了一陣（期間哈卡比高聲說他們是為了和平而來），以色列人最終下樓離開。[29]

哈卡比和薩依德一九七九年在巴黎再次碰頭，地點是《現代人》就以巴問題在傅柯公寓所舉行的圓桌會議。薩依德形容，那一次哈卡比心有所思而少言寡語，處於「要變成以色列頭號建制派鴿派的變換立場過程中」。[30]雖然表面上是針對十九世紀和二十世紀初期的阿拉伯專家，《東方主義》顯然也留心更近期的冒犯者，而在赫爾格隆耶（C. Snouck Hurgronje）、尼爾德克（Theodor Nöldeke）和帕爾默（Edward Palmer）等壞蛋語文學家的背後，我們可以看見哈卡比和帕泰的身影。

④巴格達中央監獄。

不過，《東方主義》的好前輩要多於壞前輩。在到史丹佛的幾年前，薩依德辛勤地和中東研究的老專家通信，其中一位是重要文學批評家阿卜杜勒—馬利克（Anouar Abdel-Malek），他湊巧是薩依德少時朋友納布爾・馬利克（Nabil "Bill" Malek）的堂兄弟。阿卜杜勒—馬利克的《危機中的東方學》（*Orientalism in Crisis*）深具創發性，他和薩依德開誠布公地通信多年。他讀完形同《東方主義》概要的〈碎散的神話〉（Shattered Myths）一文之後，寄給薩依德一份自己的著作書目，抱怨薩依德沒有引用它們。[31]這引起薩依德的反問：阿卜杜勒—馬利克為什麼從沒有在作品中提到他。[32]

雖然有這些起初的芥蒂，薩依德很快就致上仰慕之意：「在世界的我們這個部分（即第三世界，或說阿拉伯世界），論意識形態智慧和方法的掌握上，沒有人在處理文明議題和文化議題上可以和你相比。」[33]有些書評者後來指控薩依德借用了別人的東西而沒有言謝，但事實上，從他在一九六九年第一篇談巴勒斯坦問題的文章開始（該文發表在哥大的校友雜誌），他就早早提到他的前輩，而且說得非常清楚：伯克（Jacques Berque）、羅丁森（Maxime Rodinson）、拉魯伊、法齊（Hussein Fawzi）、祖雷克、安東尼斯（George Antonius）和胡拉尼。[34]

薩依德特別認為伯克是二十世紀最有才華的學者之一。[35]伯克是在阿爾及利亞出生的「黑腳」（*pied noir*）⑤，早早就受到薩依德的注意，兩人從一九七〇年代早期開始熱烈通信。與他的同儕不同，他對當代阿拉伯文學感到入迷，不像一般人那樣，認為東方只有古代的東西有點意思，而東方一直停滯不前。羅丁森是另一個薩依德自言「敬畏」的知識分子。他曾經在一九七四年十一月在《紐約時報書評》評論羅森丁的《伊斯蘭教與資本主義》（*Islam and Capitalism*, 1966），題為〈一個法國馬克思主義者解釋謎樣的近東〉（A French Marxist Explains the Mysterious Near East）。[36]除此以外，薩依德高度仰賴一些以色列的思想資源，尤其仰賴沙哈克，後者「對希伯來語報章的爬梳」對他來說是無價的，讓以色列的政策、法庭判決和政治人物僅供國內消費的私下言論無所遁形。[37]

透過《東方主義》，薩依德以最清晰的方式顯示自己和十九世紀「阿拉伯覺醒運動」（Nahda）的知識分子是同一類型。事實上，在他為《東方主義》做準備功夫期間，他自覺地拜讀一些「阿拉伯覺醒運動知識分子」的作品，從中學習。這些知識分子包括：馬克薩德（Clovis Maksoud），他是偉大的黎巴嫩籍美國泛阿拉伯主義者和駐阿拉伯聯盟大使；胡拉尼，他在英語世界創造了中東研究的領域；海卡爾（Mohamed Hassanein Heikal），他是開羅數一數二的獨立記者，薩依德稱他為「埃及和阿拉伯資訊的垂直百科全書」；拉魯伊，他的《阿拉伯知識分子的危機》一書獨樹一幟；希提（Philip Hitti）的《伊斯蘭教與西方》（*Islam and the West*,1962）讓他——就像《東方主義》之於薩依德——成為向政府機關提供資訊豐富證言的人。[38]例如，希提一九四四年在美國眾議院一個委員會作證，稱在巴勒斯坦建立一個猶太人家園是沒有歷史理據的。[39]

就揭發西方的扭曲行為一事而言，《東方主義》背後有一個長遠和光榮的傳統，其中包括魯斯圖姆（Mikhail Rustum）常常被遺忘的《在西方的一個異鄉人》（*A Stranger in the West*, 1895）。這書激

⑤「黑腳」指生活在法屬阿爾及利亞的法國公民。

烈抨擊傑索普博士（Henry Jessup）充滿種族歧視的《敘利亞家庭生活》（*Syrian Home-Life*, 1874）和更令人憤慨的《阿拉伯婦女》（*Women of the Arabs*, 1873）。[40]它按部就班地列舉出傑索普如何通過挑選某些事實和忽略另一些事實，來對全體阿拉伯人下斷語。[41]如果說馬克薩德的《阿拉伯形象》（*Arab Image*, 1963）和《東方主義》處理相似的負面形象問題，而胡拉尼的《阿拉伯人民的歷史》（*History of the Arab Peoples*, 1991）突顯出傅柯的關鍵字「真理、權力與財富」，那麼，為薩依德提供了最多接觸點的便是拉魯伊的馬克思主義社會學。拉魯伊突出了阿拉伯知識分子所感受到的危機，指出他們要麼只是充當西方理論的「說明者」，要麼裝得孤高和世界主義。[42]

不過，對薩依德最具影響力的人仍然是祖雷克。兩人曾經在家庭聚會時有過很多親密長談。祖雷克在很多方面都跟馬利克形成對照。他是敘利亞人，出生在大馬士革一個東正教家庭，當過外交官又是貝魯特美國大學受尊敬的教育家，但他完全不想要馬利克的認信主義（confessionalism）。瑪麗安的父母和祖雷克夫妻關係非常密切，所以她自小就像他們的一個女兒，而祖雷克夫妻和薩依德夫妻在貝魯特的住處只相隔幾條街。他們共進晚餐時常常激烈交鋒，所以也許算不上是兩個「登對的心靈」。薩依德日後回憶說，他和祖雷克的一大不同就是弗洛依德、尼采和葛蘭西對他的作品影響更大。[43]但不管兩人有多少磨擦，他就是繼續尋求祖雷克的忠告，仰賴祖雷克的照應。

一九七四年二月，在瑪麗安母親的催促下，薩依德寫信給祖雷克，看看是否可能在貝魯特美國大學覓得永久的教職。雖然有兩年前的失望，薩依德還是覺得貝魯特美國大學「顯然是我在中東唯一能有所作為的地方」。然而再一次，霍普斯金大學、哈佛大學和哥倫比亞大學全都想網羅他。是時候作出決定。他的心傾向東方：「我所擁有的中東知識正在被迫為美帝所用，為什麼不能拿來為**我們**所用？」[44]他最後得到的職位是巴勒斯坦研究所所長，這機構在組織上獨立於貝魯特美國大學。在瑪麗安的力勸下，他放棄了這計劃。因為瑪麗安除了不想要全時間住在黎巴嫩，也擔心丈夫會蹚中東政治的渾水，放棄了自己努力一輩子得來的終身職而沒有回頭機會。

在他的大作《浩劫的意義》中，祖雷克力主阿拉伯文化有著基本統一性，而這種統一性的元素包括了屬靈願景、普世視觀，拒絕真理的相對性和對其他文化敞開。他對薩依德最明顯的影響大概是在這個訊息：只有擺脫個人積怨的一流學者，能夠把阿拉伯文化上述的固有的性質轉化為行動的指南。和薩依德不同，祖雷克鄙視阿拉伯人的文學性和他們用裝飾性語言來表達政治狂想的荒謬才智。儘管如此，他一樣把焦點放在文化，把文化視為社會轉化的載具。[45]

「理性思辨」（*Ijtihad*）——指個人見證或使用一己理性的能力——是祖雷克從「阿拉伯文復興運動」的精神體現者卡瓦基比（Abd alRahman al-Kawakibi, 1854-1902）採借的原則。如果說馬利克就像很多黎巴嫩的基督徒右派那樣鄙棄伊斯蘭教，尋求與歐美為伍，那麼祖雷克在《浩劫的意義》中追問的問題就是：「怎樣把阿拉伯社會從一個感情用事的、自欺的、神話性的和詩性的社會，轉化為一個講實際、現實、理性和科學的社會？」[46]他力主，任何提升民族自信的方案都不能只是羞辱西方，還必須致力於了解西方，特別是學習西方的科學和技術。薩依德指出，羅丁森曾指出，祖雷克了解和欣賞那些為闡釋阿拉伯文明的經典做了很多事的西方東方學家。薩依德說，當他聽到這話時，他「感到心中有一些刺痛」，因為「我常常被指控在《東方主義》中攻擊所有的東方學家。但事實上我**並不像**人們所以為的那麼沒有鑑別性。」[47]

然而，祖雷克天生的拘謹和薩依德鑿枘不合。薩依德的作品要活潑有趣得多，下筆常帶著感情和幽默感，行文穿插著回憶和軼事。有戒心的平靜想必會讓一個身處「解放巴勒斯坦人民陣線」邊緣的人感到不是滋味：祖雷克固然是一個改革者，但仍然是黎凡特自由派建制的堅實中心。因為成為了瑪麗安家族的一部分，本身又已經是一個重要的思想人物，所以薩依德認為他和祖雷克合作的機會是無限的多。然而雙方後來出現了一點嫌隙。在貝魯特美國大學的巴勒斯坦研究所工作時，薩依德本來可望在祖雷克退休後接任所長，但最後祖雷克卻沒有解釋地默默把所長職位留給了別人。

受到這個怠慢之後，薩依德沒有把不快的情緒表現出來，但當一九八七年一本為祖雷克祝壽的文集邀他寫稿時，他答應是答應了，卻一直沒有寫出來。他後來寫了兩篇談祖雷克遺緒的文章，對這位「師父」有溫和的批評。[48]他說他本來希望祖雷克加倍有所作為：「他是第一批和最傑出的阿拉伯心靈之一，他們知道西方不只是一股強大的軍事和政治力量，還是一個博大精深和極端有趣的文化。」[49]這種對文化的著重——薩依德給巴解組織的建議與此相近——讓祖雷克成為和平進程和巴勒斯坦人願景的重要人物。然而，當八十一歲的他還有很多事可做的時候，他卻選擇抽身。

薩依德在寫作《東方主義》期間所寫的其他信中提到一些讓人意想不到的事，雖然那時他還未能看出把全書統一起來的是有關「再現」的理論難題，這些事仍然否定了日後人們對《東方主義》的許多誤解：

> 我的主題雖然粗糙，卻是研究東西衝突的現代階段的有效方式。我從發生在近十八世紀之末的一小撮巧合談起……包括拿破崙在一七九八年的遠征、東印度公司的確立、法國亞洲學會和皇家亞洲學會的誕生……比較語文學的興起，以及（不是最不重要的）對印歐語和閃米特語的區分——這區分首先是由施勒格爾（Schlegel）提出，後來由洪堡德（Humboldt）推進。因為我的題材是英法的東方學在近伊斯蘭世界（near-Islamic world）的歷史（這地域包括在一八三〇年被占領的阿爾及利亞、在一八八二年被占領的埃及和在其後一世紀先後被占領的地方），以及東方學和政治控制的關係……我主張，有某種關於伊斯蘭教和阿拉伯人的觀點被發展了出來（這有一段前十八世紀的歷史，可以回溯至第一批反伊斯蘭教的辯論家，他們全是敘利亞基督徒，是今日黎巴嫩馬龍派狂熱分子的祖先）……參與其事的不是只有媒體的扭曲，還有官方文化本身。[50]

這是一番神奇的話，因為它顯示出薩依德完全沒有像他後來被無情地攻擊的那樣，用中東來代替整個東方。北非和安克特杜佩隆（Anquetil-Duperron）之類的印度學家顯然包括在他的原計劃之內。他也沒有像後來的批評者所指的那樣，忽略中世紀和文藝復興時期的東方主義。他是為了更好聚焦刻意把它們排除。

在薩依德看來，東西之分從來不像吉卜林（Rudyard Kipling）和福斯特（E. M. Forster）之類的作家所描繪的那樣，是本質性和不可橋接。他寫《東方主義》正是為了反駁這種主張。他認為東西之分毋寧是出於地緣戰略需要。[51]為了可以駕馭東方，歐洲覺得有需要首先駕馭東方這個題材，而因為知識就是權力，所以這駕馭以決定東方的本質為旨歸，就像東方只能有一種內在性格的那樣。歐洲進行這種方案，是「因為它能夠」：它有資源，有全球性安排，而且地理上和東方接近（又因為這樣，它必須把東方描繪為一個他者）。[52]

這種主張的很多論據不只可以回溯至阿拉伯的思想資源，還可以回溯至雷蒙・威廉斯的《鄉村與城鎮》（*The Country and the City*, 1973）和義大利共產主義者葛蘭西在一九二〇年代提出的語言學理論。[53]多年來，薩依德一直在辦公室書架上貼著一幅海報，海報上是一九八七年他和威廉斯一起在倫敦大學出席的一項活動。這幅海報明顯意義重大，因為辦公室裡沒有其他類似海報。那次活動是他和威廉斯難得見面的其中一次，當時威廉斯已近人生尾聲，他們一起登台回答有關他們的作品被拍成電影的問題。那之前的一年前，他們也一起上過英國電視節目《聲音》（*Voices*），在座的還有斯克魯頓（Roger Scruton），他在文化戰爭中是個大右派，才剛剛出版了他對新左派的謾罵之作，書中一個主要靶子就是薩依德。[54]

在日後的文章中，薩依德描寫自己是威廉斯的門徒，不過在他們碰面的那時候，他們更像是同儕。雖然思想觀念相似，但兩人仍顯示出隔膜。在錄影《聲音》前和威廉斯夫妻一起共進午餐時，薩依德發現彼此的交談難於超出「友好扯淡」的範圍。[55]他們不同的成長背景完全無助於減輕這種不自在。威廉斯出生在一個採礦社區，一輩子都是一個來自威爾斯鄉村的社會主義者和小說家，後來又成為了戲劇教授和媒體理論家。他在二次大戰之後會在成人教育課程教導勞工階級學生並不是騎牛找馬，而是政治副業。雖然出身懸殊，兩人在錄影結束後仍然能夠在布魯姆斯伯里（Bloomsbury）街上散步一整個下午，聊天聊得出神。薩依德特別佩服威廉斯在面對《聲音》的

「胡言亂語」時仍然能夠保持「樂觀、希望、溫文和大方」。

雖然是一個極風趣和有魅力的人，薩依德在和威廉斯相處時卻有點收斂。這部分是因為兩個人風格不同，但也是因為他對威廉斯的高度景仰。他過去十年來在討論課的課堂常常講授這個人的作品。[56]《鄉村與城鎮》一九七三年出版，當時正值薩依德撰寫《東方主義》前夕。後來他坦承，威廉斯這書是他的主要模範之一。[57]威廉斯深信文化不只是經濟的餘波，也深信政府的社會控制技術不管多麼嚴密，「另類行為和另類意圖」還是有生存的空間。這也正是薩依德自己的看法，不過他把威廉斯奉為這些看法的先驅。[58]

具有大眾化的智慧，威廉斯為英國文人發明出一種同時是社會學和個人性的方法。在注意思想的大運動的同時，他繼續注意個別的作者，不是把文本看成圖書館裡的靜態事物，而是看成一些難以捉摸和有轉化性的出發點。在這方面，他同時偏離津橋（Oxbridge）⑥的風格和當時正在崛起的左派黨派的風格（他一直在左派的邊緣徘徊但又保持獨立性）。雖然對社會科學的專門術語過敏，但他發展出一種對文學的社會學形式的通俗研究。

到了一九七〇年代早期，他已經把這些特徵匯聚為一部扛鼎之作，而薩依德也注意到了（當時正值他自己思想發展一個易感的階段）。薩依德指出，《鄉村與城鎮》「在結構的恢弘和細節的細緻上」足以媲美奧爾巴赫的《摹仿論》（*Mimesis*）。[59]至少基於兩個理由，威廉斯不只幫助

⑥牛津和劍橋。

了薩依德對英語系保守分子的攻擊，還幫助了他那些論巴勒斯坦問題的文章。因為不同於傅柯，威廉斯認為社會控制體系是脆弱的：「它們就定義上就是無法窮盡所有社會經驗，所以永遠包含著讓另類行為和另類意圖生存的空間。」[60]對威廉斯而言，文學批評家佔盡優勢，因為他們精通「再現」的把戲，所以對真實世界被符號複製時所出現的損害有所警覺：「再現是歷史的一部分，會對歷史起作用，在歷史的延續方面和在人們理解各種處境方面是積極的要素。」[61]

乍看之下，《鄉村與城鎮》對揭發阿拉伯人刻板印象能有的幫助甚少，因為這書是有關十八世紀和十九初世紀初期英格蘭的鄉村生活，方法是透過「莊園詩」（Country House Poem）——「莊園詩」基本上是一種對富有地主莊園的頌歌。然而，在幕後，威廉斯感興趣的問題是鄉紳們的烏托邦式田園詩如何顛覆了地形和地貌的歷史，為惡劣的鄉村環境套上一幅扭曲的自畫像。[62]

《鄉村與城鎮》的反帝國主義推力並不隱晦。[63]威廉斯公然談論一種見證英格蘭社會生活一段轉換時期的詩歌（當時一種新的政治控制被同時加在國內和國外的殖民地），這種姿態在英國的評論家前所未見。發生在英格蘭鄉村和都市地區的戰爭反映著全球邊緣地帶和全球大都會的對抗。就像薩依德後來那樣，威廉斯嚇人一跳地指出，帝國對英國人想像力周流遍佈的影響，同時受到文學批評家和小說家的一貫忽略。事實上，《鄉村與城鎮》是第一本糾正這個錯誤的書。在威廉斯看來，是批評家而不是詩人把我們帶離開委婉詞語，帶進他的論證高潮：「城市和鄉村的最後一個模型之一，就是我們現在稱為帝國主義的體系。」[64]早在後殖民研究興起以前（人們都說這門研究是薩依德奠基），威廉斯便已經走在同時代人前頭，去尋找另類傳統。在全書近尾聲處，他望向殖民地和前殖民地，談及他的同事所沒有聽過的土耳其、馬來亞、肯亞、南非的作家：凱末爾（Yashar Kemal）、韓素音、提昂戈（Ngũgĩ wa Thiong'o）、姆赫雷雷（Ezekiel Mphahlele）和其他處於「殘暴陌生體系」接受端的人，他們努力「從另一邊」描繪「非理想化」的鄉村社會。威廉斯認為他們極為重要，因為他們給了我們「一個不同但必要的視角」。[65]

透過把語言和地理連結起來，威廉斯有助於打造《東方主義》的其中一個核心論題。但起這種作用的還有葛蘭西。葛蘭西是墨索里尼法西斯監獄的一個囚犯，義大利共產黨的創建人之一，一個文化上屬於天主教的革命分子，生活在一個由傑出的猶太馬克思主義者主導的環境。[66]地理的規定形塑了葛蘭西的身分認同。作為一個來自義大利農村南部（rural South）的薩丁尼亞人，他在義大利的工業化北部求學，在那裡被人視為低等種族和低等族群。在一九二六年的〈南方問題的一些方面〉（Some Aspects of the Southern Question）中（薩依德在一九七〇年代晚期和一九八〇年代早期常常講授此文），葛蘭西在這種鄉村與城市的衝突中發現了薩依德在《東方主義》中所說的「想像的地理」（imaginative geography）的一個例子，在這種地理中，土地本身變成了令人反感的文化優越性的一個象徵。

更重要的是，葛蘭西認為地域衝突是由語言來定義。在杜林，葛蘭西從學於貝托利（Matteo Bartoli），後者是稱為「空間語言學」的學派最毫無保留的擁護者。貝托利和他的圈子力稱，語言是遷徙和外國征服的活生生記錄，不是像浪漫主義者認為的那樣，只是「人民的靈魂」。在地域衝突中，兩套語言會激烈衝撞，爭奪威望。[67]

藉著這種思想資源，《東方主義》動用了一系列的空間比喻。其中之一是「策略性定位」（strategic location），指的是怎樣根據一個作者的作品來給他定位。另一個比喻是「策略性建構」

（strategic formation），指的是當作品被放在一群互補作品之中而不是孤伶伶，會獲得更大的「指涉力量」。再一次，他著迷於這個問題：為什麼某些文本會累積力量和影響力，另一些文本不會。所以，透過「想像的地理」，薩依德指出了這個弔詭：中東的近在咫尺讓西方人覺得東方特別強大和危險。正因為和歐洲鄰接，它更容易被旅行者、殖民冒險者和傳教士造訪，所以他們的經驗必須由一個共同的故事管理，以給予這些經驗「真義」。土地固然是地理的素材，但觀念輕易就可以讓地點失去形狀，讓鄰居顯得遙遠。以漢學、印度學和伊斯蘭研究研的形式，東方學自詡涵蓋半個以上的地球。薩依德對此表示奇怪：這個以注意細節自豪的學科除了以既有的想像性劇本來填補空白以外，是如何能夠涵蓋幅員那麼廣大的文化地域？[7]

就在他努力生產《東方主義》的初稿時，一年邁入了尾聲。與他人生的其他階段不同（研究所時代除外），這段時期他沒有什麼重要相遇或政治牽涉，白天大部分時間都是在史丹佛大學做研究。他在一九七六年春天短暫去了利比亞一趟，發表演講，然後他的研究獎金就結束了。他的計劃再一次是返回貝魯特，但因為貝魯特的機場遭到轟炸，他被迫放棄這個念頭，改為帶家人到加州探望妹妹一家，然後在八月底返回紐約。不多久，他就應「美國公共政策企業研究院」（American Enterprise Institute）的邀請，以貴賓身分參加在華盛頓舉行的「美國阿拉伯人研討會」。

早在《東方主義》出版前，他已經被很多大學（包括柏克萊和約翰霍普金斯）授予傑出教授身分。一九七八年三月初，他計劃到貝魯特，但當他和瑪麗安到巴黎時，以色列對南黎巴嫩發動了入侵，所以他決定返回紐約。他會途經巴黎是為了在索邦大學發表一個談《東方主義》的演講。之前，他曾經在開羅向一個從前的學生承認，在他決定以法文演講之後，內心充滿「焦慮與惶恐」。[68]他的擔心是沒有根據的，只不過，聽眾的熱烈反應讓人完全意料不到即將來臨的喧囂。

起初，《東方主義》的出版受到一片叫好。除了準備被翻譯為三十種語言和啟迪了一部足本紀錄片的開拍，還在一九七八年獲提名角逐「美國國家書評人協會獎」——但輸給了當年的雙冠軍：威爾士（Garry Wills）寫的獨立宣言史和莫琳·霍華德（Maureen Howard）的《生命的事實》（*Facts of Life*）。書評盡是嫉妒的讚美之聲，《東方主義》要到好幾年後才變得有重大爭議，哪怕薩依德在兩年前就已經在《紐約時報書評》中清楚點出《東方主義》的爭議性論題。[69]

一九七九年，他認識了日後將會成為小說家的黎巴嫩年輕女子多明妮克·埃德（Dominique Eddé）。當時多明妮克在出版《東方主義》法譯本的「門檻出版社」（Seuil）工作，讀譯本之後想要推廣。兩人發生了一段短暫的韻事，然後又在關係經過漫長中斷後於一九九五年重修舊好，但幾年後，因為她私自把薩依德的名字用在一封請願書上，兩人才斷絕往來。隨著《東方主義》的聲望穩定增長，薩依德身邊多了很多國際人脈和新交的朋友。還有多如雪片的粉絲來信。一個例子是哲學家和政治運動家威斯特（Cornel West）在一九七八年的信。他的語調反映出世界各地知識

⑦就是說它沒有能夠涵蓋那麼廣大的文化地域，只是用一些既有的偏見來填補空白。

分子的感覺，特別是反映出有色人種知識分子的感覺：「你現在站在前沿——一個葛蘭西主義的前沿。」[70]他本來就是學院名人，驟得的全球名氣讓他更加飄飄然，忘其所以。他妹妹葛莉絲抱怨說，薩依德在對待幾個妹妹時多了一種當初一起長大時沒有的高傲。[71]

對兄妹關係更沒有幫助的是，他對幾個妹夫態度冷淡。這是因為他和他們的興趣少有共通之處。他們甚至在到彼此居住的城市時也不會互相探訪。薩依德和羅絲的丈夫扎赫蘭（Antoine "Tony" Zahlan）固然都關心巴勒斯坦問題，但其他的障礙讓兩人無法發展出真正的友誼。扎赫蘭是貝魯特美國大學的物理學家，在伊拉克和敘利亞有商業利益，所以會跟一些薩依德並不苟同的政府打交道。珍妮也感覺薩依德對她們說話尖刻，雖然這可以解釋為他的「缺德幽默感」所致。珍妮還認為，他不太會在作品中提到幾個妹妹，是因為對她們「沒有什麼感覺」。[72]但在薩依德看來，幾個妹妹總是對他有失公道。她們從來不會因為他的成就而恭喜他或恭維他，而這種怨氣又因為他們媽媽一直鼓勵幾個孩子的競爭而加劇。他們雖然互愛，卻難以共處。

與此同時，惡意攻訐《東方主義》的人逐漸變得就像交口讚譽的人一樣多。一九八〇年十一月十日，薩依德回覆了老朋友阿慈穆對《東方主義》一篇大約四十頁的書評，這書評是《阿拉伯研究季刊》（薩依德是共同主編）寄送給他。讓阿慈穆特別不滿的是薩依德在書中暗示，馬克思就像英國的殖民主義者一樣，認為第三世界不適合自我管理。他大聲責備說這是對馬克思觀點的一種「歪曲」。尤有甚者，薩依德把東方主義衝動的根源回溯至荷馬和但丁，等於在助長有一個不變的東方的觀念。這難道不正是《東方主義》要反對的嗎？

完全對薩依德的再現理論茫然無知，阿慈穆（就像那些同樣茫然無知的社會科學家那樣）宣稱薩依德光指出東方學家把東方搞錯了是不夠的。你必須顯示一種沒有扭曲的知識大概是什麼模樣。他又補充說，薩依德從馬克思論一八四八年法蘭西革命的書中引用的兩句話——「他們不能代表（represent）自己，他們必須被代表」——是有問題的。馬克思所說的「代表」是指**政治**代表，是指法國農民一盤散沙的狀態讓他們容易被拿破崙三世之類的江湖騙子所惑。反觀薩依德是在「再現」的意義下使用 represent 一詞，用它襯托《東方主義》的母題：東方學家把他們的天馬行空想像投射在近東。阿慈穆相信，這是一種捏造的指控，最終是一種扭曲。

阿慈穆認為，《東方主義》有一點像伊斯蘭教的招呼語「願你不受魔鬼侵害」。薩依德形同為門徒打開一扇門，讓他們在展開論證時都會行禮如儀地譴責東方學家。[73]他指出，《東方主義》出版得最不是時候，因為就在阿拉伯左派為了設法提倡西方科學而在跟宗教蒙昧搏鬥時，薩依德卻給他們「澆了一盤冷水」，為反西化的毛拉們⑧提供一份禮物。在耶路撒冷梵・利爾研究所（Van Leer Jerusalem Institute）工作的阿拉伯基督徒比沙拉（Azmi Bishara）有類似攻擊。他指出，《東方主義》就像地區內所有無效的自由主義者那樣，當左派催促知識分子處理政治經濟學的物質事實時，它卻只管盯著藝術與文化看。

三十七年後，旅居柏林的阿慈穆仍然對薩依德當日的回信感到震驚，指出他們的友誼就此垮掉。據他回憶，薩依德寫給他一封「惡毒和充滿敵意的信」，信中「毫不緩和的敵意和憤怒確實

⑧ 毛拉：伊斯蘭教士和清真寺領導的尊稱。

讓人非常害怕。」[74]不過，如果我們披閱該信（信至今還存在），會發現薩依德的態度緩和得多，常常不太凌厲，顯然在努力維繫雙方的關係，只會有時予以狠狠的奚落。在評論阿慈穆的書評時，薩依德承認它是一份有說服力和常常讓人印象深刻的文件，只不過，全文有必要縮短一半（這不是他的要求而是出自另兩位主編阿布－盧格德和莫拉比）。薩依德把諷刺留在信尾：你從未真正超越第二國際的馬克思主義階段，而「我則是懷疑主義者，很多方面也是無政府主義者，不像你那樣相信法律、體系或任何會抑制思想和拘束書寫的一派胡言。」在最最激烈的時刻，他指控阿慈穆是一個「左派的何梅尼，而那是我的偶像葛蘭西和盧卡奇從來不會成為的。」[75]

一個月後，見阿慈穆拒絕刪減書評，薩依德遞出另一根橄欖枝，答應會在下一次的編輯會議極力爭取全文刊登，並一併刊登他自己的回應：「我準備承認《東方主義》不是真正非常好的書，但我卻堅持，除了一些例外，它包含著一些優異的解讀和詮釋。」然後他建議兩人一月在貝魯特見面。但傷害已經造成，日後更因為一件事情而無法挽回：阿慈穆去了敘利亞教書，在阿塞德政權的煽動下，在雜誌為文指控薩依德為美國情報機構工作。雖然他們的共同朋友努力修補兩人的嫌隙，但兩人從沒有言歸於好。

對《東方主義》的攻擊來自四個方向。一是阿拉伯、伊斯蘭教和近東的學者，他們認為薩依德魯莽地闖進了一個要求的知識遠超過他所能駕馭的領域。第二個方向的攻擊來自巴基斯坦和阿拉伯的馬克思主義者，例如艾賈斯．艾哈邁德（Aijaz Ahmad）和阿慈穆，他們認為他畫下的東、西方界線不管有多麼激進，都是非辯證性，會讓伊斯蘭右派感到自在，因為這些人就像他一樣，疑心有一個似鬼影般、沒有分化的「歐洲」。最具傷害性的攻擊來自薩依德自己在中東研究方面的

「師父」，特別是伯克和羅森丁，但也包括拉魯伊，後者認為薩依德在文學方面所受的訓練形成了一個障礙，讓他無法掌握中東研究所需的學科多樣性。第四股攻擊他的力量是右翼智庫和有敵意的媒體，他們不只想要毀了《東方主義》，還想摧毀薩依德的整個事業。他們的著作標題流露出他們的不屑，例如穆拉夫奇克（Joshua Muravchik）的〈受夠了薩依德〉（Enough Said, 2013）、克萊默（Martin Kramer）的《沙上的象牙塔》（*Ivory Towers on Sand*, 2001）和瓦拉克（Ibn Warraq）的《保衛西方》（*Defending The West*, 2007）。

幫倒忙的是，《東方主義》的第一個阿拉伯文譯本廣被認為是一場災難。[76]說話從不拐彎抹角的阿慈穆說這個譯本因為過於聰明而「可怕」，就像費茲傑羅（Edward FitzGerald）翻譯奧瑪·開儼（Omar Khayyam）那樣⑨；又常常使用一些自創新詞和古怪語法，讓人幾乎看不懂。[77]譯者阿布－迪卜（Kamal Abu-Deeb）本人堅稱他的翻譯在阿拉伯世界深受好評，就像一枚砲彈那樣打破所有規則，改寫了翻譯的觀念。[78]不管事實如何，這個譯本都增加了人們對薩依德的困惑和抵抗。

因為對自己的論點自信十足，很少批評者會費事去應付薩依德的任一個哲學出發點。例如，當薩依德主張批評立場（critical position）首先需要一個可供它們發聲的文化空間時，他的責備者就感到困惑，不習慣處理這種複雜的問題。在他們看來，事實就是事實，書寫的形式對書寫內容並無影響。因為他們占據的是一個不同的文化空間，又不願意進入薩依德的文化空間，他們的批評

⑨英國詩人費茲傑羅對波斯詩人奧瑪·開儼《魯拜集》的翻譯有許多隨意發揮之處。

常常流於無的放矢。

儘管出發點常常大異其趣，但大部分《東方主義》的批評者來來去去都是同幾種論點。例如，研究十三世紀葉門農業文本的人類學家瓦里斯科（Daniel Martin Varisco）主張，薩依德會那麼看重業餘者在知識探究上的角色，只是為了掩飾自己進入一個半懂不懂的領域時的玩票性。[79]而既然他的知識空白那麼大，這就不奇怪他會說「沒有真理這回事。」類似地，瓦拉克抱怨薩依德的「後現代術語一個接一個」，顯示出這個人——用厄文（Robert Irwin）的話說——「明顯的反動」。[80]

厄文在《知的慾望：東方學家及其敵人》（*For Lust of Knowing: The Orientalists and Their Enemies*）裡特別把這一類攻擊推到極致。厄文是薩依德死對頭路易斯（Bernard Lewis）的學生，也是研究馬穆魯克的中世紀專家，他取笑薩依德暗示東方學家本來可以為帝國獻上服務，因為事實上，沒有人會費事聽他們說什麼。東方學的領域也不像薩依德所暗示的那麼一貫性。那不過是個愛好者、書蟲、圖書館理員和怪胎的鬆散大雜燴，從「尼爾德克的普魯士沙文主義和赫格隆耶（Snouck Hurgronje）對伊斯蘭的殖民主義方法」到「馬格里奧特（Margoliouth）對阿拉伯文本的填字遊戲方法」不等。[81]他和瓦里斯科一起補充說，薩依德老是拿福樓拜、但丁和希臘悲劇作為東方學的文學例子，已經把東方學擴大到了無意義的地步。[82]

就連景仰薩依德的人有時也會同意這些指控的部分。例如羅丁森就說：「作為一個英語和比較文學的專家，他對東方學家的實際工作並沒有足夠精通。」黎巴嫩馬克思主義者阿梅爾（Mahdi Amel）——常常被人稱為阿拉伯的葛蘭西——指責薩依德對馬克思的批評不合理，又重彈阿慈穆的調子，怪《東方主義》不應該把整個文化視為不變的實體。[83]雪上加霜的是，有些薩依德以前的學生起而反對老師。例如，史騰（David Stern）認為一本取名「東方主義」的書不應該不談最重要的東方學家：猶太裔匈牙利人戈德齊赫（Ignac Goldziher）。又例如，明茲認為薩依德錯失了一個把猶太人和穆斯林放在一起的機會，沒有把他們一起視為東方學論述的幻想對象。[84]最有傷害性的一擊大概來自他的舊死黨伯克，因為他暗示《東方主義》的主題與其說是離經叛道，不如說是老生常談：「顯然的是……每一部作品——不管是科學還是藝術作品——都反映出它所處的環境。」[85]所以說，維多利亞時代的學者反映了維多利亞時代的偏見並不是什麼新聞。

不過，這些批評者無一人理解薩依德的較早作品，要不就是不知道這些作品和《東方主義》的關係。一些批評者也有舊帳要算。[86]例如，厄文在離開學術界之後寫了一些《阿爾及爾的謎團》和《阿拉伯的夢魘》之類的小說，所以人生軌跡和雷南（Ernest Renan）出奇相似，而雷南正是薩依德《東方主義》裡的重要靶子之一，把他描繪為一個十九世紀的大眾作家，對所有東方事物有不能滿足的飢渴（厄文在阿爾及利亞研究期間曾經短暫皈依伊斯蘭教）。不管是不是有注意到自己和雷南的這些相似之處，厄文都把《東方主義》斥為「惡性的騙局」。還是一九八二年的時候，薩依德曾經寫信給牛津大學的西敏寺學院，抱怨厄文對他的書的批評充滿意識形態，對「我的種族出身作出幾乎沒有遮掩的諷刺。」[87]厄文的老師路易斯（沙哈克主張他多多少少是直接為以色列工作的間諜）是牛津和普林斯頓的著名東方學家，也是薩依德在《紐約時報》和《紐約書評》就《東方主義》交鋒得最多的人之一。[88]

除了是公開交鋒，這些論戰常常帶有激烈私人恩怨的成分。這部分是因為《東方主義》把路易斯連同阿賈米（Fouad Ajami）和派普斯（Daniel Pipes）之類的國務院知識分子，描繪為十九世紀東方學家的現代後人。薩依德說他們等於是今日的雷南和貝克爾（Carl Becker），不多也不少。如果說阿賈米是個在電視談話節目中指出阿拉伯心靈危險而脆弱的在地報導人，那麼派普斯（薩依德在好幾篇寫於《東方主義》之後的文章都諷刺他是為國家服務的「學者—戰鬥人員」）則是靠著強調阿拉伯財富的地緣戰略威脅性而開闢出自己的媒體空間。派普斯又在二〇〇二年薩依德死前不久創立了「大學校園瞭望」（Campus Watch）組織，專門監視和騷擾進步派教授。[89]

《東方主義》的名氣讓薩依德和他的惡意批評者的公開對峙在所難免。他和路易斯的決定性攤牌出現在一九八六年十一月二十二日一場「中東研究協會」在波士頓舉行的會議。[90]這次會議盛況空前，除了會議大廳座無虛席，還有六百人聚在外面，以致很多人只能坐地板。薩依德的敵意明顯表現在會議開始前的調皮幽默。午餐時，他壓低聲音用阿拉伯語對凱拉拉（Assaad Khairallah）和同桌其他人說：「我準備要操他——媽。」[91]路易斯看來輸了這一次交手，因為他迴避有關他的學術獨立性的問題，又拿對中東的刻板印象來開玩笑。他說，有鑑於到阿拉伯半島的西方旅人對蘇丹後宮的春色無邊是那麼垂涎，而到西方來的東方旅人又發現西方女人淫蕩無恥，雙方為什麼不能更好相處實在是個謎。他的辯論副手、《新共和》專欄作家韋斯爾蒂埃（Leon Wieseltier）是薩依德的前學生和反對者，他事後表示，那一晚「對我來說是一場惡夢。」路易斯是「他來自另一個東方學星球的兄弟，講些離譜的話，我感到震驚、惶恐，因為我並不像他說的那樣。他把辯論拱手輸人。」[92]

所有人看來都對《東方主義》有所誤解，以為它是關於一個意象的連鎖系統，這個系統讓歐洲的優越性看起來理所當然，因而讓它征服起來更加容易。其實《東方主義》從不是這樣的庸俗，也沒有要指控東方學家是外國占領者的間諜——赫爾格隆耶是個例外，就連厄文都不得不承認他是個間諜。[93]例如，雖然馬西尼翁是直接為法國軍方和情報部門工作，《東方主義》卻對他讚譽有加。對東方主義常有的另一個攻擊，即認為薩依德過分強調文學對東方主義的作用，同樣是思慮不周。讀者不記得他在《東方主義》中對他所謂「文本態度」（textual attitude）的不自在嗎？所謂的「文本態度」正是一種過度高估文學的態度。他認為，東方學的力量正是來自於其他人誤以為「人類所生活其中的那個問題重重和紛紛擾擾的世界，可以用書本文本為基礎去理解。」[94]他一針見血地說，一個人不可能透過讀《高盧的阿瑪迪斯》（*Amadis of Gaul*）去理解十六世紀的西班牙。另一方面，薩依德也反將批評者一軍，突出他們認為是《東方主義》弱點的東西：「我肯定你們會發現文學是最沒有代表性人物的東方學亞專科，而理由很明顯，因為文學混淆了東方學家為東方生活而發明的整齊範疇。一個明白的事實就是，東方學家不懂得怎麼閱讀，所以就乾脆不碰文學。」[95]

另一個熟悉的指控說薩依德是一個不相信有真相（reality）的後現代主義者，然而，他在《東方主義》出版前夕曾經在演講中長篇大論地攻擊後現代主義。[96]他同樣沒有拜倒在後結構主義之下，狠批著名解構主義者德希達所主張的，真相「名副其實只是一個文本元素，在現實性（actuality）中沒有基礎。」[97]薩依德不喜歡德希達的作品，認為德希達是個「頹廢思想家，矯揉造作只會鬼混」，讓追隨者淪入一種低層次的懷疑主義。[98]當他在一篇談德希達的文章裡宣稱「沒有『真』的東方人這回事」的時候，他不是說沒有人生活在約旦或伊拉克，不是說那裡的人不會感到痛苦或死亡。[99]他的意思只是，沒有透過用語言文字溝通的共享概念，外在的真相乃是我們無法觸及。只要我們是人類而不是神，我們就必然只能透過語言的中介去企及真相，哪怕真相也許有獨立於我們思想的存在。這種觀點對任何在一九七〇年代受過文學理論訓練的人來說都應該是常識。就像對文學批評家那樣，物理學家和社會學家也是認為真相只能透過我們的觀念獲得意義和形狀。僅僅在這個意義下，概念不是次要而是對真相有著構成作用。

如果薩依德不是相信中東有獨立於我們之外的存在，他就不會用《東方主義》最後一章去批評美國媒體對巴勒斯坦和以色列真相的扭曲。明顯的是，最重要的戰爭乃是對詮釋的戰爭，而不是每個詮釋都同樣有效。所以，他在《東方主義》中的策略不是素描一幅更精確的東方肖像，不是刻畫那真實本質，因為這樣做就是重複了東方學家的可恥欲望。真正重要的是證明東方學家對東方人的自我描述漠不關心。

不過，並不是所有《東方主義》被認為具有的弱點都能夠開釋。就連薩依德的景仰者也覺得《東方主義》有時對矛盾不知不覺，且太過樂於把不對盤的思想家拉在一起。[100]例如，難道真的沒有任何從事跨文化工作的歐洲人是完全沒有支配性傾向的嗎？他的諷刺常常蓋過他對東方學家廣博學識的讚美。誇大其詞常常損害他的論證。例如，他這樣宣稱：「東方學家幾乎對所有別的東西都不感興趣，唯獨鍾情於證明這些陳腐的『真理』能夠有效地應用於愚鈍並因而墮落的土著。」[101]他的這種主張跟他對萊恩（Edward Lane）和其他學者所畫的小素描互相衝突，在這些小素描裡，他們的唯一「罪行」就是對阿拉伯和伊斯蘭教的往昔輝煌手舞足蹈。為了開創一種不虧欠歐洲任何東西的本土阿拉伯理論，薩依德蓄意淡化蒙田（Michel de Montaigne）、狄德羅（Denis Diderot）、赫爾德（J. G. Herder）和舍爾薛（Victor Schoelcher）這些西方哲學家和運動家的反帝國主義。

有時候他聽起來近於要否定任何非東方人在寫一部有關東方的記載時，都不可能不認同自己國家的外交政策。例如，在一個段落裡，他宣稱「一個人總是首先是一個歐洲人或美國人……然後才是一個個人。」[102]這類說法的危險性應該很清楚，因為那等於是說，不受一己身分認同支配的詮釋不復存在。他繼續說：作為一整體的十九世紀歐洲人「幾乎完全是種族中心的」。[103]要找到反駁這個大膽指控的例子並不難。例如民族學家費羅貝尼烏斯（Leo Frobenius）就因為奮力為非洲爭取尊嚴而廣受黑人學者的讚譽，又例如小說家穆爾塔圖里（Eduard Douwes Dekker）曾激情洋溢地揭發荷蘭對爪哇的掠奪，他的作品也像《東方主義》一樣探討了語言與真相的問題。

另一方面，薩依德的這種偏頗事出有因。他的誇大其詞是為了激起讀者的義憤。親近的朋友指出，薩依德知道應該給自己的句子加上多一些限制，但出於政治理由而感到必須語氣強烈和斬釘截鐵。正如他的同事和朋友麥克．伍德（Michael Wood）所說的，雖然一般來說細緻入微才是薩依德的格調，但他「不想迷失在細緻入微之中」。[104]薩依德自己在《東方主義》中提起過這個話題。他說，高度概括也許會讓他落入「令人難以接受的毫無價值的粗略論辯」，但不這樣做的話他又也許會「失去激發這一領域的總力線（line of force）」。[105]雖然他警告說不可把東方學看成「某些邪惡的西方帝國主義者用來顛覆東方世界的陰謀」，但他為了讓自己的聲音被聽見，必須以這種方式呈現。這種歸咎手段為他贏得很多來自前殖民地的學者的肯定，也跟《東方主義》在全世界的暢銷有直接關係。就像一位有敵意的批評者指出的：「它成為了為阿拉伯和穆斯林學者爭取優惠性差別待遇的宣言，確立了不偏好美國學者（以及進口歐洲學者）的傾向。」[106]

除了隻手把一個學科放在放大鏡下檢視之外，《東方主義》也為英語系的不適應者、拉丁美洲交換學生和從事中東地區研究的落難阿拉伯活動家，提供了一個安全避風港。以美國為基地的巴基斯坦學者艾賈斯．艾哈邁德就像阿梅爾和阿慈穆那樣，從左派角度嚴厲批評《東方主義》，但指出了這本書的巨大人口學意涵：它透過為「中產階級移民和少數民族知識分子的社會自我意識和專業自信」增加力量，為他們打開了學術界的大門。[107]

緊接著《東方主義》出版的兩本書——《巴勒斯坦問題》（*The Question of Palestine*, 1979）和《遮蔽的伊斯蘭》（*Covering Islam*, 1981）——本質上是對《東方主義》原計劃的擴大，因此和《東方主義》構成了三部曲。事實上，在薩依德的最初構想中，《東方主義》是一本很薄的書，會跟一個對巴勒斯坦問題的研究一起出版。[108]後來不只《東方主義》變成了一本大書，就連《巴勒斯坦問題》（雖然有些方面看似一本入門書）都有了更大的理論野心。它的衝擊要比薩依德能夠預測的更具爆炸性。《巴勒斯坦問題》出版後，他的「昭彰惡名」可以見於《紐約時報》一幅報導的標題：〈愛德華．薩依德：英語文學和巴解組織的明亮星星〉（Edward Said: Bright Star of English Lit and P.L.O.）。[109]有鑑於這種形象描繪，讀者難免會看不見《巴勒斯坦問題》的一些細緻幽微之處，哪怕薩依德盡了所能用扼要的方式勾勒它的範圍：

> 自利的觀念主義的一個持久屬性就是主張……觀念只是觀念。把觀念看成只跟一個抽

象世界有關的人越來越多，這些人認為，一個觀念本質上是完美的，美好的，沒有受到人類欲望或意識的污染……當一個觀念行之有效，也就是說當它的價值因為它被廣泛接受而獲得證明，對它作出一些修正看來就會是必要的，因為觀念必須要被視為具有一些殘酷現實的特徵。[110]

不過他進而主張，錫安主義從來沒有進行這種讓自身協調於現實的調整。正好相反，它一直把自己呈現為一個「**不變的**觀念」，而現在更以國家的形式獲得了教條般的堅固性。因此，我們很難追溯錫安主義的「親屬關係和後嗣，以及它跟其他觀念和政治制度的關係」。以巴問題的無解部分，正是由於創造了這個獨立於歷史之外的錫安主義神話，它糾結臃腫和不知變通。

如我們所見，在貝魯特讓他失望之後，他曾經強調鬥爭的物質條件，也曾經向李文保證過他會向「實證主義」靠攏，但在這裡，他卻似乎主張觀念要比軍隊、槍砲和土地更有力量。在這個跨界的研究裡，當用事實來為巴勒斯坦人辯護看來具有最高重要性的時候，他談的卻是哲學。不管這書對巴勒斯坦問題做了多少資料搜集的工作（這些資料有關於以色列前史的，有關於錫安主義起源的，有關於英國和後來美國的帝國主義態度的，有關於猶太人恐怖組織的，有關於巴勒斯坦人對土地權利主張的），但把全書合攏在一起的卻是一個理論觀點。這本書比他任何一本書更加強調觀念、意象和故事不是以次要方式反映現實，而是就是現實本身的韌帶。他用不同的方式反覆重述這個主張：以色列對巴勒斯坦所作的「巨大的建築、人口和政治改變」最初是一種投影，後來隨映像而落實為現實。[111]言下之意就是，我們有需要建立我們自己的意象。

《巴勒斯坦問題》無比清晰和有耐心（有挑釁性的核心一章「從它的受害者觀點所看到的錫安主義」尤其如此），讓它和美國大眾讀過的這方面讀物都有所不同，也因此一度讓薩依德難以找到願意出版的出版社。[112]起初向他預約這本書的燈塔出版社（Beacon Press）不只拖了很久才拒絕出版，還拒絕歸還文稿，要求薩依德先退還已付稿費。薩依德出動了經紀人施壓，才把稿件要回。在一封給薩依德的信中，主編說漏了嘴，透露拒絕出版的原因就如薩依德所懷疑的，是政治因素：「有需要著墨的是巴勒斯坦人是一個民族，不是奉錫安主義之名所犯的罪行。」[113]

到了一九七八年九月，在「西蒙與舒斯特」（Simon & Schuster）基於商業理由而不簽此書之後，薩依德決定等到翌年再想辦法。[114]也沒有阿拉伯出版社願意問津，擔心書中批評中東地區國家是「頭重腳輕的國家安全至上國家」會惹阿拉伯各國領袖不高興。[115]祖雷克稱這本書為一個「突破」，但補充說書中的一些預設不能被「我們這一邊」所接受，又唯恐它會在阿拉伯世界給薩依德帶來傷害。[116]在哥大師範學院進行的一場座無虛席的演講時，薩依德被台下聽眾鬧場。一九八〇年二月《紐約時報》的一篇特稿（顯眼地放在第二頁）暗示他是巴解的人，哪怕只是非正式成員。這種注目讓他惡名昭彰，他的好些同事都想辦法要讓他被開除。[117]與此同時，瑪麗安母親讀了《巴勒斯坦問題》之後寫信給女婿，表示：「我希望你會繼續在看來只有你能夠探索的領域著書立說。以色列人只有在這類研究出現之後，才會向阿拉伯心靈鞠躬致敬。」[118]

衍生自一九七九年的伊朗人質危機，《遮蔽的伊斯蘭》——這書是題獻給瑪麗安——讓「伊斯蘭恐懼症」的觀念（但非實際詞語）第一次在體面圈子內流傳。比他的任何著作尤甚，薩依德在《遮蔽的伊斯蘭》裡創造了一個有尊嚴的立足點，把反阿拉伯和反伊斯蘭的意識形態定位為美國外交政策的支柱。[119]這書不僅是對伊朗人質危機期間媒體的歇斯底里報導的反射性回應——「美國公共電視網」一九八〇年五月十二日推出的電影《一個公主之死》（*Death of a Princess*）是這些報導的一個極端例子，薩依德在書中有長篇分析。《遮蔽的伊斯蘭》非常自覺地自視為對美國媒體新一波批判潮的一部分，跟杭士基、席勒（Herbert Schiller）和馬赫盧普（Fritz Machlup）攜手同行。[120]薩依德也追隨沙哈克的帶領：兩年前，他寫信感謝沙哈克啟發了他思考知識分子與國家的關係。[121]就此而言，轉向媒體不只要求一個對資訊產業的批判，還要求一個更有創意地使用媒體的計劃。除了呼籲要走出軍事策略的死胡同思考方式，他還利用電影、電視和雜誌去吸引教會、清真寺和大學等政府外組織。

他指責他在英語文學圈的朋友不應該不懂反建制極端分子和政策取向社會學家——例如赫爾曼（Edward Herman）、德布雷（Régis Debray）和馬特拉（Armand Mattelart）——的媒體理論。[122]在一篇極有披露性的文章〈藝術想像力的侷限性〉（The Limits of the Artistic Imagination, 1995）中，他把媒體的「心靈管理」視為「扭曲或抹去人類能動力（human agency）」的一個特殊個案——這是一個他過去二十年來心愛的主題。[123]他的分析獲得一個事實的大大加強：他在當時已經是一個媒體名人，而且接下來二十年也常常出現在重要的電視新聞節目或政策分析節目，例如《埃文斯與諾瓦克》（*Evans & Novak*）、《本週》（*This Week*）、《麥克尼爾／萊勒新聞一小時》（*The MacNeil/Lehrer NewsHour*）、《菲爾・多納休秀》（*The Phil Donahue Show*）、《查理・羅斯秀》（*The Charlie Rose Show*）和《夜線》（*Nightline*）。那些年間，他的談話對手包括了納坦雅胡、阿拉法特、珍妮・柯克派屈克（Jeane Kirkpatrick）、季辛吉、威爾（George Will）和唐納森（Sam Donaldson）。到《遮蔽的伊斯蘭》出版的時候，這個過程已如火如荼。

除了這個原因，讓《遮蔽的伊斯蘭》大為暢銷的還有它玩了雙關語。書名中 covering 既可以指「報導」又可以指「遮蔽」，技巧地結合了討論課堂上對「再現」問題的關注和對資訊國家的全球性批判。這兩個領域的結合最清楚顯示在他對文學術語「敘事」（narrative）的用法上。就像他在他最野心勃勃的巴勒斯坦人文章〈批准敘述〉（Permission to Narrate, 1984）中指出的，說故事並不是中產階級的專利，所有強權都倚賴於說故事。沒有人能夠贏得尊重，甚至不可能被別人放在眼裡，除非他們能夠說出自己的故事和被聽見。錫安主義者有出埃及記、戴眼罩將軍們的英雄傳記，和馬丁·布伯（Martin Buber）之類的存在主義哲學家，反觀巴勒斯坦人卻沒有任何說給大眾聽的故事。[124]以色列的想像性共同體包括了任何被認為是猶太人的人，這讓它有餘裕進行**非想像性**和真實得讓人憂鬱的軍事占領和侵略鄰國。

《巴勒斯坦問題》沒有停留在惋惜巴勒斯坦人敘事的闕如，而是提供自己一套敘事——薩依德稱之為「巴勒斯坦主義」⑩。[125]巴勒斯坦人是個流動的民族，常常在其他民族和建立已久的國家之間進出。人們常常以此否定巴勒斯坦人有自己的國家，因為作為遊牧民族，他們缺乏清楚的國族身分。拒絕把巴勒斯坦人視為是擠在骯髒營地的受害者，薩依德從他們的移動風格和交換風格，為他們勾勒出一種沒有嚴格邊界但在地區內有寬鬆聯繫的身分。他暗示，這不是他們的弱點，反而是他們的強項。

作為一個故事，「巴勒斯坦主義」有一些錫安主義所沒有的優點。即使它也是一個有關一群人為建國而奮鬥的故事，它卻代表著一種普遍原則。首先，它是整個中東的象徵性戰鬥口號，那裡的所有非猶太人都感受到以色列屯墾者面貌出現的西方占領者所製造的傷口。其次，對所有地方的反殖民活動家來說，「巴勒斯坦主義」證明了殖民化仍然活得好好的，證明了一個人的反殖民信念必須經歷重大考驗，因為批評以色列總是意味著犧牲聲譽和甚至喪失生命。第三，錫安主義對猶太人與非猶太人的嚴格區分不只沒有實際可行性，還是抹殺巴勒斯坦地區的共享歷史，因為它為了「模糊掉巴勒斯坦熱鬧、分歧和多元文化的歷史」而「把一個相對普通的以色列支配時期加以膨脹。」[126]錫安主義的本質是排除，巴勒斯坦主義的本質是兼容並蓄。

為了達到這種正面的形象，他首先必須思考制度機構的否定力量。所以，推動社會轉變的第一步是批判，而把這種向權力說「不」發展得最好和最徹底的是人文學。因此，《遮蔽的伊斯蘭》的雄心不限於指出伊斯蘭恐懼症現在是用來正當化美國帝國企圖的迷思，也是要展示文學理論（特別是由於它對敘事的洞察）具有政治力量，因為它可以探究國家和企業述說的真理的邏輯。完成了《東方主義》三部曲之後，他認為是時候質疑另一個有能力管理心靈的機構：大學。他這樣做就是把戰爭帶回美國。

⑩ 這是要與「錫安主義」構成對比。

第8章

反對虛假諸神

AGAINST FALSE GODS

理論是死去真理的冰冷和說謊墓碑。

——康拉德[1]

因為接連寫作了三部書和十幾篇文章，薩依德在一九七〇年代末感到疲倦。雖然獲得了一連串勝利，但他的朋友們開始注意到他健康欠佳。他的憂鬱情緒漸漸增加。在一九七八年七月寫信給一個同伴時，他抱怨病毒性肺炎「在他身上流連不去」，而且他因為咳嗽咳斷了兩條肋骨。[2]因為疾病纏身，過去五年來他推辭了一連串的邀約。阿卜杜勒－馬利克對他的健康狀況備感震驚，乞求他多做運動，放慢工作步調。[3]

稍前不久，他在寫給薩米的信中脫口而出，表示擔心自己會不久於人世。[4]這種悲觀的論調無疑是薩依德家的一種家族疑心病：這個家族的人在健康問題上總是抱最壞打算。魯西迪曾經帶著憐愛描述薩依德的這種疑心病：「當他開始咳嗽，他就會擔心是嚴重的支氣管炎，而當他感到一陣刺痛，就會斷定他的盲腸不行了。」[5]就像魯西迪不知道薩依德的盲腸在兒時已經割除，當時也沒有人知道薩依德會罹癌。而正如魯西迪後來指出的，當薩依德在十年多一點之後被白血病侵襲時，他不再抱怨，只是逆來順受。

《東方主義》的盛名斷然加大了薩依德的身體壓力。隨著在媒體曝光的時間加倍，他發現自己越來越難找到為樂趣而看書的時間。他的外務又因為一件事情而大大增加：努力寫文章澄清和捍衛《東方主義》想要表達的觀念。他將會有十二年的時間（一九八一至九三年）無力寫出一部專論。這段期間，除了寫出一部批評對巴勒斯坦問題的偽學術研究的論文集《歸咎受害者》（*Blaming the Victims*, 1988）以外，只寫出他全部作品中兩本最創新的情感傾瀉著作之一：《最後的天空之後》（*After the Last Sky*, 1986，中文版《薩依德的流亡者之書》，立緒）。這書由照片和文字拼貼而成，很多方面都是一部即興之作。一九八三年，他把一些文章（大部分寫成於一九七〇年代）結集成書，最終讓他的史威弗特計劃完成。這文集是研究大學在美國社會的角色，是他人生中最大膽、最激進和文筆最優美的書。

隨著柴契爾在一九七九年上台和雷根在兩年後上台，一九八〇年代看來是最不利於為異議知識分子辯護的時代——在大學裡特別是如此，因為柴契爾和雷根都設法削減對大學的資助。帶淚的勞工階級電影（例如《疏離》和《藍領》）被梅拉妮·格里菲思（Melanie Griffith）和米高·福克斯（Michael J. Fox）那些談二十出頭創業家的電影取代。巴勒斯坦問題在卡特政府期間一度看來有望解決，但新的十年卻目睹了美國對一些新興衛星國家（尼加拉瓜、菲律賓、格瑞那達和黎巴嫩）的軍事入侵。隨著新基督教右派打進了主流，維格里（Richard Viguerie）、里德（Ralph Reed）之類的冒險家和媒體策略師，還有「斯考福」（Scaife）和「奧林」（Olin）之類的基金會，接掌了美國向右轉的潮流。由於大學校園的抵抗運動不能再仰賴新的後越戰心緒（post-Vietnam mood），反動的政治態度開始當紅，作為其代表的是卡斯提洛（Elvis Costello）和「警察」樂隊之類的「我十年」流行樂偶像，以及把企業化大眾文化標榜為創造性和自由的後現代藝術景觀。

不可思議地，《東方主義》在這些年間一樣找到讀者。隨著它的訊息傳播出去，它跟流行的情緒看來越來越不相洽。雷根政府對工會、行政法規和社會福利所發起的打擊雖然受到抵抗，卻被很多媒體形容為受歡迎的倡議，而這種說法的效果滲透進了大學。隨著右派在組織選舉造勢活動獲得了能見度，占領了電台和建立智庫，大學裡的文化左派看來陷於停滯，主要只靠精神分析理論或符號學理論，為性慾、種族他者（racial otherness）和所有再現政治（politics of representation）之惡，打一場主要是象徵性的戰爭。在一九七九年八月一封從貝魯特寄出的信中，薩依德表達了對自己的安逸的內疚：當黎巴嫩長槍黨在以色列的慫恿下突襲黎南的巴勒斯坦難民營時（該地點離貝魯特只有四十英里左右），他卻只顧著寫論康拉德和史威弗特的文章。

前一個夏天，他曾經暫時擺脫煩惱，和家人到安達魯西亞（「阿拉伯西班牙」）度假。那裡除了風光明媚，中世紀的時候也是一個阿拉伯人、基督徒和猶太人和睦共處的地方。[6]一九八一年，因為黎巴嫩殘破不堪，他和家人沒有像慣常到貝魯特山區度假，而是去了突尼西亞。在突尼西亞，在詩人達爾維什的陪伴下，他和家人住在「一幢有游泳池和大鋼琴的大房子」。薩依德每天晚飯前都會彈彈琴。[7]九月初，他到巴黎進行五天的演講之旅。[8]在《東方主義》的加持下，「國家人文學基金會」通知他入選「紐約人文學委員會」（New York Council for the Humanities）。讓這好消息蒙上陰影的是以色列在一九八二年夏天已經入侵黎巴嫩，席捲黎南，最終占領貝魯特，讓他的許多家族成員和朋友面臨迫在眉睫的危險。他妹妹珍妮一家更是直接受到長槍黨的威脅，因為長槍黨寄信給他們表示「我們知道你們住在那裡」，清楚表明他們一家要是不搬家就會被殺。他的老朋友和共事者阿布—盧格德在自己的公寓被以色列火箭摧毀後，到希爾妲家避難。

薩依德寫道：黎巴嫩「每況愈下，先是被以色列軍隊劫掠，現在黎巴嫩軍隊又拘捕了數以百計甚至數以千計的人，認為他們涉嫌做了這件事或那件事。這種情形真是可怕，類似阿根廷和智利的情形。一個新的時代已經開始，它不是一個好兆頭。」[9]他在抗議以色列入侵的特設委員會的角色為他招來了第一批真正的仇恨信件。罵他的信如雪片湧來，稱他為「共黨同情者」和「骯髒鬼祟的阿拉伯人」。[10]據他當時的研究生助理回憶，他和瑪麗安的巴勒斯坦防衛基金會除了收到從五美元都二十美元到五十美元不等的捐款外，還會收到用過的保險套和畫了納粹萬字符號的信紙，上面寫著：「想要在你的眼睛裡插一根旗桿。」後來，每逢以色列的轟炸引起他的抗議，他就會固定收到這一類信件。以下是其中一封的內容：

你是個愚蠢的王八蛋。現在你處於監視之下，你的兩個熟人知道這件事。他們為我們撒謊。你懂了嗎？你對他再說任何事情，你就會挨微波。對你的頭放射微波。這比用子彈要乾淨多。不要以為你太小咖，不會被這樣對待。找找看我們的攝影鏡頭吧，你不會找得到的。[11]

幾年之後，他的辦公室將會被人用燃燒彈破壞。也發生過一根未抽完的雪茄在他書桌的皮革墊上燒穿一個洞、墨水倒在他的文件上或書架上不見四十本書之類的事。[12]「聯邦調查局的人來找過我，告訴我事情是一個激進的猶太人群體所做……然後這些群體又在《村聲》（*Village Voice*）上威脅我。」[13]

沒有人被捕，不過聯邦調查局在一九八二年貝魯特郊區巴勒斯坦人難民營發生薩布拉－夏蒂拉大屠殺事件之後，要薩依德注意可疑的包裹（兩起屠殺是長槍黨在以色列的包庇下進行）。[14]與此同時，曾有一個穿迷彩服的女人敲他辦公室的門，然後跑過他的助理身邊，邊跑邊問：「他在哪裡？」哥倫比亞大學除了校長的辦公室，就只有薩依德的辦公室裝有防彈玻璃和一個可以直接呼叫警衛的蜂鳴器。[15]他父親過世前幾小時對他說：「我擔心錫安主義者會對你不利。要小心。」[16]

敵人不全都是以色列人。他妹妹珍妮回憶說，薩依德一九七九年年底在貝魯特接受一場訪談後便惶恐不安，為自己的生命提心吊膽。有謠言說他的名字被列入了暗殺名單。[17]有些激進的親巴勒斯坦派系認為他在訪談時所說的話表示他反對武裝鬥爭，偏好外交周旋。為了以正視聽，他不久後在給《中東》雜誌的投書中指出，他的話沒有被正確了解。[18]十年後，在另外一次事件中，當他支持一個巴勒斯坦知識分子的庇護申請時，他抱怨自己因為害怕什葉派民兵和敘利亞人而不敢到西貝魯特。為安全起見，他禁止子女去探訪他們的姑姑舅舅、外公外婆祖母和堂表兄弟。[19]雖然瑪麗安在一九八三年帶著子女去了貝魯特一趟，第二年又自己一個人去了一趟，但在以色列一九八二年入侵後幾年間，薩依德自己完全不可能踏足貝魯特。雪上加霜的是，他媽媽在一九八三年被診斷出患了末期癌症。

國內和國外的惡性政治轉向讓薩依德渴望投入政治。不過，到了一九八三年，黎巴嫩的軍事運動並不看好：「至於貝卡（Bekaa）的叛軍，因為我認識那裡的頭目，所以我不能說我對他們的目標和達成目標的方法有最小的同情。他們是一群愚蠢和殘暴的人。」[20]黎巴嫩的兩個革命陣營中，一個是難以想像的暴力，另一個是碌碌無為。一九八三年七月，薩依德去了一趟突尼斯的巴解新總部（巴解是在以色列入侵之後被迫離開貝魯特）。看到該組織的無所作為讓他深感沮喪，再次渴望做些具體的事情，只是「我不知道有什麼事情可做。」[21]屋漏偏逢連夜雨的是，他因為兒子瓦迪生了重病，無法參加「巴勒斯坦民族議會」當年在阿爾及爾舉行的歷史性會議。瓦迪當時十一歲，得了骨髓炎，真有生命危險。[22]他的兒子很可能死去，薩依德不得不留下。

這就不奇怪，當他上一個夏天應邀到西北大學富有盛名的批判與理論學院（School of Criticism

and Theory）演講時，他會選擇以「文學研究的制度化和專業化」為題。因為那是讓他最接近能夠實際影響政策的事。演講中，他對文學批評界對雷根的胡作非為毫無反應表示強烈的失望：雷根打擊生活水準、第三世界解放鬥爭（特別是尼加拉瓜的解放鬥爭）和三權分立，所以他苦澀地戲稱當時是「雷根時代」，認為那是對冷戰的回歸。[23]一樣有挖苦性的是，他把當時的文學理論稱為「新『新批評』」，暗示一九五〇年代的文學形式主義在一九八〇年代只是換上了新衣，以解構主義、拉岡派精神分析和後現代主義的貌似革命分子面目重新登場。

這些理論在十年前看似是思想上的推進，但現在已變成了用來認證資格的加密術語，而大學則變成了生產號稱是專業理論家的裝配線。他也對好騙的美國教授討好法國同事的誇張行徑反感，例如讓拉岡用大學辦公室的電話打給傅柯，只為了增加會議費用，或是讓他在上討論課前叫人先把他五星級飯店房間裡的所有家具搬走，再叫一瓶威士忌。[24]

他對那個歡迎這些理論和鞏固它們在英美大學地位的學術領域感到一樣失望。這個稱為「後殖民研究」的領域是透過《東方主義》的巨大成功所創造的開口直接進入學術主流。被很多人視為後殖民研究的開創者，薩依德相當樂意讚揚它把更多非西方作者引入大學課程的努力，也贊成它挑戰很多西方圖書館不著痕跡的偏見。他也支持後殖民研究引入更多不同族群教員的努力。然而，黎巴嫩的衝突——更不要提伊本—赫勒敦和維柯的教誨——讓薩依德厭惡把個人身分固定化的做法：隨著非白人學生和教授打進本來封閉的權威地位，這種固定化正在迅速成為後殖民研究存在的理由。[25]他帶頭創造出一個比他大的運動，但這運動現已不受他的控制，而且是被一組他急著反對的思想驅動。

到了一九九〇年代末葉，後殖民研究已不再只是一個學術領域。它的關鍵詞——「他者」、「混雜性」（hybridity）、「差異」、「歐洲中心」——已經可以在劇院劇目、出版社書單、博物館目錄，甚至在好萊塢電影找到。部分是因為薩依德的影響力，後殖民研究變成了一般文化的一部分，但這卻引起了一個問題：薩依德否認有一種後殖民狀況存在。「我不確定殖民時期和後殖民時期的斷裂是不是那麼大。」他說。後來他又向一個同事承認：「我並不認為『後』這個字說得通。」[26]在他看來，文學批評家的責任就是去顯示殖民主義仍然欣欣向榮，過去實行於印度和埃及，現在實行於南非、尼加拉瓜和巴勒斯坦。

諷刺的是，雖然他嘲諷當時是「雷根時代」，雷根夫妻卻在一九八七年寄給他一張聖誕卡，祝願他有「一個歡樂的假期和一個快樂健康的新年。」[27]

在厄巴納、貝魯特和史丹佛當研究員期間，薩依德因為不用教書，有大量時間寫作。不過到了一九八一年十二月，他卻鬆一口氣地宣稱，他將會「在大約十八個月內重拾我的教學責任」。先前，為了拍攝英國廣播公司的《阿拉伯人》電視系列《西方的陰影》（負責寫劇本和旁述），他離開紐約好長時間。[28]回到全職教學工作之後，他帶著一種內省的新心緒，成功寫出了那本他延宕了很久和以最大膽方式突顯他學術事業前半關鍵興趣的著作。

《世界・文本・批評者》是對文學批評本身的一個批評。但是，它對語言、精神分析和身體的學術理論的盛衰之描繪並不是感情迸發。它也不是對美國政治可悲轉向的一個遲來反應。正好相反，早在較為實驗性的一九七〇年代，在該轉向一個讓人不安的潛流已經顯現時，《世界．文本．批評者》的構想已經成形。

在他最早指導的一批研究生看來，《開端》不管有多麼「怪模怪樣……都是一本老師寫的書」。[29]就算沒有上過他課的人都可以感覺得出來，《開端》的風格是討論課課堂上那種沒有事先寫好劇本的交流。對他的兩批研究生來說，《世界．文本．批評者》也是在這個意義下一本「老師寫的書」，但要更加嚴肅和有更多的怒氣。他收起（至少是暫時收起）《開端》的思想遊戲魅力，以便描述人文學的社會角色的實際工作。相當大膽地，他為他的努力從樞機主教紐曼（John Henry Newman）身上找到助力，因為他和這位維多利亞時代神父一樣深信，大學絕不能灌輸學生道德教條或只為學生的就業做準備。[30]教育絕對不應該涉及「直接的效用或即時的利益」。

他堅持主張教授不應該為政治理念搖旗吶喊。「三十年的教學生涯中，我從來沒有講授過一門關於中東的課。我不要把課堂政治化。」他說，這點就連他的惡意批評者都無法否認。[31]就像在哥大發生反戰示威那段期間，他一樣主張大學應該不問政治，哪怕這種主張本身充滿政治意涵。《世界．文本．批評者》著手描繪這些意涵中最重要的一種，而那是跟人文學的方法有關。他特別指出，人文學所能提供的是物理科學和社會科學所無法提供。

早在一九六八年，他就發現了《世界．文本．批評者》的這個重點：看似是關於實在（reality）的理論探究經常是「對我們的情感福利有著重要性的無意識狂想或狂想叢群。」[32]他在史威弗特研究要做的其中一點是貶低書寫語而高舉口語，現在，它的化身①要忠於這個企圖，儘管現代大學的複雜性和它們與國家的變動關係難以捕捉，而該書論證的寬廣範圍也讓他遲遲難以下筆。同樣命運降臨在他計劃已久的知識分子研究，他希望自己在這方面的見解可以跟葛蘭西、古德奈（Alvin Gouldner）和德布雷（Debray）匹敵。他甚至向同事宣布，他那本研究知識分子的大書已經進行得如火如荼。[33]不過，在這兩個情況，他都感覺他的原構想所需要的時間不是他的其他活動所允許，所以他不情願地丟棄了知識分子計劃。

對於《世界．文本．批評者》，他在一九七九年年底請求他的哈佛主編威爾考克斯（Maud Wilcox）要有耐心。他說自己用力甚勤，應該可以在年底交稿。他解釋說，這個延誤是因為他同時在寫一本完全不同的書，而該書是要用來代替他的知識分子研究。他告訴朋友們，這書已經接近完成且已有出版社，內容完全是討論葛蘭西和盧卡奇。當時他只剩下收尾的工作，但因為「不想漏了一些應該討論的重要部分」，所以需要再一些時間。[34]在一九七八年至一九八二年之間，他輪流講授兩門討論課，一門是談戰後英國馬克思主義思想家，包括霍布斯邦（Eric Hobsbawm）、基爾南（V. G. Kiernan）和著名的愛爾蘭分子生物學家、社會主義者暨科學史家伯納爾（J. D. Bernal）等；另一門是專談葛蘭西和盧卡奇。[35]他向威爾考克斯解釋說，這書的草稿必須徹底改寫，因為他需要先讀過兩位思想家的大量作品，好讓自己不致變成「一個十足的傻瓜」。[36]當然還有其他力量促使他這樣做：一是他在貝魯特的演講，另一是「國家人文學基金會」委託他一九七八年夏天在哥大主辦的「現代批判理論」研討會。

①指《世界．文本．批評者》。

這個研討會在各方面都成為後來《世界．文本．批評者》的序言。它也表明了薩依德願意更公開地擁抱左派的政治世系，而這是他和美國媒體交鋒的一個結果。薩依德把這個研討會（八星期內碰十六次面）視為對抗國家和媒體封口令的一條聯合陣線：「我感興趣於閱讀一批大受馬克思主義、語言學、形式主義和歷史主義影響的批評家的作品，他們從不會把他們從這些學派學來的東西轉變為教條性、機械性和充滿陳腔濫調的批評工具。」[37]在這種新態度中，他遇到了一些本來他作品中扮演很少角色但將會變得有核心重要性的思想家，特別是阿多諾（Theodor Adorno）和班雅明（Walter Benjamin）。先前，國際刊物《新左派評論》的幕後人物安德森（Perry Anderson）在大有影響力的文集《美學與政治》（*Aesthetics and Politics*, 1977）甫一出版就寄了一本給薩依德（這書結集了馬克思主義劇作家和哲學家布萊希特、布洛赫和班雅明的辯論），另外還寄了一本蘇珊・巴克—莫斯（Susan Buck-Morss）研究阿多諾思想之作《否定辯證法的起源》（*Origin of Negative Dialectics*）。這兩本書都有助於把薩依德的思想推到更接近這位德國思想家的軌跡。[38]

到了一九八三年，薩依德終於實現了他對威爾考克斯的承諾，寄出了「史威弗特書」的代替品的文稿②。多年來，他一直設法說服她讓他拋棄研究史威弗特的原計劃，改為寫一本較有彈性和有很多片段的書。理由是他想要「一批不同種類的讀者」。[39]就像以前的史威弗特一樣，葛蘭西現在對他而言成為一種——在書寫以至在政治上——張力的範式（paradigm），這種張力是介於無中介但稍縱即逝的「當下」（now）和有中介但較有形成性的「長時段」（*longue durée*）之間。在信中，他自豪地宣稱有「兩部文學批評的書」行將面世，儘管兩個寫作計劃正在混合為一。[40]

如果說他原本要在這兩本書裡批判「主權體系」（他特別提到精神分析和記號學），那麼，在這努力的過程中，他「從某種反第二國際馬克思主義（anti-Second International Marxism）裡得到了啟迪」——「反第二國際馬克思主義」是他第二本書的明顯主題。如同一般對其他人而言那樣，「第二國際」意味著十九世紀晚期和二十世紀初期歐洲那種鐘錶發條式、進化式的馬克思主義。這種馬克思主義在方法上是實證論，急於繼承科學的衣缽。在「第三國際」出現的馬克思主義——由俄國革命肇始——要靈活和精明得多，也更對薩依德的口味。換言之，盧卡奇和葛蘭西（薩依德說的「反第二國際馬克思主義」就是指他們）乃是《世界・文本・批評者》直接前驅，因為他們就像《世界・文本・批評者》一樣，反對薩依德在自己事業較早期從中得到過啟迪的那些「新術語主義、高深莫測主義和教條主義」。[41]

他在一九八〇年代早期便已經意識到他永遠完成不了談盧卡奇和葛蘭西的書，所以就把材料濃縮到一篇長篇文章中，打算把它收入論文集中。不過他最後還是沒有把文章收入《世界・文本・批評者》，始終沒有發表。[42]他也許認為為共產主義知識分子喝采會讓事情複雜化，或會讓他對學院的攻擊變得太過惹人反感，因為他的批評本來就非常嚴厲。不過也許他只是感到對兩位思想家的處理不夠周全卻又沒有時間改善。《世》書的最終形式不像初稿那樣尖銳刺耳，但仍然火力十足，攻擊對象明確無疑，而「新『新批評』」的將軍們也立即還擊。

例如，曾經大力推崇《開端》的《變音符號》這一次就拒絕刊登一篇說《世》書好話的書

---

② 指《世界・文本・批評者》。

評，又告訴作者他們「想要有人狠狠修理這部書。」[43]與此同時，《東方主義》法譯本的出版社「門檻」雖然稱讚《世界·文本·批評者》有著「你的批評反省的正字標記：即混合著精微和暴力」，卻以此書太過學術和太過美國為由拒絕出版。[44]這些不愉快並沒有妨礙他贏得當年的「韋勒克獎」（René Wellek Prize）。這是一個聲望崇隆的獎項，由「美國比較文學協會」頒給每年的最佳比較文學作品，給獎的部分理由是這書的「組織原則巧妙」。薩依德並不是輕易摸索出這原則。

可以作為該原則的線索的是，他原本打算把書名定為「方法」，又說他屬意這書名很久。[45]與《東方主義》不同，《世》書沒有探討一本書是怎樣獲得分量和能夠暢銷全球，而是究詰為什麼有些文本和觀念會獲得權威性不是因為有原創性或可讀性，而是因為按照主流意識形態走。較粗糙地說，縈繞他的問題是：為什麼既然有一些馬茲魯伊（Ali Mazrui）和一些戈德曼在，一個德希達或一個羅蒂（Richard Rorty）會得到那麼大的注意？所有學生都被認為應該讀笛卡兒而有權不理會維柯和赫爾德，理由何在？他的回答是：支配性文化的霸權來自「系統性方法的最高權威。」[46]

很明顯，西方必讀書單的一個主要受害者是阿拉伯文學。薩依德正在寫《世界·文本·批評者》那時候，也忙於推銷這種文學。[47]代之以把解構帶入中東，他的計劃是把巴達維（M. M. Badawi）對現代阿拉伯詩歌的研究引入《泰晤士報文學增刊》。在一九七二年發現馬哈福茲，他在一九八〇年代想辦法讓他的作品在美國得到翻譯和出版——這工作在馬哈福茲於一九八八年獲得諾貝爾文學獎之後變得極度容易。[48]在回應薩依德的溫和糾纏時，當時是道布爾戴出版社資深主編的賈桂琳・甘迺迪・歐納西斯（Jacqueline Kennedy Onassis）隨信附上《宮間街》英譯本的裝訂校樣，信末親筆簽上「欽佩你的作品」幾個字。[49]

方法的問題讓《世界・文本・批評者》變成一趟對他的事業所有較早期階段的考古挖掘。他沒有一本書是四平八穩。每一本都至少有一個離題的部分。但在現在這本書中，出現的卻是一個不同序列的失衡。他早期作為一個前衛文學批評使徒角色的不同階段受到了嚴厲的審視。他本來就已經開始質疑這種角色，曾經大聲對朋友納悶說：「前衛文學批評這回事真有正當性嗎？同樣的問題也適用於先進批評家，與其他諸如此類。」[50]

他在書中收入兩篇顯然是屬於《東方主義》的文章（分別是論史瓦柏和馬西尼翁），又收入兩篇顯然是屬於《開端》的文章（分別是論原創性和論重複）。論康拉德和史威弗特那幾篇文章是他的博士論文和那本從未寫出的「史威弗特書」的後像（afterimages）。這些雜七雜八的文章被全書近末尾的一篇文章統合起來。這篇〈文化與體系間的批評〉不只是全書最長和最不妥協，而且本來打算用作書名。文中薩依德致力於拆毀美國因為接受傅柯和德希達而建立的「新正統」。[51]另兩篇他原定收入書中的文章——為《國家》撰寫、評論奈波爾（V. S. Naipaul）的〈來自第三世界的痛苦報導〉和〈一九四八年之後阿拉伯書寫的各種形式〉——最後被排除，因為它們對「方法」的研究沒有貢獻。

他寫給威爾考克斯的信會讓人誤以為《世界・文本・批評者》是在最後時刻拼湊而成。事實上，那是他作為一個評論家的頂峰——這一點獲得他的好些朋友和同事熱烈認證。[52]行文充滿自信和反律法主義，這書是他廣泛才華的展示櫃。它呼籲大學同仁負起責任，逆轉雷根所帶來的災難。在一個對教學、政治理解和思辨性理論化的交會點的激情探討中，他甘冒被同事責罵的危險，把本來一直保留在私人談話裡的見解寫成白紙黑字。雖然他和戈爾德已經多年沒有保持固定聯絡，但這位老朋友寫信給他喝采，指出他把「法國文學批評看成不過是浪漫主義想像力的一個分身」是行家法眼。

這書的第一個雛形是一九七四年他在聖路易（St. Louis）一場會議上發表的演講，講題為「**文字**、文本和批評家」。隨著他在接下來十年從「文字」向「世界」轉移，他的工作變成不只是向學生介紹作家，或者和學生一起欣賞這些作家作品的形式之美，也去追問文本是怎樣流傳，追問詞源學和語文學本身如何啟迪小說（而不只是在事後被用來理解小說）。他指出，斯特恩（Laurence Sterne）在十九世紀所寫的偉大實驗小說《項狄傳》（*Tristram Shandy*），其風格和觀點是受惠於洛克的科學探究，一如巴爾札克的想像力是因為博物學家居維葉（Georges Cuvier）的著作而蓬勃暢旺。憑著使勁拉扯《開端》的一條線，他拆解了文學作品作為獨立創造物的地位，顯示出它們某種程度是學問研究的副產品。在英語文學的個案，他的一個主要論點是提醒讀者一件史瓦柏已經顯示過的事情：有一大部分的浪漫主義文學是東方學研究的直接子嗣，而非相反。[53]

《世界·文本·批評者》的一個矛頭是瞄準大眾對科學的無批判性尊敬。他取笑大學管理階層對科技小玩意兒的執戀就像是沉迷修車。[54]還在厄巴納的時候，他在信中告訴朋友，高級研究中心主辦了一個「可怕的活動」：「科學與人類狀況」。聽完冗長不堪的發言後讓他深信「人類狀況是痔瘡。」[55]現在，在《世》書裡，他要與他的朋友、大社會學家布迪厄（Pierre Bourdieu）聯盟，尋求從科學的「象徵性暴政」中擺脫出來。[56]

代之以描述科學和人文學的不同方法，他挖出把科學和人文學當成敵對的錯誤態度的根源。他認為，文學批評思考方式的可悲命運反映著文化的一個更大問題。他對該問題的診斷最清楚見於一篇沒有收在《世界・文本・批評者》中的文章：〈反對者、聽眾、選區與共同體〉（Opponents, Audiences, Constituencies, and Community, 1982）。這是他生平最重要的文章之一，雖然沒有收入《世》書，卻完全道出該書的意圖。

薩依德在〈反對者〉中力主，對科學的神話化居於雷根時代的軍事凱恩斯主義文化（culture of military Keynesianism）的中心。它的有機知識分子（organic intellectuals）③賣力讓人民相信，他們的一邊是進步的，這進步來自一個自我管理的市場。理性被他們說成是可管理性，民主被說成是有生產力和能幹。[57]在大學裡，這種突襲受到不合宜的敬畏。老衛兵的派系透過膜拜弗萊（Northrop Frye）的《批評的剖析》（*Anatomy of Criticism*）來模仿科學。一段時間之後，這本書在英語系成為無上權威，被認為是文學科學（literary science）的最後定論，列舉出了文學想像力的龐大機器的每一種可能元素和每一種可能組合。[58]

與此同時，心儀法國的年輕一輩攻擊弗萊的陣營，卻沒能提供更好的東西，端上桌的只是一種新科學主義，其基礎是一個錯覺：以為語言結構就像鐘錶發條一樣精準。薩依德形容文學理論對結構主義的痴迷說穿了只是一種社會科學世界的「價值中立功能主義」，加上「膜拜行為主義

③「有機知識分子」是葛蘭西的用語，指每個社會集團生產出來和與之保持緊密聯繫的知識分子階層。

和量化」。[59]競爭、辯論和意識形態衝突的生動世界因此被抹去，被捧在手掌心裡的是一種客觀確定性的錯覺，而這種錯覺是靠著犧牲人的選擇權而獲得。為了在一個只把科學放在眼裡的文化獲得正當性，而採取一種以偽藝術包裝的科學方法外觀，文學理論已經淪為一種「兼具掩蓋（occultation）和合法化（Legitimation）雙重作用」的論述。

薩依德指出，這種思路其實是昧於實際的科學程序。伯納爾（J. D. Bernal）、孔恩（Thomas Kuhn）、康吉萊姆（Georges Canguilhem）和霍頓（Gerald Holton）等科學史家都努力讓大眾明白，科學作品的環境「是一作品出了名的不精確決定因素，其決定方法是人文學者（和甚至科學家）所未曾足夠地處理過。」[60]科學家仰賴的臆測性跳躍④常常被認為是人文學者的弱點。事實上，《東方主義》有些方面和孔恩的《科學結構的革命》頗為相似（薩依德常常提這書，包括在〈反對〉一文裡）。兩者都聚焦在常規在知識扮演的角色，這些常規讓科學家和文學批評家被既有的探究習慣牽著鼻子走，放著其他大片大片區域不管。[61]就是在這種精神下，「方法」進入了他的敘事。

到了這時候，薩依德已經很生氣地談過雷南很多次。雷南是《東方主義》中的壞蛋學者，自比於居維葉，而閃米特人和閃米特語就是他在「語文學實驗室裡虛構出來」。[62]在雷南看來，科學具有開示性（幾乎是宗教意義下的開示性），可「確鑿無疑地說出事物的詞語（邏各斯？）」，就像是事物有一種只有科學讀得懂的語言。這些從自然科學借來的母題產生出薩依德所藐稱的「哲學的解剖學」。[63]他認為，一種理論只要貶低了人類，那它就像媒體和政府的科學主義一樣，是「對思想本身的一種攻擊」。[64]

雖然他勸朋友薩米（電腦繪圖專家）多讀一些小說是開玩笑，但他認為杭士基認定「人文學缺乏自然科學的知性內容」的觀點是幼稚。[65]他在書中談史瓦柏的文章特別探索了人文學和科學在方法論上的高下。他主張前者有一種知識上的貪婪，這讓它可以擺脫科學自以為嚴謹所造成的綁手綁腳。史瓦柏固然因為用「讓人眼花撩亂的綿密」挖出無限細節而體現出科學家的才華，但他卻提供了科學家只能夢想的東西：「廣袤文化戲劇」中的一部「觀念羅曼史」。⑤

史瓦柏美妙地代表了人文學者把淵博結合於一種自由聯想運動的廣闊意識——維柯稱這種能力為 *ingenium*（創造力），即一種「把分散和分歧事物接合在一起」的能力。[66]《世界．文本．批評者》主張這種跨學科的處理問題方式要優於科學，因為科學常常沒有照顧到社會整體或被污染的個人觀點，以為以此可破解自然的謎團。這種流動的智慧常常被認為是玩票性質而不值一哂，但它卻可以讓文學批評家看到專家總是會失察的更廣闊聯性。

作為一本老師寫的書，《世界．文本．批評者》是從大量的教學筆記打造而成。從這些筆記跳出來的不只是他把不相像人物拉在一起的想法，並且是他痴迷累積的生平細節和引語。他常常從中抄下長篇段落，貼在滿是線圖、插入語和邊註的紙頁上。假以時日，它們會變成一篇文章的

④ 這是指科學家常常需要大膽猜測。
⑤ 即能把迥然不同的觀念連結起來。

初稿，或是寫在純白紙張上，或是寫在有線黃色紙上，或是寫在從螺旋簿脊撕下的有線白色紙上，或是寫在飯店紙上。朋友都懷疑他自稱的、他最好的觀念都是來自授課，但任何讀過他在一九六四至一九八四年間教學筆記的人，都會認為此說可信。[67]

例如，他在一九七一年寫了〈文學批評理論的歷史〉一文（從未發表）。這篇十幾頁的文章有些是打字，有些是手寫，先是討論了雪萊、柏拉圖和中世紀的詮釋法則，接著長篇討論柏拉圖的《斐德羅篇》（*Phaedrus*），對柏拉圖的哲學美德楷模興奮不已。薩依德認為，與其用寫作來消遣，倒不如參與「辯證的藝術，因為辯證家會選擇一個正確種類的靈魂。」在幾頁之後，他給自己寫了一則筆記：《斐德羅篇》是關於一種語言，這種語言「因為理性，會招引智力的嬉戲（play of will），會需要時間，是**高度多義**（polysemous）。不是一種直接的語言。」[68]

這不是一種偶然的感想。在一九七〇年代早期，他向學生解釋，他的討論課書單是由一些反辯證的作者構成，而所謂的「反辯證」，是指「反對像黑格爾那樣，用辯證法來提供最終的超越和／或最終的解決（resolution）。」[69]事實上，黑格爾並不真正相信思想可以在路途上停下來或會盡責地抵達目的地（這時世界會突然終結，擺脫自我與他者的所有敵對、意識與事物的所有敵對）。不過這當然就是法國尼采派哲學家編派給黑格爾的觀點，而很少讀黑格爾作品的薩依德也予以採信。[70]有一次，和小說家暨政治活動家塔利克・阿里（Tariq Ali）談話時，他開玩笑地問：「你真有讀過黑格爾任何作品嗎？別說謊。」語氣就像只有一個被虐待狂才會費事去讀黑格爾。[71]

這種解決和「智力的嬉戲」之間的衝突，讓薩依德原本計畫以論葛蘭西和盧卡奇的一章充當《世界・文本・批評者》的中軸。他讓盧卡奇對歷史和時間的強調與葛蘭西對地理的興趣互別苗頭，哪怕他又指出，這種差別並不是非此即彼。[72]他問一個朋友：「你讀過安德森的〈民族文化的構成〉（Components of the National Culture）嗎？我正嘗試從中發展出一些論題來。」安德森是英國馬克思主義歷史學家，他在上書中勾勒出二戰後移民到英國的保守派知識分子——包括了卡爾・波普（Karl Popper）、納米爾（Lewis Namier）和維根斯坦——對英國文化的有害影響。薩依德似乎是說，盧卡奇和葛蘭西可以為美國知識界的政治冷漠風氣帶來糾正，而且這種風氣是受到一波右翼或親建制的移民助長——這些移民的代表者是盧特瓦克（Edward Luttwak）、季辛吉和艾茵・蘭德（Ayn Rand）。

有頗長一段時間，薩依德苦於盧卡奇在阿拉伯世界沒有廣為人知，而盧的扛鼎之作《歷史與階級意識》（二十世紀最重要的作品之一）一直沒有阿拉伯文譯本。一般來說，就連知道法蘭克福學派思想家馬庫色（Herbert Marcuse）或反殖民主義理論家法農的第三世界知識分子，一樣幾乎不知道兩人的思想受惠於盧卡奇。他是梅洛龐蒂所謂「西方馬克思主義」的主要人物。[73]

當薩依德應邀參加《新政治家》（*New Stateman*）的「影響力」專欄時，他強調了盧卡奇和葛蘭西在其思想的核心性。[74]在他開列少數幾本對他有重大影響力的書中，包括了《歷史與階級意識》、葛蘭西的《獄中筆記》、安東尼斯（George Antonius）的《阿拉伯覺醒》（*Arab Awakening*），以及馬克思和恩格斯的《德意志意識形態》。電影方面，他挑選了龐特科沃（Gillo Pontecorvo）的《阿爾及爾戰爭》和瑞佛森（Bob Rafelson）的《浪蕩子》（*Five Easy Pieces*）。音樂方面挑選了華格納的《齊格菲》第三幕、巴哈的《郭德堡變奏曲》和貝多芬的《給遠方的情人》。奇怪的是，他沒有提史威弗特、奧爾巴赫或維柯，提康拉德的時候也只提到他的小說《諾斯特羅莫》。這不表示他們對他不再重要，只不過，前十年的創傷讓他更偏愛那些在跟體系哲學戰鬥時表現得更加不屈的人物。

基本上，〈論批評意識：葛蘭西和盧卡奇〉一文活現了薩依德後來稱之為「從盧克萊修（Lucretius）到葛蘭西和蘭佩杜薩（Lampedusa）的義大利唯物主義傳統」，認定這傳統是對黑格爾的德國觀念論傳統的重要糾正。[75] 他暗示，宏大的哲學體系（包括法國理論在內）在它們「強迫人卑躬屈膝和爭取歸附者」這兩點上非常類似於宗教。[76]《世界‧文本‧批評者》的最後一章取名「宗教批評」，用以和緒論的標題「俗世批評」對稱。他問道：「為什麼當雷根在摧毀美國政治的時候，學院的文學批評卻流行一種只會大談不可思考性（unthinkability）、不可決定性（undecidability）和弔詭的潮流？」[77]

從對解構的卡巴拉式（kabbalistic）⑥閱讀，到科莫德⑦把對《啟示錄》的聖經研究作為一種文學批評的楷模，向祕密宗教靠攏的衝動隨處可見。[78] 學術會議的書架上充斥著《祕密的起源》（*The Genesis of Secrecy*）、《卡巴拉與文學批評》（*Kabbalah and Criticism*）和《暴力與神聖》之類的書名。歷史上斷然有過更好的楷模。一個例子是培根的《新工具》（*New Organon*, 1620）：這書對「洞穴的、部落的和市場的偶像」發起戰爭，也就是對偏愛同聲同氣者的風氣、繼承而來的文化規範和牟利動機發起戰爭。[79] 薩依德在《世界‧文本‧批評者》的熱情要更勝一般，這部分是因為它的兩個核心思想家反映著他個性的兩個相反方面。盧卡奇強調的是戰鬥性、渴慕（*Sehnsucht*）和一種失落超越性（lost transcendence）的感覺，葛蘭西強調的是地理想像力和拒絕允許任何病態的東西進入自我意識。盧卡奇漫游在哲學的深水裡，葛蘭西——犧牲奉獻的士兵和組織者——在一個修訂過和較為人道的馬基維利裡找到靈感。[80]

薩依德雖然和學院派理論相左，但繼續和這理論的車頭燈人物——包括克莉絲蒂娃、阿圖塞、拉岡、巴特和傅柯——同台亮相。[81]雖然筆峰凌厲，但他通常會留幾分情面。當《大街》（*Grand Street*）的主編珍．史坦（Jean Stein）請他審查著名後現代旗手布希亞（Jean Baudrillard）的文章時，他毫不掩飾他的鄙夷。「聽著，我最終讀了布希亞寫的這篇東西……很難說他有太多思想。內容全部像是在打嗝。」刊登這篇文章將會有損聲譽，「除非你是想用它來顯示法國思想是往上升還是往下降是見仁見智。」[82]

他對克莉絲蒂娃一樣沒有好話，後者是流亡法國的保加利亞人，文化左派的代表人物。一九八八年，在《國家》悼念雷蒙．威尼斯的訃文中，薩依德回憶了他們第一次見面的情形，當時兩人一起在倫敦錄影英國廣播公司的電視節目。製作單位為了平衡起見，讓他和威廉斯作為左派的代表，讓考特（David Caute）代表中間派，讓克里斯蒂娃連同「那個相當反動的哲學家斯克魯頓（Roger Scruton）」充當右派。[83]《國家》最後刪去了文章中有關克莉絲蒂娃的段落（表面理由是為了加強文章的焦點），因為薩依德形容她「老是用一種矯揉造作和磨破了的陳腔濫調」打斷討論。[84]

⑥「卡巴拉」是猶太教神祕主義宗派。

⑦文學批評名著《一個終結的意義》的作者。

在《世界・文本・批評者》裡，他的挖苦火力全開。以下之類的句子——「剛從印刷機新鮮熱辣印好的高理論（high Theory）的最後定論」、「助手祭司階層與教條形上學家會合在一起」、「術語多得讓人說碎下巴的後現代主義」——舉目皆是。[85]雖然他總是將最大的怒氣留給假中東專家，不過就連那些攻擊的語言也是借自他對學院的叱責。例如，在訪談中，他撻伐《紐約時報》特派員朱迪絲・斯米勒（Judith Miller），說她「對事實有著一種最輕快的解構主義者會有的藐視。」[86]他在一九八〇年代的最大死對頭之一瓊・彼得斯（Joan Peters）是個自由記者，此女重彈錫安主義者的老調，說巴勒斯坦人是一種虛構，所以沒資格對土地提出權利主張。她的暢銷書《從無法記憶的往昔以來》（*From Time Immemorial*, 1984）受到美國報章的吹捧，卻在幾乎任何其他地方（包括以色列）受到嘲笑，研究品質低劣得被稱為「滑稽可笑」和「贗品」。薩依德對這部書的強烈反駁——恰如其分地題為〈讚美的陰謀〉（Conspiracy of Praise）——堅持不懈地強調事實的必要性，分析事實是怎樣得到、它們為什麼重要，以及瓊・彼得斯是怎樣濫用事實。[87]

他也沒放過學院派馬克思主義者。他認為詹明信的書在論溫德漢・路易斯（Wyndham Lewis）時大肆運用後現代主義是「十足的礙眼」。[88]後現代主義鍾愛的觀念被詹明信當成無可爭議的真理。一年前，他曾寫信給詹明信，表達他對純粹的文本馬克思主義（textual Marxism）的不滿：「我但願你能夠在政治上更積極些，不過大概你已經是那樣，只是我不知道而已。有很多等著我們去做的事情。」[89]薩依德認為詹明信對世界的觀點本質上是鄉愁性質，而他的作品類似阿奎那（Thomas Aquinas）的經院主義神學，也因此常常像是遺失了什麼那樣，要設法在「首字母大寫的歷史」（history with a capital H）中把失物找回來。[90]

他知道他讓他以往的各個「師父」失望了。他們其中一個是米勒。米勒曾經為他打開很多扇門，但如今卻覺得《世界．文本．批評者》把學院理論和雷根主義文化相提並論是誤判。[91]然而，在寫給一個出版商的信中，薩依德重申自己雖然仍景仰傅柯的「敏捷心靈」，但傅柯已經從「被壓迫者的捍衛者變成了大建制派人物……在對蘇聯異議分子（索忍尼辛）和古巴異議分子的問題上一貫採取反左派立場。」[92]

對於被認為是他所開創的後殖民研究，他既不參與他們的辯論，也不怎麼和他們交往。不過他倒是間接斥責過後殖民研究一個領袖人物巴巴哈（Homi Bhabha）貶低法農，也曾在〈知識的政治〉（The Politics of Knowledge）一文哀嘆身分政治（identity politics）的悲劇。[93]受到來自兩方面的壓力，他把壓力反推回去。雖然對所謂的前衛充滿批判性，他也會去信出版社，建議他們拒出老派「新批評」批評家的作品。其中一個這樣的批評家是溫薩特（W. K. Wimsa），薩依德說他的書稿裡「充滿四、五十歲的繆斯」。[94]除了理論性刊物不再找他寫稿，比較傳統的人文學家也疏遠他。例如，薩依德原本打算編一冊奧爾巴赫的文集和為文集寫序，但奧爾巴赫的家人卻投下反對票，堅持不讓一個政治介入那麼深的人碰奧爾巴赫的遺作。[95]

《最後的天空之後》是薩依德在一九八〇年代唯二獨自寫的書之一，寫它是為了改變話題，以避開衝突和脫離一場贏不了的戰爭。[96]他一直對伯格（John Berger）和瑞士攝影家摩爾（Jean Mohr）合著的照片—文字拼貼書《另一種影像敘事》（*Another Way of Telling*, 1982）感到驚豔，也曾經在一九八二年十二月的《國家》為文熱烈推崇。伯格是個不落俗套的藝術史家和曾獲布克獎的小說家，生活在法國鄉村地區。之前，他也曾跟摩爾合著照片—文字書《一個幸運的人》（*A*

Fortunate Man: The Story of a Country Doctor, 1967）和《第七個人》（*A Seventh Man*, 1975），後者是關於到歐洲打工的移工，以一種新的方式觀看社會的異類、不合群者和無產者。

搭配摩爾不煽情的農人和東歐流亡藝術家黑白照片，伯格的文字讓人浮想聯翩和謎樣難解，拒絕詩意、反諷和雙重意義。因為主題常常是工人，伯格蓄意用一種看起來儘可能平常的語言。薩依德佩服這些特徵，反駁別人對伯格的指控（太愛炫耀無產階級），但也對伯格有所責備。作為一個偉大的觀察者，伯格僅以講述精彩的故事為滿足。他缺乏的，也是薩依德想要補充的，是一種「有行動的美學」。[97]

不管怎樣，伯格和摩爾都是《最後的天空之後》的主要靈感來源，而薩依德對照片—文字拼貼書寫形式的實驗是要訓練自己觀察占領區內巴勒斯坦人的日常生活。[98]他保持他的模特兒的思想感情，拒絕用輓歌性的貧窮影像去撩撥情緒。事實上，在對照片作出最後取捨時，他排除了一些摩爾偏愛的照片，理由是「它們太美」。[99]

《最後的天空之後》是薩依德所有書中最沒有計畫的一本，寫得很快，是對一九八三年在日內瓦萬國宮一場聯合國國際會議的即興回應。就是在這次旅程，伯格（他是艾哈邁德的朋友）把薩依德介紹當時住在日內瓦的摩爾認識，稍後，薩依德和摩爾一道造訪伯格在法國東部山區的家（離日內瓦不遠），共聚了一整個下午和晚上。因為那個聯合國會議是要討論以色列入侵黎巴嫩的後遺症，主辦單位同意在萬國宮的大堂展覽摩爾所拍的巴勒斯坦人照片（照片是摩爾為世界衛生組織和紅十字會工作時所拍），條件是說明照片人物是巴勒斯坦人的圖說必須移除。

會後，在日內瓦湖畔的一家飯店裡，霍特、薩依德、摩爾和霍夫斯比安（Nubar Hovsepian）商量怎樣回應這件豈有此理的事，創作《最後的天空之後》的念頭於焉誕生。經過幾個月籌劃後，摩爾在一九八五年夏天帶著幾百張照片前往紐約，在薩依德家待了十天，一起挑選要用在書中的照片。摩爾的太太西夢（Simone）因為有別的事要提早離開，離開前和薩依德四手聯彈合奏了一曲。[100]

不管有多偶然，這書都打開了一個新的情感領域，而正如他承認的，他並不企圖在書中追求「客觀」。[101]他把一本題了字的《最後的天空之後》寄給德希達，對方回信表示對這本「極其動人的書」感到驚豔，又精明地看出它的反美學動機：「在每一行文字裡，政治姿態和詩性姿態都綁在同一個分析裡……你的文本和那些不凡的照片都同時寓喻著，一群人民由於承受著無盡的痛苦，已經不再容許被寓喻。」[102]剛好與紀錄片相反，這書旨在表達流亡者的想像力。有一張照片顯示一個母親正在寫一張字條，她感到無聊的女兒在旁邊看著。這張照片和全書其他照片一樣，不是要作為不帶激情的證言，而是要充當對薩依德自己心靈的一張快照。這書的重點不是讓讀者知道占領區一些他們本來不知道的事情，而是要記錄一個被切斷於這一切的人在必須把自己的意義投射在它們身上時的無奈。

所以，在他的詮釋中，那個媽媽變成了一個抵抗占領區內以色列各種法律規定的象徵，就像她寫的東西是在直接回應這些規定。儘管極不想要將巴勒斯坦人的悲劇美學化，薩依德卻仰賴一種可和他未出版的小說匹敵的遐想與浪漫聲音。在像「嘈雜千禧年景象的漩渦」和「我們還能忍受多少微不足道的惡意」之類的句子裡，他第一次把他和小說家藝術的共遊印成白紙黑字。受這一次實驗的啟發，他在一九八六年年底至一九八七年年初偷空——當時他在拍攝英國廣播公司的電影《流亡》——寫一本關於貝魯特的小說。[103]不過不到一年，他就拋棄這個計劃，改為著手撰寫回憶錄，用後者代替前者。

《最後的天空之後》出版一年後，正在寫小說的薩依德得知好朋友戈爾德羅患重病。他放下一切，飛到波士頓，當時離戈爾德在一九八八年十二月三十一日以五十三歲撒手人寰只有幾星期。[104]再一次，兩人熱烈談論亞洲、非洲、東西方的分別，也談了他們對詩歌的共同的愛。[105]戈爾德才剛寫完〈生病時期所寫的詩〉系列，其中兩首分別刊登在《巴黎評論》和《新共和》。當時他不可能知道，薩依德在短短幾年內就得從文學的角度反省自己的疾病⑧，趕在記憶永遠消失前完成這件事。[106]

好幾個月前，薩依德身處巴勒斯坦人談判一次突破的核心。受到「大起義」的鼓勵，國務卿舒茲邀請薩依德和他的長期合作夥伴阿布－盧格德，在一九八八年三月二十六日到華府晤談。他的誘人建議——以色列在三年過渡期後讓出占領區——其實只是一九七八年大衛營協議一些元素的回收再利用，但包裝為一個雷根政府的倡議。[107]這個邀請雖然受到歡迎，但同時也是一個挑釁，因為舒茲明明知道巴解組織是巴勒斯坦人民的唯一合法代表（這也是薩依德和阿布－盧格德大聲支持的立場），但卻偏偏挑了薩、阿二人當對談對象。這是因為他們是美國公民，也因為他們是著名的巴勒斯坦人卻不是巴解組織成員。舒茲是要以此來閃躲以色列的怒氣。[108]倡議最後沒有成事。薩依德後來指出，舒茲當時「幾乎談到了一切，但就是沒有談巴解組織和巴勒斯坦人民的自決。」主要的題外話是薩依德的《開端》：舒茲表示讀過這本書，很想要和薩依德討論討論。[109]

薩依德的政治工作是以文學批評為基礎。例如，《世界．文本．批評者》的關懷是和阿拉法特在一九八八年請他幫忙翻譯一篇巴解的聲明草稿有關（草稿最初是由達爾維什翻譯）。在翻譯宣言時，薩依德深感阿拉法特對於這樣的宣言應該包含什麼毫無頭緒。最後，阿拉法特把他苦心加入所有對國際社群的求助刪去，又插入了一些有氣無力的空話。所以，雖然薩依德是文學理論家而巴解組織的領袖們是務實的實用主義者，他卻發現整件事情是一個讓人憤怒的證據，證明他們有著「後現代的修辭焦慮」。[110]一九八八年在「巴勒斯坦民族議會」於阿爾及爾舉行的「大起義」會議中，薩依德挖苦地指出，這會議就像「一個語法學家的會議」，會議代表對決議的每個字都斤斤計較。

所以，《世界．文本．批評者》不只反對大學內部的潮流，還反對大學外部的潮流。一方面，作為一本一個老師為老師們而寫的書，它在某些方面看似回到了較早時期的安全範圍。然而，返回十八世紀和兩次大戰期間的傳統人物以創造一種新的知識對抗力量，這種弔詭姿勢具有顛覆性，因為在當時，供給面經濟學的極端分子正在忙著打倒既有的習俗，而文學理論的自封革命分子又宣布要和過去完全決裂。理論圈中的懷疑分子設法把他的文學批評小覷為半遮面的純文

⑧似乎是指撰寫回憶錄的事。

學主義，甚至是英語俱樂部的保守主義。當然，薩依德並沒有試圖隱瞞，他是以一九五〇和一九六〇年代英語系的現代英國亞科專家的風格寫作。現在，因為不再需要討好老衛兵們，他在說明自己有關包括巴哈、美國外交政策和波耳戰爭在內的一切的論點時，引用了巴特勒（Samual Butler）、霍普金斯、吳爾芙、葉慈和亨利．詹姆斯。他看來想要讓讀者安心，讓他們相信他作品中所有政治艱深或理論艱深的東西，是一些他們認識和愛戴的作者都已表達過的。

這種追隨傳統與破壞偶像之間的危險平衡，也明顯見於他作為一個教育者的每日責任。讓人驚訝的是，薩依德對大學內所有層面的服務工作都有參與，而這對於他對實際事務的思考有深刻影響。即便在發起新的知識領域時，他仍然參與哥倫比亞大學的管理工作。例如，他負責權衡英語文學與比較文學的比重、為大學部的詩歌比賽當評審、主持一個評估大學任務的長期委員會、和特里林就中學教育在大學教育扮演的角色公開辯論，以及老是在教務長面前慷慨陳詞，要求他支持這個、支持那個（例如支持圖書館科學）。[111]他為聯合國教科文組織的「世界文化與發展委員會」報告〈我們的創造性多樣性〉提供了一個批判性的回應，指出這報告雖然有很多很好的論點，但完全沒有提應該鼓勵學生自行思考。不理會現代主義和法國理論號稱跟所有過去決裂那一套，他也責怪報告迴避了大學教育的一個根本怪現象，那就是罔顧服膺傳統、紀律和學術研究權威的需要。

在教室裡，他這種對紀律的強調讓他成為一個可怕人物。根據《哥倫比亞每日觀察者報》報導，薩依德「擁有把一個他不想教的學生趕出教室所必須的念力——光憑臉上怒容就做到這一點。」[112]他會把準備不夠的課堂報告打斷：有時是低頭望著桌子，有時是手插在口袋裡大聲撥動零錢。不過，他也可能會用仁慈的點頭來拯救一個報告差勁的學生，或用一種問題的形式幫助學生說出本來未能說出的話。他要求學生讀普魯斯特的《追憶逝水年華》一定要讀法文原文。當某個學生抱怨某個哲學家不知所云時，他會責備說：「這不是研究學術的態度……沒有批判性思考才會說這樣的話。」有時是玩笑有時是專橫，他一貫堅持詮釋是非常嚴肅的事：「我們在課堂的短暫時間不能浪費。」[113]當一個年輕女同事因為不知道自己是不是好得足以申請到一筆研究獎金而絞扭雙手，希望得到薩依德打氣時，他卻只是說：「再加強。」[114]

雖然他很多學生後來都當了教授，但他卻沒有把他們造就為教授的野心。他討厭自己會製造出追隨者。由於沒有興趣攀爬大學的層級體系或捲入系內來的競爭，他只以寫作和公開演講為己任。所以就此而言，課堂是一個免除他所有外務的地方、一個測試觀念的地方和一個用示好或恐嚇來讓學生自行思考的地方。就像其他剛在大學部任教的哥大教授那樣，他告訴學生：「我們想知道你們想些什麼，而我們將會對你們非常嚴苛。」[115]所以，焦點在於讓學生和基本文本角力——就只有學生和文本對話，而不是搞行會的學徒制度或註釋考證。據路易絲·於林（Louise Yelin）回憶，薩依德上課時總是全神貫注，沒有術語，「沒有廢話」。[116]韋斯爾蒂埃（Leon Wieseltier）記得，薩依德「風趣……非常嚴肅，非常緊扣文本，就連講笑話也不是為了引人發笑。」[117]

他以一種獨特的方式靠近文本。他的課一般來說開始得很慢，而他在暖身之前常常顯得緊張。「你幾乎看得見他在冒汗，進入狀況之後，他就會全神貫注，講課方式結合了嚴謹和即興。」前學生和製片人伯恩斯（Ric Burns）回憶說。[118]他自己也表示，在上一堂課之前（甚至在一堂課中間），他會「感到不舒服，胃部翻騰，手心冒汗。」[119]即使外出演講了四天，很晚才回到家，他照樣會在凌晨四點起床，重讀他已讀過幾十次的書，確實把課備好。

他的兒子瓦迪和女兒娜吉拉本來以為他會把教學的事留在家門外，但他卻讀了他們所有的學校作業，包括關於不是十分對他味的作家（例如杜斯妥也夫斯基和貝克特）的那些。在他們受教育的整個階段，他追問他們每一個細節，讀了他們所有要交的報告，在頁邊寫上通常是支持性、簡短和有點無批判力的評語（例如「你真棒」），不過他讓他們感覺不是因為他是他們父親便輕輕放過他們，而是因為他對他們所做的事刮目相看。[120]當瑪麗安為了申請哥大中東研究圖書館一個職位而去學習希伯來文，薩依德有時會在上課結束時突然冒出來，和她的老師大衛·耶魯沙爾米親切打招呼——後者是伊朗猶太人，當時在中東語言與文化系任教。「瑪麗安學得怎樣，道德（Daud）？」他會這樣問，以顯示他知道「道德」是「大衛」的伊朗語變體。耶魯沙爾米總會回答說：「她很棒。」然後薩依德會脫口而出：「如果是我，兩個星期就可以把整本課本學完。」[121]

對於他自己的研究生，薩依德教他們做事情的方法，特別是教他們要不疾不徐、心胸開闊，遇到攸關觀念的事情時絕對嚴肅。對他們其中一些人——例如對人類學家和他的前助理黛博拉·普勒（Deborah Poole）——他教他們「憤怒在學術研究中的地位、憤怒決心的角色和重要性」。[122]關於知識的內容，他向學生們引介他們一無所知的語文學——它對今日的意義和它漫長的歷史。但正如他的哥大同事麥克·伍德指出的，他一樣有向學生學習的天賦。一九八七年在杜克大學舉辦的「第三世界文學與文化批評」會議上，他向聽眾承認，真正把第三世界文學引入課程中的是他的研究生而不是他。

直到一九八〇年代中葉，薩依德才在學生的敦促下涉獵西方以外的文學。阿契貝（Chinua Achebe）、阿瑪（Ayi Kwei Armah）和德耶巴（Assia Djebar）等第三世界的作者，全都是他在學生的交代下而讀。他的兒子瓦迪一樣重要，因為瓦迪把父親所不認識的較年輕學者介紹給他，又讓他的目光轉向當代小說家。一直以來，對巴勒斯坦議題的關注都讓他不願讀美國當代作家的作品，[123]唯一的例外是羅斯（Philip Roth）。薩依德本來就有跟羅斯通信，也認為羅斯的《美國牧歌》（*American Pastoral*, 1997）——講述一個父親和一個政治激進的女兒的關係——是他十年來讀過最好的小說。當然，他提倡阿拉伯小說和詩歌已經有一段時間（他至少在一九七六年便知道了蘇丹小說家薩利赫），而他在一九七二年十一月寫給恩格爾的信中也偶然提到，他讀到了「一個名叫馬哈福茲的真正優秀小說家」的作品，不過，他對南美、非洲和拉丁美洲文學的陌生到一九八〇年代早期讓他再也無法忍受。[124]

一九九〇年他在肯特大學指出，他讀這些作品多是為了教學和兼收並蓄，所以常常是囫圇吞棗，很少注意它們的思想和美學深度。非阿拉伯語的第三世界文學作品很少讓他感到興趣，不過他對馬奎斯（Gabriel García Márquez）的小說和卡瓦菲斯（Constantine Cavafy）的詩擊節讚賞。《文化與帝國主義》在一九八七年已經開始構思，而這書需要涉獵很多第三世界作品。薩依德在學生的幫助下進行這件事。

他們很多人當時已經改做別的事，但薩依德對他們的態度一律是兇和寵兼而有之。[125]在寫給學生的信中，他以坦白糾正他們的寫作缺點知名。例如，他對一個學生說：「你的書寫太自我放縱、太私人和太過不具立場，以致不能說是非常好。」[126]但他的話也不全是責備。他會讓學生感覺，他們寫得就像他們在班上讀過的作者一樣好。他在教學上之所以早早出名（當然還有很多其他大學之所以對他招手），是因為他廣被學生認為他是他們見過最好的老師。[127]「和他在一起很好玩，他會輪流超級熱絡和超級自顧自，會突然變得很風趣、突然變得很憤怒或暴躁。他是個難相處同時又是最好的朋友。」伯恩斯補充說。「他有時有點像隨意敷衍你，然後又同時顯得關心。」[128]前一刻，你覺得你在他的保護圈中和對他來說是唯一重要的人，但下一刻，當他的注意力退去，你就會經驗到他一個同事喜歡說的「失寵」，這時他的心思會快速轉到別的地方去。[129]

第 9 章

幾個簡單的觀念

A FEW SIMPLE IDEAS

思想正在說不……它是在對自己說不。

——阿蘭（Alain）[1]

美國因為科技掛帥和有完善化的新語（newspeak）①，公共知識分子的地位遠遠不如歐洲的同儕。華府智庫炮製的美國願景和布魯姆（Allan Bloom）及金博爾（Roger Kimball）等文化戰士占據了最讓人覬覦的媒體版面。雖然這個國家斷然有公共知識分子（通常是新聞主播和專欄作家），他們卻極少是哲學家、實驗藝術家或異議分子。所以新大陸的現代赫茲利特們（Hazlits）和沃斯通克拉夫特們（Wollstonecrafts）②不會被關，只會沒有上媒體的機會，理由是「民主」需要倒退至最小公分母。作為最近似沙特的美國人，薩依德從一開始就竭盡所能找到大學以外的一般讀者，不過到了一九八〇年代，這種尋求卻變成生死攸關。因為如果他找不到一種可以繼續繁榮的方法，那基於紐約媒體界對他的新打壓，他將會成為不過是學術刊物裡的一個註腳。

當他把自己的思想風格對比於著名德國社會哲學家哈伯瑪斯（Jürgen Habermas）時，心裡想到的就是這些困難。哈伯瑪斯和他一樣是左派，也是法蘭克福學派第三代成員。這位德國思想家肅穆地探究「公共空間」和「現代性的論述」之類的課題，但薩依德抱怨說這些課題雖然明顯學術且緊急，但不具道德中心。在他看來，它們全是「大話」。[2]反觀他自己的著作只是由「幾個非常簡單的觀念」編織而成，而且是採取一種「較衣冠不整的進行模式」。[3]

他的觀念的「衣冠不整」形狀和他的工作風格很相合。一刻不休且不知疲倦，他沒有固定的

① 官員為欺弄或操縱公眾而故意使用的含混、矛盾的言詞。
② 「赫茲利特們和沃斯通克拉夫特們」指有批判精神的知識分子。

作息時間。他會在早上五點或五點半起床，之後工作一小時左右，接著從書房走到廚房，弄兩杯雙份的濃縮咖啡（一杯給自己，一杯給瑪麗安），再準備早餐：塗了橘子果醬的英國馬芬（果醬常常是他住飯店或坐飛機時累積下來）。不然就是吃塗上優格起司和「扎塔爾」（*zaatar*）的皮塔餅，配上他用高檔電器店買來的特殊榨果汁機榨的鮮橙汁。[4]他有時也會在早上看電視新聞節目和為瑪麗安做一頓精緻的早餐，然後把報紙從頭讀到尾。接著他會寫作一或兩小時，再去做運動：通常是在大學游泳池游泳，或打壁球或網球。繼而他會再次寫作一下下，然後到河濱公園散步，清理思緒。他從不是一天十四小時和書桌拴在一起的人。

雖然這種日常生活看似悠閒，他的工作日誌讓我們略窺他有多忙碌。同一天，日本商業報紙《日經》和聖地牙哥 KPSB 電台請求他接受採訪。《國家》的主編霍威爾（Katrina vanden Heuvel）寫信給他，保證《國家》對伊拉克戰爭的報導不會太差，要求他提幾個可以就這方面發表意見的作者。「希望基金會」邀請他參加該基金會的電視籌款活動。在半島電視台播放他的生平紀錄片後，巴黎第五電視台邀約他一場午餐行程；漢城的主辦單位央請他在第十一屆反貪腐會議演講；好幾位作者寄書給他，表達仰慕之意和尋求他的肯定。最後還有十幾件編務和銀行事務。這種模式每天重複上演，只有來信單位的名稱會改變：聯合國教科文組織、紀伯倫人文精神獎、大馬士革音樂學院、《華爾街雜誌》、《世界外交論衡月刊》（*Le Monde Diplomatique*）、波士尼亞電台、愛爾蘭電視台、南非新聞公司、巴西一間雜誌社，他們所有人都想要薩依德投稿、接受訪問或以隻言片語回應。

這就怪不得他對鋼琴的興趣雖然不衰，但只能有零星時間彈琴：每天二十分鐘左右。早晚都有電話鈴聲打破辦公室的寧靜，很多來電都是談公事，需要的時間不多，其他則是閒聊或相約在盧森堡咖啡館吃午餐。[5]他會一大早打給好朋友，假裝為發現他們還沒有起床而驚訝，責備他們懶惰。他的偶像之一斯皮策痛恨會打斷思想的學院雜務，一度說過一句名言：「活動主辦單位的來電是學者書桌的死敵。」[6]反觀薩依德卻認為電話是他另一件武器。《國家》的駐倫敦特派員、他的前學生古登普蘭（Don Guttenplan）指出：「他用電話作為精湛表演的工具。」[7]

他的工作節奏形塑了他的觀念。熟悉他的人都知道他對萬寶龍鋼筆和藍紙筆記本情有獨鍾，會抽出胸前口袋的鋼筆責備那些下課後到電腦教室去的學生說：「這是我唯一需要的。」當時是《國家》主編的蕎安·維皮耶夫斯基有一次上門請他修改一篇文章。聽了她建議的修改後，他捲起法式袖口的衣袖，扭開鋼筆的筆帽，把筆輕輕晃了晃，改了起來。當時蕎安心想：「他也許就像巴爾札克一樣，一切都是手寫。」[8]薩依德的一個助理伊斯特拉巴迪（Zaineb Istrabadi）曾幫他用打字機打過很多寫在紙上的潦草信件和文章。

不過他的文集卻透露出事情和蕎安所想的不同，這些文稿的原稿很特別，因為他們不只修改不多，還是引人好奇的混合手寫方式：有一些確實是用鋼筆寫在昂貴的藍色紙上，但也有很多是用鉛筆寫在普通的黃色紙或白色電腦紙上。有時，在一頁的中間（有時甚至是在一句的中間），文本會轉換成為打字的段落，然後過一陣又會出現一個從別處剪下的打字段落插在句子之間。很多原稿都是打字的，他的助理們都認為他是打字好手。[9]很多頁原稿都同時包含手寫、貼上和打字的段落，就像是他因為厭倦了一種方式而換上另一種。或大概他只是在路上，手邊沒有打字機，又或者是因為他從家裡去了大學的辦公室。但也有一個完全不同的可能，那就是，書寫對他來說是一種感官經驗，所以每次遇到瓶頸，他就嘗試用不同的書寫方式來突破。

到了一九七〇年代中葉，他的公寓在早上會被藍色的「史密斯科羅納」手打打字機的噠噠聲充滿，後來又改為被 IBM 電子打字機的乒乒聲充滿。不管使用什麼書寫工具，根據的材料都是在不同的出國旅途中寫下的小卡片和紙片。[10]到了一九九〇年代和二十一世紀初期，他為《生活報》（*al-Hayat*）和《金字塔報》（*al-Ahram*）所寫的文章都是用手提電腦寫出。他日後表示「網路的神奇和電子交換的速度已經取代了鋼筆、打字機和隨身攜帶的書信，某個程度上甚至取代了我的教育主糧——圖書館。」[11]他決定兩面下注，一方面使用新科技，一方面珍惜由筆墨進行的牧歌式書寫所鼓勵的心靈狀態。

當然，他還有一點點家務事要處理。家裡只有他有權操作昂貴的濃縮咖啡機，而這機器使用的水必須是法國的「依雲」（Evian）或「富維克」（Volvic）礦泉水。在家裡，他是負責電子器材的人，如果有誰需要一部新的音響，他會安排一趟到「維茲」（eiz）的購買之旅，親自跟售貨員談價錢。[12]他的很多熟人都禁不住要談他有多愛採購，談他對最好的縫紉用品店、裁縫店和菸草店有多麼熟門熟路，談他對菸斗、高檔音響和雪茄的愛好。不過他對好東西的偏好結合了一種無拘無束的態度。既然他是外交官們的貴賓，你也許會預期他培養出一種對佳釀和米其林星級餐廳的鍾愛，但事實上，他偏愛普通的單一麥芽威士忌，也總是討厭豪華餐廳。

在他所有的工作模態中，書寫是最不破碎的。一篇文章通常需要兩、三天，然後三易其稿，每次都是修改小地方。除了一些例外，他看來不會為遣詞用句費煞思量。他的文字從來不雕琢，更多是由觀念而不是由文體驅使，不過他相當警覺，不會把俗語、外語和口語混入正式文體中。

不管怎樣，他的東西在印出來之後的樣子總是和他想出來的時候差不多。這種才能在他一九八〇年代面對來自紐約媒體的新挑戰時將會顯得很寶貴。

自從和瑪莉離婚後，他在中學時代難以入睡的傾向大大加劇。這種情形維持到他的人生後期。他後來猜測，這是對於媽媽在癌症晚期總難以成眠的無用致意。[13]不管是出於對不事生產的新教徒式內疚還是出於慢性憂鬱（他女兒娜吉拉猜是後者），失眠都使得他把語言活動供奉起來。[14]隨著時間過去，他會突然放下工作以專注休息。例如他會突然在百忙中跑去聽音樂會或出國旅行：一九七九年去西班牙、一九八二年去突尼西亞和一九八八年帶全家一起去摩洛哥都是如此。[15]閱讀多多少少有點零碎：或者是在飛機上，或者是下課回到家裡之後。他白天大部分的工作時間仍然是與訪客談話或講電話。雖然是個學者，他卻沒有學者生活所需的遁隱，反而過得像記者似的忙亂。

這種生活的一個部分當然是不斷地建立新的人脈。就像杜皮在一九六〇年代那樣，出生於芝加哥而以紐約為基地的娛樂事業女繼承人珍・史坦在一九八〇年代和一九九〇年代扮演了薩依德非正式經理人和推銷者的角色。他們的關係是共生性。他向她揭示一個她一無所知的世界，在她編輯《大街》（*Grand Street*）時提供意見，又介紹她認識中東詩人和知識分子。反之，她竭盡所能為薩依德打開還沒有為他打開的門，而她的這種竭誠是以深厚的私人感情為基礎。就像以下這段一九九四年夏天的電話留言所示的那樣，他們親密無間得可以對彼此開玩笑：

嘿，珍。妳完全無須回我電話。我只是為妳做事。我只是像那些到處打卡的人那樣看看妳在不在。所以，我剛在妳這裡打了卡，說我在大約四點多——四點十五分——找過妳。我叫愛德華．薩依德……好，現在妳知道了。我當然是急於收到妳的回電，甚至會為此受寵若驚。所以我正守在電話旁邊，焦慮地等著。[16]

珍．史坦是在一九九〇年接手《大街》，當時雜誌的創辦人（也是薩依德的老友）索恩伯格（Ben Sonnenberg）當了九年主編後被迫退休，因為他的精力已經逐漸被多發性硬化症侵蝕。追隨一九二〇年代「小雜誌」的傳統創立於一九八一年，《大街》志在做到嚴肅但風趣，是一個（正如索恩伯格自己形容的）「傲慢與資訊」的混合體。[17]有一段時間，它是一線藝術家和新聞工作者——包括巴爾德（W. G. Sebald）、薩拉馬戈（José Saramago）、珍特．溫特森（Jeanette Winterson）、塔倫提諾（Quentin Tarantino）、唐德里羅（Don DeLillo）和艾麗斯．孟若（Alice Munro）——最愛的發表園地。多年來，薩依德為《大街》寫過七篇文章。

同時都是富有人家出身且住在紐約，珍．史坦在少年時代便認識索恩伯格。但兩人後來多年沒有聯絡，全靠薩依德在家中邀宴他們，他們才重新聚頭。由珍．史坦接任《大街》的主編看來再合適不過。她曾經靠著為《巴黎評論》訪談福克納而建立名聲，後來又用暢銷書《伊迪：一個美國人的傳記》（*Edie: An American Biography*, 1982）——一部有關安迪．沃荷核心圈子的口述歷史——鞏固了這名聲。連同她認識的許多有錢人，擔任《大街》主編可以讓她成為曼哈頓文學界的一股力量。

因為《東方主義》而毀譽參半之後，在出版界運籌帷幄對薩依德來說特別重要。《時代雜誌》在一九七八年對他的恭維早已成了過去式，隨著《巴勒斯坦問題》的影響力的發酵，他變成了紐約出版界親以色列派的眼中釘。[18]他從來不是《紐約書評》的固定作者班底，在一九八〇年代和一九九〇年代都是偶爾才能發表一兩篇文章，直至在二〇〇〇年才終於能夠發表他對於馬哈福茲的長篇詳盡評論〈記憶的殘忍〉（The Cruelty of Memory）。[19]薩依德和《紐約書評》共同主編史威爾斯（Robert Silvers）本來就不對盤，兩人冷若冰霜的關係更是在史威爾斯刊登了史威弗特學者艾倫普賴斯（Irvin Ehrenpreis）對《世界・文本・批評者》的書評後降至冰點——薩依德稱這書評為「語無倫次和語多詆毀」。他立即寫信給史威爾斯，說他應該「對那麼可笑和低級的表演感到尷尬」，又說他知道史威爾斯不太可能會感到尷尬，因為他和史威爾斯都知道「這種對我的一年一度攻擊」的背後真正意圖。[20]就連在《國家》這個比較有包容性的園地，富有的親以色列金主都不贊成給薩依德太多篇幅。隨著電視新聞節目邀請越來越多的政府鸚鵡上節目，他很快就知道自己被當成阿拉伯人的象徵，邀請他只是為了讓他被咆哮聲壓倒。於是他轉而尋找新的平台。

在這種追尋中，他在珍・史坦的傳奇沙龍中認識的人脈是無價的，哪怕他本來就認識很多常常參加這些聚會的作家和人物。作為紐約文學生活的核心，這些沙龍吸引到了梅勒（Norman Mailer）、華倫・比提（Warren Beatty）、阿德勒（Renata Adler）、費弗（Jules Feiffer）、瓊・蒂蒂安（Joan Didion）和斯坦伯格（Saul Steinberg）的參加。雖然有這些顯赫的朋友，但珍・史坦給予薩依德一個獨一無二的榮耀：把豪宅中一個以東方風格裝潢和擺放東方家具的廳稱為「愛德華・薩依德廳」。這個廳最特別的是天花板正下方的一圈牆壁以阿拉伯書法藝術裝飾。[21]

雖然有瑪麗安的陪伴，他仍然感覺自己在這些聚會中是局外人，再一次受到自疑的困擾。熟悉他的人認為他的不安全感是沒有根據的，他在大廳裡到處轉時內心悄悄受到一個問題折磨：「這些人為什麼要對我這個小人物感興趣？」[22]不過在下一刻，受到精神能量的支撐，他會動員起自己的魅力，抓住一個話題，把他的不安全感變為流利口才。在大都會藝術博物館為桑地諾民族解放陣線舉行的一次募款晚宴中，魯西迪誤以為薩依德是個輕鬆自如的人，形容他「友善，英俊……口若懸河，常常笑，手勢很多，是個博學者和打情罵俏者。」[23]

不管有多少內心折騰，他的魅力顯然都有助於人脈的建立。在更加自在的大學會議的環境中，他在每一刻都能夠完全投入談話的能力給他帶來大量追隨者。[24]我們很難不懷疑他有點虛榮心，但正如作者瑪莉娜．華納（Marina Warner）所說的：薩依德「完全有權燃燒、濃烈和優雅。他不只是個有美好五官的人。」[25]這讓他「有大量朋友，其中很多是女性，又總是特定類型的女性：時髦、不太年輕和有思想的女性。」她自己不是這些女性之一，但「那樣的人很多」，主要透過政治和他連結在一起，因為「政治比文學更加讓愛德華念茲在茲。」[26]

不管怎樣，這些媒體派對都讓薩依德找到更重要的東西：一個新的朋友圈子。這些朋友除了在政治上還在實存上分享他對可怕的一九八〇年代的看法。他透過新聞工作者科克本認識了專欄作家科普金德（Andrew Kopkind），透過索恩伯格認識了伊麗莎白．波喬達（Elizabeth Pochoda）。伊麗莎白的丈夫在萬神殿出版社（Pantheon Books）工作，而她自己是《國家》的主編——始自珍．史坦的女兒卡特里娜．霍威爾（Katrina Vanden Heuvel）在一九九五年從納瓦斯基（Victor Navasky）手中接掌《國家》的編務。薩依德又透過《紐約書評》的共同主編芭芭拉．愛潑斯坦（Barbara Epstein）認識了雪莉．旺格（Shelley Wanger），後者先是在康泰納仕出版集團（Condé Nast）工作，後在《訪談》雜誌任職。雪莉給了他發表更自剖文章的機會，幫助他把談開羅童年時期的文章發表在《宅邸庭園》（*House & Garden*），又為他出版了一本談巴勒斯坦問題的文集（當時願意出這種文集的主流美國出版社不多）。她還安排將〈和阿拉法特吃早餐〉一文發表在《訪談》雜誌，又監督他的回憶錄《鄉關何處》的印刷工作。

薩依德在《倫敦書評》獲得的勝利是隻手將其在報導中東問題時的態度轉變為親巴勒斯坦人。據當時的主編瑪莉·凱·威爾默斯（Mary-Kay Wilmers）回憶，他們是在一九八〇年代早期在《倫敦書評》的辦公室第一次碰面。當時他穿著一件鮮黃色的V領運動衫，讓瑪莉猜想他「一定熱中運動和社交生活豐富，而事實證明果不其然。」美國文學批評家波利爾（Richard Poirier）是薩依德最要好的朋友之一，兩人常常一起逛紐約，他認識當時《倫敦書評》的總編輯米勒（Karl Miller）。瑪莉·凱·威爾默斯在一九九二年接掌《倫敦書評》，而作為「一個沒有信仰、不奉行教規和相當抽離的」猶太人，她不太關心中東問題，但只要談到中東問題，她都是站在以色列一邊。「認識愛德華改變了這種情形——永遠地改變了。」[27]薩依德發表在《倫敦書評》的第一篇文章是談李普曼（Walter Lippmann），因此也是談「記者和權力的關係（不管是什麼政權），以及關於記者和記者自己的權力的關係。」

他的部分媒體策略是（這也反映著他的個性）什麼類型的刊物雜誌都寫一寫。他不想要他的所有文章都同一個調子，因為他的政治文章有時會不耐煩和怒氣沖沖。他的文學和哲學文章也不會讓人完全鬆一口氣，因為他們常常包含艱深理論。他想要讓人們看見他的個性的另一些方面。當《倫敦書評》刊登了一篇解釋為什麼修理電扶梯那麼花時間的文章之後，薩依德責備瑪莉說：

「為什麼妳從不向我邀一篇類似的稿?」[28]他的同事羅森塔爾也記得他的這種玩心和實驗精神。有一天，薩依德突然興起，決定學打棒球。他換上短褲，兩人到附近一個球場跑來跑去。「他打得糟透了，但我們玩得很開心。」[29]

走出理論戰爭之後，薩依德必須調整自己，去配合《倫敦書評》文雅和談話性的風格。當編輯部改動他的文章，他會打電話抱怨說他們屠殺了他的文本，儘管改動的地方其實「非常少，很容易搞定」。不過不到一小時他又會再打電話表示自己弄錯了，編輯部改得很好。總的來說，雜誌社對他的東西改得很少。基本上，當紐約其他刊物都拒絕發表他的中東問題文章時，《倫敦書評》卻樂意刊登。他談巴解組織離開黎巴嫩經過的文章、談自己的貝魯特童年的文章和談他與錫安主義交手的文章，都讓《倫敦書評》編輯部印象深刻。瑪莉・凱・威爾默斯回憶說:「到了一九八七年第一次『大起義』時，我們已經覺得巴勒斯坦人的理據多多少少是無可反駁，而我們至今還是這樣認為。」[30]

但紐約的情況卻有所不同。薩依德在一九六〇年代晚期打入《國家》，所以對納瓦斯基有了一點認識（納瓦斯基除了是主編還是發行人），不過兩人的關係緊張。但是，在一九八〇年代早期，透過《國家》早期發行人希弗林（André Schiffrin）的傳奇性大陽台，薩依德也熟悉了《國家》的各個編輯。作為自由派左派的一個發表園地，《國家》銷量不大，但有一群忠心的讀者，血源可以回溯至十九世紀。跟《哈潑雜誌》、《進步》和《村聲》一道，《國家》在雷根—布希的動盪十年，越來越成為薩依德發抒己見的園地。不過他也仍然穩定地在《紐約時報》發表短篇文章和書評。

但他和《國家》並不總是關係融洽，他從不感覺自己很受重視。他的大部分文章都是被放在——用《國家》自己的術語來說——「書的後面」，也就是放在文藝部分。除了他的歌劇專欄以外，他為《國家》寫的很多文章都是書評。儘管薩依德不碰政治評論，但在他和科克本以書面聲明支持傑克遜（Jesse Jackson）競選總統之後，親以色列的自由派人士還是向納瓦斯基施壓，要他連給薩依德的少許篇幅也取消。傑克遜對巴勒斯坦問題顯示出濃厚興趣，一九八四年曾在一間飯店套房裡和薩依德及其他人非正式會面，當時只穿著內衣褲。[31]

有趣的是，薩依德的外鄉人身分也同時是他的通行證，因為新聞節目每逢有中東的問題要討論，幾乎一定會找他。他的討論對手包括了馬克亞（Kanan Makiya），後者是布蘭代斯大學（Brandeis University）的中東研究教授，每次發言都是盡責地複述五角大廈那一套。不過儘管有美國政府當後盾，他和其他政府派的在地報導人沒有一個比薩依德有名。[32]

不過，《國家》的專欄作家幫助他抵擋排擠。他們其中一個是希鈞斯（Christopher Hitchens），他在同一批平台為巴勒斯坦人代言。不過，薩依德和科克本的關係比他和希鈞斯的還要深厚，而這顯示在他評科克本一本書的書評標題：〈了不起的阿歷斯〉（Alex the Magnificant）。③他們早在一九七〇年代就透過《新左派評論》認識，兩人的聯盟又在一九八〇年代早期當科克本在《聲音》工作時加深。就像薩依德一樣，科克本是個（用蕎安・維皮耶夫斯基的話說）「豪華」的

③阿歷斯是科克本的暱稱。

人，而兩人都喜歡炫耀他們的精英教育背景（分別是哈佛和牛津）、他們分別位於中央公園西路和河邊大道的豪華公寓，以及他們讓公共討論的天秤向左傾斜的英勇行為。[33]

有一晚，坐計程車去一間餐廳途中，兩人不能自已地大聲用法語熱烈交談起來，盡情炫耀自己的法語能力，就像兩隻開屏的孔雀。加上索恩伯格，三人有一陣子像一個「幫」。索恩伯格讓周遭幾乎任何人都覺得他是一個漂亮的靈魂，就像蕎安．維皮耶夫斯基所說的是「地球表面最神奇的人」。[34]三人構成了一個互相崇拜的會社，每逢科克本在紐約，他們就會在索恩伯格的公寓共進晚餐。薩依德每晚都會和索恩伯格通電話，又常常帶三明治到他家吃午餐，以便聊兩人都喜歡的文學八卦。薩依德是索恩伯格生活中一道亮光，介紹他認識了很多在《大街》發表文章的作家。[35]科克本稱薩依德為「獅子」，因為薩依德「有時就像一邊說話一邊揮舞爪子和搖擺尾巴」。[36]有一晚，瑪麗安和瓦迪因為暴風雪被困在華盛頓特區，讓薩依德對於要怎樣取悅三歲大的女兒娜吉拉煞費苦心。他的解決辦法是把她帶到科克本的公寓，讓她以眺望窗外的中央公園自娛，他自己則和科克本熱烈討論起政治來。日後娜吉拉回憶說，父親對她非常溫柔關愛，但都是小劑量：他「會盡自己一點點本分，然後就去工作。」[37]

即使為雜誌和報紙寫稿，薩依德的文章仍表現出一種充滿個性的清晰文體，不過，這些文章要比希鈞斯的輕鬆機智和科克本大膽但深度不足的反省困難。編他文章的主編們——伊麗莎白．希夫頓（Elisabeth Sifton）和雪莉．旺格——大致上同意蕎安．維皮耶夫斯基所說的，薩依德對任何讀者來說都是一個流暢和有吸引力的作者。[38]他們對他的稿子的編輯主要只是補妝。反觀他為《國家》所寫的音樂專欄卻讓編輯們覺得密度太高、太深思，「不是對政治雜誌有興趣的一般讀者所預期。」[39]他帶著耐性和諷刺接受編輯的修改意見，對雜誌社裡那些認為他的文章太學術的人隱忍不發。他圓滑地沒給他們看嚴肅音樂評論家和音樂家寄給他的盛讚：這些人告訴他，他們是為了他的音樂專欄才看《國家》。

對於薩依德所說的「幾個非常簡單的觀念」④，不管是文學理論家或記者都不清楚它們是哪些，又是怎樣扣合在一起。他對前者來說太過通俗，對後者來說太過高深。夾在兩者中間，薩依德著手發明一套語彙。他設計的詞語不完全是自創新詞，更多是把詞語抽離於它們的——用他自己的話來說——「王朝」用法，換言之是讓它們擺脫繼承而來的定義的專制統治。他透過模糊造詞的藝術給一些日常字眼——例如affiliation、inventory和eccentricity——新的意義。他有一次解釋說：「我藉助某些文學的文本、文學的技巧和詮釋的材料，這些⋯⋯教給我許多有關觀念傳遞、形成和制度化的方法。」[40]這些技巧之一是真誠修辭法（rhetoric of sincerity）。透過把「平等」、「正義」和「快樂」這些字眼從它們的引號中解放出來，他就可以同時駁斥紐約藝術家的憤世嫉俗和華府智庫的政治現實主義。

奧爾巴赫和施皮策曾經教會他，如果正確的選擇，某些字眼可以定義整群人民。奧爾巴赫最

---

④ 前面說過，薩依德自稱他的著作是由「幾個非常簡單的觀念」編織而成。

著名也最有影響力的其中一篇文章是致力於分析 *figura*（美、形式、比喻和風格）一詞的各種意義，而施皮策曾經用他一本非常長的專論的整個第二大節來討論 *stimmung*（心緒）一詞。在整個一九八〇年代，薩依德常常談這兩篇作品，驚嘆於它們能夠用那麼小的一個基礎建立那麼大的一座大廈。他主張，如果恰當地動員，一個詞語可以代表作家本人。就像「技術」（technics）會讓人想起孟福（Lewis Mumford）或「炫耀性消費」（conspicuous consumption）會讓人想起范伯倫，我們想到「現世性」（worldliness）和「認屬」（affiliation）時也不能不想到薩依德。

他的讀者總是一個奇怪的組合，由紐約的社交名流、跨界的新聞記者、中東的革命分子和學院的現象學家構成。所以，他的詞彙必須能夠像詩那樣，充滿暗示性和不為單一意涵所囿。他自己的 *figura* 觀念依賴於身體存在的錯覺。他的關鍵字把直接性帶入他的理論性作品，而這類作品會讓《國家》和萬神殿出版社的編輯在第一輪編輯會議即反感。「學術性」這個貶詞是他很想為自己的作品保留的一個面向，而他也想哄一般讀者從這個面向學習。

我們業已看過這些字眼的其中一些，例如「自學」（autodidact）、「業餘性」（amateurism）和「開端／源頭」的對偶。不過，他最重要的其中一個區分卻是「原屬」（filiation）和「認屬」（affiliation）。了解他是怎樣把這兩個在一領域中已經為人所熟悉的詞語，以一種不同的意義用在另一個領域，也許會有幫助。例如，羅蘭・巴特在〈從作品到文本〉（From Work to Text, 1971）中談到「血緣聯繫的神話」（myth of filiation），主張一份文本的「生父」不必追溯至一個作者，因為文字只會衍生文字，不需要一個作家的有意識干涉。一年前，薩依德的哥大法語系同事里法泰雷（Michael Riffaterre）以類似方式使用 filiation 和 affiliation 兩個詞語，以此重說那個老生常談：文本不是真由觀念或事物構成，而是對先前文本的語言叢群的回收再生。[41]薩依德把兩個詞語倒轉過來，用affiliation（認屬）代表一個信仰共同體，用filiation（原屬）來指家族的遺傳性。他的重點在於指出，當這兩類的歸屬「複製家族權威的骨幹時」，都有可能是危險的。想要反對種族歧視和民族沙文主義，絕不能重蹈他們盲目的團結一致性。即便是進步運動，如果是由「行會意識」（guild consciousness）主導，一樣會奉行一種王朝邏輯。[42]

常常被認為太過喜歡論戰，薩依德最感興趣的是打破專業遊戲的不成文規則：沒有人應該批評同事或盟友。在他為沙哈克的《猶太歷史，猶太宗教》（*Jewish History, Jewish Religion*, 1994）所寫的序言中，他對作者的讚美好像就在說他自己：「去反覆述說，去驚嚇，去攪擾，要把懶惰和漠不關心轉化為一種對人類痛苦的強烈關注，讓他們意識到他們也許應該為人類痛苦負責。」[43]不過，他其實（這是他的批評者所未見的）更多時候會安撫讀者，甚至會採取規避態度。例如，看見學院文學批評跟一九八〇年代的保守轉向結盟時，他謹慎地表示：「思想和實踐潮流……在雷根時期扮演一個角色……」[44]

這種措詞是典型的。透過小心避免直接指控或建立因果關係（例如「扮演一個角色」比「是同謀者」較不嚴重），他留給自己一條後路。另一方面，如果他想要，又會把對手修理得體無完膚。例如，當一位筆名海利勒（Samir Al-Khalil）的人攻擊薩依德是海珊的同情者時（其實就連薩依德也常常公開譴責海珊），薩依德罵對方是「鬼鬼祟祟的豺狼」，指出他的懦弱明顯見於他只敢用筆名。[45]這就不奇怪「美國以色列公共事務委員會」在一次訓練課程中告誡親以色列的幹部，當他們想擾亂公眾活動時，「不要試圖打斷薩依德和杭士基之類的人的演講，那樣做太冒險了……薩依德是個狂熱分子，挑戰他你會吃不完兜著走。」[46]

薩依德在一九九八年當選現代語言學會會長後，他的前學生惠特曼（Jon Whitman）——後來去以色列的希伯來大學任教——大動作退出協會，表面上的理由是薩依德在回應批評者時不夠莊重。[47]在他的公開回答中，薩依德提醒協會的會員，他的尖刻還擊是針對惡毒的攻擊，而很多這些被指稱為他所傷的敵人至今仍然是他的好朋友。[48]他對敵人的責難極具娛樂性，甚至因為語言辛辣而有一點點嚇人——他對瓦爾澤（Michael Walzer）和格里芬（Robert Griffin）的公開回應是個中例子。不過他當然也可以站起來破口大罵，例如他在《國土報》（*Ha'aretz*）的一封投書就是這樣，當時班維尼斯蒂（Meron Benvenisti）⑤責怪巴勒斯坦人的喪家失產是咎由自取，又指控薩依德偽造自己的身世。薩依德在反擊時指出，班維尼斯蒂隱瞞了自己一九六七年之後在「耶路撒冷種族清洗所扮演的骯髒角色」，又說這個「粗鄙、瘋狗似的煽動家鼓勵我們使用菜市場的亂七八糟語言，而有鑑於他的作品不知所云，這種語言顯然既不是清晰思維也不是理性交流的最佳媒介。」[49]雖然有這些例子，較為婉轉的批評才是薩依德較為常見的作風。

考慮到對他好論戰一面的挑戰，他在一九八三年指出，有些人認為他不過是個「未公開的馬克思主義者」，所以是時候澄清他的立場。[50]但他始終沒有真正這樣做，而其他試著做這事的人只有部分成功。[51]不管他的觀念簡不簡單⑥，如果我們望向他持續從中學習（有時還會讚揚）又總是不願意加入的三種世界觀，則這些觀念的位置會更清楚。這三種世界觀是：馬克思主義、精神分析和女性主義。

我們有理由同意愛爾蘭詩人迪恩（Seamus Deane）所說的，薩依德並不是一個馬克思主義者，只不過，一個人可以在非常不同的程度上「不是一個馬克思主義者」。[52]就像其他美國外交政策的反對者那樣，薩依德有時會被污名化為「蘇聯極權主義」的同情者。[53]這個指控是荒謬的，但我們也不應該不察，很多吸引他的知識分子的大部分人生都是在支持蘇聯，這包括了湯普森、哈比比、伯納爾和阿慈穆，當然也包括了葛蘭西和盧卡奇。猶有甚者，讓他在專業上深感興趣的第三世界作家，很多都是以在波蘭、東德、捷克和蘇聯集團其他地方當寫作學者而開始寫作事業，這些人包括了南亞歷史學家（也是他的盟友和通信者）古哈（Ranajit Guha）、肯亞作家暨文學批評家提昂戈和巴勒斯坦桂冠詩人達爾維什。

基於實際和政治理由，薩依德總是明確拒絕加入共產主義組織。但蘇聯在中東的現實政治政策在阿拉伯民族主義中激發出一些共產主義團體。共產主義和日常政治是那麼密切交織，以致從巴勒斯坦人的觀點來看，那只是中東原有景色的一部分，不是一種外來的入侵。在其他時候，薩依德又假裝不了解共產主義，以此拒絕朋友和仰慕者凡妮莎・蕾格烈芙（Vanessa Redgrave）的請求，不加入她所歸屬的一個左派政治組織。他所持的理由是：「我對蘇聯的歷史幾乎一無所知，對馬克思主義的歷史更加一無所知。所以我感覺我是一個十足的白痴。」[54]

---

⑤ 以色列政治家，一九七一至七八年間任耶路撒冷副市長。

⑥ 這是針對薩依德說他的思想是由「幾個非常簡單的觀念」構成之說。

早至一九六九年，薩依德便公開過他對蘇聯中東外交政策的有條件讚美。[55]不過，他反覆質疑，一種在西方設計的馬克思主義是不是適用在西方之外：「我還沒看到過歐洲馬克思主義被讓人滿意地嫁接到阿拉伯或第三世界的例子。」[56]不管阿拉伯民族主義有多麼英勇和正直，他一度稱它是借來和不純正，也因此太過「廉價」。[57]因為完全是從其他地方引入，它永遠不會帶有真正的阿拉伯印記。共產主義也是如此。在美國，有組織性的左派因為忙於爭辯反對種族歧視還是進行階級鬥爭比較重要，所以沒有多少東西可以提供給巴勒斯坦人的鬥爭。這也是薩依德不考慮正式參加這些組織的主要理由之一。

除了在貝魯特當古根漢學者那一年曾短暫造訪波蘭以外，他從來沒有涉足蘇聯集團國家，就算在他盛名高峰和受到邀請的時候還是如此。[58]另一方面，他在一個暴露真實想法的憤怒時刻這樣刺激希鈞斯：「你知道我在政治生涯中從來沒有做的一件事情是什麼嗎？我從未公開批評蘇聯……蘇聯沒有做過任何傷害我或傷害我們的事。」[59]雖然媒體猛烈抨擊「享有終身教職的極端分子」和用馬克思主義對大學生洗腦的情形，但大部分學院左派其實都跟馬克思主義保持距離，不然就是把它轉化為一種無傷大雅的生活風格僭越。薩依德小心翼翼，從不落入這兩種情況任何之一。[60]

不管怎樣，對薩依德來說，馬克思主義總是比蘇聯馬克思主義或中東馬克思主義要更大和更古老，可以回溯至馬克思之前的一個可敬左派傳統。我們大可以說，薩依德會把心力投注在維柯，正是為了復活一個更早期的反傳統（countertradition），這個反傳統把尊嚴還給人類勞動，還給普通人創造歷史的能動力，還給創造第一批共和國的階級鬥爭，還給拒絕狹隘專業化的人文主義廣闊精神，而且就像馬克思那樣大膽用一種詩的精神來談論政治理論和經濟學。因為如此，薩依德愉快地把中世紀改革家里恩佐（Cola di Rienzo）譽為人文主義思想的奠基者之一。[61]里恩佐為洗衣婦和酒館老闆所生，是貴族暴行的譴責者和傑出的煽動家，曾經浸淫在拉丁詩人和演說家的作品，想要用他們的修辭技巧來統一義大利。

薩依德又從拉伯雷《巨人傳》中的泰勒梅修道院（Abbaye de Thélème）找到歷史左派的影子：泰勒梅修道院是一個反權威的田園式所在，可以讓人達到思想和體能的圓滿，擺脫權威的箝制。[62]除了從下方顯示馬克思批判的史前史以外，薩依德又致力於拆穿自以為是的文化戰士的偽人文主義面目。他的一個靶子是克萊默（Hilton Kramer）的新保守主義刊物《新準則》（*New Criterion*）——這刊物的撰稿者就像薩依德那樣忙著對「西方文明」的經典發表意見，但目的卻大相逕庭：他們想要把揭發帝國主義文化罪行的人稱為為野蠻人。

他在評價左派時，小心翼翼避免歐威爾（George Orwell）和其他自封「社會主義者」的平衡動作，即透過譴責左派分子的諸神來躲避責難：薩依德對這條公式深有了解，因為那是科拉科夫斯基（Leszek Kolakowski）、奧布賴恩（Conor Cruise O'Brien）和其他與他激烈論戰多年的人的一貫伎倆。他在一篇又一篇文章中為左派說話，還共產主義和馬克思主義知識分子以「人」的面目，讓人們看見他們是一種集體思想努力的全資格成員。[63]經由策略性地讚揚他想要別人閱讀的作者，他提倡了一份揭發美國外交政策和國內監視的書目。他特別喜愛對機構的共謀犯案的研究，不只一次提到桑德斯（Frances Stonor Saunders）談文化冷戰的作品、娜迪亞·哈吉（Nadia Abu el-Haj）談以色列的考古學捏造的作品和格魯伯（Carol Gruber）的《馬斯和敏娜娃》（*Mars and Minerva*），後者研究美國大學在第一次世界大戰期間如何淪為戰爭部的工具。[64]〈旅行中的理論〉（Traveling Theory）是他被引用得最多的作品之一，其內容完全是有關「總體性」（totality）和「物化」（reification）等馬克思主義概念在實際鬥爭中的思想活力是如何被斷章取義，成了一種去脈絡化的純理論概念。[65]當然，薩依德也很多次明確地表達出自由派而不是馬克思主義的政治觀點，不只懷疑攬權的政府，還認為民主制度本身的理路就會帶來新的專制。在〈俗世批評〉（Secular Criticism）中，他把艾略特的英國國教大老身段、盧卡奇的前衛政黨和弗洛依德的精神分析社群相提並論，認為它們都包含「過去與原屬秩序（filiative order）相關聯的那種權威的殘餘」，也就是它們在跟它們意識形態「家族」以外的人打交道時，會失去所有的理性和公道。[66]就像普遍見於自由主義思想的那樣，薩依德形容個人是無可避免會受到群體、政黨和議會的威脅。

同一種中間主義可見於他對葛蘭西的同時代人戈貝蒂（Piero Gobetti）的熱忱，後者甚至為《文化與帝國主義》帶來一個術語：戈貝蒂因素（The Gobetti factor）。[67]作為一個熱情洋溢的年輕文學知識分子，戈貝蒂對薩依德來說代表著一個被放入群眾運動中的淵博、抽離哲學家。就像葛蘭西那樣，戈貝蒂是杜林大學的學生，他在看見了葛蘭西在杜林工人運動中的能幹角色之後，視野永遠為之改變。他比他那一代的任何人更加注意到葛蘭西的教誨：必須和南方發生連結。薩依德寫道：南方的「貧困和巨大的勞動力資源不得不受北方經濟政策和權力的影響，但北方又是依賴於南方。」[68]但再一次就像薩依德一樣，戈貝蒂沒有葛蘭西那麼激進：他雖然支持義大利共產黨，但從來沒有入黨。在法西斯分子統治階段，他發現自由主義理念唯一一貫和有效的捍衛者，就是有組織的左派。薩依德以此暗示，他和左派的聯合只是勉為其難和出於實際考量。他是他自己時代的戈貝蒂。

然而這種說法看來只是另一副康拉德式面具，因為有很多反例存在。有一次，他在一段諷刺性的題外話中提到：我們這些自由主義者把一個處境複雜體（situation complex）稱為「一個修辭訊號，代表著有一個謊言要被說出來，或者有一個嚴重和不道德的串謀正要被掩蓋起來。」[69]雖然承認實用主義哲學家羅蒂有著羅傑斯（Will Rogers）之流的大膽和清晰，也大有影響力，他並沒有被羅蒂的「不容置辯自由主義」打動，也討厭他美國優先的政治觀。[70]因為薩依德對自由派的虛偽沒有好感，親近的同事都認為他「基本上是馬克思主義者」，儘管當然不是共產主義者。[71]

另一方面，阿慈穆認為薩依德雖然尊重二十世紀的馬克思主義哲學家，但「他分析的基本結構……從來不是馬克思主義」，主張他的馬克思主義只是「用來妝點」。[72]杭士基有著相似意見，認定沒有人能夠指出馬克思主義在薩依德任何作品中曾是嚴肅的分析原則。[73]戴爾德麗·伯格森（Deirdre Bergson）——一個早期密友而後來活躍於南非的托洛茨基主義運動——高興於看到薩依德在哈佛大學的畢業典禮演講中承認他後悔沒有更認真研究經濟學，但她又抱怨他從來沒有在作品中提到「階級」一詞（此說非常不精確）。[74]

《東方主義》對馬克思的攻擊在很多人看來讓這個問題塵埃落定。書中一個受到學者們正確責備的舉動是把馬克思和約翰·彌爾歸到同一個陣營，認為馬克思相信印度人智力低下。[75]然而，只要看一看他在〈論重複〉（On Repetition）中對馬克思《路易·波拿巴的霧月十八日》的仔細解讀，我們又會得到相反印象。就在他撰寫《東方主義》的那幾個月，他對德國共產黨的支持仍然是忠誠的，甚至有一點點為馬克思辯護的味道：

> 人們一直都說馬克思把這場鬥爭看成完全是經濟性質，這是一個嚴重誤解……他完全清楚這場鬥爭是物質地**被表達**和可以經濟地被賦予特徵，但我認為他也對有形塑力的辯證，對於鬥爭所產生的內部一致和不和諧非常敏感。這就是他和霍布斯不同之處，後者把人生看成是險惡、粗野和短暫的。[76]

至少，薩依德在這裡明顯批判了資產階級的粗糙唯物主義思想（以霍布斯為代表），並指出馬克思是非常早期和寶貴的文化批評家。[77]如果說他對馬克思有所保留，那看來是為了鼓勵第三世界知識分子擺脫歐洲的圖騰，不管這些圖騰多麼有解放性。他也急切於顯示，他一點都不想「在文學批評前面團結一致」——這是他的常用語，指盟友之間因為同盟關係而對彼此的錯誤視若無睹。他是在暗示，即使像馬克思這麼有解放性和道德高度的巨人，一樣未能完全逃出歐洲中心主義。

有趣的是，他對馬克思主義者的批判經常是從左派的立場出發。他抱怨教授們因為把馬克思主義轉化成為「主要只是一種閱讀技巧」而減弱了它的革命力量。[78]當他看到馬克思的核心作品被不當處理，會表示關切，甚至生氣。例如，一九七六年為哈特曼（Geoffrey Hartman）的《曠野裡的文學批評》（*Criticism in the wilderness*）寫審閱報告時，他覺得作者一個不可原諒之處是「完全略過了馬克思主義和它與黑格爾哲學的關係」。[79]他批評杭廷頓（Samuel Hunting）的部落主義作品

《文明的衝突》（*The Clash of Civilization*, 1996）在論證時完全沒有理會「資本的全球化」。他引用王爾德在《社會主義下人的靈魂》（*Soul of Man Under Socialism*）中的話指出「沒有階級曾經從來意識到自己的痛苦」，又補充說出於這個理由，有需要煽動者來讓痛苦意識化。[80]

特別是在他談巴勒斯坦的著作裡，政治經濟學的考量和階級衝突的困境有著顯著角色。在〈巴勒斯坦的未來：一個巴勒斯坦人的觀點〉（The Future of Palestine: A Palestinian View）中，他處理的是他直接稱為「知識分子的階級角色」的問題。[81]一次又一次，他聚焦在阿拉伯「民族資產階級」的弱點，那就是它無法創造一個市民社會，也因此只能屈服於一個讓人不能忍受的替代選項：「國家安全至上國家」。他後來又在中東報章為文攻擊阿拉伯的自由市場論者。[82]

所以我們有理由認為，阿慈穆和杭士基說薩依德從沒有把馬克思主義的經濟學和社會學觀點整合進他的分析裡是不正確的。這種整合明顯見於他在《和平進程的終結》（*The End of the Peace Process*）中對阿拉伯私部門的研究，但不僅限於該處。[83]一九七二年，在貝魯特看見激進分子的組織和理論意識水平那麼低落，他驚呆了。他對這種困境作出的是一個結構性而不是個人性或偏袒性的解釋：

> 〔我們發現〕生產方式和分配方式分別是直接消費和直接分散。我的意思是，由於這個社會本質上是一個浮面，只是一個外表，它是沒有記憶，沒有立體意識的……所以生產弔詭地就是消費……你生產出一個觀念、一種產品、一個運動只是讓它**發生**：它的持續只是為了消費……沒有歷史可言。[84]

雖然採取馬克思主義的一些思考方式和概念架構，他也抗拒馬克思主義，而理由只有一個：它的黨人沒有有創意性地改編它。

精神分析是薩依德思想構成中另一個被忽略面向。他的朋友安德烈·沙倫甚至聲稱「精神分析是理解薩依德的關鍵。」[85]再一次，薩依德投入「談話療法」的假設和程序的記錄，雖然有挑逗性，卻是非結論性。讀者很容易會忘記（至少是不重視）他在《開端》裡對弗洛依德的長篇討論。他為一九八五年再版的《開端》所寫的新序言中，特別強調這位維也納醫生在書中的重要性。我們可以以此作為弗洛依德理論對他的作品重要的證明，而且，他對康拉德的心理學解讀和他最後一本出版的著作《弗洛依德與非歐洲人》（*Freud and the Non-European*, 2003）也讓他的事業和精神分析相終始。然而，他對這個領域的興趣並不必然會讓大部分弗洛依德派感到高興。

《開端》的細心讀者只會淺嚐到他對精神分析的語言涵蘊的熱心。雖然也談及弗洛依德對夢和戀母情結的分析，薩依德顯然認為弗洛依德的系統主要是有關語言和文本。精神分析明顯是仰賴接受治療的病人不由自主說出的話揭示潛意識的祕密。出於相同原因，作家的想像力在弗洛依德看來不過是昇華中的原欲驅力（libidinal drivers）的結果。《開端》對弗洛依德的運用，主要是透過揭示敘事的空間運動和時間運動底下的動機，以及透過調和觀念與欲望，來打破文學成規。[86]除此以外，薩依德看來對精神分析解讀常常被關聯的姿態——探查被壓抑的症候、心神貫注（cathexis）和身心官能症（psychosomatic neuroses）——沒有太感興趣。

不過，他對弗洛依德的心力投注除了有思想因素，還有個人因素。他在普林斯頓唸大學的時候就開始接受密集的精神分析，自此持續一生。[87]他對父親是個冷漠的人的觀感，他逃離母親讓人窒息的關愛時的陡峭學習曲線，他對自己身分的極度沒有安全感，他在自高自大和自疑之間的激烈擺盪：所有這些因素都讓他需要看心理醫生。他感到在他嫌自己投入不夠的政治生活和他不能沒有的心靈生活之間有著不可調和的緊張關係。他的寫作習慣同樣是折磨人的。他不是讓他的思想循序漸進地寫在稿紙上，而是把他們密封起來，只在談話中透露一二，直到再也受不了才一股腦兒地傾瀉而出。雖然別人不太看得見，但他是生活在極大的苦惱裡。[88]

他在一九七〇年代早期讓自己一頭栽進精神分析文獻裡，手邊隨時放著水牛城大學藝術心理學研究中心的一份詳盡書目。[89]就像他在〈史威弗特的托利黨無政府主義〉透露的，這部分是因為他想讓他的史威弗特研究即便不是一個全面的心理詮釋，至少可以透露出讓史威弗特的整個心理範圍——從關注「自由公正到排泄固著（excremental fixation）」——成為可能的條件。[90]我們知道，他在一九六八年十月忙著為《赫德遜評論》（*Hudson Review*）寫一篇談語言學、心理學和心理治療關聯的文章（後來從未發表），其中讓拉岡一九五三年在羅馬講座中將精神分析中的言說和語言與杭士基的理論互別苗頭。[91]既如此，他會跟輩分和政治立場都不同的精神分析師伯格森（Allen Bergson）及精神分析派文論家羅斯（Jacqueline Rose）建立密切友誼，就是很自然的事。

另一方面，就連《開端》最細心讀者一樣有可能不察的是，在薩依德跟弗洛依德體系的所有調情底下都有一個阿拉伯的基底。早在一九七二年，薩依德便在信中向薩米大聲抱怨說：「自阿維森納（Avicenna）和伊本－赫勒敦以後，阿拉伯人就從未創造出過一套心靈理論（伊本－赫勒敦那一套是借自亞里士多德）。」[92]這將會是一個他反覆提到的主題，越提就越氣急敗壞，決心要改變這種現象。雖然有先進精神醫院和傑出的心理學小說，阿拉伯文化的一大特徵是「心理科學」在它的社會理論裡幾乎完全付諸闕如。[93]另一方面，薩依德讚揚馬哈福茲在再現角色時有心理學深度和捕捉得住「阿拉伯心理經驗的特殊樣式」：

> 西方文化的一個最強有力之處是它的整個結構是由一個人類心靈理論錨碇住……因為沒有自我同一性（ego identity）與自我穩定，關係會轉瞬即逝。說出來的話只有在當時為真，之後就會（比喻性地說）死掉。語言和實在的關連從來未被探究。[94]

薩依德特別強調精神分析的更大公德可能性（civic possibilities）。例如，他非常喜歡艾瑞克森（Erik Erikson）的〈第一個精神分析學家〉（The First Psychoanalyst, 1956）一文，特別喜歡他的自我內部身分衝突的理論。這理論認為自我內部的身分衝突會導致主體在社會的生產角色受到混淆。在弗洛依德，潛意識的本能欲望是心靈生活的最主要推手。與此相反，在艾瑞克森，自我的心理需要是追求一種純社會性的實現。

在為《開端》所寫的筆記中，薩依德對精神分析這些公德面向的描述甚至更加大膽。他指出，弗洛依德在選擇讀醫之前原想成為一名律師、政治家和立法者⑦。事實上，當他在一九三八年離開奧地利踏上流亡之途時，他帶著一部談摩西這位最高立法者的書的手稿。⑧正是從這個角度出發，薩依德看出了精神分析和維柯的《新科學》有類似之處。維柯在研究史前人類的經濟生活時把它與一套心理學連在一起，指出赫丘力士和伏耳甘（Vulcan）⑨神話中對勞動的神化顯示，早期的人類因為害怕打雷，所以被驅使改為務農。維柯讓薩依德喜愛之處可用漢娜．鄂蘭

（Hannah Arendt）一語點明：她輕蔑但精確地稱維柯為「鼓吹無階級社會的意識形態家」。[95]

就像他自己形容的，他的興趣與其說是在精神分析，不如說是在「政治心理學」。他在魯哈納（Nadim Rouhana）的〈政治行為的心理學基礎：以但以理在以色列思想和政策中的角色為例〉（The Psychological Bases for Political Behavior: The Case of Denial in Israeli Thought and Policy）找到一個楷模，該文指出，以色列透過喚起人們對以色列人往昔痛苦的回憶，轉移了它自己引起他人痛苦的該負責任。[96]這就不奇怪，在《在弗洛依德與非歐洲人》中，弗洛依德不那麼是被描寫為潛意識的大膽探索者，更多是被描寫為透過指出摩西是埃及人而質疑猶太人獨一無二的人。猶太人的血緣固然或許可以追溯到亞伯拉罕，但把他們結合在一起的儀式和信仰卻是「來自外部，來自一個偉大的外鄉人。」[97]同樣具有打破偶像作用的是，弗洛依德質疑猶太人是歐洲文化異類的主張。他指出，猶太人深深融入歐洲文化，因此不是真正意義下的外鄉人。弗洛依德也斷然否定錫安主義：他的《摩西與一神教》（*Moses and Monotheism*）是對整齊部落身分的一個歷史否定，因此打開了一扇門，讓其他人可以了解巴勒斯坦人經驗和猶太人經驗的共同性。[98]

如果精神分析對薩依德來說是「文本性」（也就是在解碼潛意識時仰賴書寫與字詞選擇），那它在東方的價值就更多是在社會和政治方面，不是弗洛依德對個人心靈的凝視所能涵蓋。當一

⑦這裡指國會議員。
⑧這書是《摩西與一神教》。
⑨伏耳甘是羅馬神話中的火與鍛冶之神。

個常跟薩依德通信的學界人士布朗（Carl Brown）在一九七二年提議辦一場精神分析會議的時候，薩依德表示歡迎，但希望會議「對該領域的阿拉伯人部分投以特別的注意。」[99]起初薩依德鼓勵布朗致力揭發精神分析在中東被濫用的情形，其中包括阿爾及利亞和巴勒斯坦地區占領軍對心理折磨方法的使用，以及許多西方媒體報導喜歡炒弗洛依德觀念的冷飯——例如，媒體一度把納賽爾引起蘇伊士運河危機的動機歸咎為他對父親的恨意。但他又提醒布朗要注意翻譯的難題：「大部分精神分析學家都不懂阿拉伯語，而大部分懂阿拉伯語的人對精神分析一無所知。」

不管精神分析有多吸引他，他同時也逼精神分析迎合他的意志。他閱讀格林（André Green）的作品（格林是生於開羅世俗猶太家庭的法國精神分析家），又與博拉斯（Christopher Bollas）交往，後者是重要的現代精神分析概念「不思之知」（unthought known）的提出者。[100]所以他甚至熟悉非正規的治療和解釋程序，但又激烈反對它們。對他來說，弗洛依德的最重要身分是作者和風格家，不是有關童年幻想或夢的創造性的理論家。在寫給布朗的一封信中，他以他典型的佯攻動作指出：「第一批心理學家是詩人。」在他的博士論文的序言中，他為這句話添上細節：「對於康拉德文學批評的精神分析偏見的反對，乃他們不過是巫師的徒弟。」[101]簡言之，不管弗洛依德派的文學批評有什麼法術，這種法術都已經由他們的師父（在目前的個案是康拉德）充分施展，這就是為什麼薩依德要把他的仰慕保留給「巫師**本人手上掌握的**力量。」

精神分析能夠提供再多，薩依德都不相信心靈是「可以透過心理學挖掘輕易揭發。」[102]他在事業開始時便見識過的紐約精神分析景觀讓他望而卻步。一九六六年一月九日（當時離他進入哥大任教只有幾年），他描述了一個同事家裡舉行的派對：

看看，在安德森（Anderson）家中的另一晚；從馬庫斯（Marcus）、霍夫斯塔特（Hofstadter）對弗洛依德的有禮、自信，甚至沾沾自喜地使用、佔有和武裝自己，讓我深信弗洛依德已經取代了舊約在猶太人心目中的地位，或者說已經（就像以色列的建國那樣）實現了舊約的預言。應許之地和彌賽亞。單純，願望滿足，一個狂想的實現。一個人的所有衝動和本能都源自一個地方（弗洛依德），然後他們到另一個可以讓他們實現自我的地方：以色列。多麼完美和簡單。那是一個抗拒不了的體系，不只吸引人，還陰險。**必須不惜一切代價避開**。[103]

後來，在他的「弗洛依德書」⑩中，他將會擁抱多伊徹（Isaac Deutscher）對猶太歸屬感一個相當不同的解釋，後者在《非猶太教的猶太人和其他文章》（*The NonJewish Jew, and Other Essays*）中主張，猶太人在歐洲的不安穩地位讓斯賓諾莎、馬克思、托洛斯基和弗洛依德等猶太人同時有一個有利視角和一個反擊的理由。[104]對他們的思想成就的更好解釋是他們的社會邊緣性，而不是性驅力或神的恩賜。他們的邊緣性讓他們沒有選擇躲在安全的堡壘裡，而是和喪家失產的人站在同一邊。[105]

就像精神分析那樣，女性主義和薩依德思想的關係讓人摸不著頭腦。某種程度上，它和精神

---

⑩ 指《弗洛依德與非歐洲人》。

分析有重疊之處，都是一種對欲望、性愛和自我的探索。不管怎樣，薩依德對「女性問題」的熱中比很多人所以為的要出現得更早和更加明確。他的前學生和長期通信人戴爾德麗・大衛（Deirdre David）直接指出：「薩依德是個女性主義者。」而這不只是因為他被聰明的女人圍繞，和她們以平起平坐的地位工作，承認她們的領導，也是因為女人是一個從屬的群體。[106]不過，他從不相信美國學院派女性主義那一套。他指出，米凱萊・巴瑞特（Michèle Barrett）等人在英國的進步政治參與很少見於法國和美國，因為在這兩個國家，「性別的問題變得形而上和被心理學化。」[107]他也沒有忽略第一波的女性運動是和帝國主義「密切勾結」。[108]另一方面，在不同的情況下，她們的追求和他的追求密切相關。他多年來致力在約旦河西岸建立「女性資源中心」，又很快就承認女性在「大起義」中的核心角色。[109]

他主張，就像他作為一個巴勒斯坦人那樣，女性主義願意冒激怒盟友的風險而堅持主張左派和右派不是政治的唯一區分。巴勒斯坦人和鬥爭的女性一樣，都是「缺席和沉默的」社會群體，被「蓄意和有計劃地排除，丟到閣樓去。」[110]貫穿整個一九八〇年代，就在他開始對文學理論失去興趣之際，他看出女性主義「從歷史的觀點看是一個有趣、大膽嶄新的企圖，用往往踰矩的方式跨過論述線。」[111]他常常提到桑德拉・吉爾伯特（Sandra Gilbert）和蘇珊・古巴爾（Susan Gubar）的《閣樓上的瘋女人》（*Madwoman in the Attic*）、珍・佛朗哥（Jean Franco）的《陰謀對付女人》（*Plotting Women*）、瓊・史考特（Joan Scott）那些「精力充沛和令人驚異」的著作、海倫・卡拉威（Helen Callaway）的《性別、文化與帝國》（*Gender, Culture, and Empire*）和愛蓮・西蘇的作品。這些作品「讓人在生產和詮釋藝術時不可能迴避性別的議題。」[112]

在他的萬神殿中當然沒有女性的地位及得上維柯，但女性的角色在他的作品中仍然吃重，在他的音樂評論中尤其如此。受到凱瑟琳·克萊門特（Catherine Clément）的《歌劇：女性的墜落》（*Opera, or the Undoing of Women*）的啟發，他大力評擊西方古典主義中一個令人不安的模式，那就是女性要麼是作為一個為著名男作曲家「帶來靈感的繆思女神、一個被愛慕但地位遜一等的人」，要麼是作為「有摧毀性的誘惑者」，例如貝爾格的《露露》和理查·史特勞斯的《莎樂美》。[113]薩依德也抱怨很少作品探討女性在生產和演奏音樂上所扮演的角色。他指出，女性主義理論在其他領域的老練程度並未見於音樂領域，而這並不奇怪，因為西方古典音樂機構「受到男性的極大支配」。[114]貝多芬的《費德里奧》是在恭維女性還是貶低女性？薩依德並不確定，所以盼望女性主義音樂評論可以提供答案。[115]他固定跟蘿絲·蘇博特尼克（Rose Subotnik）通信（羅絲是所謂「新音樂評論」的鼓吹者），向她討教，又用自己的影響力促進她的事業。

相似地，他感覺自己和社會學家吉蓮·羅斯（Gillian Rose）「心意相通」。她對哲學的駕馭自如和不妥協的思想風格都讓他大為動容，而她也像他一樣，深受阿多諾的影響和對後結構主義極為反感。[116]薩依德對女性主義的好感也有私人因素。他媽媽還在人世的時候，女性就是他最親密的朋友，在個人生活和專業生活上都受到女性的幫助。他和女性在一起的時候也特別輕鬆自如。[117]要向別人徵求意見時，他都是向女人而不是向男人徵求。雖然他自言和幾個妹妹的關係「不是非常讓人滿意」，他仍然向她們暢所欲言，甚至透露自己私生活中最隱祕的方面，這部分是為了自剖，有時是為了誇耀，但總有徵求意見的成分。[118]用塔利克·阿里的話來說，他對被愛和被讚揚的需要「需要得不得了」，而這種需要會帶來緊密的政治和個人關係。[119]

雖然對美國女性主義太挑剔而沒有賦予它核心地位，但薩依德會抬舉受忽略的女性學術研究作品，又下功夫為女性打開事業上的門。他人生後期跟哲學系女同事阿吉兒·比爾格拉米（Akeel Bilgrami）合開了一些課。有一次，當兩人一起走在學院大道上時，阿吉兒（大概是因為認識到薩依德思考方式上很少人知道的一面）提議兩人合開一門有關女性主義的討論課。[120]聽了之後薩依德突然停下腳步（這是一個他常用的姿態），又伸長下巴，就像在說：「妳不是說真的吧！」他這舉動的意義是模稜兩可，但即便阿吉兒只是逗他，薩依德仍然沒有笑她，也沒有說不。或也許他們本來真的可能合開一門這樣的課，只不過薩依德在有這個機會以前便已撒手人寰。

第10章

第三世界說話

THE THIRD WORLD SPEAKS

一首真正的不和諧交響曲。

——薩依德〈城堡〉[1]

除了卡特政府時期，巴解組織的全盛點是一九八八年在阿爾及爾舉行的第十九屆巴勒斯坦民族議會會議（又稱「大起義會議」）。不再謙卑地等待各大國承認他們，與會代表發布了一篇獨立宣言，單方面建立了一個巴勒斯坦國。他們又正式承認以色列的存在，接受聯合國的第二四二號和第三三八號決議案（這兩個決議案認定以色列有權「和平地生活在安全和被承認的邊界之內」），以換取以色列撤出一九六七年之後占領的地區。所有的黨派都同意結束「所有軍事活動。」

巴解組織選派薩依德為傳送這個好消息的使者。一九八八年十一月十五日，他以巴勒斯坦人代表的身分出現在ABC的著名新聞節目《夜線》，喜形於色地從阿爾及爾報告巴勒斯坦國建國宣言剛剛通過的消息，顯得與巴解領導階層前所未有的同心一意。事實上，節目的開始短片正是把他描繪為阿拉法特的左右手。短片中，他坐在一把椅子裡，手中拿著的文件草稿侃侃而談，阿拉法特在一旁看著，面有嘉許之色。節目開始之後，攝影鏡頭對著他和他背後的阿爾及爾天際線，而他則清晰地唸出他一直主張而現已拍板定案的立場：「兩個國家，一個阿拉伯人國家，一個猶太人國家……它們將會分割巴勒斯坦，彼此和平共處。」

巴勒斯坦民族議會的一致共識為時短暫。一九八九年十月在巴黎接受科威特報紙《火炬報》（*Al-Qabas*）訪問時，薩依德預測巴解組織由上而下的領導風格將會把建國運動推下懸崖。[2]他和阿布—盧格德都「受夠了巴解領導層的無知、腐敗和無能。」這個領導階層像個乞憐者那樣把美國政府當成「大個子白人父親」，不知道美國其實是以色列利益的代理人。他過去十五年一直給阿拉法特進言巴解欠缺什麼，卻徒勞無功。他在一九九一年寫給巴勒斯坦外交官萊拉・沙希德

（Leila Shahid）的信中有著相似論調：「他甚至不找我們任何一個出意見。這是哪門子的領導！」[3]「大起義會議」本身就播下了不和的種子。每個人都同意單方面宣布巴勒斯坦獨立和由巴解作為巴勒斯坦人的臨時政府是高招，可以縮減以色列的選項。從此以後，以色列的暴力行為將會被視為侵犯別國主權而不是敉平領土內的暴動。這種立場本已得到好些人的高調支持，其中一個支持者是西格爾（Jerome M. Segal），他是馬里蘭大學哲學與公共政策研究中心的研究學者，曾經在《紐約時報》、《洛杉磯時報》、《華盛頓郵報》和好些其他大報發表大量文章，建議一個和巴勒斯坦民族議會所推出的幾乎一模一樣方案。[4]不過大家在一個問題上意見不一，那就是新政府要怎樣對待「大起義」。有鑑於基層的激進化，很多巴勒斯坦年輕人僅僅拿著石頭和彈弓去對抗坦克，所以應該是以色列有求於阿拉法特，而不是反過來。然而，滿足於新獲得的注意目光，阿拉法特採取溫和路線，願意以土地交換和平，努力「讓巴勒斯坦少年人冷靜下來。」[5]反觀薩依德卻希望鼓勵而不是抑制革命的酵素，在演說中主張「大起義」（甚至他的盟友都不是這樣看）「斷然是本世紀最讓人動容和最有紀律的反殖民起義。」[6]

棘手的政治局勢讓事情更複雜化，隨著老布希準備重劃中東地圖，並在一九九一年一月第一次入侵伊拉克，薩依德帶著憂喜參半的情緒面對柏林圍牆的倒塌。起初他歡迎這事件，看出東歐的動盪和「大起義」有相似之處。[7]然而，一段時間之後，他認為自己不應該採李歐塔（François Lyotard）之類的法國理論家的立場，後者在一系列的「後現代寓言」裡歌頌美國資本主義的勝利。[8]薩依德後來狠狠嘲諷李歐塔所鼓吹的這些論點：沒有信念的生活更美好，高貴的理想具有危險性，消費文化是一種解放。李歐塔稱這些受共產主義垮台啟發的觀點為「後現代狀況」

（postmodern condition）。薩依德在整個一九九〇年代一再修理這種說法。

一九九〇年六月，薩依德母親希爾妲和癌症奮鬥了七年之後，逝於華府。她一直都是由住在首都的女兒葛莉絲無私地照顧，薩依德常常會從紐約過來探望。住在安寧病房和葛莉絲家中的時候，希爾妲每天都要和兒子通電話幾小時。葛莉絲大惑不解，問薩依德說：「你們都聊些什麼？怎麼可以聊這麼久？」[9]他的回答含糊不清：「聊這個或那個。」事實上，他們大部分時間都是東聊西聊，但希爾妲需要這些分心的活動。因為她就像兒子一樣，有睡不著的困擾。薩依德會「問問她每一個他認識的人。」不過葛莉絲懷疑，他們不是要交換消息，只是需要彼此的陪伴。在希爾妲人生的最後六星期，轉移的癌細胞攻擊她的腦部，大部分時間都昏迷不醒。薩依德和葛莉絲守在床邊，不抱希望地等她醒過來。一些年後，他將佩服母親在醫生一再遊說後仍然拒絕接受化療的勇氣。「我不想受這個罪。」她解釋說。

她逝世的象徵意義要更讓人鼻酸。在她人生的最後六年，不停在貝魯特、華盛頓和紐約之間來回穿梭，偶爾會飛一趟倫敦去看專家。就像很多巴勒斯坦人那樣，她在一九五〇年代獲得黎巴嫩公民權，所以不算是無國之人。但他的美國簽證需要她固定出入境。[10]既然她的子女都是美國公民，她本來也可以很容易成為美國公民，但這需要在美國住滿一年，而她對此不感興趣。然而末期疾病卻讓她無法出境，最後導致簽證過期。雖然已經離死不遠，但美國移民暨歸化局照樣展開遞解出境程序，後來完全是因為她的死才讓這道命令無法執行。聆訊的法官責備移民局的官員冷血無情。

在一九八七年至一九九二年間，薩依德磕磕絆絆地寫一本關於背叛的小說。[11]到了一九九〇年代中葉，就像他常常告訴瑪麗安的那樣，他想寫的主題變成阿拉伯男人的性無能（這是《奧斯陸協議》之後很自然會有的想法），不過到了當時，他已經放棄寫小說的計劃。小說背景設在一九五八年政治危機前夕的貝魯特。那是一個陰謀故事，一本有關中東的勒卡雷式或格林式小說，不過龐大的國際角色群讓人不可能看不出康拉德的《諾斯特羅莫》潛伏在它的場景背後。間諜活動、警察鎮壓和政治動機的羞辱是主要的情節成分。薩依德最後只寫出四十五頁，但他對未寫出的部分有詳細的筆記和大綱。故事背景是真人實事：一九五八年，黎巴嫩的穆斯林和德魯茲派因為受到上升中的納賽爾主義的激勵，鼓吹黎巴嫩加入阿拉伯聯合共和國。作為回應，當時的黎巴嫩總統夏蒙（Camille Chamoun）——一位馬龍派基督徒——要求美國進行軍事干預。美國在七月十五日出兵，逗留至黎巴嫩親西方政府穩定下來為止。

故事環繞一個被綁架的醫學系學生展開，他曾經參與校園反對艾森豪和杜勒斯的抗議活動。那個他被線人出賣，被抓進祕密監獄。一個接一個薩依德認識的人以稍微改頭換面的方式登場。那個醫學系學生以殉難的開羅醫生哈達德為原型，就像哈達德的媽媽艾蜜莉（Emily）是希爾妲的代表。[12]他們一個有權有勢但疏遠的親戚是沙巴（Michel Saba），剛出場時是在他的辦公室裡閱讀聖金口約翰（Saint John Chrysostom）①的講道詞。此人喜歡對每個人數說共產主義之惡，是個幾乎沒有掩飾的馬利克。沙巴想要勸說走歪的哈達德皈依基督教，後來在逼他屈服後又把他交給美國人。

在故事中，薩依德本人化身為兩個不同的角色，一個是法蘭哥（Asaad Francob），一個是西德吉（Sidgi）。法蘭哥（薩依德在筆記裡形容他是哈達德的「對立面」）是個「變色龍似」的人物，話非常多，跟一個和美國特工過從甚密的女記者有一腿。西德吉是五十歲的哈佛哲學博士，出版過很多書，享有國際聲譽。這引起他的貝魯特同儕嫉妒，故意羞辱他，要求他先取得當地的高中文憑才可以在美國貝魯特大學任教。

除了可以讓人偶然一窺他的自嘲以外，這本小說的斷片非常寶貴地讓人了解他的美學意圖。根據他的筆記，他認為最佳的巴勒斯坦人書寫成功地做到了「古典／普遍和新穎／情境性」之間的平衡，也就是找到赤裸裸寫實主義和儀式之間的中間場域。[13]小說中的貝魯特只能代表自己，是一個充滿國際都會風情和內部傾軋的地方，但它同時是「新生的阿拉伯舞台」。法蘭哥與其說是一個人不如說是一個謎樣角色，一個「完全自由的人」，能夠「逃得掉一切罪責和不會累積底細。」西德吉象徵一個「跟阿拉伯切斷關係」的西方知識分子，「沒有力量改變什麼，又太過老實，不能歸附於任何黨派。」如果說西德吉比法蘭哥（我們後來知道他就是背叛哈達德的人）稍不那麼讓人反感，薩依德對他的描繪一樣是不留餘地（這描繪加入了一點阿慈穆的味道）：一個有貴族血統的論戰家，「從來不懂得隱密和間接，就像是走過草地的大象。」在一處特別尖刻的題外話，他透過描繪他的分身的外形來指出自己的成色不純：「身高高得不成比例，身著『李維氏』褲子、狩獵夾克和『布魯諾．馬格里』鹿皮鞋：這一切讓他跟灰衣灰褲和主要是穿拖鞋的年輕男女判然有別。」

---

① 四世紀君士坦丁堡大主教。

我們不清楚他最終想讓這小說採取什麼形式，但斷然不是採取寫實主義小說的「綿長敘事線」（long narrative line），因為他認為這種敘事線罪在讓人有連續性的錯覺。他認為這跟巴勒斯坦人的經驗不符。他建議說：「和斷片在一起。我信賴它那讓人分心的短暫，信賴它的總是能夠讓人耳目一新地重新開始的能力。」只有那樣，他才能夠克服「陰險的拘束……讓我的『主體性』源源流出。」安全地把「主體性」一詞放在引號裡，他想要不惜一切避免很多第三世界抒情詩和見證小說（testimonial fction）的自剖調子。

最後，他自己的作者人格（authorial personality）讓他驚恐，而這和他拋棄這小說有很大關係。後來，他在一篇異乎尋常的文章中解釋了理由，而這文章是受他的朋友、南非小說家和諾貝爾獎得主葛蒂瑪（Nadine Gordimer）所啟發。文中，他指出作者的角色是社會的喜劇演員，當他們用文字無懼地或漂亮地捕捉住存在之後，便任務已了。[14]從外面和上面觀察愚蠢和不義，然後就接受了它們：這種危險讓他感到猶豫。小說家做不到的事只能靠文學批評完成，而這表示對現狀說不，不去忠實地複製它。

一九九一年九月，就在要把小說擱置一旁的前夕，薩依德在倫敦辦了一個會議，希望可以強化巴解組織的軟弱談判立場，為計劃在十月底舉行的馬德里會議做好準備。馬德里會議由美國和蘇聯共同主辦，目的是把約旦、黎巴嫩和敘利亞拉進談判，讓和平進程活過來。和另外四個「美國巴勒斯坦事務委員會」的成員一道，薩依德要著手「打破政治僵局」。[15]可惜的是，受到派系爭吵和同一批讓人疲累的論點困擾，薩依德的這一番努力以失敗告終。[16]他再次看出巴解領導層喜歡走後門和仰求恩典的毛病。由於兩個超級強國都向巴解組織示好，它的一眾領導人不再感覺有必要爭取大眾的擁護。如果說薩依德本來沒有怎樣意識到，但在馬德里會議之後，他已經多多少少被完全晾到一邊。奧斯陸災難的方程式業已成形。

與此同時，由於一向關心健康，他在會議的休息時間打電話回家，想知道最近接受的一項血液檢查結果。兩年前，薩依德的家庭醫生哈智（Charles Hazzi）注意到薩依德的白血球數量有點多得讓人起疑，而且穩定增加，這是可能罹癌的第一個徵兆。因為知道有這種可能性，薩依德比平常更加急於知道最新檢查結果。讓他意外的是瑪麗安並沒有說他可以放心，反而要他直接聯絡哈智醫生。最後，經過他的再三追問，她說出了壞消息。

檢測結果顯示他得了慢性淋巴細胞性白血病。[17]哈智把情況淡化，堅稱這種病不是生死攸關，只要一個好的血液病學家就能治療得了。娜吉拉和瓦迪得到應有的知會，但又被告以不必憂慮，因為他們的父親沒有立刻的生命危險。薩依德的反應起初是鬆了一口氣，因為他雖然有很重的慮病症②，卻不想成為一種真正疾病（尤其是一種威脅生命的疾病）的一部分，所以急切尋求慰藉。

不過當他回到紐約，在「斯隆－凱特琳紀念醫院」接受檢查後，情況卻急轉直下。帶著被

②「慮病症」是老是懷疑自己有病的心理病。

他認為是讓人不敢恭維的冷漠態度，醫院的醫生告知他即將死去。他不願意接受這個判決，所以另尋名醫，六個月之內就找到了坎帝・雷（Kanti Rai），對方是「長島猶太醫學中心」一名有創新性的血液病學家和腫瘤學家。薩依德接下來十年都由他醫治。隨著時間過去，坎帝・雷將成為薩依德的朋友。薩依德介紹他讀尼采的作品，邀請他上討論課，又拜託葛蒂瑪帶他遊南非。作為回報，坎帝・雷（他家鄉在印度的久德浦）一九九六年在女兒的婚禮上介紹薩依德認識拉賈斯坦邦的「蘭加」音樂（*Langas*）。他們的交情因為互相分享有關大英帝國的劣行故事而加強。一年後，薩依德造訪印度，在德里和加爾各答演講。

薩依德習慣於把感覺祕而不宣。他有一種讓別人相信他們是密友的本領，但事實上，他會留住最有披露性的弱點和疑惑不說，直到感覺是時候說出去為止。而每當他說了，就會告訴每一個人。在癌症確診之後，他決定保持沉默。然後一星期後，他在半夜醒來，告訴瑪麗安，他想告訴全世界他得了癌症。[18]她勸他做更多檢驗之後再說，但他心意已決。第二天開始，他打電話給一個又一個朋友，就像只向他們一個人吐露，告訴他們他生了病，情況不樂觀。

坎帝・雷剛開始時（一九九二年六月）用單株抗體對他進行免疫療法，但到了一九九四年三月之後被迫改用更傳統的化療方法（「氟達拉濱」〔Fludarabine〕和「利妥昔單抗」〔Rituximab〕）。[19]他把最強劑量的治療留在夏天，讓薩依德有足夠時間復原，可以在新學期教學。因為虛榮心和不認輸的心理作祟，靠著意志力，他在治療的前五年成功保持相對正常，維持了一個身強體壯的健康假象，甚至保有一頭頭髮——儘管有點變稀疏。但是到了一九九〇年代後期，化療對他的傷害明顯可見。他英俊的臉孔變得蒼白，兩頰凹陷，腹部的一顆腫瘤讓他消瘦之餘卻體重增加。

薩依德在一九九二年五月開始動筆寫《鄉關何處》，作為對末期診斷的直接回應。這是他改變了的前景所激起的許多里程碑之一。[20]當年八月，他快速修改準備出版的文稿，但不是一本文稿而是兩本：一本是他二十五年來的政治作品集《喪家失產的政治》（*The Politics of Dispossession*, 1994），一本是《知識分子論》（*Representations of the Intellectual*, 1994）。當時他仍然把他的回憶錄稱為「格格不入」（Not Quite Right）。回憶這部自傳的起始時，他說他「開始非常沉迷於自傳的樂趣——對，也非常沉迷於自傳的難題。」

診斷出罹癌的四個月前，雖然當時他在政治上已經一敗塗地，但新的能量從一個預期不到的角落傳來。一九九一年五月，他被邀請到南非，在「戴維學術自由講座」（T. B. Davie Academic Freedom Lecture）演講，也跟西蘇魯（Walter Sisulu）和曼德拉見了面。曼德拉是前年二月結束二十七年的囚徒生涯，獲釋出獄。[21]在開普敦演講前，由約翰尼斯堡的金山大學作東，薩依德成為「非洲國民議會」的貴賓——「非洲國民議會」當時仍然是反種族隔離的核心力量。他和曼德拉只有短暫會面，但和西蘇魯（另一個坐牢多年的領導人物）有較久晤談，討論了「非洲國民議會」的鬥爭史。「非洲國民議會」其實已經因為背叛自己的原則和領導層腐敗而變質，但這在當時還不廣為人知。不過他一些左派的南非親密友人不像他那樣，對該組織表現出無批判性的尊崇。[22]他沒有理會他們的提醒，所持的理由是要為巴勒斯坦人運動尋找可以借鏡的戰術。

他與西蘇魯的談話讓他在四個月後策劃倫敦會議時格外起勁，因為這些談話讓他知道「非洲國民議會」當初是致力占領道德高地，而不是進行注定失敗的軍事鬥爭。這種與反殖民解放鬥爭的認同就他所知是對一九八〇年代反動精神的最佳反駁。在一個格瑞那達的畢曉普（Maurice

Bishop）的新寶石運動（New Jewel Movement）被粉碎、桑定人民解放陣線衰竭、薩爾瓦多內戰和美國入侵巴拿馬的時代，薩依德認為巴勒斯坦的未來寄託於一種類似的第三世界革命運動：認識到象徵有力量可以激發起廣大的國際回應。當然，這種放軟的姿態會受到攻擊乃是意料中事。「解放巴勒斯坦人民陣線」譴責他太過資產階級，他則和該陣線的領袖哈巴什（George Habash）決裂，因為後者在一九八八年的「大起義會議」上堅持強硬路線，不肯承認以色列，而薩依德和大多數人站在同一邊。

他在拜會「非洲國民議會」之後的媒體策略可以在《彭特克沃：真理的獨裁》（*Pontecorvo: the Dictatorship of Truth*）窺見。《彭》是他為英國廣播公司第四電視台製作和旁白的一齣電影，在一九九二年五月六日播出。這齣引人入迷的紀錄片表面上有關一個義大利新寫實主義導演，卻採取反殖民主義路線，聚焦在彭特克沃蓄意拍成黑白片的經典之作《阿爾及爾戰爭》。薩依德用這齣電影來探索第三世界反抗運動的美學。不過他對彭特克沃後期的作品表示失望，認為它們為了強調藝術自主性而放棄了觀念之美。

早幾年前，在一九八八年，他曾經到羅馬拜訪彭特克沃，站在門前台階「作了最儉約的自我介紹。」彭特克沃是中產階級猶太人，成長於墨索里尼的時代，在巴黎見過畢卡索、史特拉汶斯基和沙特。他先是以網球手的身分住在巴黎，後來成為共產主義青年運動的二十四歲領袖和北義大利反法西斯反抗軍的領袖。薩依德在紀錄片中提出一個疑問：一個這麼有政治激情的人怎麼會在較近期的作品中用影像和音樂把政治激情完全昇華？薩依德暗示，是唯美主義讓他廢去武功。[23]他又感嘆，這個曾經啟發過奧利佛．史東（Oliver Stone）、加夫拉斯（Costa-Gavras）和貝托魯奇

（Bertolucci）的人竟在聲名和影響力都如日中天時完全從歐洲電影舞台消失・原因只是不願意讓製作人干涉他的藝術。可悲的是，他本來計畫拍一齣有關「大起義」的電影，但後來一樣成為他的完美主義的犧牲品。

受到時代的圍困，薩依德發現自己在巴勒斯坦運動裡面越來越孤立。那一年的八月二十四日，他在維吉尼亞州和前總統卡特見了面，然後，他在九月寫信給卡特，請他支持「福利協會」（Welfare Association）。該協會是一個私人募款組織致力於幫助在約旦河西岸、加薩地帶、以色列和黎巴嫩的巴勒斯坦人。他一直設法安排卡特和協會的副會長阿比德（George Abed）見面，後者著有《一個巴勒斯坦國家的經濟可存活性》（*The Economic Viability of a Palestinian State*, 1990）。[24]

雖然有這些倡議且在前十年作出過其他類似的倡議（部分也是因為這些倡議），巴解領導階層在一九八九年放出讓人憤慨的謠言，說薩依德與美國狼狽為奸。一九八八年在「大起義會議」會後接受《火炬報》訪問之後（這是他第一次對巴解組織的領導階層表示不信任），他受到巴勒斯坦民族議會外交事務委員會主席沙斯（Nabil Shaath）攻擊，又受到了卡納法尼（Marwan Kanafani）攻擊，後者是前「阿拉伯聯盟」官員，也是知名巴勒斯坦作家加桑・卡納法尼的兄弟。他們對薩依德的其中一個指控是，自從他在一九八三年當上「外交關係會議」（Council on Foreign Relation）的成員之後，就和以色列工黨的政治人物結成聯盟。[25]這很諷刺，因為薩依德多年來都主張巴解組織把希望放在「自由派」的以色列工黨是一種致命的誤算。然而，指控者認為他跟國務院和《外交事務》雜誌一些人物的舊校友關係可疑。另外，大衛・洛克菲勒（David Rockefeller）較早前邀請他到「三邊委員會」（Trilateral Commission）演講一事——他推辭了——也被認為是不利於他的另一證據。[26]

情況混沌得足以讓在巴黎發行的阿拉伯報紙《第七日報》（*Al-Youm al-Saba*）經過權衡之後站出來捍衛薩依德，反對他已經換邊站之說。薩依德指出，阿拉法特和巴解執行委員會成員拉博（Yasser Abed Rabbo）一樣應邀參加「外交關係會議」，而且殷切接受。他說，拒絕這種機會是愚蠢的。畢竟，該委員會並不僅僅是一個惡性的親美顧問團。正如薩依德在《第七日報》的採訪中指出的，「外交關係會議」是一個「私人組織，其成員都是對美國外交事務有興趣的傑出人物。」[27]它對美國外交政策的影響力——薩依德認為這種影響力很多都是災難性——讓它幾乎相當於英國的「漆咸樓」（Chatham House）——「漆咸樓」的正式名稱為皇家國際事務研究所，是位於倫敦的非營利非政府的智庫組織。所以，「外交關係會議」是一個人可以讓自己的聲音被聽見的地方。事實證明，不只是巴解組織，就連薩依德的敵人都誤解了他的立場和企圖。他的以色列戰友沙哈克挖出的一份「美國公共政策企業研究院」的報告顯示，他們曾經想要借助薩依德和卡里迪（Walid Khalidi）「在巴解組織製造分裂，並讓巴解願意跟以色列人討論大衛營協議。」[28]

不到一年，他的政治生命將會進入下一階段——前後兩個階段清楚由一九九三年九月的《奧斯陸和平協議》清晰劃分。號角齊鳴聲中，阿拉法特與拉賓（Yitzhak Rabin）在白宮草坪簽署了協議。在這羞辱性景象之後，薩依德充滿怨氣地跟阿拉法特決裂——要知道，他在一九七〇年代和一九八〇年代都不遺餘力為這位巴解主席辯護，而當時阿拉法特的名字在公開提及時極少不被唾罵。自此，薩依德再一次需要兩線作戰。

違逆時代並不代表不會受到時代的獎勵。一九九一年六月，他成為聲望崇隆的「美國科學與藝術學院」的學者——不過他要到二〇〇二年才當選院士，當時藝術批評家暨理事會委員（也是薩依德研究所時代的朋友）弗萊德（Michael Fried）出面干涉，指出早早就該把這榮譽授與薩依德。[29]一九九四年，教科文組織授與他「畢卡索終生成就獎獎章」。當年四月，除了哥大學生會頒獎表揚他「對核心課程的貢獻」外，他也成為第一個兩度贏得「特里林獎」的教員，這一次是以《文化與帝國主義》獲獎。評選委員稱這書為「鉅著」。[30]

不過他的最大收穫不在獎項而在平台。「睿思廣播講座」（Reith radio lectures）是英國廣播公司一年一度的旗艦性節目，由羅素創立，歷年的主講人包括奧本海默、馬茲魯伊和高伯瑞（John Kenneth Galbraith）。雖然英國的保守派分子在小報為文反對，薩依德還是主持了一九九三年的講座，講題是知識分子獨一無二的歷史角色。他後來對朋友表示，他是「瘋了才會接受這個演講」。他必須在「大概一個月之內」寫出六篇可以馬上出版和廣播的演講稿。[31]這個講座彌補了他一直想寫卻沒有寫出來的知識分子角色研究。最後，他如期交稿，講稿後來以《知識分子論》（*Representations of the Intellectual*）為名出版。

因為忙於演講，他無法太常與家人相聚，儘管健康情況讓他強烈感覺有需要家人的陪伴。一九九三年，當時還是大一新生的娜吉拉陪伴父親前往法國參加一場教科文組織主辦的研討會。一位與會者是諾貝爾得主、哥倫比亞小說家馬奎斯。薩依德極為仰慕馬奎斯，曾經向友人熱烈讚揚他的中篇小說《沒人寫信給上校》（*No One Writes to the Colonel*）。[32]在接待酒會上，馬奎斯直接走到娜吉拉面前，用法語問她：「妳讀過我哪些書？」他明顯會向遇到的每個人問這個問題。因為不能撒謊又無法閃避，她迅速回答說：*rien*（沒有）。[33]馬奎斯覺得這有意思，又因為娜吉拉漂亮，他就挽住她手臂，在酒會現場到處與人寒暄，就像她是他的約會對象。

不過這種讓人愉快的小插曲並不多見。雖然對自己的病情憂心忡忡，但薩依德好些年都沒有改變生活方式。只有到了一九九三年前後，病情的軌跡更清楚，他才認真考慮改變。[34]他的其中一個舉動是大膽公開演奏鋼琴。在這之前雖然他也會在家裡毫無保留地彈琴給學生和朋友聽（包括六十歲生日派對那一次），但在大學畢業之後，他的唯一公開演奏是在爾灣（Irvine）主講「韋列克音樂講座」期間彈奏短短幾段樂曲來說明自己的要點。他在普林斯頓時代的宿舍室友索倫姆（John Solum）看出他有表演焦慮，薩依德認為自己是時候克服這種焦慮了。所以，他在一九九三年四月二十七日和戴安娜．塔基丁（Diana Takieddine）假哥倫比亞大學的米勒劇院進行了一場聯手表演。戴安娜是職業鋼琴手，也是一九七〇年代他在貝魯特的同志，兩人彈奏了布拉姆斯、莫札特、蕭邦和舒伯特一些有難度的雙鋼琴作品．後來兩人又在喬治城演出一場。上台致詞時，他自謙地稱戴安娜為「真正的鋼琴家」。

公開演奏帶來了始料未及的好處：讓敵人無法把他看成只是一個不友好的論戰者而小覷他。[35]聽眾發現他的演奏耀眼，有細緻的變化轉換和表達上的輕盈。演奏之後，他起初就像進行了一場成功演講之後那樣飄飄然，為自己能夠完成演奏欣喜若狂。之後，他寫信給一個同事，帶著不必要的謙遜，表示他遺憾對方錯過了演奏會，理由「不是因為演奏得有多好（我猜是過得去），而是因為那是一場哥大的盛事——至少從我的觀點看是這樣。演奏會之後，我花了三天才下得了床。」[36]在演奏前的幾星期，他拚命拉著戴安娜練琴，務求演出要成功。聽眾中的一些專業音樂家自然聽出來彈錯的幾個音，他們有些人還在中場休息時間嘀咕。意識到自己不是專業演奏家，薩依德後來在電話裡向朋友阿倫．伯格森掏心掏肺，怪自己做了可怕的事，讓自己變成傻瓜。[37]不過聽眾的反應顯示完全沒有這回事。

與此同時，哈佛大學再一次想要網羅他，而這一次他認真考慮接受。[38]薩依德爭取薪水和津貼的本領一向在朋友間傳為佳話，不過這一次，他在意的不是薪資問題。[39]劍橋比紐約要幽靜，很有他研究所時代享受過的修道院生活的味道，他認為那是一個適合歸葬的地方。[40]如果說他不太可能願意離開世界的媒體和出版之都（更不要提紐約有世界最好的歌劇），但他和劍橋仍有許多淵源，而且娜吉拉一九七四年就是在那裡出生。

近十年前哈佛的另一次邀聘時，他在一九八五年十二月二十六日寫信給李文，把他對紐約的感覺說得很清楚：儘管紐約步調狂亂，他卻感到一種「越來越深沉的孤獨……所以一個人無時無刻不更加孤單。這個最無根的城市的疏離效果放大了人的孤獨。」[41]當死亡臨近時，情形更是如此。不過後來當薩依德意識到他想要離開主要是因為紐約有所欠缺，而不是劍橋多有魅力時，他反悔了。一九九三年四月二十二日，他推辭了哈佛的邀聘，哈佛對他二十年來的追求自此落幕。[42]才四個月後，他被要求幫助世貿中心炸彈案的嫌犯阿亞德（Nidal Ayyad）的律師評估「兩封美國政府用來作為主要證據的短信的語法風格。」薩依德在三星期後以三言兩語婉拒了邀請。[43]

在法國社會學家布迪厄的幫助下，薩依德找到了第二個重要舞台。他在一九九六年應邀到法蘭西學院進行一系列演講，演講的核心內容後來成為他最後一本書《論晚期風格》（*On Late Style*, 2006）之所本。[44]他在八月寫信給布迪厄說明他的演講計劃時表現出典型的缺乏信心：「到最後，儘管有種種考量，我還是決定要用法語演講。這不能不說是個大冒險。」[45]薩依德的自疑再一次放錯地方。英國歷史學家和小說家華納（Marina Warner）特地到巴黎聽薩依德最後一場演講（論阿多諾），對他的流利法語和能夠在問答時間用法語與聽眾互動印象深刻。其他聽眾顯然也有同感，因為他談華格納的演講座無虛席。演講結束後，他到萊拉．沙希德的家吃了一頓正式的晚餐——萊拉．沙希德是第一個巴勒斯坦籍女大使，當時駐於巴黎。[46]

隨著他被巴解組織晾在一邊，音樂在他的人生中變得有更大的分量。一個理由是音樂可以提供他一種認知和感覺的方式，而這種方式是他很多同事的評論軍火庫裡所沒有。其次是音樂沒有學術敵對或政治傾軋的包袱。結果就是，音樂自行找到方法闖進了他看起來甚至最不音樂的著作，包括《東方主義》的續集《文化與帝國主義》和《論晚期風格》。

不管有多麼淵博和優雅，《文化與帝國主義》都奇怪地有著沉思默想的味道。「沙漠風暴行動」（1991）的陰影籠罩著它的書頁和它的情緒。就像他從以前放棄的計劃中所學到的，寫一本範圍那麼大的著作潛伏著很多危險，而事實上，書中的學術參考資料（sholarly apparatus）有一點看似是臨時放進去。書中提到幾百本書的書名（通常都是一筆帶過），卻沒有述及把帝國主義視為一個經濟過程或體系的卷帙浩繁著作的任何之一。如果不提現代資本主義這部精密的國際機器，又要怎樣談帝國主義？就像作為補償似的，他把信任放在那些作品與經濟理論捲纏在一起的文學批評家。

批評「物化」（reification）的盧卡奇——「物化」是指社會把一切個人關係變作待沽之物的傾

向——便是這樣一個批評家。[47]在《文化與帝國主義》中，薩依德靠挖掘小說的形式特徵和主題特徵以追溯歷史趨勢，這讓他比任何時候更加向盧卡奇靠近。他對盧卡奇的仰慕當然由來已久，然而，他在此書中對盧卡奇的借用卻不是他在更早期文章中突出的那些。在一九六七年寫給斯塔羅賓斯基的信中，他大力讚揚盧卡奇，所持的理由很多都是他的美國同事認為是盧卡奇的毛病之處。例如，他讚揚這位匈牙利馬克思主義者的詮釋模式，這種模式追溯了文學作品與「世界觀及社會文化狀況」的連續性，表現出讓人驚嘆的「理論精細度」。[48]在《文化與帝國主義》面世前，他曾擔心這一類對小說的政治解讀也許是一種誤讀。一九八九年寫信給他的前指導老師恩格爾時，他不安地說：「我不希望你以為我只是把文學視為我信念的載具。我是把文學視為全球過程的一部分，而這個過程受到了文學作品的漂白。」[49]

薩依德認為，有很好的戰術理由讓人只處理作者的一部分意圖。不去全面了解他們的全部意圖，讓他可以為了特定目的而動員已取得共識的理解。這是他在《開端》之後採取的一種典型姿態：為追求有原則的清晰而犧牲大學者的細緻入微。這讓人聯想起葛蘭西對克羅齊（Benedetto Croce）的回應。克羅齊是大有影響的知識分子，曾嚴厲批評共產主義運動，指其對某些概念的解釋粗糙。葛蘭西同意這是事實，但又補充說，稀釋困難的概念是所有群眾運動的特徵，而且是傳播這些概念所必需。薩依德的典型態度見於他一九九二年在《泰晤士報文學增刊》中對兩個年輕理論家近作的評價：「有時他們會容許他們複雜精細的理論思維模糊掉權力的懸殊……為什麼不乾脆研究像湯普森（Edward Thompson）這一類公開反對帝國主義作家的作品，或者研究同一時期印度和非洲民族主義者的作品？」[50]

不管怎樣，薩依德在《文化與帝國主義》中詮釋文學時很少管美學形式的問題。他毫不害臊地主張應該把小說視為它們時代的體現者，認為這種閱讀方式不會降低作品的藝術價值，反而會補充「它們與其真實背景的複雜關係。」[51]李文在《號角之門》所說的話多多少少可以反映出他的前學生的觀點：「現代西方小說的主要傾向是作者蓄意和決心直面、反省和批判生活。」[52]把目光放在這種決心上，薩依德追隨《號角之門》的腳步（這書是他從哈佛畢業那一年出版），把李文所說的「可分離的內容」（separable content）和「純文學的調情」（belletristic philandering）區分開來。[53]至少是出於戰術考量，前者都更受兩人青睞。

《文化與帝國主義》是一個龐大的研究，花費的努力相當可觀，也把薩依德的敘事力量伸展到了極限。在信中，他焦慮地提到「這書的架構有一點太大。」[54]它有關珍・奧斯汀的《曼斯菲爾德莊園》和威爾第的《阿依達》這有爭議的兩章——它們引起了好些起而捍衛奧斯汀的女性主義和威爾第的反殖民主義的憤怒回應——顯示出藝術作品怎樣靜悄悄地記錄和否認暴力的帝國關係。[55]這種主張的基本前提是真正的藝術對身處的環境非常敏感，能夠見證出它缺乏能力去診斷的價值。

對《文》書這個有時會被嘲笑的面向——例如阿慈穆就取笑說「一個帝國主義國家的文化會反映帝國主義態度幾乎不是新聞」——完全沒有觸及這本書的雄心。[56]受到很多人的熱烈讚美（例如杭士基就認為它和《巴勒斯坦問題》並為薩依德最重要的著作），到了一九九三年六月已經印了五刷，《文化與帝國主義》和見於報章雜誌中對它通俗摘要極少相似之處。[57]例如，休斯（Robert Hughes）在《時代》雜誌寫道：「這本書的重頭戲在於帝國的三個面向——帝國主義、

「土著」的抵抗和去殖民化——如何協助形塑了特別是英國和法國的小說。」[58]

其實《文化與帝國主義》的雄心要大得多。不願意光是把帝國主義視為一種「心理態度」，薩依德把全書的論證牢牢繫於土地侵占的鐵錚錚事實。這只是以另一種方式把經濟學帶進一個看似忽略經濟學的論證：「到了一九一四年，土地侵占的年增長已經到達驚人的二十四萬平方英里，而歐洲占有總面積大約為地球八五%的殖民地。」[59]薩依德屢屢提醒讀者，從貿易不平衡到鐵礦開採和殖民地教育系統，一切都關係到對土地的爭奪。就像《東方主義》那樣（後者的終章從拿破崙的埃及談到美國國務院），《文化與帝國主義》的結尾處把眼睛轉向今時今日的帝國，指出跨國公司所做的事形同是爭奪「公共空間」的一場戰爭。[60]

土地的實在性和全球土地就那麼多的事實讓這書有了一個基礎，有助於薩依德擋開一個指控：他太過觀念主義，把意象和觀念的重要性置於武器、金錢和自然資源等實際決定因素之上。其中一個這樣指控他的人是其朋友和政治盟友班納（Sami Al-Banna）。事實上，薩依德強調了土地的頑固永恆性、地點的邊界和英語的專橫核心性。他對地理的著迷對到過他家拜訪的人來說一目瞭然，因為他家裡收藏了不少將軍們在戰情室裡審視敵我形勢所使用的那種大型地圖。他會用這些地圖向客人顯示巴勒斯坦人受到什麼樣的圍困，他們是怎樣受到不同的「班圖斯坦」（Bantustans）侷限③，穿過他們土地的道路是怎樣被禁止進入，情形就像種族隔離政策底下南非的黑人城鎮系

③「班圖斯坦」是南非政府為黑人居民留出的領土，是作為種族隔離政策的一部分。

統。[61]

雖然《文化與帝國主義》沒有直接提到以色列對巴勒斯坦的占領，但在他詳述西方人對印度、非洲和東南亞的征服時，顯然是有相提並論之意。不過他在這樣做的時候作出了一個讓班納和其他人認為太過觀念主義的舉動：大大擴張了他本來的「想像性地理」概念。他從沒有比在《文化與帝國主義》更有力的主張，在一片土地定居或工作的權利「會在敘事中有所反映、爭論和甚至被決定。」[62]對土地的法律權利總是被授予那些聲稱有繼承權或以前在一片土地定居過的人。兩者都是由對過去的某個版本而非另一個版本的故事所支撐。最終法律會確認贏得最多聽眾的故事。

他對觀念形塑力量的強調和他對土地的物質性的強調明顯衝突，而這是他的書寫計畫包含內在矛盾的另一個徵兆。這種矛盾可以從他對「帝國主義」一詞本身的用法看出。在全書開始時，薩依德大膽逆轉帝國主義和殖民主義在一般人理解中的時間前後順序。按照傳統的理解，殖民主義出現得較早，那是民營企業和控股公司在十五至十九世紀期間所進行的實利性和非系統性過程，著重掠奪資源、強制土著勞動和在海外建立定居者社群，最後得到了國王的幫助。東印度公司是這一類行動的範式。

根據較一般的看法，帝國主義是十九世紀晚期對殖民過程金融化的結果。和殖民主義不同，帝國主義透過懲罰性的貿易協議、國際貨幣基金會的利率操控、政府制裁和世界銀行的緊縮計畫，從遠處發揮控制力。它的權力不是來自占領其他國家、建立官僚系統或者訓練土著精英，而是透過軍事介入的威脅、制裁和短暫的軍事占領取得。薩依德把這種先後順序倒過來。在《文化與帝國主義》中，他不認為帝國主義是一個奠基於資源掠奪和強制勞動的體系的延伸，而認為它出現得比殖民主義更早，是發自征服和壓制他種族的原始衝動或甚至慾望：「對從屬的、低等的或不太先進的人的長期統治幾乎成了一種形而上的義務。」他進一步主張，殖民主義「如今已大體結束」——這種立場和他早前對這個問題的說法相牴觸。[63]

此說還跟《文》書的另一個雄心相衝突，該雄心也是那篇《時代》雜誌的書評和其他主流媒體沒有提及的。不管他的一般讀者還是學院讀者，都沒有注意到這書的一個清楚目的是讚揚反殖民解放運動的黃金時代，其核心人物包括了法農、盧蒙巴（Patrice Lumumba）和卡布拉爾（Amilcar Cabral）等。薩依德不只強調他們的經驗繼續有相關性，而且強調他們所提供的模型比學院當前流行的那些更能讓人理解當代帝國主義體系。這種對於殖民主義是否仍然存在猶豫不決也反映在書中兩種南轅北轍的情緒類型：仔細的文本解讀中夾雜著對無名英雄的歌功頌德，專業的學術評估中夾雜著反抗分子被監禁、被刑求的軼事。後者給了這本書一種煽動群眾味道，而這種味道跟它的重量級參考書目和偶然的猶豫不決不融洽地並存。

雖然有時會有思想上的矛盾，但薩依德用一個一貫的渴望把全書統合在一起。不管他還希望些別的什麼，他在《文化與帝國主義》裡的一個希望都是終於開始找到一個有原創性和完全本土的第三世界理論——這種理論是他多年來抱怨缺乏的。他一度看似在孟加拉歷史學家古哈（Ranajit Guha）的「教法抗議」（Dharmic Protest）觀念中找到一種純本土的異議形式，但他搜尋更多例子。[64]為了這個目的，關鍵字出現在這書的許多章名和標題，暗示它不自在的統一性：「差異的經驗」、「抗拒與反對」、「鞏固的觀點」。但在這裡，薩依德再一次自相矛盾，滿足於安頓在一個強調「兩個方面」和「兩種觀點」的整體組織中。

「對位」的音樂意象是這種二元性的一種表達：兩段旋律重疊在一起，音符融合起來，但兩條旋律線保持獨立，就像和諧是一件沿著水平旅程發生的意外事件，而不是和弦在垂直聲音中的集體統一。就像在《東方主義》中那樣，他探索一個共同基礎，堅持主張不同的人群應該相互尊重，但拒絕接受吉卜林詩歌中那種東、西方的絕對割裂。抱著這種目的，他著手摧毀西方的「右傾刺耳責罵」（這種責罵把一切非白人、非西方、非猶太教－基督教的東西視為外在於它的民族精神），又以同樣激烈的語氣嘲諷伊朗社會學家沙里亞蒂（Ali Shariati）和艾哈邁德（Jalal Al-e-Ahmad）之流（他們把西方視為「一個敵人、一種疾病、一種邪惡。」）然而，他的「兩個方面」和「兩種觀點」意象帶給他的仍是一個不能讓人滿意的東、西二分體。[65]

《文化與帝國主義》某些方面是他最不激進的一本書，它把《東方主義》平分的同情帶到了一個甚至更高的高音。有時候，他看似採取了美國新聞圈愛用的二分法語言（這種語言是他在一篇又一篇文章裡抨擊的）。[66]有些段落讓人感覺世界的主要衝突是白人和黑人之間的衝突，是兩種截然不同視觀的衝突，但這與全書頭一章「重疊的領土，交織的歷史」的撫慰調子相衝突。[67]他指控西方的思想家，不管是馬克思主義者、女性主義者、結構主義者還是精神分析學家，除了少得可憐的例外，對帝國主義都視若無睹。[68]就連雷蒙・威廉斯（薩依德曾正確讚揚他是反例）都突然被歸到這類思想家之列：「帝國主義經驗對他是無關緊要的。」[69]在這一類評語中，他奇怪地忘記了一些公然反對殖民主義的詩人、小說家和散文家，例如狄德羅、布萊克、杜波依斯（W. E. B. Du Bois）、威爾斯（H. G. Wells）和南絲・庫納德（Nancy Cunard）。

他宣稱，直到一九〇四年為止，整個歐洲都有著「沒有受到爭議的帝國主義熱忱」，不過他後來要不是淡化這個指控，就是完全將它撤銷。在後一種情緒中，他改為談到西方文化和帝國之間關係在二十世紀早期發生了「近乎哥白尼式的轉變」，指出會有這種轉變，是因為俄國釋放出來的新思想和革命能量，讓很多知識分子認識到第一次世界大戰基本上是歐洲強權爭奪殖民地的戰爭。[70]

然後，經過這樣貌似的讓步以後，他又自信地回到最早的主張：西方傳教士、人類學家、馬克思主義歷史學家和甚至解放運動本身，全都是否定非洲主權，以一種家長態度對待非洲：「總的文化形勢……符合這種模式。」[71]他仔細記述了啟蒙運動對種族主義的「偉大洞察」，記述了卡薩斯（Bartolomé de Las Casas）、雷納爾（Abbé Raynal）、康德和赫爾德揭發殖民方案不道德的小冊子。不過，對於他們攻擊帝國主義之舉有多麼坦誠和實質，我們只能得到最模糊的印象。薩依德也沒有提歐洲人十九世紀晚期對阿爾及利亞和埃及起義的同情反應，沒有提祖魯族在一八七〇年代對英國人的短暫戰爭勝利：所有這些歷史轉捩點都顯示他自己的批判和後殖民研究的批判有其源遠流長的歷史。[72]雖然他技巧地把它們編織為一幅大致有教育性的圖案，但他論證的線頭有時會變得無可救藥的糾結。

他這時期的兩篇文章——兩篇都是對文化戰爭最大膽的宣言——讓我們可以窺見他採取這種平衡姿態的理由。兩篇文章中最讓人印象深刻的是〈知識的政治〉（The Politics of Knowledge, 1991），這篇文章以一件軼事揭開序幕。話說有一次，他在一間重要的研究型大學（羅格斯大學）演講，內容就是後來文化與帝國主義導論的草稿。在問答時間，他受到一個女人的攻擊，對方是大學裡一個「有點著名」的黑人歷史學家。[73]那人顯然態度粗暴，指控他演講中沒有提到半個在世的非歐洲女性。聽眾中一個死對頭——一名阿拉伯東方學家——後來加入攻擊，持的是相似的理由。[74]幾個月後，薩依德還在為這件事向朋友抱怨，顯然很不能釋懷。

在〈知識的政治〉中，他指出肯定一個非白人「他者」的存在本身並不是一個論證，更斷然不是一個進步的論證。種族和性別既不是一個人的開端，也不是一個人的終點。如果我們像那個羅格斯大學教授那樣假定種族和性別無比重要，就會得出一個荒謬的推論：「一本五流的小冊子和一本偉大小說的重要性多多少少是一樣的。」說到底，真正重要的一部作品是「**怎樣**寫出來和**怎樣**被閱讀。」換言之，我們完全可以想像，反殖民感情是可以透過批判性地閱讀葉慈或雪萊的作品來表達。幾個月後，他為非洲人雜誌《過渡》（*Transition*）寫出另一篇思路相似的文章，這一次針對的是有關正典的辯論。[75]他指出，像赫希（E. D. Hirsch）之類的保守派批評家誇大了大學生書單的改變，因為這張書單裡仍然包括很多莎士比亞和艾略特等名家的作品。同時他又反對年輕教授和研究生的「愚蠢」，認為他們不應該公開攻擊資深學者為種族主義者或批評同儕政治不正確。

《文化與帝國主義》的很多矛盾都是出於他企圖把激進的解放運動和新的後殖民共識拉在一起。後殖民主義的新一波學者——很多都是來自前殖民地或父母是來自前殖民地——第一次打入了西方的學院。出於同樣理由，他們是在雷根時期長大的一代，也是在後現代主義影響下長大的一代。他們或來自南亞，或來自拉丁美洲，或來自中東，常常是生在有政治人脈的富有家庭，而他們能夠移民到國際大都會的大學，部分是因為薩依德為他們打開了門。不過一旦在大學裡站穩腳跟，感受到他們新獲得的權力，他們就服膺於一種「大霹靂」理論，認為對殖民主義的抵抗不存在於他們之前。他們看來認為一個人必須是被壓迫種族或族群的一員才有資格對抗帝國的不公不義，也因此在一個人知道些什麼和一個人是誰之間畫上等號。這種等號是薩依德一直反對的。在戰後經濟榮景結束（一九七二年）和柏林圍牆倒塌（一九八九年）的大背景下，後殖民研究強調的主題幾乎和薩依德的不符。他致力的是創建新國家、向政府請願和在公共空間跟媒體戰爭，反觀後殖民研究的動機卻也許可以這樣形容：對被模糊地稱為「現代性」的一種西方實體的普遍憎恨。

雖然後殖民研究是在英語系被創造出來，卻絕不只和文學有關。引用法國和德國的社會與美學理論，它創造出一種混合型態的書寫，寫出的是一種結合了民族學和歷史學的哲學作品，其中充滿馬克思主義和無政府主義的詞彙與態度。它迅速從人文學科蔓延到社會科學的每個部門，而除了比較文學之外，人類學、歷史學和地理學一樣找得到後殖民學者。因此，「後殖民理論」慢慢代表一個有點矛盾的要求：企圖用從不同歐洲哲學家借來的概念去把歐洲「他者化」。因此，薩依德被兩邊夾在中間：一邊是反對一切新東西的死硬傳統主義者，一邊是把過去最具批判性的思想（基於它們是白人男性產物的緣故）拋棄掉的前衛分子。他成為了一個他捨不得割捨但又不再有共鳴的領域的名義父親。

一如往常，他的灰心失望程度在私底下表現得更加清楚。他和卡蜜兒・帕格利亞（Camille Paglia）具披露性的通信是一個例子。卡蜜兒是個熱情洋溢的風格家，在費城一間小藝術學院教書。當薩依德正要寫完《文化與帝國主義》的時候，她的文章〈垃圾債券與企業劫手〉（Junk

Bonds and Corporate Raiders, 1991）引起學術界的普遍憤慨。文中攻擊了學術界的互相捧場現象，但也攻擊了理論，認為理論殺死了藝術的所有樂趣。[76]本來是個大多數時候談論性愛和流行文化的女性主義者，她這一次卻為經典執言，主張一九六〇年代的反文化（她自己的啟發者）讓人愉快地殺死了現代主義的各種陳腔濫調和拯救了「新批評」。她向每個人清楚表明，拉岡、德希達和傅柯這些後結構主義者是我們時代的「真正化石化反動分子」。薩依德溫和地責備她做得有點太過火，但又表示充分同意她所說的，理論對學生來說是危險的。[77]

他的挫折感也對教學發生了影響，讓他無法表現得像平常一樣好。不同於當時的學術潮流，他在一九九〇年代教書越來越少，抱怨學生沒有批判意識，不能夠有自己的立場：「我侮辱他們，我鼓勵他們，我誘哄他們……但他們就是不肯辯論。他們把我當成專業顧問那樣，把我的話照單全收。」[78]他以前對學生嚴厲批評和溫言鼓勵雙軌並行的做法越來越少見。現在，他會大聲斥責他們的錯誤和流露出不耐煩。[79]

因為這種內在的動盪，他在《文化與帝國主義》的意圖常常是用掩人耳目的方式表達出來。例如，在全書中間的其中一章，他談到了湯瑪斯．曼和紀德，指出他們雖然能夠拿帝國主義作為主題和讓人對帝國主義倒胃，但仍然無法做到給予土著他們自己的聲音，或超越悲觀主義的異國情調描寫。《文化與帝國主義》之所以是《東方主義》的續集，正是因為它是從消極走向積極。其用意不是顯示歐洲人做錯了什麼，而是賦予第三世界知識分子一個地基，這是《東方主義》——儘管充滿革命風味——沒有做到的。所以，《文》書是有一個高低等級架構的。它讚揚第三世界的英雄，像是薩利赫（Tayeb Salih）、惹內和安東尼斯（George Habib Antonius）。他們跟湯瑪斯·曼和紀德不同，會用自己的語言傳達出自己文化的立體性，勾勒出在邊陲地帶找到的替代性價值體系和新出發點。

這些有點說教性的對比很難讓人注意不到，而全書充滿這一類對比，清楚表明了在文化和帝國主義的問題上，有「好」、「更好」和「最好」的層級之分。一個結果就是，雖然這種促銷的姿態對他希望劃下的政治界線來說是必要的，但他論證中很多更細緻的部分卻因此被忽略。最突出的例子是稱為「對現代主義的註腳」的那一大節。

他完全知道葛楚·史坦（Gertrude Stein）、喬哀思、卡夫卡和馬拉美等人的現代主義作品並不是大學裡教的另一個文學學派。幾十年來，教授們都把現代主義放在文學教育的最核心，認為它是所有偉大文學作品的標準。不過薩依德認為他們這樣做是有偏見的。現代主義對於無可避免的、無法看透的和自我指涉之物的愛好，已經成為一種鼓勵人溫文爾雅地絕望的教條。他力稱，痛苦、空洞和寂寥這些現代主義的主題，並不是吳爾芙的小說或龐德的詩裡唯一找到的東西。事實上，它們反映的「是批評家的死路，不是文學的困難。」[80]他以前曾一度向特里林抱怨，學術界對現代主義的普遍掌聲習慣強調「它黑暗的、讓人茫然的虛無主義一面」，忘記了它由尼采所代表的另一面：尼采擁有「一種對理性學問的復興意識和一種對人文學科的激進**構成性**意識」，也就是說，他強烈意識到研究社會和文化的不同方法——從經濟學到社會學到音樂——各擅勝場，在人文主義探究中沒有誰是優先。[81]大學也許是一個可以抵擋政治喧囂的理智要塞，但政治透過現代主義間接地進入大學，以一種心靈空間的方式在低風險的審美品味環境散播絕望。

這種論證方式讓他更加靠近盧卡奇。他總是奇怪，雖然盧卡奇談論許多關於文學運動或美學策略是如何幫助形塑一個社會的政治觀點，但美國文學批評家卻對他保持距離。[82]他也佩服這位匈牙利哲學家閃躲官方責備的神奇能力：雖然有來自上方和四面八方的壓力，他能始終保持異議，在蘇聯集團的境內當一名獨立思想家。不過我們不清楚薩依德讀過多少盧卡奇在一九三〇年代和一九四〇年代期間論文化和帝國主義的作品，這些作品探索在後俾斯麥德國於第一次世界大戰中垮台前，帝國主義態度是如何影響哲學與藝術。[83]

不管怎樣，薩依德從沒有提盧卡奇這個時期的作品。不過他清楚意識到盧卡奇在現代主義和「帝國主義時期」（這是盧卡奇自己的用語）之間建立的種種聯繫，因為他在《文化與帝國主義》中的論證與它們極為相似。十年前，薩依德甚至曾經主張盧卡奇的社會理論和中東極為相關，「類似於一直在伊斯蘭世界進行的廣泛討論。」[84]所以，這就不奇怪他也分享盧卡奇對現代主義的保留，儘管這一定會讓他很多讀者大出意料之外，因為作為一個現代的英國文學專家，現代主義藝術家正是他教學的主題，而他看來也用他們的作品作為他文章的出發點。[85]

然而，當他聚焦於潛伏在文化表面下的帝國主義態度，他終於找到理由把他的不滿形諸文字。讓人詬病的不是作為藝術形式的現代主義，而是作為世界觀或（用盧卡奇的話來說）「意識形態」的現代主義。因為這種現代主義傾向於重感官而貶抑觀念，又把人類視為是孤獨、反社會和無法與他人發生真正的關係。薩依德分享盧卡奇對現代主義的這些抱怨，又加入自己的抱怨。他抨擊現代主義的「極端自我意識、不連續、自我指涉和腐蝕性的反諷。」[86]除非把這種現代主義共識視為一種大都會觀點而不是普遍的人類命運，否則永遠不可能出現一種本土的第三世界理論。歐洲的知識分子以這種方式承認了帝國主義的傷害，卻不為此負責任，也聲稱別無選項。雖然現代主義具有豐富的文化內涵和幅員涵蓋全球，又雖然它大膽重構歷史時間和對成規不敬，但它創造出一種反諷形式，「用藝術取代了……一度因著世界帝國而可能的合成。」[87]透過讓批評意識失能和預先阻止倡議，康拉德或任何現代主義者都是帝國體系的關鍵部分。

在整個一九九〇年代，因為渴盼自己的生活至少有一個面向可以脫離是非，薩依德慢慢把音樂看成一座碉堡，也用它來抵擋讓他越來越傷神的美國政治文化帶給他的絕望。不過這一招並不總是有效。在一九八八年，回信給暢銷小說家派翠西亞．海史密斯（Patricia Highsmith）時，薩依德提到，他論鋼琴家的文章本來已被《紐約時報》接受，卻在最後一分鐘遭執行主編羅森塔爾（Abe Rosenthal）封殺，理由「純粹是因為文章是我寫的」。[88]

音樂比喻常常見於他的文章（甚至是最政治或最文學的文章），也在《文化與帝國主義》中扮演吃重角色。例如，當他在一九八七年回顧《開端》的時候，他把這本書的結構比作複調音樂（polyphony）的和諧合奏。[89]二十多年來，巴勒斯坦人的歷史見證著「失去土地的沉悶固定低音（ground bass）」，是一種真正的「持續低音」（continuo）。[90]相似地，維柯對重複（repetition）的使用類似「定旋律」（cantus firmus）或「夏康舞曲」（chaconne），是「讓各種裝飾性變化發生在它上面的固定母題。」[91]他又指出華格納的《萊茵的黃金》中和聲與旋律之間的緊張關係，非常類似歷史上的體系與物種之間的緊張關係。[92]

他就連教文學課時也會用音樂來陪襯。他邀學生到家裡，為他們彈琴以顯示樂曲是怎樣說故事，以及「英雄的離開與回歸」的小說主題是如何呼應著賦格的結構，一如人物角色的互動就像大協奏曲中獨奏者們的旋律傳遞。[93]他嘗試創作的文學作品充滿音樂詞彙和音樂感受性，以下這個他研究所時代的詩作片段就是一個例子：

世界不是從東方報時
那裡巨大的噪音混合著愚蠢的咩咩叫
太陽光線就像被囚禁在日晷裡……
吊死只是一個要從中醒來的夢
所以，唱那注定的歌吧
重新唱，更大聲地唱。
我們的觀點不是智者的觀點
所以我們吵鬧著要求新的和聲。[94]

《東方主義》的一些論題業已包含在這個片段裡。作為一個走調的文化，他的民族被變成難聽的音樂，而除非能夠發展出「新的和聲」，否則東方注定只能追步西方。在他寫於同一時期的另一首詩〈開羅的漢斯．馮．畢羅〉（Hans von Bülow in Cairo）裡，我們找到一個相關但不同的主題。男爵漢斯．馮．畢羅是十九世紀最著名的指揮家之一，他在人生後期確實為了治病搬到氣候較乾燥的開羅。[95]薩依德利用這件歷史小事為「老聲音匠」漢斯．馮．畢羅畫了一幅辛酸肖像：

抖去拖鞋上的灰塵，在酷熱的折磨下，他回憶起他和李斯特女兒科西瑪在一起的輝煌日子（當時她還沒有改投華格納懷抱）。隨著死亡的臨近，他「默默無言地、怒氣炯炯地」從他的迴廊望向一條漠不關心的尼羅河。

《文化與帝國主義》中「對位的」（contrapuntal）一詞，是他擴大音樂比喻範圍的努力的一部分。作為他更早前對複調音樂的興趣之延伸，「對位的」指向當時支配性潮流中一種悄悄的不和諧。複調音樂畢竟是這樣一種和聲類型：它把幾個獨立的聲音統一起來但沒有加以融合，讓一些矛盾的立場保持互動，但又偶爾讓它們交會在一點，達到瞬間的混合。兩條或更多旋律線的起伏就像在一幅線圖上那樣占有空間。《文化與帝國主義》的其中一個目的就是嘗試喚起音樂符號和音樂語彙的空間維度，以便發展有關地理想像力的觀念。

《文化與帝國主義》的很多讀者把「對位的」一詞理解為一種較柔軟的、非對抗式的解讀，這種解讀意識到不同情節線（plotlines），但沒有偏愛它們任何一者。[96]但最終來說，這個詞語有更多的論戰性質。例如，在一篇題為〈音樂自身：顧爾德的對位觀〉（The Music Itself: Glenn Gould's Contrapuntal Vision）中，他責怪是音樂的機械化複製和名人體系迫使加拿大鋼琴家顧爾德對於「對位法的兩個相反主人」安之若素。在這個情況中，對位不是一種和諧現象而是對抗現象。[97]換言之，顧爾德對於對位法的駕馭讓薩依德感到不安，因為那等於「扮演上帝」，因為其中涉及「對時間的全面管理，對音樂空間的精細區分，以及絕對的智力灌注。」[98]在其他地方，他稱對位法是「學院性」和以「非常嚴格的方式受到規則規定」，這跟他在一九九〇年代向讀者暗示對位的開放性大相逕庭。[99]就像他那篇論顧爾德的文章所顯示，「對位的」主要是一個有關空間的意象，因為這文章討論了畢達哥拉斯幾何學與對位法的相關性，也討論了「鄰接」（adjacency）在音樂創作上的角色。

音樂這些空間向度是布梭尼（Ferruccio Busoni）的《音樂新美感的描述》（*Sketch of a New Esthetic of Music*, 1907）一個隱含的母題。薩依德認為這書是人文主義傳統中被忽視的一本傑作，是對音樂界讓人乏味的「立法者們」所發起的一場革命。這書也預示了一個熟悉的薩依德主題：期望表演家為一些現已陳舊或難以理解的作品重新賦予活力，以及不是把曲目（repertoire）視為一個音樂作品的靜態集合，而是視為發起哲學追求的發射台。不過就像薩依德很多其他時候那樣，他對布梭尼的親附是矛盾的。為了企及音樂更高和不受束縛的意義，布梭尼提倡音樂的非再現性（nonrepresentational）和非物質性維度，但這和《文化與帝國主義》對地域的強調不太一致。尤有甚者，布梭尼推許同時代人辛克爾（Heinrich Schenker）充滿爭議性的理論，而薩依德卻極度不喜歡辛克爾。

不過，毫無疑問的是，薩依德的空間性音樂觀點受到辛克爾的方法的反面影響。對這方法的投入者來說，調性音樂的表面元素是從屬於一個基本的結構。有些音樂學家甚至把辛克爾派的分析和十九世紀的語文學的某些方面相提並論。[100]就像後者追尋一種所有其他語言所源出的基源語言一樣，前者也是在「調性空間」（tonal space）的原則上運作，其中主音三和弦是自主的核心，而鄰近的音是它的裝飾。[101]薩依德對這種方法的反感復因一個事實而擴大：他在曼哈頓上西區的鄰居「曼尼斯音樂學院」（Mannes School of Music）是辛克爾派方法的溫床。也許就是這個原因，他才會在評論該學院一個著名畢業生佩拉西亞（Murray Perahia）的演奏時沒有太多好話。他說佩拉西亞一度「是個非常優秀的鋼琴家」，但他現在的演奏會卻「無聊乏味和安全……就像某個不為人知的邪教徒走上一個裝飾得像十九世紀舞廳的祭壇。」[102]

這種對集中式元結構（ur-structure）的強調和薩依德對布梭尼的著迷形成鮮明反差。他愛布梭尼是因為後者是個有衝勁的冒險家和不羈的詩人。他稱布梭尼為「一個知識分子和一個遠見家」，同時站在體制內和批評體制。[103]布梭尼最當得起薩依德這種印象的是以下這番話：「我們佩服技巧成就……但它們卻會讓品味覺得膩煩，所以被我們拋棄。」[104]這正是薩依德唸研究所時代的感覺，當時他潦草地寫了一段筆記，描寫音樂界執迷於技法完美所帶來的災難性後果：「幾乎所有睿智的音樂聆聽者或樂評的讀者都會告訴你，今日的樂評陳腐不公，讓人煩悶……毫無機智風趣。」[105]究其原因，樂評就像音樂表演一樣，已經變成了一種「專業化的怪胎」。當專業鋼琴家對世界關起門來不停練習以在音樂巡迴賽上競爭時，他們又怎麼可能激起我們的情緒或讓我們成長？[106]

作為回應，薩依德從那些致力於把音樂去神祕化的音樂家中尋找他的樂評楷模：在一九八二年和一九八三年在哥大所開的一系列討論課中，他捍衛了《古典風格》（*The Classical Style*, 1971）中的羅森（Charles Rosen）、顧爾德的文章、布萊茲（Pierre Boulez）的《方向》（*Orientations*, 1985）和本身是小眾作曲家的阿多諾的《新音樂哲學》（*Philosophy of New Music*, 1949）。[107]他是前不久才發現阿多諾，此後他將與阿多諾的作品角力直至生命終了，在人生最後五年尤其熱烈。直到顧爾德在一九八二年過世後，薩依德才考慮寫一部研究音樂的書，只不過，接下來十年，他都滿足於偶爾向《浮華世界》、《國家》和《世界外交論衡》投稿。直至一九八九年為止，沒有人看得出來有什麼理由要催他把散布在不同文章中的音樂觀念跟他論帝國、語言和知識分子的已確立作品整合起來。

那一年，爾灣的「文學批評理論研究院」邀請他主持講座，特別請他把主題定為音樂。他答應了，知道自己即將進入一個對「技術精熟」有巨大要求的新領域。偶爾寫寫音樂文章是一回事，但一個實質的理論反省需要他進行一種完全不同的審視。他作了三場演講，一場談極端演奏，一場談音樂犯規，最後一場談旋律的孤單與慰藉——日後結集為《音樂的闡釋》（*Musical Elaborations*, 1991）出版。就像《東方主義》那樣，這書讓一些人讀得愉快，讓另一些人大為光火，特別不高興的是那些音樂學衛道之士。[108]它的論證奠基於音樂需要寂靜這個主張，薩依德指出：「音樂既是最寂靜的藝術，也是最……深奧和難以討論。」[109]十年之後，他在給他的巴哈和貝多芬研究寫出版建議書中重提這個觀念。他想寫這書是為了在全球化問題上寫出一個跟福山、甘迺迪（Paul Kennedy）和巴布爾（Benjamin Barber）匹敵的重要聲明。

就像東方學家稱薩依德為假內行那樣，也有一些音樂學家認為他「不懂裝懂」。[110]很明顯他得罪了一些人。《音樂的闡釋》一個主要目的是粉碎音樂的自主性，不讓音樂神祕地孤立在理性意義和社會經驗之外。好些音樂學家被嚇了一跳，有些是因為感到被冒犯，有些則是因為感覺他們有些同行（例如「新音樂學」）已經把同樣的想法付諸行動。[111]不過，在這方面，薩依德事實上和「新音樂學家」一樣是先驅：他在一九八〇年代寫了十幾二十篇文章論音樂的社會條件，出版時間和「新音樂學」的定鼎著作差不多。不過薩依德也沒有假裝自己是這個領域的唯一創新者，因為他在一九九〇年代早期的討論課中把「新音樂學」的作品介紹給自己指導的研究生。[112]

新音樂學運動領袖人物之一的羅絲．蘇博特尼克（Rose Subotnik）毫無疑問地承認薩依德和自己的努力方向一致，而這不只是因為他們溫情通信：「很少和我沒有親身認識的學者會這麼注意地聆聽我說的話或這麼慷慨地和我交流。」[113]所以，除了得到非專家的熱烈歡迎，他也在專業人士中贏得一些支持者，儘管有些人對他的批評憤怒以對。就像以前很多次那樣，他們認為他不應該在沒有內行知識的情況下亂放砲。最火爆和最小覷的回應大概是學者阿加武（Kofi Agawu）寫的一篇書評，其標題是〈錯誤的音符〉（Wrong Notes）。[114]

另一方面，很多音樂學者之所以讚揚《音樂的闡釋》，正是因為這本書沒有賣弄術語。例如，薩依德一九九三年在哥倫比亞的米勒劇院演奏過之後，哥大音樂系的系主任弗里施（Walter Frisch）求他到音樂系教一門課。弗里施被薩依德質疑音樂自主性的論點收服：「我們正在設法成為一個思想更加整合的學系，讓本來分開的學科——歷史音樂學、音樂理論和民族音樂學——可以有效地匯合起來。」[115]幾年後，薩依德又受邀到薩爾茲堡，在歐盟和薩爾茲堡音樂節共同主辦的「歐洲藝術論壇」發表主題演說。他自豪地告訴一個朋友，他是第一個受邀的阿拉伯人。[116]可見他的意見受到一些專家看重。

他和音樂學界最成果豐碩的互動大概是發生在身故之後，當時備受敬重的音樂學家洛克（Ralph Locke）討論了他在《文化與帝國主義》中對威爾第《阿依達》的解讀。洛克的回應除了顯示薩依德是一股不可小覷的力量，也展示出薩依德在專業音樂圈子所引發的五味雜陳感覺。在《音樂異國風情》（*Musical Exoticism*, 2009）的相關一章中，他旁徵博引威爾第的書信，對威爾第的樂譜和歌劇劇本信手拈來。他首先讚揚薩依德打開了對《阿依達》的新理解，繼而指出薩依德所犯的一些音樂學錯誤。不過他最有力的批評卻是在政治上，完全和音樂無關。洛克力主薩依德低估了威爾第的反帝國主義感情，以及忽視了一種可能：在開羅搬演古埃及場景不是為了表現「赫迪夫」伊斯梅爾④對國家輝煌過去的愛國緬懷，而是代表英帝國。洛克認為，薩依德把威爾第描繪為一個東方主義者是錯誤的，因為事實上，威爾第支持義大利統一運動，明顯對殖民主義反感。

洛克精明的指出很多讀者看漏了的事：薩依德的論證是地理性質。不過，他沒有對此作出具體說明。其實薩依德要談論的與其說是（大部分人都這樣認定）一個著名義大利人對東方的浮誇想像，不如說是關於強行在開羅市中心一間新建的歌劇院舉辦一齣大型歌劇首映，而這個地點形同把開羅的東、西兩部分一分為二。就像薩依德自己指出的：「阿依達與其說是有關帝國主義，不如說就是帝國主義的一部分。」在劇院的一邊是飯店、火車、林蔭大道、電力和現代生活，在劇院的另一邊是未鋪路的街道和手拉車。

薩依德是設法要證明，一件被認為有著某種民族意義的事件事實上可能有另一種意義。「赫迪夫」伊斯梅爾本來希望因為威爾第代表著西方最優秀的人物，《阿依達》首演所體現的開羅現代化可以充當一個反對鄂圖曼帝國支配的論據。但到頭來，這事件代表的是對一種象徵歐洲帝國及其對世界的浮誇態度的藝術形式的臣服。多數讀者都不知道薩依德和《阿依達》有著個人關聯：他在開羅度過喜愛音樂的年輕歲月時，常常到《阿依達》在一八七一年首演的皇家歌劇院看演出。

他在未完成的小說《輓歌》中回憶了這些經驗，細細描寫了開羅管弦樂團一場演奏會的人物、聲音與氣味。上場的有穿白襯衫的西方演奏者、亞美尼亞人劇場經理、「乾癟的蘇丹看門人」、一個丈夫是年輕巴勒斯坦人的「混血」女孩（義大利和希臘血統）和「一個高貴的南斯拉夫指揮家」。因此，他在《文化與帝國主義》中反對《阿依達》的帝國地理學的論據，不在對「他者」的差勁再現，而是歐洲資產階級的最高藝術形式砰一聲從天降在大都會開羅的中央，要占領它的生命中心。更糟的是，作為一個有著帝國主義「自我」的創造性藝術家，威爾第商業化了歌劇——這種藝術形式本來應該更依賴通力合作。[117]

與洛克的這個互動，透露出那些太容易在薩依德的政治觀和音樂觀之間移動的批評者有什麼危險。他確實在音樂中表現出他不見於任何其他地方的性格。《音樂的極境》（*Music at the Limits*, 2008）——一部他三十多年來所寫的音樂文章的選集——的範圍廣度極為驚人，除了包含一些常常讓人驚恐的評論意見，還顯示出他的音樂素養精湛。和他在自己領域所寫的著作不同，在這些文章中，他的話常常是衝口而出，就像沒有什麼好怕的（他說羅森「失之過度饒舌」，說史特勞斯「浮誇」和表現出「新華格納式鋪張」，說波利尼「乏味到了恐怖程度」和喜歡「乖戾炫技」）。[118]業餘人士的特權讓他可以盡情發揮，不用擔心有直接的政治或專業風險。在情緒的催化下，他有時候會把音樂形容為一個近乎神祕的前邏輯或非邏輯的領域，就像他忘了自己曾經因為這個理由而反對文學現代主義。

總的來說，他帶給巴倫波因（Daniel Barenboim）的感覺——巴是他那一代最受敬重的指揮家和

④「赫迪夫」是一個頭銜，意思類似君主，但事實上伊斯梅爾是鄂圖曼帝國的省長。

鋼琴家之一——是狂喜。巴倫波因斷然指出，愛德華在音樂上「無所不知」，既懂得基本的也懂得冷門的：演奏史、主要音樂節的逐年曲目、無名作品的音調與速度，以及默默無聞作曲家的偉大作品。兩人對西方古典音樂如何成形有相同看法。巴倫波因回憶說：「愛德華是少數相信和理解音樂發展是一個有機過程的人。這個過程開始於葛利果聖歌，歷經前巴洛克音樂、巴洛克音樂、古典和弦、浪漫主義運動和半音體系，然後半音體系自然而然地演化為無調性音樂。」[119]這表示荀白克（Arnold Schoenberg）創造的十二音體系和他與調性音樂的決裂並不是革命性之舉，而是「透過把半音體系推到最大極限而對和聲世界所作的延展，是一種絕對無可避免和邏輯性的連續。」如果說薩依德喜歡炫耀他對細微末節的駕馭，那麼巴倫波因更甚。[120]他認為薩依德對於作曲藝術和演奏藝術擁有的「深湛知識」要勝於大部分和他長時間共事的演奏者。[121]

即便說一九九三年在一間倫敦飯店跟巴倫波因偶遇改變了薩依德的人生（他們每天通電話，而巴倫波因承認他「愛」薩依德），但這位指揮家並不是他軌道上唯一的音樂明星。因為對音樂家的生活感到激動好奇，他從一旁觀望，有時是個入迷的粉絲，有時是個指導者。他和實驗歌劇導演塞拉斯（Peter Sellars）的關係便兼有這兩個方面。[122]一方面，他像個盟友那樣和塞拉斯通信，邀請對方到哥大講課；另一方面他又保持中立，批評塞拉斯對莫札特《唐喬凡尼》和《人皆如此》⑤的現代改編聰明但充滿噱頭，雖反建制卻避開了原劇中的階級衝突。[123]薩依德在一九九一年七月在倫敦「當代藝術研究院」和傳奇小提琴家曼紐因（Yehudi Menuhin）同台之後，兩人持續通信了兩年。先前，曼紐因曾為薩依德刊登在《大街》的論《阿依達》文章〈帝國景觀〉（The Imperial Spectacle）喝采，作為回報，薩依德為曼紐因在以色列國會演講的「勇敢發言」鼓掌：在該演講中，曼紐因指控以色列政府在約旦河西岸是靠著製造恐懼來統治，無視於「最基本的人生尊嚴。」[124]

就像曼紐因那樣，薩依德透過音樂找到一種跟說別種語言的人產生關聯的方法。一九八七年，他到布里克斯頓（Brixton）的雷爾頓路（Railton Road）——這地區建築破敗並常受警察騷擾——向老邁的詹姆斯（C. L. R. James）致敬，但起初發現兩人難以找到共同話題。詹姆斯是千里達土著，著有《黑雅各賓派》（*The Black Jacobins*）一書（這是對海地奴隸革命的一個開創性早期研究），又對作為勞工階級藝術形式的板球有著高度原創性研究，所以當然會分享薩依德的反帝國主義信念。薩依德的這一次朝聖，就是為了彰顯詹姆斯對藝術和黑人解放的貢獻。不過即便詹姆斯就像薩依德那樣在美國住了很長時間，也讚揚自學成功者（他自己就是一個），他的政治經驗卻跟薩依德截然有別。

詹姆斯一生有很多時間投入於為托洛斯基主義政黨組織勞工，以及跟加勒比海民族主義領袖一道戰鬥，致力於創建一個西印度聯盟。他批評流行文化（特別是好萊塢電影）的興趣遠大於薩依德。不過更重要的是，詹姆斯對薩依德的名聲了解有限。幾星期前，民權運動的大活動家和前黑豹黨黨員卡麥克爾（Stokely Carmichael）才來看過他，但他一樣不太知道對方是誰（他是個不拘禮的人，所以沒有諱言這個）。[125]及至薩依德提到自己彈鋼琴，兩人才找到了話題。接下來一個半

⑤一般譯為《女人皆如此》。

小時，他們談的幾乎一律是貝多芬的奏鳴曲和他們對威爾第和普契尼的反感。稍後，薩依德寄給詹姆斯一捲顧爾德演奏《郭德堡變奏曲》的錄音帶，詹姆斯熱情地用一封手寫短柬回信，表示「無限感激」，鼓勵薩依德繼續寄給他一些像巴哈那樣的音樂，因為這類音樂可以讓人回到「速度和音色都是首要的日子。」[126]

不過，在那次的會面，兩人同意總的來說薩依德的音樂品味比詹姆斯要敢於冒險。事實上，薩依德常常抱怨巡迴演奏會「社會禮儀般」的乏味嚴肅和被動的聽眾共同構成了一種近乎「施虐—受虐經驗」。[127]雖然偶爾會假惺惺演奏一些諸如梅湘（Olivier Messiaen）或蕭士塔高維契（Dmitri Shostakovich）的較大膽作品，卻幾乎彌補不了義大利歌劇的甜膩和每一季在大都會藝術博物館輪番上場的德奧保守管弦樂團。雖然作為一個演奏者，薩依德會執著於彈舒伯特、貝多芬和巴哈之類的古典作品，但作為一個音樂聆聽者，他卻會受到布萊茲、亨策（Hans Werner Henze）、第二維也納學派、雅納捷克（Leoš Janáček）、捷爾吉（György Ligeti）和凱吉之類的實驗性作曲家吸引。

他在家裡聽的專輯雖然並不總是前衛，但卻比一般的交響廳貨色具有冒險性：亞當斯（John Adams）的《克林霍弗之死》（*Death of Klinghoffer*）、康果爾德（Erich Wolfgang Korngold）的《死城》（*Die tote Stadt*）或伯特威斯爾（Harrison Birtwistle）的《時間的勝利》（*Triumph of Time*）。不過讓人側目的是，雖然他家中有大量CD、密紋唱片和卡帶，但他收藏的古典音樂作品幾乎一律是西歐的作品。這裡面當然也有不少東歐作曲家的取樣（例如雅納捷克和貝拉的），但俄國作曲家的作品則僅有一張柴可夫斯基、一張穆索斯基、少不了的《春之祭》和三、四首蕭士塔高維契的交響曲。但在流行音樂方面，他收藏的阿拉伯作品卻比其著作中所暗示的要多，其中包括了流行作曲家和民歌手哈利菲（Marcel Khalife）的作品。

他對音樂家的生活心往神馳，而這是因為他在「黑門山」和普林斯頓的初願從沒有完全離他而去。不過到頭來，他的批判力量是在文字和觀念裡找到能量，不是在聲音與寂靜中找到。暑假到基茨比爾探訪住在農舍的蒂格曼時，他會大談前衛音樂的理論，讓對方摸不著頭腦。不過蒂格曼對理論不感興趣，因為他唯一關心的是演奏。[128]只有和巴倫波因在一起的時候，薩依德才能縱情於把音樂理論化，因為這是兩人的共同興趣，但即便如此，有時兩人會互換角色。

他一方面是巴倫波因的平起平坐死黨，另一方面又是一個粉絲，每談到有一次他和巴倫波因在演奏會前於後台彈奏一首四手聯彈曲時總是眉飛色舞，把朋友的演奏比作一首交響樂。反之，巴倫波因佩服薩依德把社會批判帶入音樂的才智，從這種特殊的認知方法獲益。在接下來的年月，隨著政治形勢越來越兇險，薩依德想在其他領域這樣做將要動用他的全部即興技能，而他也將為了一個巴勒斯坦人的理想，被迫放棄建立一個巴勒斯坦人國家的想法。

第11章

兩個民族住在同一片土地上

TWO PEOPLES IN ONE LAND

把戰場從街上搬到心靈。[1]

一九九三年之後，薩依德的政治努力幾乎完全環繞一個目標展開：在以色列／巴勒斯坦建立單一國家的解決方案。他不得不承認杭士基所說的，如果在一人一票的基礎上立刻成立單一國家，等於是「送給以色列左派一份大禮。」[2]所以兩個人都熱中於區分最初步驟和後續步驟。前者將會分階段進行，首先是兩國家的安排，然後是拉近住處，然後是取消邊界，最後是以某種聯邦制的安排建立一個二元民族國家。

由於走在眾人前頭，他再一次同時受到巴勒斯坦人和以色列兩方面的激烈攻擊。他在緊接《原則宣言》（Declaration of Reinciples）——《奧斯陸協議》的正式名稱——之後發表的文章和接受的訪談最終會輯錄為五冊。起初，《奧斯陸協議》受到巴勒斯坦和以色列陣營的關鍵人物盛大歡迎，多數輿論（包括猶太人和阿拉伯人輿論）也大表歡迎，在美國尤其如此。

在巴勒斯坦領導階層看來，《奧斯陸協議》的主要成就是讓一個巴勒斯坦自治政府得以在約旦河西岸和加薩地帶建立，實施有限度的自治。但是對於耶路撒冷的地位、非法的屯墾、巴勒斯坦人的回家權和承認巴勒斯坦是一個主權國家等等問題，以巴雙方卻沒有達成協議。雖然條約保證的以巴和平受到媒體普遍讚揚，但薩依德卻要獨力顯示它是一種背叛：不是像報章所形容的是一樁「略少於完美的交易」，而是「和平進程的終結」。根據他兒子瓦迪所述，在人生這最後十年，他一直處於憤怒和受傷狀態。[3]

他的盟友勸他不要劃清界線，因為不管《奧斯陸協議》有多少缺點，不妥協的反對都有可能會讓他被孤立。戰術上的最佳做法是靜觀其變。[4]然而薩依德對《奧斯陸協議》的猛烈抨擊沒有停歇，而正如巴拉班（Oded Balaban）在刊物《高地》（*Masharef*）用希伯來文發表的文章〈另一個愛德華・薩依德〉（The Other Edward Said）指出的，他的這種兇猛和本來追求和解的態度大相逕庭，因而更加令人反感。[5]據巴拉班觀察，薩依德以前雖然一直受到媒體的負面報導，但他的政治立場其實很多時候都屬異端，包括先於自己陣營的其他人承認了以色列國，強調猶太人民受過的痛苦，又堅持主張要相互承認。

對那些願意留心的人來說，薩依德的合作者總是包括以色列人和猶太人，也願意跟他不苟同或不喜歡的發言人對話，一個例子是勒納拉比（Rabbi Michael Lerner）——不過他也會跟另一些人劃清界線，例如美國政治理論家瓦爾澤（Michael Walzer），這個人老是提出埃及的神話，就像只有猶太人經歷過流放。尤有甚者，他也向以色列國內的異議記者和修正派歷史學家伸出橄欖枝，包括塞蓋夫（Tom Segev）、哈斯（Amira Hass）和帕普（Ilan Pappe），他們並不全都是反錫安主義者。他特別受惠於莎拉・羅伊（Sara Roy）對加薩走廊的研究。莎拉父母是納粹大屠殺的倖存者，她選擇住在多元文化的美國而不是以色列，對加薩地帶經濟的蓄意被「去發展化」有所揭發，讓人印象深刻。倒過來的，他們很多人都承認他們自己的研究仰賴薩依德早前打開的開口。

薩依德最不為人知的一個低調盟友是伯格拉比（Rabbi Elmer Berger），他是「美國猶太人錫安主義替代選項」（American Jewish Alternaives to Zionism）的創立人和會長，持一種「人文主義的普世主義」，主張猶太教信奉的是普世價值，不是以色列國所明顯代表的例外主義（exceptionalism）。[6]弔詭的是，這些交流受到「阿拉法特與拉賓握手言和」後以色列對以巴對話予以合法化的幫助，讓他們的論證不那麼有禁忌，也更加容易流傳開去。[7]此外，巴解組織在奧斯陸爭來的以色列小讓步也讓薩依德比較容易進入巴勒斯坦。「這是我自一九四七年年底離開巴勒斯坦之後，第一次可以常常到約旦河西岸、加薩地帶和以色列去。」[8]

《奧斯陸協議》本身就像它授權成立的政府一樣的不民主。巴解組織的一個主要談判者夏楠・阿什拉維（Hanan Ashrawi）在《和平的這一邊》（*This Side of Peace*, 1995）中記述，協議是完全祕密地在挪威的奧斯陸達成，而且在成為既成事實之前沒有經過任何公開討論，甚至沒有通知巴解組織的談判團。在她從突尼斯前往華盛頓參加第十一輪談判途中，協議被直接塞到她手中，告訴她內容一個字都不能改。在一九九三年九月初，她就知道有什麼不尋常的事情已經發生，當時她接到一個同事的神祕電話，告訴她「後門已經打開。」兩個從未踏足巴勒斯坦的學術人物阿布・阿拉（Abu Ala）和哈桑・阿斯福爾（Hassan Asfour）在阿拉法特的副手阿布・馬贊（Abu Mazen）的授意下，分別進行了談判，期間有挪威外交部長在場。他們在巴勒斯坦建國運動中都是非常邊緣的人物，之前沒有讀過談判團的報告、事實研究和應變計劃。[9]

夏楠向阿布・馬贊直言：「這樣做會有反效果。」事實上，巴解的關鍵目標無一在談判中達成。以色列所承認的不是巴勒斯坦人有生活在安全中的權利，而是巴解組織有權代表巴勒斯坦人民，而且被容許回到加薩地帶和約旦河西岸的耶利哥城。這就是阿拉法特拿來主張《奧斯陸協議》拯救了巴勒斯坦建國運動的口實。就像夏楠指出的，一個致命的過程已經被啟動，因為巴解組織和以色列正式達成和平，整個阿拉伯世界都可以開始和以色列關係正常化。

薩依德不是唯一看出這條約是一種投降的人，但他卻是唯一不惜一切兇猛攻擊它而自斷後路的人。他稱阿拉法特為以色列的布特萊齊（Buhelezi），一個「班圖斯坦」的管理人，又把新的巴勒斯坦自治政府比作維琪政府。[10]接下來十年，在三部異乎尋常的文集中，他用看似無窮的創造力勾勒替代選項，利用自傳、軼事、責罵、哲學沉思等方式從每一個可能的角度進行。從一個文學和藝術的觀點看，這些文集不只是為阿拉伯報章寫的特稿或文章的雜七雜八集合，還代表了他最優雅和細緻的其中一些書寫和思考。更讓人驚訝的是，這三本文集雖然相當厚（加起來超過一千頁），但它們只是薩依德撰述的一部分，其餘散落在各種以阿拉伯報章為主的小出版品。

在《和平及其不滿》（*Peace and Its Discontents*, 1993）中——這是「我第一本在寫作時從頭到尾想的都是阿拉伯讀者的書」——他描寫了白宮那場儀式①的「庸俗性」：阿拉法特為形同出賣他族人權利的條約感謝了每個人，而「柯林頓的莊嚴肅穆表演愚蠢可笑，像個透過調解和順服儀式引導兩個附庸國國王的二十世紀羅馬皇帝。」[11]作為反擊，阿拉法特將在約旦河西岸和加薩把他的書列為禁書。[12]與此同時，薩依德的宣言讓他很多最親密的盟友感到不安，其中包括他的好友薩米。薩米擔心，薩依德這樣走向極端可能會讓他的政治影響力消失。對此，薩依德憤怒地回應說薩米這種立場和越戰時保持沉默的人無大不同，兩者都不是出於戰術考量，只是投機取巧。[13]

薩依德在《和平及其不滿》中的中心口號——「兩個民族住在同一片土地上」——從這一刻起將會標誌著一個激進的新方向。[14]這種觀點是以一個決定性的結構性轉變為根據。首先，巴勒斯坦人和猶太人在時光流轉中已經變得人口混雜。很多年輕一代的巴勒斯坦人都是以色列公民，他們認同他們的國家，想要在國家之內為追求平等奮戰。諷刺的是，以色列用來建造和擴張非法屯墾區的勞動力主要是巴勒斯坦人構成，用利誘讓他們甘願失去故土。現在巴勒斯坦年輕人收看得到阿拉伯的電視台和CNN，能夠把自己和國外的巴勒斯坦人的生活條件加以比較，所以嚮往過一點正常化而不是處於永遠圍困狀態的生活。在之前的兩極化情況下，阿拉伯的政治活躍分子為了表示和巴勒斯坦人團結一致而拒絕造訪巴勒斯坦。他們鄙視以任何方式承認以色列的想法。但這卻帶來了一個不幸的後果，那就是讓巴勒斯坦地區無法得到物質支持和專業知識。這個難題是「一國方案」致力要減輕的。[15]經過五、六年的逐步琢磨，薩依德的後奧斯陸立場在一九九九年一篇稱為〈一國解決方案〉（The One-State Solution）的特稿中得到了最清楚的公眾表達，該特稿刊登在一月十日的《紐約時報雜誌》。

嚴苛的地理事實看來讓人別無選擇。奧斯陸把它的祝福給了「七個不連續的巴勒斯坦人島嶼，它們的面積是全部土地的三%，受到以色列控制的地區圍繞和打斷。」[16]讓以色列人和巴勒斯坦人以平等公民的身分同住在一個民主國家也許是一種奢望，然而，有鑑於軍事威嚇和禁運，又有什麼希望比巴勒斯坦人能夠有自己的國家的希望更加渺茫？薩依德長期為之而奮鬥的那個「兩國方案」就是已經不再可能。雖然美國繼續口惠而不實地承諾未來給予巴勒斯坦人主權，但隨著巴勒斯坦人土地越來越被以色列屯墾區和長期軍事占領所破碎化，這種承諾越來越不被當一回事。薩依德判斷，以色列策略的全部目標都是在讓一個未來的巴勒斯坦國成為不可能，而這些策略如此成功，以致美國的空話再不可信。他呼籲的倒不那麼是建立一個單一國家。因為這個國家業已存在，只不過那是種族隔離國家的形式，在國內有著兩套不同的法律、權利和標準。

雖然在後奧斯陸的幸福洋溢氣氛中並不吃香，但希望在巴勒斯坦建立一個單一的民主和世俗

---

① 指《奧斯陸協議》在白宮草坪的簽署儀式。

國家的想法並不新鮮。它早在一九四八年就被討論過，也存在著支持這種想法的很好理由。作為中東的基督徒，薩依德就像其他人那樣，充分意識到以身分主義權力分配（identitarian allocations of power）為基礎的多族群政治安排的陷阱。在沙姆地區（Bilad Al-Sham）②，法國人曾經設計出一套按照宗教身分分配政治代表權的體系，按比例分配議會席位。例如，根據習俗，黎巴嫩的總統職位會保留給馬龍派基督徒，總理職位會保留給遜尼派穆斯林，國會議長會保留給什葉派穆斯林，外交部長職位會保留給東正教徒。其目的是透過給予每種宗教一定權力，阻遏一教獨大。這種安排也讓宗教差異深深烙印在正式的政治結構裡。[17]想了解薩依德對猶太人國家或穆斯林國家的反感，我們必須記住他對這種較早期的失敗體制非常熟悉。

雖然到目前為止是巴勒斯坦人最著名的國際代言人，薩依德同時也是新的巴勒斯坦自治政府的不歡迎人物。他也不再只是偶爾才對阿拉伯讀者說話。據他自己計算，從一九九〇年代中期開始，他每年會寫二十四篇報刊文章，大概是每月兩篇。這對他是一個挑戰，因為要不斷讓會迅速遺忘或拒絕聆聽的大眾對一個老話題保持新鮮感並不容易。[18]他的主要發表園地是《生活報》（*Al-Hayat*）和《金字塔報》。《生活報》是一份泛阿拉伯報紙，發行量二十萬份，基地設在倫敦，有一個多國籍的編輯群；《生活報》是報導阿拉伯事務的英語報紙，基地設在開羅。起初他以阿拉伯文寫文章（他的助理認為這些文章相當清晰和有表達力），但編輯卻希望他用英語寫，再由編輯部翻譯。但是經過翻譯之後，他的文章常常變得彆扭，甚至不知所云（除非是先讀過英文文稿），常常需要他的伊拉克籍助理伊斯特拉巴迪或瑪麗安修正。[19]

定期為阿拉伯報紙撰稿改變了他的風格。在一九九〇年寫給《雜誌》（*Al-Majalla*）拉希德

（Abdulrahman Al-Rashid）的信中，他承認：「我以前不曾有過阿拉伯讀者群，現在，要每個月守紀律地對他們說話，對幫助我澄清思想和磨練表達方式都很有好處。」一個不利之處是他必須時時留神：「在英國、美國或法國的刊物表達我的阿拉伯關切，比我在阿拉伯刊物更能夠暢所欲言。」[20]好些巴勒斯坦策略家都已經轉向他早前對《奧斯陸協議》的不受歡迎立場。這些人的其中之一是夏楠，她承認她在參加白宮草坪的簽署儀式時相當不自在，又在回顧中承認當初巴解組織和以色列斷得更加乾淨會是更好的選擇。[21]

對阿拉伯讀者說話時，薩依德用上一種較民粹（populist）的聲音。他對美國的流行文化（popular culture）總是多少表示不滿，武斷地說這種文化對他毫無影響。娜吉拉加以還擊，逼他聽愛爾蘭女歌手和作曲家辛妮·歐康諾（Sinead O'Connor）的歌，指出她的音樂是對柴契爾夫人政府的抨擊，而她也支持愛爾蘭共和軍。聽過之後，薩依德表示辛妮的音樂讓他興奮，而她的歌詞和葉慈的詩有相似之處。[22]讓他驚喜的是，娜吉拉指出另類搖滾歌手迪芙蘭蔻（Ani DiFranco）會為《國家》寫文章。與此同時，極度不喜歡古典音樂的瓦迪責備父親缺乏藍領品味，竭盡所能地證明重金屬音樂掀起了一場政治革命。

薩依德作品中語及瓊·考琳絲（Joan Collins）、瑪莉·泰勒·摩爾（Mary Tyler Moore）、黛安·基頓（Diane Keaton）或勒卡雷之處比比皆是，不過，他談得最多的是殖民世界和阿拉伯世界的流行文

---

②阿拉伯世界對敘利亞、約旦、黎巴嫩和巴勒斯坦的統稱。

化。例如，他會談傳統阿拉伯聲樂女前輩烏姆．庫勒蘇姆、阿拉伯電影、著名埃及肚皮舞舞者和電影明星塔西婭．凱若卡、寫占領區生活的馬爾他籍圖像小說家喬．薩科（Joe Sacco），以及他兒時在埃及看的泰山電影。[23]這些資源的精神讓他在美國流亡期間較感自如，而它們的大量出現在他所寫的政治文章中也捕捉住了他的書寫一個不同的旨趣。這種新的心緒和他在一九九二年六月（也就是剛剛診斷出罹病之後）造訪以色列和占領區有很大關係。這是他四十五年來第一次回到巴勒斯坦，這一次帶著瑪麗安、瓦迪和娜吉拉，帶他們「去看我出生的地方、我成長期間住的房子和我唸的學校。」[24]患白血病的事和加劇的政治孤立把他推回到他的開端。

在一九九二年動手寫回憶錄《鄉關何處》時，他與其說是無法寫完四、五年來斷斷續續寫的那部小說，不如說是拒絕把它寫完。在人生近結束之時，教了一輩子小說的他作出了一個戲劇性的大翻轉，拒絕承認小說是一種文學形式，表示小說對他不再有意義。雖然薩依德是在一九九〇年代初期才開始認真寫回憶錄，但這回憶錄的源頭卻可以追溯至他在一九八七年為《宅邸庭園》所寫的文章〈回憶開羅〉（Cairo Recalled）。他在一九八八年又給《紐約時報雜誌》的阿特拉斯（James Atlas）寫了一件童年軼事。

他在寫給阿特拉斯的信上說：「我不是誇大，就我所知，沒有如我背景的人——同時是美國人、巴勒斯坦人和學院人等等——做過我打算要做的事：寫一些經歷……這是一種有點壓力、甚至大概危險的經驗。」[25]事實上，除了舒克里（Mohammed Shukri）的《光為了麵包》（*For Bread*

Alone, 1972）以外（這自傳談作者在一九四〇和五〇年代摩洛哥的偷竊維生人生，和得到性啟蒙與文學啟蒙的經過），阿拉伯世界沒有人寫出過一部那麼自剖性和充滿心理鬱結的書。[26]果不其然，《鄉關何處》將是薩依德在阿拉伯地區最多人讀過的書。

開始寫回憶錄不久之後，他向一個朋友承認：「核心的難題是要披露多少、要隱瞞多少，以及讓這兩者如何關聯。」他焦慮地向四周的人透露，他的四個妹妹一定會對他描寫父母的方式不高興，一定會對他把她們大體排除在他的「偽裝和披露遊戲」之外感到不快。事實上，她們的反應是惱怒，因為正如葛莉絲所說的：「作為妹妹，我們全都覺得他得了便宜還賣乖……他讓自己看起來像是被迫害的人，才不是這樣。」[27]他在一九九四年到開羅住了三星期，以便可以專心寫回憶錄。它的緊迫性在兩年後將會更加明顯。不管他因為治療癌症而吃了多少苦頭，一九九四至一九九五年期間的治療都沒有成功，然後在一九九六年二月和八月，他又兩度被肺炎攻擊，第二次肺炎差點要了他的命。[28]

他一直想給回憶錄取名「格格不入」，直到書馬上就要印刷時才改變主意。這大概是因為「鄉關何處」會把流亡的主題表現得更加清晰和較少歧義性。不過，被拋棄的那個書名其實更能夠捕捉住此書的內在精神，因為它更多不是關於流亡，而是關於作者奇怪和彆扭地對任何地方都無所依歸。他面對的難題是怎樣才能披露某類型阿拉伯人代表的心理複雜性（這將會觸及他早前抱怨阿拉伯文化欠缺的「心靈理論」），又不會張揚自己的症狀而引人窺視。他在一九一七年一篇未發表的文章寫道：「認識你自己（to know oneself）並不是要招引病態的自我意識。」[29]

這回憶錄既是談一個觀察力敏銳的小孩和他的華麗世界，很多評論者無可避免會聯想到普魯斯特。薩依德自己也是這樣，他把這書稱為「一部普魯斯特式沉思錄」。部分是因為，就像普魯斯特一樣，他在書中觀察一個還沒有真正成為他的年輕自我，一個抗拒一切解釋的陌生生物。[30]薩依德在一九七〇年代常常開普魯斯特的專題討論課，要求學生讀完大部頭的《追憶逝水年華》而且是讀法文原文。《追憶逝水年華》的故事對他來說大概因為太熟悉，以致不費力量就闖入了他自己的故事：兒子對母親的不健康渴望，特權帶來的孤單，一個冒險心靈見證別人的冒險經歷時所受到的挫敗感。儘管如此，薩依德對上流社會異國情調的描述，在情感上卻完全是非普魯斯特式。他沒有使用普魯斯特愛用的圓周句（period sentences），倒是很多尖刻的離題話。《鄉關何處》對財富世界的典型描寫沒有絲毫普魯斯特的慵懶：「一個來自美國東北部的WASP（白種的盎格魯－撒克遜清教徒）③，是享盡那個世界好處的公民，道德上理直氣壯，自信十足，喜歡對人施恩示惠。」[31]

隨著《鄉關何處》的出版，薩依德的七年辛勞告一段落（他是在不固定的日子利用破曉前的幾小時斷斷續續寫成）。因為對它的小說面向感到不好意思，又意識到它取代了什麼，所以他閃躲地稱之為一部「紀實性虛構作品」。[32]但不管《鄉關何處》是何種文類，它都是一部巔峰之作，比薩依德任何其他作品更能夠把他所有才華共冶一爐。雖然他讚揚萬神殿出版社的主編雪莉·旺格引導他改善了幾百頁「寫得過多和寫得不夠的文字」，但雪莉自己卻說交到她手裡的文稿並沒有多少地方需要修改：「他完全知道該怎樣寫。」[33]經過多年醞釀，全書的結構已在他的腦子裡充分成形，所以當他最後親筆把文稿寫在藍色、黃色或白色的紙張上時，內容一氣呵成，幾乎毫無刪改。[34]

他的所有著作都打出名堂，其中至少有三本造成轟動。但它們沒有一本像《鄉關何處》那樣博得普遍掌聲。除了獲得叫好的書評和《紐約客》的「非小說類獎」之外，這部回憶錄也激起了大量的粉絲來信，這些粉絲包括了諾貝爾獎得主（葛蒂瑪與大江健三郎）和電影明星（艾瑪・湯普遜、茱莉・佛斯特與凡妮莎・蕾格烈芙）。[35]他的兒時好友和多年沒有聯絡的遠親，也來函感謝他為他們喚起了一個遺忘了的世界。他雖然本已是名人，但他對好萊塢的心情還是就像兒時一樣強烈，沒有因自己的名氣而減少。說他已是名人一點沒有錯，因為那一年他才在歐洲議會作證、在維也納卡拉揚中心登台，又在海牙的新教堂（Nieuwe Kerk）獲頒「斯賓諾莎獎」。儘管如此，他的螢幕偶像來函仍然令他感覺像個被明星電到的小孩，讓他回想起自己有一次在派對上遇到丹尼・葛洛佛（Danny Glover）、華倫比提、安妮特・班寧（Annette Bening）時竟慌亂得說不出話來。[36]

「親愛的愛德華，」葛蒂瑪在二〇〇五年九月的信中說。「你說過你想寫一部小說，我不曉得你在這幾個月是否已經動筆。」[37]雖然被小說家圍繞（他和魯西迪是好朋友，又跟羅斯和索魯〔Paul Theroux〕友好），他總是同時招引和閃躲這個問題。[38]在開始動手寫回憶錄期間接受的一次訪談中，他對訪問者開玩笑說，他計畫寫的世界所留下的痕跡寥寥無幾，以致「我打算讓記憶盡情捉弄我。我真的想這樣，然後我也許會寫出一些虛構來。」[39]然而事實證明，他的這種說法又是一個佯攻動作。在他的少時朋友和幾個妹妹看來，《鄉關何處》的突出之處在於它的照相寫

---

③ 這是書中描寫一個富有白人女性的話。

實主義。薩依德以驚人的精確回憶往事，甚至記得面部表情和聲調的最小細節。

如果說他有時候會對朋友透露他隱約打算有朝一日寫一本小說，那他極少讓四周的人知道他已經這樣做。在他給了塔利克．阿里勇氣完成有關巴基斯坦的系列小說之後，阿里問他：「你可曾想過要寫一部小說或劇本？」[40]他回答說：「不曾。我想我做不到。我要寫些什麼呢？」這種反應也許只是他固有的自疑心態的一部分——就像巴倫波因指出的，「極大的自信感和極大的不安全感」奇怪地並存在薩依德身上。他說話時常常喜歡以「你不這樣認為嗎」結尾，這不只是一種客氣，也是擔心別人會不以他的話為然。但他一樣喜歡編故事。十一歲時候動的盲腸手術在他的肚子上留下一道大疤痕。當娜吉拉問他那是怎麼一回事，他說他在西班牙鬥牛時曾被一頭公牛牴到。當真相無關緊要的時候，他喜歡玩虛構的遊戲。在與瑪麗安交往的早期為了讓她刮目相看，他說自己曾經跟甘蒂絲．柏根（Candice Bergen）約會。多年之後，當他們和一對夫妻共進晚餐時，對方其中一位炫耀自己和一個著名的電影明星碰過面。瑪麗安回應說：「愛德華比你強，他有一次和甘蒂絲．柏根約會。」由於意識到大家一定會問長問短，他平靜地笑了笑，說道：「妳真的相信嗎？我是開玩笑的。」

他就像小說家那樣，有著注意細節的本領。他會記得一個人穿什麼衣服、頭怎樣側一邊，或揮手時軟弱無力的樣子。這些時刻會從《鄉關何處》的最佳段落跳出來（例如他形容住在皇后區堂兄的媽媽會「癡呆地呵呵笑」），也見於他的短篇故事〈提供給聽見者的方舟〉一些較狠的素描[41]：

> 瑪格麗塔看來是經過幾小時不停推、揉、捏的結果。她由一系列的皺褶構成，每一刻都威脅著要爆炸成震顫顫的肥，不是她姊姊莉米那種可愛的圓滾滾的肥，而是一種孔武有力、毛絨絨和甚至肌肉型的肥，隨時可能把你掃到一邊，彷彿是說：「那才是你該待的地方——留在那裡！」[42]

薩依德不承認自己寫過小說，部分是因為他感覺自己的能力強項不利於小說。派翠西亞・海史密斯（Patricia Highsmith）——寫過《火車怪客》（*Strangers on a Train*, 1950）和《天才雷普利》（*The Talented Mr. Ripley*, 1955）等小說的知名女作家——受到薩依德文章的政治活力和直率務實感動，也只為了這個理由而成為他的粉絲。[43]類似地，大江健三郎在一系列長篇和恭敬的信件中大事讚揚薩依德的文風「強力、熱烈而動人」，認為對方的政治文章對他自己的小說是一個「持久」的矯正[44]：

> 親愛的薩依德，我有點沒告訴你的是，你的書給了我動機，讓作為一個小說家的我恢復知覺……一直以來，我的小說一方面太過關於自己的人生，另一方面太過關於深奧的神祕主義。如果我繼續以這種方式寫作，我的小說將會流為一種倒錯的信仰聲明。我是這種狀態下在斯德哥爾摩接受諾貝爾獎，感覺它是一種負擔。[45]

在一連串有點長的傳真中，葛蒂瑪表達了非常相似的觀點。她是另一個讓自己臣服在紐約批評家薩依德腳下的世界級小說家：「你是今日餵養我的烏鴉，儘管烏鴉對你來說太過愛倫坡④，而鴿子對你的昂揚精神來說又太過溫和柔順。」[46]就像薩依德的醫生坎蒂雷所說的（他對薩依德和葛蒂瑪的同志之愛有第一手見證），兩人的親密互動是「超乎敬重，不容易形容，更加像是一種有愛的成分的友誼。」[47]葛蒂瑪把自己的諾貝爾受獎演說寄給薩依德，指出是他的政治文章啟發了演講的中心主題：作家是見證人。除了尋求忠告和打氣，她的信中也有很多八卦。例如，當奈波爾在二〇〇一年獲得諾貝爾獎時，她高興地從斯德哥爾摩給薩依德發去頒獎典禮的現場報導。她戲稱奈波爾為「得獎者中的葛麗泰．嘉寶」，因為他翹了正式頒獎典禮，又在格蘭德飯店聚會時怠慢其他得獎者。[48]她補充說，大家都憤憤不平。

見薩依德沒有自己的小說，有人便說他的人生是真正的小說。也有好些小說家讓他成為他們作品中的核心角色之一。這些影射小說的其中一本是阿達芙．蘇伊夫的《愛情地圖》（*Map of Love*）。故事中，薩依德被寫成國際知名的埃及裔英國指揮家和政治作家加姆拉維（Omar al-Ghamrawi），是個高個子，有著一頭「太陽穴處灰白」的黑髮和一雙「黑之又黑的眼睛」。在多明妮克．埃德的《風箏》（*Cerf-volan*）中，他是移民到亞歷山卓的敘利亞人馬利克（Farid Malek），一個致力於改變世界的傑出社會活動家。[49]兩位作者都聚焦在他的神態和個人風姿。阿達芙這樣形容：「他走入房間中的方式、他散發的精力、他轉頭的樣子……都讓伊莎貝爾不能自已地愛上他。很多女人都是這樣。就我所能見，這對她們並無害處。」[50]多明妮克這樣形容：「他的雙手優雅而神經質。修長靈動的手指大幅度揮動，打斷一切，靜止時照樣如此……他對一切都感到好奇，想要魚與熊掌兼得：冒險和安適兼得，泊港和在海上航行兼得。」[51]

在喬治（R. F. Georgy）的小說《寬恕：一個以巴愛情故事》（*Absolution: A Palestinian Israeli Love Story*）中，他就以薩依德本人的身分登場，被寫成以色列總理阿文的道德指南針，阿文在哥大研讀時由薩依德指導，由此了解到巴勒斯坦人的痛苦。在一個一九七〇年代教過的學生雷曼（David Lehman）所寫的組詩〈再見教導〉（Goodbye Instructions, 1973）中，作為老師的薩依德表示：「並無必要／出於好意而秀肌肉。／我從沒有答應回答／你最讓人愉快的問題。」[52]薩依德還在好些其他書本與電影中亮相（有些具名有些不具名），包括夏因（Youssef Chahine）所拍的法語、埃及語雙語劇情片《他人》（*The Other*, 1999）。薩依德在其中再次扮演自己。

雖然《鄉關何處》讓他的名聲擴大到更大的讀者群，但他在法國總是碰壁。儘管曾經在法蘭西學院演講、《東方主義》法譯本在一九八〇年銷路甚佳，又一輩子都對任何法國事物有好感，但他總是讓法國的文學建制微微感到害怕。重要的電視文化節目和大型的出版社（例如「伽利瑪」）一直抗拒他。巴黎的知識分子（很多都是轉右派的左派）視他為競爭對手。他們看得出來，他的公眾形象很像「新哲學家」（nouveaux philosophes）李維（BernardHenri Lévy）、芬基爾克羅（Alain Finkielkraut）和格魯克斯曼（André Glucksmann）等，但他卻是站在左邊、能夠說法語、懂得彈琴、可以發表談貝多芬和華格納的演講，而且在政治建制中有一席之位。《鄉關何處》有助他打破這堵看不見的牆。到了二〇〇三年，他獲索邦大學頒贈榮譽學位。法國國家圖書館也在他剛逝

④〈烏鴉〉是愛倫坡最著名的一首詩。

世之後便為他舉行紀念。

作為小說的愛好者，他很自然地認為由他自己來寫小說既無必要，也不特別有吸引力。在他人生的最後十年，他對這件事情的觀點和他的朋友沙哈克非常接近。沙哈克在談及《最後的天空之後》的信中表現出人意料的保留：「我不想隱瞞，這本書的某些方面讓我非常不敢苟同。我不是指政治方面，我是說這本書太過詩意，不合我的口味。它受巴勒斯坦詩歌的影響太深。我得向你坦誠。我極喜歡巴勒斯坦散文，極不喜歡巴勒斯坦詩歌。」[53]他提出一個問題：為什麼巴勒斯坦人在一九四八年那麼容易被驅離？「一個理由也許在於，他們有太多的詩歌，特別是有太多沒有自我批判性的詩歌。」

〈藝術想像力的極限〉（The Limits of the Artistic Imagination）一文——一九九五年發表在瑪卡萊斯特學院（Macalester College）一篇少為人知但具有創發性的演講——明顯顯示出，他自己的觀點和沙哈克如出一轍。這篇演講稿是寫於放棄寫那本關於背叛的小說不久而《鄉關何處》已經動筆之後。[54]他利用這個演講來解釋小說能夠做到什麼和不能夠做到什麼，又用葛蒂瑪從諾貝爾得獎感言擴充而成的《寫作與存在》（*Writing and Being*, 1995）作為例子。他認定，葛蒂瑪認為小說比生命更持久的觀點過於浪漫。他又指責文學獎一般都太自負，不理會真實世界文學市場讓人不舒服的事實。

他接著說，我們在第三世界看見了一種新的美學，這種美學很少會在國際大都會被注意到，因為它不世故並具說教性，而且是毫不臉紅的政治性。事實上，薩依德早前曾為夏楠．阿什拉維的博士論文辯護（他是口試委員），當時她的指導教授反對她主張的，第三世界文學（特別是巴勒斯坦人敘事）是「一種革命和追求改變的工具」，在其中，文學想像力是用來對抗現實和記錄歷史事件。[55]薩依德繼續說，紐約媒體只知大談全球化，對第三世界作者的處境視而不見。另外，藝術本身（至少是非本真的藝術）正在受到科技官僚專業化的威脅。讓我們知道這些事情的並不是小說家，他們更沒有指出出路。能夠做到這個的是作為診斷者、政治分析者、催化者和詮釋者的知識分子。當時是伴侶的科克本和蕎安・維皮耶夫斯基對薩依德結合開放性和著重點的才智佩服得不得了，在他六十三歲生日當天送了他一對打字鍵造型的袖扣，一枚是分號鍵，一枚是驚嘆號鍵。[56]

§

一九九九年五月十日午夜，薩依德寫信告訴一個朋友，他的親密戰友艾克巴爾・艾哈邁德幾小時前因為結腸癌手術引起的併發症，逝世於伊斯蘭馬巴德。這信是他從艾哈邁德位於上西區的公寓回來後草草寫成，之前他去了那裡安慰未亡人茱莉（Julie）。在這個熟悉的環境中，比較容易重新看見艾哈邁德多次赤腳盤腿坐在地板上，手上一杯酒，大談一場政治危機或用四種語言背詩直到凌晨的樣子。薩依德的哀傷摻雜著懊悔，因為前不久他曾經為了讓坎帝・雷獲得一個印度科學獎而請求艾哈邁德幫忙。這對艾哈邁德來說是個不可能的任務，但薩依德卻認為他的朋友可以變魔術似地做到，又在他做不到的時候生氣。此刻在他自己這樣衰弱的時候失去了艾哈邁德真是一大打擊。事實上，艾哈邁德死得冤枉。他入住的那間醫院設備不足，無法應付一種化療常見的副作用：心肌梗塞。艾哈邁德就是因心肌梗塞而死。[57]

薩依德在二十一世紀初向坎帝・雷透露，他想要寫一本有關艾哈邁德的書，代替朋友自己因為忙於社運和謙遜而沒有寫出來的書。艾哈邁德沒有留下重要著作，只有一些零散的政治文章，後來輯錄為一冊，由杭士基作序。[58]他留下的是一系列機智風趣的話和策劃組織方面的慧見，大部分是口耳相傳，其中一部分被亞美尼亞裔美國另類電台廣播人巴薩米安（David Barsamian）記錄在一批訪談裡。[59]薩依德認為艾哈邁德的不重理財和不在乎讚譽就像他的政治投入一樣吸引人，所以想要捕捉住他自己沒能記錄下來的思想和精神光輝。畢竟，當初就是受到艾哈邁德啟發，薩依德才會把達成目標的手段放在道德勸說而不是軍事行動。早在一九七〇年，當艾哈邁德在「阿拉伯學生組織」演講時，就不受歡迎地主張，公共關係比游擊行動更重要，而他這番話對薩依德的思想有很深影響。[60]

到了二〇〇〇年發生第二次「大起義」時，這個忠告會變得特別有價值。在薩依德看來，衝突的方向當時已經變成是由媒體決定。他比從前更加強烈地相信，這個遊戲的名字是「影像和觀念戰爭」，也就是要奮力把巴勒斯坦人的故事說得就像以色列的政治宣傳那樣精密和有說服力。[61]解放鬥爭的前路寄託在「靈活的、機動的政治力量，更加依賴於倡議、創造性和驚奇而不是像他們一直那樣堅守固定立場。」[62]

《和平進程的終結》（*The End of the Peace Process*）收錄的是寫於一九九五至九九年之間的文章，設法顯示和平進程是怎樣被終結。這書代表了他在後奧斯陸時期最具創造性的政治思想。牛頓、赫茨爾（Theodor Herzl）⑤、曼德拉、伊麗莎白・泰勒全被召喚到此書多彩變化的文章中，給予「一國方案」更高的使命和更深的哲學奠基。《和平進程的終結》的主題極為多元，除了談到德國文化評論家班雅明、法國歷史學家米榭勒（Jules Michelet），以及馬丁尼克詩人和國會議員塞澤爾（Aimé Césaire），薩依德還把國家政治的大論述留在後頭，改為把自己放入一般巴勒斯坦人的生活中（就像他在《最後的天空之後》那樣）。此方面之成就在書中三篇最感人和私人性的文章中特別明顯，它們是〈探望瓦迪〉（On Visiting Wadie）、〈巴勒斯坦場景〉（Scenes from Palestine）和〈約旦河西岸日記〉（West Bank Diary）。[63]

題獻給他兒子的那一篇尤為突出。沒有受到父親的特別敦促，在紐約受教育和非常美國化的瓦迪自學阿拉伯文，然後又在一九九四年大學畢業後前往開羅的美國大學鑽研，接著又宣布將要在巴勒斯坦待一年。他的父親並不相信。後來得知兒子是認真之後，薩依德設法探索這個行動的意義，因為他自己一直不願做同樣的事，儘管面臨壓力仍然不願意採取這種姿態。例如，他的老朋友和合作者阿布—盧格德早前辭去了西北大學的教職，把人生最後十年用於在拉馬拉的比爾宰特大學（Birzeit University）教書。奧斯陸的潰敗和健康日走下坡，在在驅使薩依德尋求和巴勒斯坦發生更個人性的關聯，而不是像以往那樣，只是為了拍電影或演講才偶爾到中東走走。例如，他最近一次到約旦河西岸（一九九七年二、三月），就是為了幫英國廣播公司拍攝紀錄片《尋找巴勒斯坦》。

---

⑤ 奧匈帝國的猶太裔記者，現代政治中錫安主義的創建人。

瓦迪的決定讓他重新省思。薩依德之前的學生阿楠當時在拉馬拉為巴勒斯坦自治政府工作，非常了解他渴望受到住在該地區的巴勒斯坦人歡迎，把他看成自己人。他因為沒有受到這種歡迎而受傷甚深。[64]瓦迪不只為他顯示方法，還為他打開很多門，充當他的行程安排者和嚮導，開車載他，安排後勤，帶他認識地區內的日常事務，最重要的是讓他可以和他本來無法企及的年輕人接觸。[65]有鑑於巴勒斯坦人的父權文化，他和兒子一起出現在巴勒斯坦意味著他對這個地方有更大的承擔。

視不同觀點而定，你要麼可以認為《奧斯陸協議》讓巴勒斯坦人建國鬥爭不再可能，要麼把它帶向了一個更堅決的階段。但不管是兩者中的何者，這種鬥爭都已經脫離了薩依德的議程表。這種改變讓他可以更尖銳地批評美國政府，和堅持不懈地主張他的巴勒斯坦主義觀念具有普世包容精神，不需要任何地域歸屬。可惜的是，和他寫《東方主義》的時候不同，這時的薩依德已經不再有一種左傾的共識可以倚靠。

正是本著這種桀驁不遜的精神，他在一九九五至二〇〇三年寫的最後一批政治文章——過世前不久集結為《從奧斯陸到伊拉克及路徑圖》（*From Oslo to Iraq and the Road Map*, 2004）——批評了美國政府在九一一事件之後對公民自由的廣泛攻擊、美軍在中東和北非發起的永久戰爭，以及嚇人的國內極權主義。他抱怨「知識分子部門智障般的搖旗吶喊」，覺得那些所謂「專家」（他們最糟糕的一個是「豬玀」阿賈米）丟人現眼。[66]他大力抨擊二〇〇一年十月通過的《愛國者法案》，認為這法律體現了他所謂的「美國政策的以色列化」。[67]在他看來，美國越來越受到基督教基本教義派的統治，這「在我看來是對世界的一個威脅。」[68]

這倒不是說他的焦點完全轉回國內議題。雖然有一群忠心的全球追隨者，但薩依德在中東卻受到某種程度的懷疑。在以色列和占領區，他的影響力業已相當巨大。在以色列的學術界，特別是在年輕一代之間，《東方主義》多多少少已是必讀之作。他的作品也很好地呼應了以色列內部對阿什肯納茲猶太人當權派的反對，呼應了對各種不同白皮書錯誤地把以色列描繪成一個寬容和包容的多元文化社會的抗議。

反對這種描繪，米茲拉希猶太人（Mizrahi Jews）之間出現了一場運動，致力追求多元文化主義。這讓薩依德受到吸引，因為他總是歡迎這個地區的多樣化，不斷為文談論阿拉伯人、巴勒斯坦人和東方猶太人有著相似的思想感情和命運。雖然受到阻礙，他的作品一樣在這個地區流傳。《巴勒斯坦問題》早在一九八一年就有了希伯來文譯本。之前一年，他的同志和朋友沙哈克從以色列寫信給他，告訴他「你的名字在這裡相當廣為人知。」[69]《東方主義》和《文化與帝國主義》的阿拉伯文版因為譯文過分花稍，加上篇幅長和深奧，這兩本書在阿拉伯世界的影響力不如他的政治論文集——其中以《喪家失產的政治》特別有影響力。雖然到了一九八〇年代，薩依德在阿拉伯世界已經非常有名，但卻不是以文化批評家或文學批評家的身分知名，儘管《世界·文本·批評者》已經有一個由敘利亞文化部委託翻譯的盜版譯本（只在敘利亞流通）。敘利亞第一位女性文化部長娜賈·阿塔爾（Najah al-Attar）四次邀請薩依德訪問，但他每次都強烈拒絕，因為他不滿敘利亞的國內鎮壓和在以色列入侵黎巴嫩期間背叛巴勒斯坦人。[70]但是，娜賈·阿塔爾就像後來很多人一樣，看得出來薩依德的偉大——大概也是他在阿拉伯世界的最大成就——在於讓每一個人明白知識分子的高度重要性：知識分子是社會的良心、診斷者和議題設定者。

在巴勒斯坦，知識分子討厭他提猶太人在納粹大屠殺所遭遇的苦難，也認為他主張「我們的首要工作必須針對美國」（即認為應該致力影響以色列生命之所賴的美國民意）很荒謬。[71]在很多人看來，他經常鼓吹在推進巴勒斯坦人目標時要更有「創意」，或他引用塞澤爾的名言「所有人在勝利的集合點都有一席之地」，是太過不食人間煙火，跟發生在加薩地帶的危機（那裡的巴勒斯坦人房屋反覆被以色列推土機移為瓦礫）脫節。就連擁抱《奧斯陸協議》的人也只是把它視為邁向一個獨立和有主權的巴勒斯坦的另一步。所以，當薩依德說「放逐在我看來是一種更自由的狀態」或「巴勒斯坦是不可復得的……我們正在遠離……我們不可能創造一個有果園和之類的漂亮地方。我不相信有歸鄉的一天」，難免讓有些人懷疑他是背叛。[72]在很多運動家看來，他的這些話不只顯示他與現實脫節，還流露出他的美國人調調。[73]

雖然他在沒耐性的建國鬥爭黨人眼中是這個樣子，但薩依德從來不是安全身處曼哈頓摩天大樓中的攪局者。即便是在《奧斯陸協議》簽訂後，他還是被阿楠召募到巴勒斯坦人權委員會，並為新成立的自治政府的其他組織工作。[74]他持續募款、拍電影和大聲疾呼。他不間斷的個人參與可以用安瑪（Ibrahim Ammar）的例子說明。安瑪是個巴勒斯坦學生，二十一歲那年只穿著一條牛仔褲、帶者兩件運動衫和一個小行李箱去倫敦。在國會大廈聽了薩依德演講後，他排隊等候和他談話的機會。輪到他時，他不經意地提到，如果薩依德有什麼想法可以讓他得到經濟資助把學業繼續下去，他將會無任感激。薩依德回答說他會看看有什麼是他能夠做的。安瑪感激地離開，但卻肯定這個「我們巴勒斯坦人中間的傳奇人物」一走出演講廳就會忘記自己的承諾。但不到一個月，一張一千五百英鎊的支票就寄到了安瑪的信箱。[75]

薩依德書寫和演講的新方向不是由於疲倦或失敗主義心理，而是出於一個讓人不愉快的集體現實。因為缺乏主權，巴勒斯坦人被迫把民族主義重新想像為一種普遍困境而不是一種奠基於血緣和土地的歸屬形式。與此相反，以色列的民族理念——就像一個在以色列和法國受訓的學者埃桑茲威格（Uri Eisenzweig）有說服力的主張——是借自十九世紀歐洲。埃桑茲威格此說也支持了薩依德所說的，錫安主義地域有著「想像性的空間結構」。[76]這些信念成為後來在約旦河西岸的比爾宰特大學舉行的「巴勒斯坦地貌：模稜兩可的詩」會議的核心，該會議是埃桑茲威格協助阿布—盧格德和納謝夫（Kheled Nashef）等主辦，致力於揭穿以色列考古學的捏造。[77]簡單來說，他認為錫安主義在巴勒斯坦創造了一片歐洲人的殖民飛地，所以巴勒斯坦人必須謹慎，不可重蹈覆轍。

美國和中東這種表象的衝突隱藏在二〇〇〇年六月底、七月初的奇怪事件背後。當時，薩依德帶家人到黎巴嫩發表了兩場公開演講，回國後竟受到媒體群起而攻。有些政府官員和新聞記者稱他為恐怖分子。事情的緣起如下。作為緊湊行程的一部分，薩依德在演講期間曾抽出空檔遊覽黎巴嫩南部。那裡是一個「安全區」，因為以色列軍隊經過二十二年占領之後，最近因為不堪黎巴嫩反抗軍騷擾而撤出。

在參觀過惡名昭彰的希亞姆（Khiam）監獄之後，薩依德和隨行的記者聊天，同行的還有他的家人和安排這次旅程的好朋友特拉布爾西（Fawwaz Traboulsi）。然後，他們前往位於和以色列接壤邊界處的「法蒂瑪門」（Fatima Gate）。在那裡，他們看到圍欄的黎巴嫩一邊有一堆石頭，又有三個真主黨人守在旁邊。就像對所有來參觀的人那樣，三個真主黨人邀請薩依德一行人向邊界的另一邊投擲石頭。圍欄另一邊的一段距離外有個警衛塔台，看來無人駐守。人群中有人用阿拉伯語鼓勵薩依德投擲石頭，特拉布爾西答應加入。薩依德扔出的石頭飛到圍欄前面便無力地掉落地上。[78]跟隨他們一起到邊界的有一個《大使報》（*Assafir*）的攝影記者和「燈塔衛視」（Al-Manar TV）的一組人員。當天傍晚，《大使報》的攝影記者把拍到的照片帶到飯店給薩依德過目。與此同時一個好朋友（小說家扈利）的姨子問他是不是可以透過她的公司（法新社）讓照片流傳出去。薩依德看不出來有什麼問題，便同意了。

那個晚上，真主黨在當地電視台播映了薩依德投石的短片。[79]因為在場的每個人都把薩依德的投石之舉看成無傷大雅的行為，所以其後引發的軒然大波讓他們覺得十足怪異。總是鼓吹巴勒斯坦人和猶太人和平共存的薩依德被描繪為一個激烈的反猶太狂熱分子。紐約小報《每日新聞》（*Daily News*）在第二頁刊登了薩依德的投石照片，用的是煽動性的標題：「哥大教授承認投石。」[80]媒體對他作出兇猛攻擊，CNN的寶拉·贊恩（Paula Zahn）在訪問他的時候特別不客氣，所以他決定此後不再把時間浪費在主流新聞媒體。在一片鼓譟中，親以色列的教授、學生和金主運作了幾個月，要讓他被解僱，不然至少也要讓校方發出公開譴責信，好讓他丟臉。醫學院、商學院和工學院的一些教授特別有攻擊性。他們用多達五十封電子郵件轟炸教務長，又贏得一個校董的支持。[81]

一批同事集結起來支持他。拖了兩個月之後，哥大教務長科爾（Jonathan Cole）才在學生會領袖的要求下發表了一份官方聲明。在這份五頁的聲明書中，科爾引用約翰·彌爾和哥大教員手冊的話指出，薩依德沒有犯法，沒有被起訴，會引起爭論完全是他的政治觀點導致。因為祭出學術自由的名義，他的聲明有效地堵住了反對者的嘴巴，儘管反對運動一瘸一拐地又持續了好幾星期，從沒有完全平息。批評薩依德的聲音不只來自親以色列的人。他的一些盟友認為他在訪談時太輕描淡寫，表示自己沒有瞄準任何人，投石只是一種「象徵性的開玩笑姿態。」[82]這些人質疑，面對以色列的國家暴力，薩依德何不大大方方承認他投石就是出於滿腔怒火，而且以此自豪。[83]他的投石行為確實是無關痛癢，但有些人卻因此對他一生的工作打上問號，這讓他陷入漫長的憂鬱。[84]

和小說切斷關係──至少是以作者的身分切斷──反映出另一些矛盾。就像巴倫波因挖苦地指出的，就在西方大眾對古典音樂開始失去興趣時，薩依德卻把越來越多時間投注於其上。與此同時，薩依德並沒有放棄設法讓大眾對古典音樂不要那麼害怕，不過這種努力很快就和一個要讓巴勒斯坦在古典音樂有一席之地的計劃匯流。一九八九年，偶然地，他和瑪麗安一起看到《CBS今晨》節目介紹剛和以色列愛樂管弦樂團一起演奏過的十二歲巴勒斯坦男孩阿什卡（Saleem Abboud Ashkar）。薩依德馬上看出這個小孩「非常有才華，但不可能在以色列取得成功。」[85]他聯絡了當時巴勒斯坦福利組織的主席艾貝德（George Abed），託他追查年輕鋼琴手的下落。同年稍後，艾貝德安排兩人在巴黎見面。他們連續幾天見面相處了幾個小時。這次試鏡讓薩依德確認阿什卡琴技了得，便去說服「卡坦基金會」（At-Qattan Foundation）資助阿什卡的教育。

幾年之後的一九九三年，巴勒斯坦民族音樂學院成立。薩依德是該學院的顧問，也對學院的成立發揮積極作用，他把《紐約客》因為《鄉關何處》頒給他的一萬美元獎金捐作學院成立經費。他認為如果巴勒斯坦青少年能夠透過音樂學會專心（占領區的焦慮生活讓人難以專心），那他們在學習其他事情上或許也能夠專心致志。然而，學院所需要的音樂老師卻是當時巴勒斯坦所沒有，而想要從歐洲網羅這種老師需要以色列願意發出簽證，但以色列幾乎不可能這樣做。為此薩依德尋求巴倫波因幫忙。這位指揮家迅速和有效率地組織了一支德國音樂家團隊前來教學。在學院總監克里（Suhail Khoury）的請求下，巴倫波因答應組建一支巴勒斯坦管弦樂團。他的涉入慢慢變成是全方位。一九九八年三月，薩依德在約旦河西岸拍的紀錄片正在收尾，他利用巴倫波因在耶路撒冷指揮演奏之便，便安排巴倫波因到比爾宰特演奏。在比爾宰特，這位指揮家和阿什卡合奏了一首舒伯特的四手聯彈曲。

事有湊巧，在同年稍早，巴倫波因應德國文化部長邀請，幫忙策劃即將在威瑪舉行的慶典——這城市被定為「一九九九年的歐洲文化之都」。[86]為了避開這座著名城市讓人厭倦的主題（一方面是歌德和席勒，另一方面是附近的布亨瓦德集中營），他藉助自己最近的經驗，建議組織一個年輕以色列和阿拉伯音樂家的工作坊，人數最多以十五人左右為限。他也把這個愉快的機會帶給薩依德，指出：「我們可以做一些不是只關於音樂的事情。」後者回應說：「絕對是。」[87]最後，出乎他們意料，有超過兩百個阿拉伯音樂家申請。到八月，巴倫波因連同薩依德和大提琴家馬友友選出「年齡在十八到二十五歲的七十八個阿拉伯和以色列音樂家」參加威瑪的音樂工作坊。[88]「西東合集管弦樂團」（West–Eastern Divan Orchestra）就此誕生。不出幾年，西班牙就為他們成立了一年一度的工作坊，之後到二〇〇五年，他們在拉馬拉演奏，一方面是追思薩依德，一方面是表示支持巴勒斯坦。

沒有人假定這個以巴合作的象徵可以帶來和平。在他們看來，它除了體現薩依德當時鼓吹的「一國方案」的精神以外，實際能做的是透過作為「一種精神鍛鍊」的音樂提供教育。薩依德和巴倫波因長久以來都激烈反對 *Musikwissenschaft*（音樂科學），這種科學強調學習聲學、身體鍛鍊和閱讀鍛鍊以追求演奏的神乎其技，對其他一切甚少理會。[89]巴倫波因早就注意到，薩依德在處理問題時不用科學的方法而喜歡用藝術的方法，而這成為投資於作為完全實現的個人的音樂家的另一個理由。後來，他們把同一套教育學原則用於在柏林設立的「巴倫波因—薩依德學院」，而這些原則被奉行至今：全方位的訓練，除了學習演奏外還學習歷史、政治和美學。其基本理念是透過音樂去教育而非提供音樂教育。

雖然在全世界都獲得掌聲，「西東合集管弦樂團」卻引起薩依德家族內部的磨擦。儘管「東西合集」的概念總是意在一個高於以巴衝突的層次運作，但由巴爾古提（Omar Barghouti）領導的「抵制、撤資、制裁」（BDS）運動卻開始杯葛該管弦樂團，因為它相信這種合作會正常化巴勒斯坦人和一個侵犯國際法的下流國家的關係。葛莉絲是家族中的草根活動家，批判聲音特別高昂。她的觀點就像薩依德一樣，受到她待在美國的長時間所形塑。她是師範學院的畢業生（該學院就位在哥大北面），在一九八三年的時候逃過了貝魯特的內戰，先是和兄嫂一起住在他們在紐約的公寓，後來覺得紐約太過讓人害怕，所以搬去華盛頓。[90]在一九九〇年代好些時間以及薩依德過世後，她都努力鼓吹從以色列撤資。她開玩笑說：「在這個議題上，我們巴勒斯坦人透過把一隻腳插在教堂的門口利用我們的基督教，但沒有排除我們的穆斯林朋友。」她後來成了BDS

運動的忠實分子，始終深信雖然薩依德有時會不喜歡這個運動的「不知變通」，但理應會有批判性地站在它的一邊。事實上，薩依德在人生的最後幾年已開始支持針對屯墾區的撤資和杯葛，又對同事和進步派歷史學家馮納（Eric Foner）拒絕支持屯墾區撤資感到憤怒。

所以，「西東合集管弦樂團」的存在讓薩依德家族的大部分人感到惱怒，這特別是因為巴勒斯坦的環境在二十一世紀的頭十年嚴重惡化。他們明顯受到杯葛運動強有力的宣傳影響，但這種宣傳在瑪麗安看來不盡公道，所以不為所動，在丈夫去世後繼續和巴倫波因一道當管弦樂團的主要組織者和促進者。她知道管弦樂團是丈夫最感到自豪的成就之一，又認為民族音樂學院在二○○五年跟巴倫波因切斷聯繫是失策。管弦樂團的一個衍生物是拉馬拉的「巴倫波因—薩依德音樂中心」。該中心不只是一間學校或年輕人組成的一支管弦樂團，更加是來自約旦河西岸、以色列內部和僑居地的阿拉伯人一種全面性的文化經驗。科倫拜恩和民族音樂學院在一九九○年代中葉開展的試點計畫（pilot program）至今仍然繁榮興旺，受到西班牙安達魯西亞地區政府和德國外交部的資助，也得到私人捐贈。

雖然薩依德和巴倫波因的友誼增加了他的音樂公信力和豐富了他的私人與藝術生活，他們的感情乃是思想上互補，儘管不總是一致。出版他們在紐約聽眾面前進行的音樂對話時，他們用書名來暗示兩人的和而不同：《並行與弔詭：對音樂與社會的探索》（*Parallels and Paradoxes: Explorations in Music and Society*, 2002）。有一次在辯論音樂和文學是否有共同基本特徵時，薩依德主張樂譜是一種多多少少和小說類似的文本，因為兩者都需要詮釋。巴倫波因不表同意，指出任何可以用文字表達的事情都用不著音樂。[91]一個演員固然可以用千百種方式說出一個「不」字，但作為一個文字，「不」有著一份音樂文本所沒有的意義，後者基本上是「一張白紙上的一些黑點。」所以「你又要怎樣閱讀它？」[92]

他們在「寂靜」的問題上也是意見不同。薩依德猜測，寂靜在音樂裡是一種耗損，而在文學裡，寂靜（即未說出的話）會被保存在文字中，成為文字意義的一部分。[93]作者有時也許會大聲讀出他們的作品，但本質上他們都是在寂靜中寫作，而他們的讀者也是在寂靜中閱讀作品。但巴倫波因是個指揮家，所以不認為寂靜是一種缺席。「聲音需要寂靜當前導……作為聆聽者，你會緊緊抓住第一個音符，但在每個階段都必須有寂靜存在，這樣才能呼吸，才能變得更熾烈……音樂之所以有表達力純粹是因為有寂靜穿插在其中……在一個和弦之後出現的寂靜會比和絃更加大聲。」[94]

在大問題上，他們會影響彼此的思考方式。巴倫波因佩服薩依德在政治世界看出音樂模式的才智，有時會加以模仿。在薩依德人生接近盡頭的一晚，倫敦一個晚宴上的所有客人——包括塔利克．阿里、賈桂琳．羅斯（Jacqueline Rose）、斯圖爾特．霍爾（Stuart Hall）及太太凱瑟琳、瑪麗安——全神貫注聆聽巴倫波因說話。薩依德這一次閉上嘴巴，把風頭讓給好朋友。後者講了大約十分鐘，慢慢說出了一個比喻：《奧斯陸協議》就像演奏會中的落後節奏，它因為步伐越來越跟不上樂譜，最終跌落深淵。[95]

第12章

與時間賽跑

THE RACE AGAINST TIME

不惡毒的人不能生活得平靜。

——阿多諾[1]

薩依德有一次寫到自己的童年時說：「我的手錶像哨兵一樣監視著我的生活。」現在已經長大的他必須承受後果：「晚上九點仍然代表『晚了』。」當他和瑪麗安在一起看電視時吃喝的啤酒和花生換成威士忌，而時間又晚得不適合打電話給任何人，那個工作天便過去了。他會需要至少一點睡眠以應付第二天的攻擊。[2]他也許明白得很慢，但現在已經明白了浪費時間也是一種生活方式，而且娛樂是一種對於他加諸自己的嚴格規定的反擊。[3]就像瑪麗安承認的：「他大量浪費時間。」而希鈞斯取笑他，說他絕口不提偷看的很多電視節目的名稱。[4]畢竟，完成什麼不若持續活動重要。

在他死前不久拍攝的記錄片《最後的訪談》（*The Last Interview*, 2004）裡，薩依德向朋友和記者格拉斯（Charles Glass）談到了過去幾年的情況。他已經無法閱讀。因為化療的作用，他甚至無法專心聆聽音樂。瓦迪開始驚訝看見父親晚上七點坐在起居室一張椅子打瞌睡，一本書從手中掉下來。娜吉拉必須提醒他簡單家居物件的名稱。[5]帶著悲傷，格拉斯懇求他對自己已有的成就感到高興。為了淡化他的不濟事，每當有人勸他放慢腳步，他都會堅持說：休息的想法讓他作嘔，而睡眠對他而言已是一種死亡。他正在計劃寫《鄉關何處》第二部，要把回憶的範圍涵蓋到最近。他還有另外的計劃。[6]

他並不總是以這麼明智的方式處理危機。一九八三年，他和瑪麗安坐在瓦迪的醫院病床旁邊，當時他們的兒子因為脊髓炎病得嚴重。幾小時之後，他突然從椅子站起來，提醒瑪麗安，他們買了演奏會的票，是時候出發。瑪麗安不解地抬頭望著他，心想：「你怎麼會有心情想這種事！」然後斷然拒絕：「我不去。」他試著哄她：「對妳會有幫助的。」但她堅持不去。薩依德不只去聽了演奏會，還很晚才回家，進門時還火上加油地說：「妳怎麼還沒有睡？」然後瑪麗安忽然想到，他是因為應付不了兒子的情形才會這樣表現。瓦迪的病把他嚇壞了，唯一避免崩潰的方法就是假裝一切如常。[7]他對自己的病也常常是這種態度。

人生最後四年，他把時間花在整理三本小書，但只有一本在他生前出版，那就是《弗洛依德與非歐洲人》。雖然書名有「弗洛依德」幾個字，但這本書幾乎與潛意識之謎無關，而是與他兒時的家埃及有關（弗洛依德自己也是大半輩子對埃及著迷）。這本書是以他在倫敦「弗洛依德博物館」的演講作為底本，也是他對這演講的原定場地——維也納的「弗洛依德展覽館」——的一個報復：該展覽館因為投石事件引起的風波而取消了邀請。

就像死後出版的《人文主義與民主批評》（*Humanism and Democratic Criticism*, 2004）和《論晚期風格》（2006）那樣，《弗洛依德與非歐洲人》雖然涵蘊豐富，卻只有一個主調。因為時日無多，他只能滿足於撰寫像是入門的書，也不能講究風格，只能以他能夠的方式說出對他來說最重要的事情。為了彌補略為平板的表達，他回歸以桀驁不遜的態度宣示基本的道德關注。能清楚顯示他最後年月的基調的，是二〇〇一年在紐約舉行的一場辯論。辯論主題是美國在世界所扮演的角色，一方的其中一人是希鈞斯，另一方是埃及小說家阿達芙·蘇伊夫。雙方一番唇槍舌劍後，薩依德突然從聽眾席站了起來，問道：「為什麼都沒有人再談真理和正義？」[8]

疲倦讓三本書進展緩慢，逼得他把其他書（一本是談艾哈邁德，一本是談貝多芬和巴哈）往後挪。在各種抗血癌藥物中，讓他最難受的是「坎帕斯」（Campath），其副作用包括發癢、持續頭痛和呼吸急促。二〇〇年某個時候，在一個放有談人文主義手稿文件套的內頁，他用粗黑鋼筆筆觸草草記下一篇日記：「這個演講是……化療期間連續三晚發表。我是怎麼辦得到的不容易說，但我辦到了……我的頭髮掉了不少。」[9]到了人生這個階段，他已經對新穎失去興趣。他偏好從新的制高點大聲再次肯定舊的信念。不過，他對舊信條的重申——這些舊信條包括人文主義是急需的政治力量，以及無批判性的科學主義是思想的一大威脅等——卻有了一點點不同況味，就像它們在面對二十一世紀早期的反恐戰爭時，雖然仍然頑強，但也有了些許悲觀。

§

薩依德知道，當他一旦死去，對他的批評將會肆無忌憚，因為他再也無法用憤怒的回應去約束他們。除了受到身體衰損的屈辱，他也受到了侮辱性言行的屈辱。二〇〇三年八月，薩依德夫妻和珍．史坦去了一趟葡萄牙南部度假。在他們停留的最後一晚，天氣好得異乎尋常，柔和的海風陣陣吹來，當時他正在讀一本阿薩德（Talal Asad）的書，為他預定二〇〇五年在蘇格蘭談宗教的一場演講作準備。這個演講意義重大，因為亨利．詹姆斯是這個講座的第一位主講人，所以薩依德決定早早準備。但他已有不好的感覺，而且有點發燒。這是他們自九一一事件以來旅遊時第一次被航空公司要求先打電話確認機位和提供護照號碼。他告訴瑪麗安：「我不喜歡這些要求。」意識到將會碰到麻煩。那天晚上上床以後，他因為發燒而神智不清，第二天前往法魯機場（Faro Airport）時必須坐在輪椅裡。

大腿上放著一個裝書的行軍袋（這一次還裝了藥），他在航站孤伶伶地看著其他乘客登機。

葡航的人拒絕讓他上機。他的名字引起了疑慮，他們尋求葡萄牙的美國大使館澄清，而大使館又要徵求華府的意見，但當時華府正值午夜。機場保安人員打開他的袋子，把藥物和書本倒了出來。深感受辱，這個坐在輪椅裡病懨懨的人用疲弱但憤怒的聲音說：「我生而為美國公民。我在美國住了四十五到五十年。」當他們終於被放行，警告的目的已達。以前，當薩依德向科克本抱怨《新共和》再次對他進行「骯髒謾罵」，又說「我知道你不會在乎像我這樣一個黑人的感覺」時，科克本喜歡溫和地取笑他的誇張。[10]不過現在這個指控卻古怪地成了真。不管航空公司把他擋在登機門前是因為例行性的種族形象定性（ethnic profiling），還是因為美國移民局的命令而鎖定他，結果都是一樣的。小時候在開羅，他因為是個美國人而被認為充滿異國情調，現在，他自己國家的官員看來不認為他是真正的美國人。

一年之前情況截然有別。二〇〇二年十月，他和巴倫波因一起飛到西班牙接受「奧斯圖里亞斯王子和諧獎」（Prince of Asturias Concord Prize），表揚他們建立「西東合集管弦樂團」。這個獎是小號的諾貝爾和平獎，每人可獲得五萬歐元和一座米羅的雕塑。但即便這種表揚也讓薩依德有點尷尬。過去幾年，他發現自己沒出現血癌病人常見的頸部淋巴結腫大現象，不過在一九九五年之後，他的面頰和下顎下面形成突起，需要醫療介入。[11]腫瘤改為攻擊他的腹部，危險和無法動手術地窩在他的心臟、脊柱和肝臟之間。這表示他可以繼續演講，不用擔心聽眾被他突出的肚子分了神。他突起的肚子雖然顯著，但通常可以靠寬鬆的西裝部分隱藏起來。

他不想病軀讓他顯得可憐兮兮（他在《鄉關何處》出版不久後接受《紐約》雜誌的訪問中說：「我不要當可憐蟲。」），所以對於坎帝·雷沒有要他削減計劃或約束生活方式感到高興。[12]

坎帝・雷設計出一些療法讓薩依德很長一段時間不需要接受化療，甚至把較侵入性實驗性藥物「利妥昔單抗」（Rituxan）的使用拖後了好幾年。他善於利用他的實驗室和醫院經驗，二〇〇〇年在哥大「醫生與外科醫生學院」發表演講「剛好與姍姍來遲：健康與風格」（坎帝・雷在座）。[13]無數次的化療讓他與醫療人員成為朋友，會熱情地與他們談話。他不只記得他們和他們另一半的名字，還記得他們做過事情的細節。一些年後還是如此。[14]

但不是每個屈辱都能避得開。二〇〇三年四月，在獲頒索邦大學的榮譽學位之後，血癌引起的淋巴瘤導致他的小腹變得比平常更大，讓他的禮服腰帶變得不合身，得要被動的坐著，由兩個侍者圍著他團團轉，卯足勁要把兩條腰帶綁在一起。更糟的是，當投石事件在幾年前引起軒然大波時，他一個沒品的學生投書《哥倫比亞每日觀察者報》取笑他變胖，不了解他的大肚子是個腫瘤。[15]《華盛頓郵報》用一句惡毒話對他人身攻擊：「當他向以色列士兵的方向投擲石塊時……這個穿著罩衫、戴著鴨舌帽和時髦太陽眼鏡的銀髮男人看起來有一點太老，有一點太胖。」[16]

他的政治敵人用各種方法怠慢他。例如，他的老盟友坦納（Tony Tanner）待過的劍橋大學國王學院決定不頒給他榮譽學位——很多聲譽不及他一半的人都得過這項榮耀。先前，在二〇〇二年十月和十一月，薩依德曾經在劍橋發表過四場主題演講，七百個座位的劇院坐滿了人，還有很多人不得其門而入。但他的死對頭蓋爾納（Ernest Gellner）的影響力尾隨他去到劍橋——蓋爾納曾在一九九三年的《泰晤士報文學增刊》撻伐《文化與帝國主義》，主張西方帝國做過的好事多於傷害。在國王學院的會議中，一小群以色列的支持者竭盡所能阻擋給薩依德頒發榮譽學位之議，其他大多數與會者為了和氣，只好順從。[17]稍後，唐納森（Ian Donaldson）和一些其他學者作出反擊，要求院方重新考慮。就在唐納森宣布薩依德獲得榮譽學位的當天，後者陷入了重度昏迷。[18]

早在《巴勒斯坦問題》二十年前出版開始，他便備受攻擊。但在他過世前不久和之後，他的政治敵人看來特別復仇心重。即便沒有像《評論》（*Commentary*）之類刊物幹的「名譽謀殺」那樣極端（最過分的例子大概是亞歷山大〔Edward Alexander〕在一九八九年稱薩依德為「恐怖主義教授」），但有些他教過的學生或是站出來表示要和他劃清界線，或是寫書談他的陰險魅力有多危險。[19]既然薩依德是個對朋友極度忠實的人，所以最讓他洩氣的背叛是來自他的前盟友和共事者希鈞斯：自從在柯林頓彈劾案期間被揭發向斯塔爾（Ken Starr）的中尉們通風報信之後，他就轉成了政治右派。反對墮胎又譴責「伊斯蘭法西斯主義」，希鈞斯成了電視節目的常客，專為美國的外交政策說話，被認為可以代表華府的圈內人。

紐約「三人幫」的時代已成過去（事實上，自從索恩伯格沒有擔任《大街》主編也因此變得沒有用之後，希鈞斯就不再理睬他）。意識到薩依德病危，他在薩依德臨終前幾星期於《大西洋月刊》發表了〈兩者應該在何處交會〉（Where the Twain Should Have Met）一文。此文表面上是紀念《東方主義》出版二十五週年，其實卻是利用這個機會來貶低該書，佯稱要糾錯。希鈞斯把所有老掉牙的舊調重彈，又假裝自己德語流利和精通歌德。完全沒有理會《東方主義》反對把兩個相鄰的文化以人工的方式斬斷關係，他指控薩依德表面上是要橋接東西方兩種文化，實際上卻在兩者之間插入楔子。

就連有些看似恭維他的人——例如以倫敦為基地的奧地利新聞工作者詹姆斯（Clive James）——也是明褒暗貶，志在削弱他的地位，處處話中帶刺。代之以承認薩依德在兩個敵對的文化間左右逢源，詹姆斯反而對他讓人嫉妒的人際關係打上問號：「有些在東方的聰明人認為，薩依德是靠著把他們當傻瓜而風生水起的另一個國際買辦，而他這樣做的時候還比別人帶著較少歉意。」這話像是說薩依德不是來自「東方」，不是除了是個美國知識分子以外還是個阿拉伯知識分子。就像其他人一樣，詹姆斯看著移民經驗的雙重性，只看見自相矛盾。

雖然不是薩依德原來的用意，但「姍姍來遲」一詞①卻是非常適合用來形容他很多對手的反擊。他們的時間拿捏點意味著懦弱。以厄文的《知的慾望》為例，此書足足等了三十年，直等到薩依德沒法子回應才出版。薩依德對路易斯、格里芬和瓦爾澤等人的狠狠修理足以讓他裹足不前。薩依德一九八一年曾經在《新政治家》透過對奈波爾的評論，揭露這些人的伎倆。文中他提到，奈波爾習慣在《大西洋月刊》之類的刊物狙擊第三世界人物：「他有像蘇格拉底那樣，為自己發出的批評冒直接被報復的風險嗎？完全沒有。」[20]一個相關的策略是乾脆擦去他的名字。當《紐約時報》為了紀念索恩伯格而列出為《大街》寫過稿的所有名人時，獨漏薩依德的名字，而他是為該刊物撰稿最多的人之一。[21]哈佛大學「鮑度恩獎」的線上得獎人名單也是一樣顯眼地刪去薩依德的名字。

另一種不同種類的傷害，是由過去的密友尋求寬慰而造成。薩依德死後十五年，多明妮克·埃德出版了《愛德華·薩依德：他的思想作為一本小說》（*Edward Said: Le roman de sa pensée,*

①這裡是指薩依德在哥大「醫生與外科醫生學院」發表的演講講題：「剛好與姍姍來遲：健康與風格」。

2017）。這是一部自傳性的爆料書，書中她把自己塑造為薩依德忽略的繆斯。[22]薩依德的好些朋友都對這本書的矯揉造作深惡痛絕。例如，她把薩依德的中名首字母W說成是他性格雙重性的象徵②，又把他分裂的自我比作一本琴譜的左右兩邊。[23]精心插入的微詞讓薩依德顯得是個讓人討厭的人，就像她想要傷害那個她聲稱景仰的人。

《愛》書把自己標榜為同時是一部小說和一個研究，但其小說成分要大於研究成分。此書圍繞著薩依德對康拉德的著迷而建立，就像這是新聞似的，並指出薩依德的思想淵源包括卡繆和歐威爾——但其實他討厭這兩人。[24]因為誤以為《開端》是薩依德的第一部著作又覺得他的回憶錄「冷冰冰」，所以多明妮克拾起老調，說薩依德的人生是一本小說。不過她甚至更進一步。因為不熟悉薩依德的小說和詩，她主張他從來沒有勇氣像小說家和詩人所必須的那樣，讓自己任由想像力擺佈，因為那樣做的話將會進入危險的情感領域，而該領域是抗拒文學批評家強烈是非對錯感的控制。這個指控顯示他對薩依德的了解有多麼少，忽視了薩依德一輩子都在為文學批評家備受忽略的權利辯護，主張文學批評家有資格和藝術家平起平坐。

在人生的最後幾年，薩依德把避免得罪文學批評圈和看起來與它不同調的小心謹慎擱到一邊。因為沒有什麼好失去且時日無多，他覺得應該以儘可能簡單明瞭的方式把自己的原則說出來。然而，在跟少時朋友布萊斯（Charlie Blythe）通電話的時候，他又因為癌症藥物的作用變得非常激動。近乎哭出來地，他責備自己太過在乎地位和獲得正確的邀約。[25]另一次，他又扭絞著雙手，向另一個朋友透露他為一件事有罪惡感：在世界上有那麼多人掙扎求生，他卻購買昂貴衣服。[26]

在二十一世紀初期，他透過兩個演講系列、一系列匆匆寫出的文章和一本小書（《人文主義與民主批評》）大談人文主義的重要性，內容和他在一九八〇年代早期就同一問題所寫的手稿（未標示日期）非常相似，很容易讓人混淆。但是年紀增長反而讓他更有戰鬥性，儘管化療的作用軟化了他的文字鋒刃，變得沒有從前那麼立體性。隨著他打算直接挑戰批評界的主流，他把《文化與帝國主義》的兩面討好拋諸腦後。在他的很多同事看來，「人文主義」一詞會讓人聯想到奴隸主對有色人種大談理性好處的畫面。如果說這個字眼在他的事業早期不受歡迎，那麼到了二十一世紀初期，它更變成了會喚起西方文明的每一種罪行的術語。大學的管理階層固然仍會肅穆地援用它，但這只讓人文主義更加名譽掃地。

薩依德承認人文主義有時會被用來「給下流勾當蓋上一件體面衣服」，而「對人文（*humanitas*）的噴灑」——前教育部長班乃特（William Bennett）道貌岸然的《美德書》（*Book of Virtues*）是一個例子——也會為暴行（薩依德舉的例子是對柬埔寨的地毯式轟炸）提供道德外衣。他接著說，我們都知道這件事情多麼諷刺：一九八二年，當長槍黨在貝魯特郊區的難民營進行屠殺時，以色列士兵在外頭袖手旁觀，大播賽門和葛芬柯的歌曲。然而，這些例子只是事情的

② 英文W唸作 double you（雙重的你）。

一面。不管是在歐洲、中國還是阿拉伯世界，人文主義一直總是與通才教育（liberal arts）攜手並進。它代表的是一場學問上的革命，這革命是以鑽研書本（特別是鑽研被遺忘了的古老智慧）和推動知識普及化的激情為基礎。在道家、儒家、蘇菲派和印度的「梵社」(Brahmo Samaj)，我們都可以找到和西方人文主義大部分最可敬流派一樣的不可知論（agnosticism）③、對超自然的懷疑和對人的選擇權的強調。

所以，我們完全有理由反對人文主義代表著休謨和羅茲（Cecil Rhodes）④之類歐洲種族主義者的精神。放棄人文主義就是放棄泰利斯（Thales）和阿那克薩哥拉（Anaxagoras）的世俗主義，放棄瓦羅對羅馬法的語文學研究，放棄伊斯蘭黃金時代（阿威羅伊、阿維森納）對東方學問的保存，放棄新柏拉圖主義對埃及的偉大再發現、放棄經院哲學對第一批歐洲大學的創立，放棄馬格里布和黎凡特的伊斯蘭學校，放棄布拉喬利尼（Poggio Bracciolini）和伊拉斯謨（Erasmus）的義大利文藝復興的勝利。

薩依德力陳，只有人文主義著力保存過去的強烈意識可以約束二十一世紀的利基市場（niche marke）、滅絕戰爭和被放任的生物科技。只有人文主義在歷史上進入政治領域，知識分子的社會角色才會變得明顯。在評論深具影響力的記者和總統顧問李普曼（Walter Lippmann）的一本書時，他指出一個知識分子不應該做的每一件事：遷就、妥協、懦弱、輕蔑弱者和平庸。[27]薩依德認為，知識分子中與李普曼形成對照的是杭士基。在哥大的一項活動上介紹這位朋友時，薩依德談到一個他很喜歡反覆沉迷的幻想。他想像杭士基坐在會議桌的一邊，另一邊是布里辛斯基（Zbigniew Brzezinski）、麥納馬拉（Robert McNamara）、海格（Alexander Haig）和布羅考（Tom Brokaw）。雖然對方人多勢眾，但杭士基卻把這些護教士和戰爭販子修理得哀哀叫，到最後，「他們所有人都被押送到海牙受審。」[28]透過掀開「自由派美國人踩踏了三十年、全面覆蓋的地毯的一角」，杭士基例示出人文主義的思想戰鬥模式。[29]與此相反，李普曼從來不冒險。

由於擁抱知識分子的社會角色，薩依德以他典型的不可預測性槓上了班達（Julien Benda）的發軔之作《知識分子的背叛》（*La trahison des clercs*, 1928）。這種姿態讓人困惑，因為班達所說的「背叛」是指透過涉足政治而污染了知識分子的志業。[30]班達認為民主政治是惡劣的，相信知識分子構成了一個神聖的修會，其成員應該過著遺世獨立的生活，甚至是克己苦行的生活（他心目中的楷模是蘇格拉底和耶穌）。另一方面，薩依德讚揚班達的世俗基督教理想。事實上，人文學確實有一個屬靈（spiritual）的層面。只不過，在這裡，「靈」（spirit）是指心靈力量和道德決心。在二〇〇一年九月十一日之後，這種模式是吸引人的，因為輿論引導者不只想要扼殺這個或那個異議觀點，還想要扼殺「思想本身」。[31]

隨著死亡臨近，他發現自己不可能不去反省自己的研究領域，思考它在知識分子的志業中扮演什麼角色。基於這個理由，他回到自己一九七〇年代和一九八〇年代早期所寫的那些有關比較文學和翻譯的文章的關懷。[32]他指出，比較文學的深奧和不時髦不能掩蓋一個事實，那就是它對

---

③ 指認為人不可能得知是否有來世、鬼神、上帝等存在的主張。
④ 英裔南非商人，礦業大亨與政治家，一八九〇至一八九六年間擔任英國開普殖民地總理。

戰爭、人權和外交政策的問題貢獻良多。[33]具體來說，他在一九六〇年代的青年反叛中找到證據，證明這些一九六三年至一九七二年之間第一次被翻譯成英文的激進思想著作（法農、葛蘭西和卡布拉爾等的作品）讓「傳統間的互相活化（interanimation）」成為可能。[34]特別是，薩依德發現比較文學願意違逆潮流，挺身防衛技術科學精確性的自負。廣泛比較讓專業化變得不可能。而且和很多自然科學學科不同，他的領域持續不斷更新自己、質疑自己的親西方偏見，又（一樣重要的是）把研究對象不斷擴大，不只研究文學，還研究哲學、音樂、歷史、政治科學和社會學。[35]

不管採集資料的本領有多厲害，社會科學家相對缺乏裝備去把社會理解為物質財、文化過程和想像力投射的互相關聯單一統一體。在早期談法蘭克福學派的一門課的筆記中，他歸結了那些他認為是阿多諾思想的主要題旨，其中一個題旨特別突顯：「科學和事實：一個對所有哲學的清算威脅」。因為它意味著人文學家比科學更明白「事實」本身是以一個無所不包的社會理論作為框架和意義之所本，而在這樣的理論中，語言、價值和觀念全都扮演一個角色。

二十一世紀的其中一個最深遠的社會改變，即數位溝通對書寫的征服，也是文學人文主義者和比較文學家有很多話可說的領域。[36]從紙筆到有光螢幕的轉變意味著拋棄文件的實體性、繁瑣嚴格的書寫勞動，和讀者在沒有超連結的幫助下手拿著書所需的想像性努力。想要挽留舊書寫技術所容許的思想世界並不只是一種懷舊症，而是不這樣做將會對批判機能有災難性後果。他在一篇又一篇文章中重提同一個論點：進步的思考表示保持傳統，不是摧毀傳統。

雖然沒有精雕細琢，他在身後出版的《論晚期風格》同樣沒有心防。就此而言，它所揭露關於他生命晚期的思考，要比他原打算透露的多。尤甚於他的任何其他著作，他的音樂感性和他的文學感性在此書中近乎完全平衡。以阿多諾論貝多芬晚期音樂作品——包括了《莊嚴彌撒》、《費德里奧》和晚期奏鳴曲——的著名文章作為引子，《論晚期風格》雖然敬佩阿多諾，但也扭轉他的論點。阿多諾認為，進入晚期風格的作曲家會樂於仰賴成規，不想繼續證明自己的原創性。薩依德聚焦在某些異乎尋常的小說家和作曲家，陶醉在他們擾亂成規的普羅米修斯式渴望。

儘管如此，這書到處流露出身體衰損會把偉大心靈變為無奈旁觀者的跡象。雖然沒有暗示他的反叛精神已經因為死亡的逼近而消失，但薩依德還是被迫沉思可能性和不可避免性交會處的深淵：「我已經相當受夠了政治。」[37]他有點不太確定自己究竟是已經失去改變世界的動力，還是仍然強悍得能夠（就像他說惹內的）「反對我自己」（*contre-moi-même*）。就像他在《論晚期風格》裡談到的那些藝術家那樣，他在暮年並不想要任何和藹可親或官方的逢迎。另一方面，他所執著的那些傳統並不是有關反動的平靜，而是如同在音樂中，以沒有事先規定的形式創造變化的材料。他喜歡指出，在音樂中，*inventio* 一詞並不是一般所理解的「發明」（即無中生有），而是對一個已被接受的母題的無窮發展。

因為晚期風格作為一個主題可以回溯到他被診斷出罹癌的前後幾年（曾經出現在一九九〇年代初期的一些討論課，又在一九九三年的三場演講中充分成形），這也許會讓人懷疑他是以此自況。[38]我們很容易會猜想，用於突出一個本已戲劇性的姿態，他把自己塑造為某個「在科勒諾斯的伊底帕斯」（Oedipus at Colonus）⑤：這個伊底帕斯在科勒諾斯村民眼中是個禁忌人物（他曾經弒父娶母）；他眼盲，受到不公正對待，把自己和盤托出，誠實得讓人難受。

事實上，作為一個觀念的「晚期」和他臨近的死亡並沒有直接關係。相反的，他會關心「晚期」的問題某個意義下乃是無可避免，因為他在人生的不同階段分別探討過「開端」、「中段」和「結束」的哲學問題，思路上有其一貫性。在事業的較早期，他信奉一個看似保守的連續性觀念（即維柯認為過去能夠以原創的方式被重複的觀念），在它裡面發現一個可取代現代主義與一切過去決裂主張的方案。以類似的方式，他想要奪去「晚期」的自滿自得，但這「晚期」不只是指生命的晚期。他在《開端》便已思考過晚期的問題。在該書中，他聚焦在「開始覺得自己接近創作生涯尾聲」的作家，指出哪怕他們的書寫已經「接近終局」，卻有繼續寫下去的念頭。[39]

六十七歲的薩依德幾乎說不上是一個老人。所以在他的心目中，《論晚期風格》裡的伊底帕斯或理查．史特勞斯（死於八十五歲）和他自己都不是十分接近。如果說他的晚期思考缺乏他最早期文章的優雅和精準，他卻更加能夠一面輕撫讀者一方面搗毀他們的防衛。就像他在一篇為《金字塔報》寫的文章中說的：「天才作品的本質特徵是它們會隱藏或消除所有賣力而為的痕跡。」[40]「騙人的簡單」長久以來都是一種重要的修辭工具。但光是風格足夠嗎？他擔心仍然有話要說，所以朝葉慈點頭，後者是靠著回望自己那「已淪為賣破爛東西鋪子」的事業迎接老年。[41]他沒有忘記在一九七九年看見沙特的樣子，當時沙特老弱，平平無奇，被門徒們牽著鼻子走。薩依德黯然地指出：「偉人到了晚年，要麼是屈從於年輕一輩的陰謀詭計，要麼是緊握著一種不可改變的信念不放。」[42]即便有喜歡被人吹捧的弱點，他至少不打算淪為教條的受害者。

所以，他從阿多諾的短文〈貝多芬的晚期風格〉（Late Style in Beethoven, 1937）得到的，主要不是「晚期風格」的觀念，而是這語句。事實上，薩依德也急於指出自己的觀點有別於阿多諾。故此，《論晚期風格》——由麥克·伍德技巧地用薩依德的部分手稿、一些演講稿和一些從來沒有打算收入的作品組合而成——應該被視為薩依德對阿多諾二十年思考的頂峰多於對〈貝〉文的評論。他是到一九七〇年代晚期才開始認真探索阿多諾的作品。直至一九八四年為止，他很少用書面或口頭談及這位德國大思想家。[43]在一九八三年秋天，他開了一門討論課，主要是談阿多諾，旁及班雅明、馬庫色和盧卡奇的作品——他稱盧卡奇為他們之中的「賦能者（enabler）和先驅。」[44]

作為二十世紀最有影響力的兩或三個哲學家之一，阿多諾代表了美學、精神分析、知識論和經驗社會學的一個機敏綜合。從二十四歲起就歸附法蘭克福學派，他和其他馬克思主義知識分子發展出一種獨一無二的方法合成。在一九三三年納粹興起後，法蘭克福研究所先是搬到了哥倫比亞大學，後來又搬到加州繼續研究，戰後再搬回德國。在一系列的創發研究中，他們用一種哲學性極強但也清晰、憤怒和有時絕望的文字，揭發了資本主義對自由、品味、道德和思想的威脅。他們力稱，輕信的美國政策制定者危險地擁護一種狹隘的科學主義，而該國的企業大眾文化（corporate mass culture）延續和完善化納粹的心靈控制技術，把國民帶到了心靈死亡和情感死亡的地步。

---

⑤《在科勒諾斯的伊底帕斯》為古希臘悲劇作家索福克勒斯的作品，薩依德在《論晚期風格》曾提及此劇。

在一個由唯美主義者和音樂學家主宰的領域，阿多諾是一個非同凡響的批評家。他把巴哈的數學性作曲和布爾喬亞理性的機械化相提並論。[45]當薩依德說大都會歌劇院是「企業利益與美學利益夾纏不清的大本營」時，他乃是站在一個阿多諾觀點的角度說話。[46]雖然薩依德在《論晚期風格》中對史特勞斯已經相當嚴厲，但阿多諾猶有過之，指史特勞斯的晚期作品就像一個設在豪華大飯店旁邊的「世界市集」：「什麼都擺，什麼都賣，無所不容。」[47]儘管如此，薩依德覺得阿多諾在譴責史特勞斯和托斯卡尼尼時太過以偏概全。阿多諾稱托斯卡尼尼為「晚期資本主義的一種失調」，說他的「精於主控」是對裝配線的專橫諧仿。反觀薩依德卻讚美托斯卡尼尼讓音樂演奏擺脫傳統主義和濫情。[48]然而，當他批評那些鋼琴鉅子——例如紐約的阿胥肯納吉（Vladimir Ashkenazy）——的齷齪面向和古典音樂市場的扭曲性力量時，他又是緊緊追隨阿多諾。阿多諾是第一個以嚴肅態度研究音樂作曲、製作、再生產和消費的人，薩依德對此大聲喝采，仔細鑽研。

就像對他的其他偶像那樣，薩依德對阿多諾的崇拜有其限度。阿多諾的悲觀主義讓他不滿。他說阿多諾「給馬克思主義打了一針疫苗，讓它變得不能動彈。」[49]阿多諾在指控資本主義社會把一切人際關係變為經濟關係時雄辯滔滔，但是他對市場邪惡機巧性的分析卻不留餘地給群眾抗爭和希望。薩依德補充說，對一切感到無奈讓「晚期」變得毫無意思，必須有一個建設性的成分。基於這個理由，薩依德把阿多諾好大一部分最好的著作推開。阿多諾主要是以音樂理論家和《最低限度的道德》（*Minima Moralia*, 1951）作者的身分吸引他（《最》書是一部痛苦的自傳性斷片的集合）。

所以可以想見，他早期對阿多諾的稱讚（例如在《音樂的闡釋》中的那些）是吝嗇的。他聲稱，在阿多諾的作品中，只有緊挨著二次大戰前後的那些是真正的好：能符合這個時間範疇的是他和法蘭克福同事霍克海姆（Max Horkheimer）對「文化工業」的著名研究，還有《新音樂的哲學》和《最低限度的道德》。我們幾乎可以肯定薩依德沒有讀過或沒有仔細讀過很多人認為代表阿多諾思考力頂點的兩部著作：一九七〇年的《美學理論》（*Aesthetic Theory*）和一九六六年的《否定辯證法》（*Negative Dialectics*）。事實上薩依德嚴重低估阿多諾的興趣範圍，宣稱他「主要是思考音樂」的哲學家，沒有理會他論齊克果、電視、海德格、德國文學和一大堆其他主題的作品。[50] 對爵士樂和叮砰巷（Tin Pan Alley）⑥有嚴厲批評，讓史特拉汶斯基、貝拉（Bartók）和史麥塔納（Smetana）等民謠主義作曲家感到頭痛，阿多諾自己也作曲，寫一些以荀白克的十二音學派為代表的新維也納風格音樂。薩依德小心翼翼內化他認為是阿多諾音樂理論的主要訊息：「商品型式支配了所有音樂生活」，也就是說，把一切轉化為商品的資本主義沒有饒過音樂，也因此同時摧毀了音樂的自主性和超越性。[51] 另一方面，薩依德對阿多諾任何帶有黑格爾色彩的東西避之唯恐不及——但在阿多諾的大部分讀者看來，那才是阿多諾之為阿多諾。

所以，薩依德其實是修正乃至反對阿多諾對晚期風格的意見。要怎樣解釋大藝術家在事業晚期的風格上大轉變呢？在阿多諾看來，這不能簡單地歸因於心理因素，儘管很多人會傾向這樣想是很容易理解的。如果採取這種思路，則貝多芬最後一批奏鳴曲那種空靈和「近乎田園詩」的樂

⑥ 指以美國第二十八街為中心的音樂出版商和作曲家的聚集地。

音（與《英雄交響曲》的風風火火大相逕庭），就可以輕易被認為是老年的平靜和知天命心境的反映。[52]但這種解釋剝奪去藝術的獨立性，讓藝術淪為只是傳記的附庸。

按照心理學的方法，一個成熟的作曲家——如果他是個天才的話——理應會把他早前的叛逆精神加倍，以打破一切成規和追求新的音樂語言為務。但貝多芬卻反其道而行，晚期作品中充滿無謂的「傳統套式與語法」，裝飾性的顫音和倚音俯拾即是。[53]在一輩子都任性地創新之後，這位藝術家終於約束自己的欲望，改為謹守格律。如此，藝術作品不再是對客觀實在的反叛，而恢復為它的僕人。在阿多諾看來，晚期風格和年紀的唯一關係，就是藝術家要花很長時間才能了解藝術形式對客觀實在的漠不關心。

沒有什麼比薩依德對在地（the earthly）和在世（the worldly）的強調更加讓阿多諾的觀點陌生，一如他對晚期風格的理解是徹頭徹尾心理學式。在評論所羅門（Maynard Solomon）的《晚期貝多芬》（*Late Beethoven*, 2003）時，薩依德為這位傳記家那些被阿多諾痛斥的習慣喝采。他的一切都是聯合起來探索晚期作品的「內心奮爭與不穩定」，聯合起來追溯貝多芬從外向變為內向的讓人困惑的轉化過程。這位大師的晚期作品不是像我們會預期和像阿多諾所主張的那樣，是因為有所領悟，而是一種放棄與逃離：放棄與逃離被年老體衰勸阻不要從事的必要工作。貝多芬的晚期作品是因為深深的失望和孤僻而變得扭曲、打結和我行我素，就像薩依德引用亞歷山卓希臘裔詩人卡瓦菲斯（Constantine Cavafy）的詩句所說的那樣：「他拒絕和自己的時代直接打交道。」[54]

在薩依德的人生晚期，卡瓦菲斯被他用來表達自己隱藏感情的次數開始像霍普金斯一樣多。晚飯之後，他會向瑪麗安大聲唸卡瓦菲斯的詩——如果不是卡瓦菲斯就是華茲華斯。卡瓦菲斯的

「非比喻性、近乎散文體的無韻詩」讓薩依德入迷，因為它們有能力捕捉住以都市為主的希臘化世界，特別是亞歷山卓（他經常把背景設在古典時代而沒有理會環繞它的現代阿拉伯世界）。饒富意義的是，薩依德稱這種藝術為一種「非生產性的美學」：一種為直面現實而拒絕輓歌的誘惑。薩依德顯然允許自己在卡瓦菲斯的詩中感受他在實際生活中會逃避的感覺：面對世界轉壞時的「簡潔優雅平靜」——一種沒有和解或解方的憂鬱幻滅，在其中活著是唯一的勝利。在追思薩依德的時候，他妹妹珍妮認為大家應該唸一首霍普金斯的詩，但比任何人都更清楚薩依德晚年愛好的瑪麗安指出卡瓦菲斯是唯一選擇。最後，娜吉拉唸了他的〈等待蠻族〉（Waiting for the Barbarians）。這首詩尖刻風趣，講述「聽膩了天花亂墜演講」的羅馬市民紛紛逃離公共廣場：他們因為外敵的威脅而把勇敢直面統治者的權利讓出，不知道這支外敵永遠不會出現。

一種棄絕「解決」（resolution）的決心主導著他對阿多諾的觀感。⑦在這個問題上，兩人意見一致。然而薩依德一次又一次回到一個不見於阿多諾的觀念：晚期作品不只是扎人、難聽或蓄意讓人不愉快（阿多諾暗示這些性質是大師們完全掌控的攻擊，目的是要讓聽眾坐立不安），而且是「片段性、破碎和未完成」，充滿困難和充滿「神祕化的、讓人不能滿意的結論」——這正是在薩依德在《弗洛依德與非歐洲人》中對晚期風格的定義。[55]換言之，焦點從故意的惹人厭移向了懸而未決。

⑦這裡的「解決」疑指辯證法中對所有矛盾衝突的圓滿解決。

薩依德顯然是在和自己的傳記（和心理學）角力，雖然是用一種我們也許意料不到的方式。在二〇〇三年一篇名為〈與康拉德同遊〉（Traveling with Conrad）的訪談中，他為這位小說家畫出一幅相當讓人不敢恭維的肖像。雖然認同於康拉德的自疑，他卻指出這位作者的晚期風格可悲地「充滿回憶和……自我引述。」雖然在人生晚期備受尊崇，康拉德卻被一種恐懼縈繞，擔心自己的小說變得普通，自己的文字淪為矯揉造作。[56]薩依德把這一點視為一個警告，不聽從的話就會發生他在早前一篇被忽略的文章〈太多工作〉（Too Much Work, 1999）探討過的後果：這文章的篇名用了雙關語，暗示把太多作品⑧加入到業已臃腫的全集會有風險。能夠啟迪別人為他們作傳的大天才通常以「嚇人的創造天分」知名，被認為像神要多於像人。然而如果我們檢視這些人的日常細節（例如「婚姻問題、牙痛和金錢煩惱等等」），則「一幅讓人失望的平凡單調肖像就會浮現。」例如我們會發現莫札特是個奉承巴結的朝臣，愛因斯坦是個蹩腳的小提琴手和沒有啟發性的老師，歌德是威瑪小公國的平庸行政官員。在他們的才華「無限地展開豐富性」的過程中，平庸處處隨之。

整本書的目的是把失望、疲倦和憤世心理置於審視之下。他望向那些在人生晚期向他現在感受到的種種誘惑屈服的思想巨人，決心要克服這些誘惑。[57]這種堅定的決心，還有阿多諾在他的研究中的核心地位，明顯見於他在二〇〇〇年接受《國土報》以色列記者沙維特（Ari Shavit）的訪談中。他聲稱：「我是最後一個猶太知識分子。你不會知道有其他這樣的人。所有你們其他的猶太知識分子現在都是郊區鄉紳……我是最後一個，是阿多諾唯一忠實的追隨者。」[58]這不是他第一次使用這個意象。在一九八八年十二月由刊物《修復》（*Tikkun*）主辦的猶太進步派會議一個分組會議中，另一個與談人瓦爾澤（表面上是為了追求和平）呼籲聽眾忘記歷史，向前邁進。然後一個叫海爾達・席佛曼（Hilda Silverman）的女人在聽眾席站起來，表示她感到困惑茫然：「我們作為猶太人的整個存在理由就是歷史。『毋忘前車之鑑』是我們的座右銘，但現在你卻叫巴勒斯坦人忘記歷史！」這時薩依德拿過麥克風回應說：「請讓我當最後的猶太知識分子。」[59]

一九七八年激進記者史東（I. F. Stone）在寫給薩依德的一封信中，觸及薩依德說這種話的一個理由。他指出一件薩依德非常了解的事情：在現代西方，種族主義的主要靶子已經從猶太人變為阿拉伯人。他讚揚薩依德最近在《新政治家》所寫的一篇文章，表示佩服他有能力「去肯定你那被壓抑和被否定的民族的偉大天賦和價值……你已經變成了善感的『猶太人』而我變成了『外邦人』（goyim）。」[60]

瓦迪對他父親姿態的詮釋有一點點不同。他認為，有一點攸關重要：沙維特的那篇訪談出現在第二次「大起義」和隨九一一而來的「反恐戰爭」前不久。這個時期因為情勢混沌不明，以色列可以擴大占領而不用擔心會被遭報復。處於守勢的沙維特在訪談中因為敵不過薩依德，所以訴諸影射和閃躲的爛招。惱怒的薩依德觀察他的採訪者，心裡想⑨：「看看你自己。你聲稱代表一個民族和一個文明，但你完全不了解這個文明。你不了解何謂猶太知識分子，不了解他們是信守

---

⑧ 工作（work）又可作「作品」解。
⑨ 這是瓦迪的解釋。

現世性（wordliness）和普世正義。你固然擁有武器和資源，但你在思想和道德上已輸了，其他人假以時日自然會明白。」[61]

所以，《論晚期風格》有很大部分是以談惹內的一章為出發原則：在那裡，他形容惹內對愛、激情和革命的才華為 *rigueur dans le désespoir*（面對絕望時的堅韌）。所以，在談莫札特的一章中，他慨嘆歌劇《人皆如此》的劇名透露出作者的幽暗人性觀，即認為每個人都欺騙情人、背叛朋友。[62]莫札特的輕鬆愉快隱藏著一種長駐的黑暗，其旋律和諧仿的「封閉系統」透露出角色的空虛和得不到滿足的渴望。薩依德直接譴責莫札特的不信任人性，認為那在道德和政治上不可接受。他對理查．史特勞斯的態度也是如此（《論晚期風格》有談史特勞斯的專章），後者在二十世紀中葉創作的晚期作品積極尋求回到十八世紀，寫的都是反動的甜膩作品，炫耀調性和聲（tonel harmonies）和他對技巧的才華，以此作為撤出人類事務世界的方法。

薩依德在寫《論晚期風格》時所承受的信心考驗最明顯表現在「流連光景的舊秩序」一章，其中談論了維斯康堤（Luchino Visconti）在一九六三年對於藍培杜沙（Giuseppe Tomasi di Lampedusa）的小說《豹》（*The Leopar*）的電影改編。就像小說中的主角那樣，藍培杜沙是西西里的貴族，屬於薩依德熱烈讚揚的那個由葛蘭西、維柯和戈貝蒂構成的義大利唯物主義傳統。尤有甚者，藍培杜沙精彩地描寫了舊世界的沒落、一群被殖民人民的頑固自大，以及活在錯誤時空的悲劇（這讓人聯想起二十一世紀的美國阿拉伯人的痛苦）。西西里人把古老和偉大混為一談：「至少二十五個世紀以來，我們肩上壓著燦爛的文明，但卻是個大雜燴，都是外來貨，沒有一點是我們自己的東西……兩千五百年來，我們這兒一直是殖民地……我們現在厭倦了，也很空虛。」[63]

在電影的其中一幕，一個衰敗鄉村莊園的莊園主法布里奇歐（Don Fabrizio）收到杜林政府的一項命令，要他去拉一些舊家族的族長進入議會，以給予新政權合法性。但這位親王推辭新政府所提供的參議院席位。他所說的話想必會讓薩依德回想起自己在巴勒斯坦民族議會的時代：「我屬於不幸的一代，它介於新老兩個時代之間，因此，跟其中任一個時代都不適應……參議院要我這麼一個立法者有什麼用？我一沒有經驗，二不會欺騙自己。而要領導別人，就要有這些必備的條件。不，我的手指碰不得政治，一碰它就會被咬……西西里人從不想要改善。他們以為自己是完美。他們的虛榮心比他們的不幸更大。」[64]這些看法多多少少是薩依德自己的看法，他從奧斯陸的磨難明白到骯髒的政治最好是留給小鼻子小眼睛的人去搞。不管有多想要否定，他都無法否定布里奇歐對徒勞的描述的精確性，而他對那些還沒有讀過《豹》的人保證：「這書有非常特別的東西在等著你。」[65]但就像卡瓦菲斯那樣，法布里奇歐的悲觀主義並不是薩依德的菜，只會在他軟弱時刻讓他覺得有吸引力。

死前一年，在寫給大江健三郎的一封親密書信中，薩依德表達出以前從未表達過的疑慮：「大部分維柯讀者所看不見的是他的悲觀主義觀點……不管我們有多努力，我們都受到侷限，不只是受我們自己心靈的侷限，還是受我們自己立場和我們時代的侷限……我最喜歡的作家康拉德說得好：一如我們是單獨地做夢，我們也是單獨地活著。」[66]把這種向憂鬱的投降推到一邊，大江健三郎就像葛蒂瑪先前那樣提醒薩依德，他們全都指望他振作起來，又回憶自己曾一度把薩依德比作西蒙娜．韋伊（Simone Weil），指出就像一九四三年在倫敦沉思死亡的她那樣，薩依德從來沒有受到對死亡的憂鬱所誘惑。[67]當時，薩依德的一本政治文章選集才剛剛翻譯為日文，以《政治宣傳與戰爭》的書名出版——這書名比美國版本要更坦誠，也讓人窺見他在國外給人的觀感。在他們感情洶湧的通信中，兩位作家約定要反擊大江所謂的「美國和日本的聯合文化帝國主義」。在互相安慰中，薩依德向大江指出，不管文學語言和文學意象這些武器在面對軍事侵略時有多麼脆弱，它們至少是「整個民主公民教育事業的核心。」[68]

他的這種號召語調看來是對阿多諾的一個責備，因為他開始把阿多諾看成是一個出於意外而被放逐到二十世紀的十九世紀晚期心靈。雖然他分享阿多諾很多的幻滅浪漫主義，但是時候抑制他對一個只是用侮辱來報復時代精神的思想家的崇敬。他知道自己將不會得勝，這不只是因為地緣勢力聯合起來對付他，也因為對聽眾來說證據永不足夠。他推想他將會被不斷重複的謊言的超級力量打敗。他也隱隱擔心那個現代主義真理：江郎才盡和夢想破碎。劇本已經寫好，結局八成是不妙。

那些直接從哈代的《無名的裘德》（*Jude the Obscure*）或康拉德的《諾斯特羅莫》的悲觀論調吸取教訓的人是他無法接受的。在寫給一個支持者的信中，他拒絕畫地自限：「我恐怕不能同意局勢是『無望的』。凡是有殘忍和不義之處，採取無望心理就是屈服。我相信那是不道德的。」[69]就在他死前，約翰．伯格稱他為「顛覆性的世界主義者」，感嘆他畢生把心血投注在巴勒斯坦人建國大業卻沒有做成一些什麼。[70]雖然有著巨大個人魅力和擁有一系列嚇人的思想武器和道德武器，他人生的核心政治目標在他臨死前仍看似遙遠如昔。

不過他的老朋友安德烈．沙倫卻持相反看法，認為他已經大大改變了世界。他沒有順應美國，反而把美國拉向了他——至少是把一大批美國知識分子拉向了他。現在，反帝國主義是教授圈的新常識，多元文化權威不再罕見，文化力量在政治鬥爭中的角色受到承認。一個朋友曾經跟他開玩笑說：「我不知道你為了什麼而戰鬥……但你贏了。」[71]他在川普的時代八成一樣有辦法贏。他斷然預見了它那個讓以色列乾脆兼併所有巴勒斯坦人土地的不可想像主張，哪怕他的「一國方案」最近在那些為巴勒斯坦人的痛苦尋求一個正義終結的人中間，成為了一個可能選項。儘管如此，布萊克默的話（他無疑記得）仍然讓人憂慮：「下一個時代也許不會在任何嚴格的意義下是我們所能理解。」[72]

§

現在回顧起來，他二〇〇三年八月在法魯機場遇到的為難是一個不祥之兆。他到九月底便死了。這兩起事件時間的接近，讓他的朋友們尋求一個解釋。有一個無根據的說法流傳了開來（索恩伯格是相信者之一）：薩依德太過魯莽，在免疫系統欠佳的情況下冒險在大西洋游泳。[73]他們認為，如果他不是這樣輕率，也許能再活很多年。但事實卻大相逕庭。雖然慢性白血病一般都是可治之症，但他卻不幸地是屬於一個被稱為黎氏綜合症（Richter's syndrome）的併發症的範疇。在這種綜合症中，血癌會迅速增生，發展為大型B細胞淋巴瘤。坎帝．雷在他出國前便懷疑他有這種情形，但不想掃他的興，讓他知道自己只有幾個星期可活。最後，驗屍報告證實了這個診斷。

從葡萄牙回國後，薩依德一一打電話給朋友和以前的學生，敦促他們為文回應希鈞斯在《大西洋月刊》對《東方主義》的誹謗。新學期剛剛開始，而且他還有一個國內的大型演講要準備，所以有很多事情要做。他在九月二十一日告訴瑪麗安他身體感覺好一點，準備用那一天來為《從奧斯陸到伊拉克與路線圖》寫導論。然而，在星期一，娜吉拉發現他嚴重不對勁。她看著他在家裡走來走去，發覺他不再有條理。瓦迪和太太珍妮佛（他們住在一條街之外）也注意到了同樣情形，馬上聯絡正在上班的瑪麗安，然後在她趕回家途中打電話給坎帝・雷。坎帝勸他們不要慌張，於是瓦迪和瑪麗安慢慢為薩依德穿衣服，扶他坐到沙發裡（他不再能夠站立或走路），然後帶他下樓，開車去長島的猶太醫學中心，到達的時間是傍晚七點半。路上，瑪麗安焦慮地撫摸他的手，而他仍然意識得到四周的情況，柔和地捏一捏她的手，安撫她的情緒。

在急救室裡，他們馬上看得出來他情況危急。坎帝臉色凝重。薩依德馬上被送進加護病房，親友只有傍晚才被允許探視。但到了星期二和星期三，他已經陷入昏迷。星期三下午，坎帝告訴薩依德的家人，情況已經無望。他的肺積滿大量的病毒和受細菌感染，到了第二天早上就可能撒手人寰。他勸他們不要苦苦守候，當病人心跳停止，連在病人身上的監測機器會發出尖嘯聲。屆時，病人的親屬甚至不會被允許進入病房。薩依德的妹妹葛莉絲從華盛頓來到紐約，和其他人一起在病床邊向哥哥道別。到了晚上七點，娜吉拉再也受不了，因為一路下來，她都不斷看著他的粗重呼吸和注意監測儀裡的心跳有沒有變強。她和瑪麗安吻別薩依德，然後一起離開。葛莉絲、瓦迪和珍妮佛又待了一個小時，才在坎帝的勸說下離開。九月二十五日星期四早上六點四十分，瑪麗安接到電話，得知丈夫已經在十五分鐘前去世。

薩依德選擇不要葬在巴勒斯坦。他的政治象徵意義讓他的墳墓大有可能會被人破壞。所以，透過瑪麗安娘家的關係，他選擇了一個貴格派的小墓園作為長眠之所。墓園位於黎巴嫩一個陡峭山坡的岩棚，綠草如茵，有樹木圍繞。簡樸的黑色大理石墓碑上方刻著他的英文名字，下方刻著阿拉伯文名字。就像墓園本身那樣，他的墓遺世獨立，就像是藏了起來似的，和他的一生作為完全不匹配。現代大樓和柏樹爭著圍繞這個青翠的三角形墓園，雖然面積小，墓園和葬在那裡的貴格派教徒數目相比仍然顯得太大。它朝南面向巴勒斯坦，可以遠眺貝魯特的一列高聳山脈，但就連這個最後安息之地對薩依德來說一樣是格格不入。⑩

⑩「格格不入」是薩依德本來想為回憶錄《鄉關何處》取的書名。

鳴謝

我首先要向那些為文談論過薩依德又特別有洞察力的人致意，他們包括：艾哈邁德（Eqbal Ahmad）、阿慈穆（Sadik Al-Azm）、博維（Paul A. Bové）、科克本（Alexander Cockburn）、加祖爾（Ferial Ghazoul）、納迪婭．金迪（Nadia Gindy）、荷妲．金迪（Hoda Guindi）、霍夫塞皮安（Nubar Hovsepian）、麥卡錫（Conor McCarthy）、米切爾（W. J. T. Mitchell）、穆薩拉姆（Basim Musallam）、瑪麗安．薩依德（Mariam Said）、珍妮．馬克迪西（Jean Said Makdisi）和伍德（Michael Wood）。對於薩依德生前對他所作的學術研究，我的感激歸於已故的斯普林克（Michael Sprinker）和他編的開創性文集《愛德華．薩依德：一本批判性讀本》（*Edward Said: A Critical Reader*, 1992）。對於薩依德和音樂的私人關係，我想特別謝謝珍妮．馬克迪西和巴倫波音，他們的評論特別激發思想。對於薩伊德的思想遺產，沙欣（Mohammad Shaheen）詩性而精準的介紹作品是阿拉伯文中最重要的。我感謝他不斷來信關注，給予我思想上的支持和加油打氣。

我大大倚重那些讀過我全部或部分文稿的人的博學多識。為了他們的寶貴意見和無情修訂，也為了他們對廣闊關聯性和涵蘊的全面理解，我感謝凱雅・岡古利（Keya Ganguly）、已故的貝妮塔・派瑞（Benita Parry）、瑪麗安・薩依德和特別是艾琳・史密斯（Ileene Smith），她是我在「法勒、斯特勞斯暨傑魯出版社」（Farrar, Straus and Giroux）的編輯。我對他們四位的感激是無盡的。以下諸位是在我手稿較早期階段讀過其中一部分的人：伯恩斯（Lorna Burns）、凱蒂・穆斯（Katie R. Muth）、加托（Marco Gato）、*Kitap Zamani* 的編輯們、埃爾蒂爾（Basak Ertur）與拉莎・薩爾提（Rasha Salti）、伊斯坎達爾（Adel Iskandar）與魯斯圖姆（Hakem Rustom）、法拉（Ghazi-Walid Falah）與弗林特（Colin Flint）、哈利迪（Rashid Khalidi），以及威廉茲（Jay Williams）。總的來說，我依賴以下幾位的敏感精讀和友誼：科比亞烏卡（Michal Kobialka）、海特曼（Tim Heitman）、埃莉斯・萊恩漢（Elise Linehan）、沙斯（Dan Sass）、西爾維婭・羅培茲（Silvia López）、基亞帕里（Chris Chiappari）和貝納賓（Lyes Benarbane）。已故的西凡南丹（A. Sivanandan）提供我一個討論薩依德作品的一個早期平台。我也要感謝懷利（Andrew Wylie）找我寫這本書，感謝賈桂琳・高（Jacqueline Ko）、博安（Tracy Bohan）和艾瑪・赫曼（Emma Herman）引領我穿過複雜的思想交流。

對於個人細節和澄清流言，我仰賴薩依德的妹妹珍妮和葛莉絲、他的女兒娜吉拉和兒子瓦迪，最重要的是他太太瑪麗安。他的親密朋友、批評者和同學除了願意接受訪談外，其中好幾位還大方地向我分享私人照片、信件和本來未發表的作品。對此，我感謝莉拉・阿布—盧格德、已故的阿慈穆、阿吉兒・比爾格拉米、杭士基、多明妮克・埃德、桑德拉・法希（Sandra Fahy）、安娜・格里姆蕭（Anna Grimshaw）、伊蓮・哈戈皮安（Elaine Hagopian）、班燕・霍特（Bayan Al-Hout）、（George Kardouche）、雷曼（David Lehman）、麥克勞德（Alex McLeod）、明茲（Alan Mintz）、珍妮・摩爾

（Jean Mohr）、皮特貝格（Gabriel Piterberg）、賈桂琳．羅斯（Jacqueline Rose）、薩巴格（Karl Sabbagh）、沙倫（Andre Sharon）、阿達芙．蘇伊夫（Ahdaf Soueif）、已故的珍．史坦（Jean Stein）、瑪琳娜．華納（Marina Warner）和伍德。戴爾德麗．伯格森（Deirdre Bergson）和已故的阿倫．伯格森（Allen Bergson）除了和我分享一張可愛的照片以外，還以讓人難忘的色彩為薩依德的早期學術生活畫像。

有好幾個專門的文庫提供了我需要的材料。我特別感謝黑門山中學的懷斯（Peter Weis），他為我提供慷慨協助和深思的評論。感謝謝巴魯（Kaoukab Chebaro）向我解釋貝魯特美國大學的重要性和指出巴勒斯坦的阿拉伯政治組織早在一九四八年之前就受到圍困，當時他是美國貝魯特大學圖書館館長。我在明尼蘇達大學的兩位同事幫忙翻譯阿拉伯文信件、文章和關鍵書籍的段落，所以我要感謝法拉格（Joseph Farag）和馬塔爾（Nabil Matar），尤其是後者，他除了花了大量時間幫我翻譯，還對我多所鼓勵。我還要感謝阿布—曼內赫（Bashir Abu-Manneh），他讓我在我研究的早期階段可以和薩依德人生中的重要人物接觸。

我在貝魯特待的時間雖短卻具顛覆性。貝魯特是薩依德繼紐約之後的第二個城市，而透過科塔斯夫妻（Mohammad Ali Atassi）的慷慨，這城市（連同舍韋爾村和卜魯馬納）的裡裡外外向我展開。他們讓我待在那裡的時間既有收穫又愉快。還要感激索尼婭．阿塔西（Sonja Mejcher-Atassi）和穆罕默德．阿塔西（Mohammad Ali Atassi）邀請我到他們家，為我講解中東在薩依德死後的新政治局面。哈基姆（Carol Hakim）和漢森（Jens Hanssen）對該地區的複雜性的非正統觀點，還有他們對薩依德在中東的地位的批判性觀感，也讓我受益良多。待在貝魯特期間，獲特（Syrine C. Hout）協助我連絡我要拜訪的人，凱拉拉（Assaad Khairallah）給我講了一些薩依德在阿拉伯環境的軼事。

這本書從頭到尾都倚賴我的研究助理幫忙。第一位是多西（Abhay Doshi），他的精力和眼力是我所仰賴。一樣能幹的是賈桂琳・帕茲（Jacqueline Patz），她接手帕茲留下的工作。潔絲敏・胡（Jasmine Wu）在處理照片上幫了我大忙。艾米莉・彭斯（Emilie Pons）除了幫我在文庫找到關鍵文件外，還用她的母語法語來確認（有時是修訂）我的翻譯。我還要表彰我酬勞少得可憐但專業的法律顧問約翰遜（Thomas Johnson）。

最後我要感謝明尼蘇達大學文科學院和明大副校長提供的研究支持。書中比較難的其中兩章是二〇一七年秋天在法國的卡西斯（Cassis）撰寫，當時我在卡曼谷基金會（Camargo Foundation）擔任研究員。有鑑於薩依德對法國文化的認同和一輩子對地中海（東地中海）的依戀，在卡西斯撰寫他的傳記看來很合宜，很多方面來說都是一種回家。除了卡耐爾岬角（Cap Canaille）的景觀以外，卡曼谷基金會還為我提供了一群有支援性的藝術家和學者，我在這裏要集體感謝他們。不過我更要感謝的是派翠西亞・漢普爾（Patricia Hampl），因為我能夠待在卡西斯就是由她促成。奉著他們對法國文化之愛和我們共同出擊的名義，我想要表彰泰迪・格塞爾（Teddy Gesell）和已故的詹・格塞爾（Jim Gesell）：在一個科技掛帥的時代，他們對人文學的支持對我和很多其他人來說是能夠出版和只能沉默的差別。

註釋

縮寫列表

薩依德作品

ALS	*After the Last Sky*
B	*Beginnings*
C&I	*Culture and Imperialism*
CI	*Covering Islam*
CR	*Culture and Resistance*
EPP	*The End of the Peace Process*
ESR	*The Edward Said Reader*
FNE	*Freud and the Non-European*
HDC	*Humanism and Democratic Criticism*
IES	*Interviews with Edward Said*
JC	*Joseph Conrad and the Fiction of Autobiography*
LS	*On Late Style*
ME	*Musical Elaborations*
ML	*Music at the Limits*
O	*Orientalism*
OI	*From Oslo to Iraq and the Road Map*
OP	*Out of Place*
PD	*The Politics of Dispossession*
PeD	*Peace and Its Discontents*
PP	*Parallels and Paradoxes*
PPC	*Power, Politics, and Culture*
PS	*The Pen and the Sword*
QP	*The Question of Palestine*
RE	*Reflections on Exile*
WTC	*The World, the Text, and the Critic*

資料庫

CZ	Constantine Zurayk Papers, American University of Beirut.
EWSP	Edward W. Said Papers (1940s–2006), MS 1524, Rare Book and Manuscript Library, Columbia University Library. All references to this archive in the notes will follow the format box:folder:series. subseries. For example, 48:1:II.1 refers to box 48, folder 1, series II, subseries 1.
FBI	Edward William Said, FBI Vault.
HL	Harry Levin Papers, Levin-Said Correspondence, MS Am 2461 (859), Houghton Library, Harvard University.
HT	Edward W. Said, Harvard University Graduate Student Transcripts.
IW	Ian P. Watt Papers (SC0401). Department of Special Collections and University Archives, Stanford University Libraries, Stanford, California.
MH	Northfield Mount Hermon School Transcripts; Said 18790MH.01, 02, 03.
PT	Undergraduate Academic Files, box 169, Said, Edward (1957), AC198, Princeton University Library.
ST	Edward Said Papers of the Center for Advanced Study in the Behavioral Sciences Records (SC1055), Department of Special Collections and University Archives, Stanford University Libraries, Stanford, Calif.

訪談

Abu-Deep	Kamal Abu-Deep, 1/18/16, Oxford, U.K.
Abu-Lughod	Lila Abu-Lughod, 4/15/18, New York
Al-Azm	Sadik Al-Azm, 12/19/15, Berlin
Al-Banna	Sami Al-Banna, 3/30/16, 4/6/16, 4/8/16, Bethesda, Md.
Al-Hout	Bayan Hout, 2/26/17, Beirut
Ali	Tariq Ali, 6/2/16, London
Alpers	Svetlana Alpers, 12/5/17, New York (correspondence)
Ammar	Ibrahim Ammar, 5/5/17, Woodbury, N.J.
Ashrawi	Hanan Ashrawi, 6/7/18, Ramallah

Atassi	Mohammad Ali Atassi, 11/28/16, Beirut
Barenboim	Daniel Barenboim, 1/22/17, New York
Barsamian	David Barsamian, 5/7/18, Boulder, Colo.
Bender	John Bender, 4/1/17, Minneapolis
Berger	John Berger, 12/2/15, Antony, France
Bergson, A.	Allen Bergson, 9/23/15, New York
Bergson, D.	Deirdre Bergson, 9/23/15, New York
Bilgrami	Akeel Bilgrami, 3/25/17, New York
Blythe	Charles Blythe, 11/30/15, Cambridge, Mass.
Brieger	Gottfried Brieger, 12/1/15, Detroit
Burns	Ric Burns, 6/6/16, New York
Carnicelli	Tom Carnicelli, 8/3/16, Maine
Carroll	Clare Carroll, 12/4/15, New York
Chomsky	Noam Chomsky, 2/12/16, Cambridge, Mass.
Cole	Jonathan Cole, 1/11/16, New York
Cortas	Nadim Cortas, 11/26/16, Beirut
David	Deirdre David, 12/11/15, New York
Davis	Lennard Davis, 11/16/18, New York
Delaney	Sheila Delaney, 6/23/17, Vancouver
Dickstein	Morris Dickstein, 4/9/18, New York
Edde	Dominique Edde, 7/8/16, Beirut
Fahy	Sandra Fahy, 4/1/16, New York
Farer	Tom Farer, 7/15/17, Denver
Fried	Michael Fried, 12/2/15, Baltimore
Friedman	Robert Friedman, 12/18/15, New York
Gallagher	Dorothy Gallagher, 7/19/16, New York
Ghazoul	Ferial Ghazoul, 4/6/16, Cairo
Gindy	Nadia Gindy, 5/4/17, Cairo
Glass	Charles Glass, 2/24/16, New York
Greene	Gayle Green, 8/8/17, Berkeley, Calif.

Grimshaw	Anna Grimshaw, 2/7/18, Atlanta
Guttenplan	Don Guttenplan, 1/5/16, 1/6/16, London
Habachy	Nazeeh Habachy, 1/23/16, New York
Hadidi	Subhi Hadidi, 12/9/15, Paris
Hakim	Carol Hakim, 4/10/17, Minneapolis
Hovsepian	Nubar Hovsepian, 2/10/16, California
Idriss	Samah Idriss, 4/28/17, Beirut
Istrabadi	Zaineb Istrabadi, 1/6/16, Bloomington, Ind.
Kardouche	George Kardouche, 5/10/16, Egypt (Red Sea)
Khairallah	Assaad Khairallah, 11/25/16, Beirut
Khalidi, M.	Muhammad Ali Khalidi, 4/11/18, Toronto
Khalidi, R.	Rashid Khalidi, 4/13/18, New York
Khalidi, T.	Tarif Khalidi, 12/15/15, Beirut
Lehman	David Lehman (correspondence)
Lentin	Ronit Lentin, 1/18/16, Dublin
Locke	Ralph Locke (correspondence)
Malik	Nabil "Bill" Malik, 8/17/18, Portsmouth, R.I.
Margaronis	Maria Margaronis, 3/12/16, London
McLeod	Alexander McLeod, 12/3/15, Nashville
Miller, J.	Hillis Miller, 1/7/16, Connecticut
Mintz	Alan Mintz, 1/5/16, New York
Mitchell	W. J. T. Mitchell, 12/14/15, Chicago
Mohr	Jean Mohr, 4/28/17, 5/5/17, Geneva
Musallam	Basim Musallam, 12/17/15, Cambridge, U.K.
O'Connell	Dan O'Connell, 8/13/18, New York
Painter	Karen Painter, 12/16/15, Minneapolis
Parry	Benita Parry, 11/23/18, Mynydd Llandegai, Wales
Piterberg	Gabriel Piterberg, 12/3/15, Los Angeles
Poole	Deborah Poole, 4/4/16, Baltimore

Rai	Kanti Rai, 12/21/15, Great Neck, N.Y.
Richetti	John Richetti, 4/1/17, Minneapolis
Rose	Jacqueline Rose, 2/10/16, London
Rosenthal	Michael Rosenthal, 12/22/15, New York
Sabbagh	Karl Sabbagh, 2/23/16, London
Said, G.	Grace Said, 11/25/16, Beirut
Said, M.	Mariam Said, 9/29/15, 8/14/16, 7/11/17, New York
Said, N.	Najla Said, 5/30/16, 8/16/16, New York
Said, W.	Wadie Said, 2/16/16, 3/10/19, Columbia, S.C.
Said Makdisi	Jean Said Makdisi, 11/25/16, Beirut
Seidel	Frederick Seidel, 8/15/16, New York
Shaheen	Mohammad Shaheen, 2/15/16, 11/25/16, Beirut and Amman
Sharon	Andre Sharon, 2/19/16, New York
Sifton	Elisabeth Sifton, 1/20/17, New York
Solum	John Solum, 12/11/15, Westport, Conn.
Soueif	Ahdaf Soueif, 4/2/17, London
Stein	Jean Stein, 3/24/17, New York
Stern, D.	David Stern, 4/14/16, Cambridge, Mass.
Stern, M.	Michael Stern, 12/22/15, San Francisco
Traboulsi	Fawwaz Traboulsi, 1/24/16, Beirut
Wanger	Shelley Wanger, 4/27/16, New York
Warner	Marina Warner, 12/16/15, London
Wieseltier	Leon Wieseltier, 12/9/15, Washington, D.C.
Wilmers	Mary Kay Wilmers, 2/22/16, London
Wood	Michael Wood, 5/27/16, Princeton, N.J.
Wypijewski	JoAnn Wypijewski, 2/26/16, New York
Yelin	Louise Yelin, 12/7/15, New York
Yerushalmi	David Yerushalmi, 7/26/16, Jerusalem

序

1. Soueif.
2. Hamid Dabashi, "The Moment of Myth," *CounterPunch*, Oct. 2, 2003.
3. *RE*, xi.
4. Blythe.
5. Conversation with EWS and Elias Khoury, New York, ca. May 2001; Sontag to EWS, May 5, 2001, and Gordimer to Sontag, April 9, 2001, EWSP, 28:15:I.1.
6. Khalidi, T.
7. FBI, 54, Aug. 20, 1979.
8. FBI, 11, July 12, 1982; FBI, 4, Aug. 28, 1991.
9. 薩依德在漢普郡學院的艾哈邁德追思會上大聲唸出這些句子。Sept. 18, 1999; https://www.youtube.com/watch?v=zfqor65wguk. 也見 Stuart Schaar, *Eqbal Ahmad: Critical Outsider in a Turbulent Age* (New York: Columbia UP, 2015), 72.
10. Alexander Cockburn, "Edward Said: A Mighty and Passionate Heart,"*CounterPunch*, Sept. 25, 2003.
11. Mohammad Shaheen, ed., *Edward Said: Riwayah lilajyal* [Edward Said: A story for the future] (Beirut: Arab Institute for Research and Publication, 2004).
12. Ibid.
13. Rosenthal; Mitchell.

第一章　繭

1. Jean Said Makdisi, *Teta, Mother, and Me: An Arab Woman's Memoir* (London: Saqi, 2005), 329. Hereafter cited as *Teta*.
2. Emanuel Hamon, dir., *Selves and Others: A Portrait of Edward Said* (2004).
3. Nadia Gindy, "On the Margins of a Memoir: A Personal Reading of Said's *Out of Place*," *Alif: A Journal of Comparative Poetics* 20 (2000): 285.
4. Said, G.
5. Gindy, "On the Margins of a Memoir," 286.
6. Annalise Devries, "Utopia in the Suburbs: Cosmopolitan Society, Class Privilege, and the Making of Ma adi Garden City in Twentieth-Century Cairo," *Journal of Social History* 49, no. 2 (2015): 351–73.
7. Hoda Guindi, "Of the Place," *Alif: A Journal of Comparative Poetics* 25(2005): 10.
8. Said, G.; *Teta*, 49.
9. Said, G.

10. Said Makdisi.
11. *Selves and Others*.
12. Gindy, "On the Margins of a Memoir," 287.
13. *Teta*, 37–38.
14. *OP*, 93.
15. Said, G.
16. Gindy, "On the Margins of a Memoir," 290.
17. *OP*, 135.
18. Sharon.
19. Kardouche.
20. Laura Robson, *Colonialism and Christianity in Mandate Palestine* (Austin: University of Texas Press, 2011), 127.
21. *RE*, 270.
22. Sharon.
23. Habachy.
24. Guindi, "Of the Place," 10.
25. *Teta*, 318.
26. *RE*, 273.
27. Aida Fahoum to EWS, 1999, EWSP, 48:16:II.1.
28. EWS, "Palestine, Then and Now: An Exile's Journey Through Israel and the Occupied Territories," *Harper's Magazine*, Dec. 1992, 48.
29. Charles Malik, "The Near East: The Search for Truth," *Foreign Affairs* 30 (1952): 233.
30. Max Rodenbeck, *Cairo: The City Victorious* (New York: Alfred A. Knopf, 1999).
31. Nabil Matar, *The United States Through Arab Eyes* (Edinburgh: Edinburgh University Press, 2018).
32. EWS, "Leaving Palestine," *New York Review of Books*, Sept. 23, 1999.
33. *OP*, 205.
34. Ibid., 165–67.
35. Guindi, "Of the Place," 10.
36. *OP*, 96–97.
37. *Teta*, 77.
38. Ibid., 295.
39. Ibid.
40. Allan Evans in *Ignace Tiegerman: The Lost Legend of Cairo*, arbiterrecords.org/catalog/ignace-tiegerman-the-lost-legend-of-cairo/.
41. Henri Barda in Allen Evans, *Ignaz Friedman: Romantic Master Pianist* (Bloomington: Indiana University Press, 2009), 221.
42. Ibid., 229.

43. Samir Raafat, "Ignace Tiegerman: Could He Have Dethroned Horowitz?," *Egyptian Mail*, Sept. 20, 1997, www .egy.com/judaica/97-09-20.php.
44. *Ignace Tiegerman: The Lost Legend of Cairo*.
45. *RE*, 274.
46. EWS, "Cairo Recalled: Growing Up in the Cultural Cross Currents of 1940s Egypt," *House & Garden*, April 1987, 32.
47. Allan Evans to EWS, Oct. 22, 1987:「能夠得知蒂格曼的一些話語和了解他的美學讓人茅塞頓開。」
48. Barda, in Evans, *Ignaz Friedman*, 223.
49. *OP*, 198.
50. Said, G.
51. Hilda Said to EWS, Nov. 21, 1966, EWSP, 28:16:II.2.
52. Said Makdisi.
53. Justus Reid Weiner, " 'My Beautiful Old House' and Other Fabrications by Edward Said," *Commentary*, Sept. 1, 1999. Said's response can be found in his "Defamation, Zionist Style," *Al-Ahram*, Aug. 26–Sept. 1, 1999; and in Munir K. Nasser, "They Attack Me to Discredit Palestinians' Right ofReturn," *Bir Zeit Newsletter* (Fall 1999): 14.
54. Keith Schilling to EWS, Jan. 18, 2000, EWSP, 30:18:I.1.
55. EWS, "Palestine, Then and Now," 51.
56. Sent to the author on Feb. 20, 2016.
57. Said Makdisi.
58. *OP*, 144.
59. The Right Reverend Sir Paul Reeves to EWS, May 29, 1991, EWSP, 15:12:I.1.
60. Malik, "The Near East: The Search for Truth," 231.
61. EWS, "A Palestinian Voice," *Columbia Forum* 12, no. 4 (Winter 1969): 29.
62. Habachy.
63. Undated handwritten notes, EWSP, 77:32:II.4.
64. Mohammad Shaheen, "Remembering Edward Said: A Glimpse of His Life and Thought," sent to author on Jan. 4, 2016.
65. Shaheen.
66. O'Connell.
67. EWS to Jacoby, Feb. 21, 1984, EWSP, 7:8:I.1.
68. Shaheen.
69. Said, M.
70. *Teta*, 19, 42.
71. *OP*, 230.
72. Said Makdisi.
73. *OP*, 12.

74. EWS to Wadie Said, 1967, EWSP, 28:16:II.2.
75. *OP*, 54, 57.
76. Gindy, "On the Margins of a Memoir," 288.
77. Said, G.
78. Said Makdisi.
79. *Teta*, 14.
80. Ibid., 16, 18.
81. EWS, "My Guru," *London Review of Books*, Dec. 13, 2001, 19.
82. Cortas; Said, G.
83. Wadad Makdisi Cortas, *A World I Loved: The Story of an Arab Woman* (New York: Nation Books, 2009).
84. Ibid.
85. Habachy.
86. Gindy, "On the Margins of a Memoir," 285.
87. Jean Said Makdisi to the author, Sept. 12, 2017.
88. EWSP, 77:32:II.4.
89. *OP*, 114.
90. Ibid., 124.
91. Ibid., 123.
92. Eric Rouleau, "Cairo: A Memoir," *Cairo Review of Global Affairs* (Fall 2010).
93. *QP*, xiv.
94. *OP*, 122.
95. "Orientalism and After: An Interview with Edward Said," *Radical Philosophy* 63 (Spring 1993), EWSP, 80:31:II.5.
96. 這樣的例子很多，這裡只舉一個例子。M. Cherif Bassiouni, "The AAUG: Reflections on a Lost Opportunity," *Arab Studies Quarterly* 29, no. 3–4 (Summer/Fall 2007): 29:「直至 1967 年，薩依德基本上是個親英派的比較文學教授……無涉於阿拉伯民族主義。」
97. EWSP, 77:32:II.4.
98. EWS, "Leaving Palestine."
99. Gindy, "On the Margins of a Memoir," 286.
100. *RE*, 274.
101. Ahdaf Soueif, *Mezzaterra: Fragments from the Common Ground* (New York: Anchor, 2010), 253.

第二章　不能安生

1. *FNE*, 54.
2. CV for Harvard Application, 1957, HT.
3. *PPC*, 412.
4. Ibid., 47.
5. Ibid., 69.
6. Harry Levin, *The Power of Blackness: Hawthorne, Poe, Melville* (1958; New York: Alfred A. Knopf, 1970), 4.
7. EWS, "Commencement Speech," Northfield Mount Hermon School, June 2002; sent to the author on Dec. 11, 2015.
8. *OP*, 84.
9. *PP*, 4; *RE*, xii.
10. *OP*, 233.
11. Ibid., 134, 141.
12. Ibid., 263–64.
13. EWS, interview by Jean Stein, Aug. 19, 1993; sent to the author by Stein on Feb. 23, 2017.
14. Howell-Griffith to Gordon F. Pyper, Feb. 17, 1951, MH.01, 20.
15. Price to Director of Admissions, Jan. 8, 1951, MH.01, 22.
16. Badeau to Dr. Howard Rubendall, Nov. 8, 1950, MH.01, 26.
17. EWS to Director of Admissions, Mount Hermon School, Feb. 4, 1951, MH.01, 2.
18. Ibid., 3.
19. Brieger.
20. Davis.
21. Poem sent to author by Peter Weis, Mount Hermon archivist, on Dec. 12, 2015.
22. *OP*, 43–44.
23. Ibid., 248.
24. Brieger.
25. Weis to author, Dec. 11, 2015.
26. *OP*, 17.
27. Ibid., 19.
28. Hilda Said to Rubendall, Sept. 21, 1951, MH.02, 20.
29. Hilda Said to Rubendall, Feb. 18, 1952, MH.02, 26–29.
30. Jean Said Makdisi, *Teta, Mother, and Me: An Arab Woman's Memoir* (London: Saqi, 2005), 84. Hereafter cited as *Teta*.
31. Letters sent to the author by Marina Warner on Jan. 16, 2015.

32. EWS, "Defamation, Zionist Style," *Al-Ahram*, Aug. 26–Sept. 1, 1999.
33. Hilda Said to Rubendall, Oct. 13, 1952, MH.02, 36–38.
34. Hilda to Rubendall, Jan. 9, 1953, MH.02, 43.
35. Ethel R. Maddern to Princeton, June 22, 1953, PT, 21.
36. Fischer to EWS, June 22, 2000, EWSP, 48:20:II.1.
37. *OP*, 278.
38. *Teta*, 85.
39. Hilda to Rubendall, Jan. 9, 1953, 43.
40. *Exiles: Edward Said*, directed by Christopher Sykes (BBC2, 1986).
41. *OP*, 330.
42. Ibid., 279.
43. HT, 64.
44. EWS to Rubendall, March 13, 1958, MH.03, 26.
45. Yerushalmi.
46. *OP*, 233.
47. Said, N.
48. Said Makdisi.
49. *OP*, 222.
50.由於生病，他的演講由兒子瓦迪代講。
51. *OP*, 145.
52. *PPC*, 206; *OP*, 205–206.
53. EWS, interview by Stein.
54. Ibid.
55. Ibid.
56. Ibid.
57. Bergson, A.
58. Said, N.
59. EWS to Michael Rosenthal, March 10, 1973, EWSP, 5:5:I.1.
60. Rubendall to Professor Ludwig, Nov. 26, 1957, MH.03, 14.

第三章　常春藤學徒生涯

1. Hopkins to Robert Bridges, May 21, 1878, quoted in *WTC*, 41.
2. EWS, "Commencement Speech," Northfield Mount Hermon School, June 2002.
3. Elaine Hagopian, "Ibrahim and Said," *Arab Studies Quarterly* 26, no. 4 (Fall 2004): 6; Habachy. Erich Segal was still writing to Said in Oct. 1976 to send him his piece "Slouching Towards America" in *The New Republic*, 在這篇文章中，他讚揚李文揭

穿美國黃金時代的神話 (EWSP, 29:27:I.1).

4. J. Merrill Knapp, Rhodes Scholarship Recommendation, Nov. 19, 1956, PT, 29. 這種思想感情在本特利（G. E. Bentley）為薩依德申請哈佛寫的推薦信（1957.2.24）再次出現：他說薩依德「雖然有個有點異國情調的背景」但聰明和擅與人交往。(HT, 34).
5. Abigail Klionsky Oral History Project—Dr. Gerald Sandler ('57), Seeley G. Mudd Manuscript Library, Princeton.
6. McLeod.
7. PT, 13.
8. HT, 36.
9. Carnicelli.
10. Bergson, A.; Bergson, D.
11. PT, 25; Carnicelli; Solum.
12. Fried.
13. Farer.
14. Solum.
15. Said, G.
16. Solum.
17. Habachy.
18. McLeod.
19. Solum.
20. *OP*, 291.
21. Habachy; McLeod.
22. Solum.
23. EWS, Statement of Purpose, HT.
24. Warner.
25. Marie-Helene Gold to EWS, Jan. 18, 1989, EWSP, 78:5:II.4.
26. Marie-Helene Gold to EWS, Sept. 19, 1999, EWSP, 48:11:II.1.
27. Ibid.
28. *ESR*, 421.
29. *WTC*, v; *OP*, 285, 277.
30. Carnicelli; Fried; EWS Memorial Tribute to Arthur Gold, Feb. 26, 1989, EWSP, 78:5:II.4.
31. Fried.
32. Edward W. Said ('57), "Nasser and His Canal," *Daily Princetonian*, Oct. 11, 1956, 2.
33. Wadad Makdisi Cortas, *A World I Loved: The Story of an Arab Woman* (New York: Nation Books, 2009), 136–37.
34. 有意思的是，他兒子瓦迪在普林斯頓寫的高級榮譽論文，將會是談納賽爾對

萬隆會議的參與和埃及在促進亞非團結的角色。

35. Farer.
36. *OP*, 250, 274.
37. EWS to Dire, May 1, 1959, EWSP, 30:3:I.1.
38. EWS, "My Guru," *London Review of Books*, Dec. 13, 2001, 19–20.「是易卜拉欣（譯註：即阿布—盧格德）把美國的阿拉伯人引進民族解放鬥爭和後殖民政治的領域。」(ibid., 20).
39. PT, 13.
40. EWS to Rubendall, Oct. 29, 1957, MH.03, 9.
41. "Orientalism and After: An Interview with Edward Said," *Radical Philosophy* 63 (Spring 1993): 1, EWSP, 80:31:II.5.
42. EWS to Princeton University, Oct. 14, 1957, PT, 3.
43. HT, 32 (Jan. 2, 1958).
44. *OP*, 287.
45. EWS to Harvard, 1957, HT.
46. *OP*, 264.
47. EWS to Albert Sonnenfeld, Oct. 27, 1978, EWSP, 5:9:I.1.
48. HT, 59.
49. Ibid., 53.
50. *WTC*, v.
51. R. P. Blackmur, *A Primer of Ignorance*, ed. Joseph Frank (1940; New York: Harcourt, Brace & World, 1967), 71.
52. EWSP, 77:32:II.4; he uses the phrase in "Sense and Sensibility," *Partisan Review* 34, no. 4 (Fall 1967): 632.
53. *RE*, 247.
54. Ibid., 253; Fried. See EWS, "Sense and Sensibility":「根據戈爾德的描述，布萊克默獨特的模式，是描述一個人怎樣可以和文學變得親密。」(629).
55. *RE*, 249.
56. R. P. Blackmur, *Language as Gesture: Essays in Poetry* (New York: Harcourt, Brace, 1952), 403.
57. *ESR*, 424; *B*, 256–57.
58. Blackmur, *Language as Gesture*, 3, 12.
59. EWSP, 97:20:III.1.
60. Blackmur, *Primer of Ignorance*, 100.
61. Ibid., 13–14.
62. R. P. Blackmur, *The Lion and the Honeycomb: Essays in Solicitude and Critique* (1935; New York: Harcourt, Brace, 1955), 293.
63. *ALS*, 173–74.

64. *OP*, 265.

65. 但是是哪一個海德格？在馬利克為諾爾德（O. Frederick Nolde）的《自由與平等》（*Free and Equal: Human Rights in Ecumenical Perspective*）所寫的奇怪序言中，他為維護人本主義而採用了海德格惡名昭彰的反人文主義語言。

66. Said, M.

67. Ibid.

68. Charles Malik, "The Near East: The Search for Truth," *Foreign Affairs* 30 (1952): 236.

69. Ibid., 238.

70. Ibid., 243.

71. Ibid., 256–60.

72. Charles Habib Malik, *The Problem of Coexistence* (Evanston, Ill.: Northwestern University Press, 1955), 8.

73. Charles Habib Malik, *A Christian Critique of the University* (Downers Grove, Ill.: Intervarsity Press, 1982), 23.

74. See Said's respectful but testy correspondence with William Spanos in which he reviles Heidegger as a reactionary and a mystic (Aug. 4, 1972), EWSP, 5:2:I.1; (Jan. 5, 1979), EWSP, 5:10:I.2; (May 22, 1980), EWSP, 5:19:I.1, and his early critical review of Ihab Hassan's *Dismemberment of Orpheus*, "Eclecticism and Orthodoxy in Criticism," *Diacritics* 2, no. 1 (Spring 1972): 2–8. He does, however, cite Heidegger more forgivingly in the unpublished "The Second and a Half World," EWSP, 77:32:II.4.

75. *PPC*, 158; EWS to Richard Kuhns, Jan. 25, 1973, EWSP, 5:4:I.1.

76. *OP*, 292.

77. "Orientalism and After: An Interview with Edward Said."

78. Rosenthal.

79. EWS to Alfred Dunhill Limited, Nov. 26, 1991, EWSP, 16:2:I.1.

80. Blackmur, "In the Country of the Blue," in *Primer of Ignorance*, 180. 也可見 EWS note on Blackmur, EWSP, 97:14.III.

81. EWSP, 97:2:III.1.

82. EWSP, 81:1:III.1.

83. Ibid.

84. Ibid.

85. Ibid.

86. 據斯特恩（David Stern）回憶（他是薩依德在哥大的學生，後來去了哈佛唸研究所，李文是個「可怕哈佛類型的人，為人古板，非常高傲，有很多目空一切的談話。」(Stern, D.).

87. *OP*, 289.

88. Harry Levin, *Refractions: Essays in Comparative Literature* (Oxford, U.K.: Oxford University Press, 1966), 323, 339.

89. *OP*, 288.
90. Fried.
91. EWS to "Dash," Nov. 29, 1972, EWSP, 5:3:I.1:「我變得很感懷……我開始回想他的作品、他對他的學生的影響，他對我的影響，然後我發現他比更多人所了解的更多是一個老師。」
92. Harry Levin, *The Gates of Horn: A Study of Five French Realists* (Oxford, U.K.: Oxford University Press, 1963), 4.
93. EWS to Levin, June 12, 1965, HL.
94. Harry Levin, *Grounds for Comparison* (Cambridge, Mass.: Harvard University Press, 1972), 19.
95. Ibid., 6; and Levin, *Gates of Horn*, ix.
96. EWS, "Phenomenology, Structural Thought, and Literature," American Council of Learned Societies application, Oct. 14, 1965, ST, 17–19.
97. Levin, *Refractions*, 65.
98. Levin, *Gates of Horn*, 16.
99. Levin, *Refractions*, 240–41.
100. Levin, "Two *Romanisten* in America: Spitzer and Auerbach," in *Grounds for Comparison*, 111.
101. EWS to Harry Levin, Oct. 9, 1972, HL. 晚至 1970 年，雖然已經是知名教授，薩依德在寫給李文的信仍然署名「景仰你的學生愛德華・薩依德」。
102. Levin, *Grounds for Comparison*, 41, 46, 123.
103. Ibid., 127.

第四章　祕密代理人

1. Undated, but ca. 1957–62, EWSP, 77:32:II.4.
2. EWSP, 77:32:II.4.
3. A colleague from Harvard [signature unclear] to EWS, Dec. 16, 1967, EWSP, 28:22:I.1.
4. Delaney; Said Makdisi.
5. Bergson, A.
6. EWSP, 81:1:III.1 and 77:32:II.4.
7. Said Makdisi.
8. Ibid.
9. EWS to Wadie Said, June 2, 1965, EWSP, 28:16:II.2.
10. Hilda Said to EWS, Nov. 21, 1965, EWSP, 28:16:II.2.
11. 瑪莉的博士口試委員哈特菲爾德（Henry Caraway Hatfeld）在 1968 年 3 月 18 日從柏林寫信給她，指李文稱她的作品「有時精彩」，但又抱怨如果一個作

者「使用 chthonic 或 appolonisch 之類的字，則她必須改正，否則會把讀者弄得極端糊塗……有時它讓人覺得《魔山》是一個存在主義者和蘇珊·桑格塔合寫。」HL.

12. Farer; also Said, G.; Bergson, A.; Blythe.
13. EWSP, 97:3:III.1.
14. *EPP*, 69.
15. EWSP, 77:32:II.4, 21.
16. Christopher Hitchens, *Hitch-22: A Memoir* (New York: Twelve, 2010), 385.
17. EWS, "An Ark for the Listener," EWSP, 77:2:II.3.
18. Mariam Said to author, Sept. 25, 2018.
19. Mary McCarthy, "On F. W. Dupee (1904–1979)," *New York Review of Books*, Oct. 27, 1983.
20. Leon Trotsky, *The Russian Revolution*, ed. F. W. Dupee, trans. Max Eastman (New York: Anchor, 1959), vii–viii.
21. James Wolcott, "Enemies for Ever," *London Review of Books*, May 18, 2017, 14.
22. Ibid., 16; McCarthy, "On F. W. Dupee (1904–1979)."
23. Rosenthal.
24. EWSP, 110:11:III.3. 然而，薩依德公開捍衛特里林，反對卡辛（Alfred Kazin）在《紐約時報書評》所說的，特里林是個勢利鬼和自吹自擂者。他和另外十八個人寫的抗議信登在 1978 年 6 月 25 日的《紐約時報》。
25. EWS to Engel, Nov. 29, 1972, EWSP, 5:3:I.1.
26. Bergson, A.
27. Rosenthal; Wood.
28. Davis.
29. Rosenthal.
30. EWSP, 110:11:III.3.
31. EWS to Engel, Nov. 29, 1972.
32. Guttenplan.
33. *RE*, xxii. 在"Sense and Sensibility"（in *Partisan Review* 34, no. 4 [Fall 1967]）一文，他仿效「新批評」，讚揚普萊和克萊麥爾迴避「研究的遊戲」，偏好「事物的豐富不規則性」。
34. EWS, "At Miss Whitehead's," review of *The Sixties: The Last Journal, 1960–1972*, by Edmund Wilson, *London Review of Books*, July 7, 1994, 2.
35. Seidel.
36. EWS to Starobinski, Nov. 22, 1967, EWSP, 30:3:I.1.
37. Barthes to EWS, Aug. 25, 1972 [incorrectly dated 1975], EWSP, 5:1:I.1 (trans. author and Emilie Pons).
38. Allen Bergson to author, Sept. 24, 2015.

39. Said, M.
40. *RE*, 235.
41. Khalidi, T.
42. EWS, "A Configuration of Themes," *Nation*, May 30, 1966, 659–60.
43. Levin to EWS, May 31, 1966, HL.
44. HL
45. *RE*, 555.
46. EWS, "Conrad and Nietzsche," in *Joseph Conrad: A Commemoration*, ed. Norman Sherry (London: Macmillan, 1976), 65.
47. Said, N.
48. Conor Cruise O'Brien, Edward Said, and John Lukacs, "The Intellectual in the Post-colonial World: Response and Discussion," *Salmagundi*, no. 70/71 (Spring–Summer 1986): 70–71. 在一篇 1984 年 12 月 10 日發表在 *TLS* 的訪談中，薩依德讚揚派瑞（Benita Parry）是文學批評家中最先處理「康拉德作品中最重要的方面」：它的隱性帝國主義。
49. "Traveling with Conrad," interview with EWS and Peter Mallios, Feb. 28, 2003, EWSP, 80:41:II.5.
50. O'Brien, Said, and Lukacs, "Intellectual in the Post-colonial World," 74, 72, 73. 見 EWS to Robert Boyers of *Salmagundi*, Oct. 29, 1985 (EWSP, 8:17:I.1), 他在此描述了這場暴躁的交流。
51. Mitchell.
52.「在與康拉德的二人組關係上，我是厄雷格姆，即他的對立面。」("Traveling with Conrad").
53. *JC*, 80–81.
54. *RE*, xxii; EWS, "Conrad and Nietzsche," 72.
55. EWSP, 97:3:III.1.
56. EWS, "Conrad and Nietzsche," 71.
57. *RE*, 267; EWS, "Sense and Sensibility," 629.
58. EWSP, 97:31:III.1.
59. Bergson, A.
60. *JC*, 57.
61. Raymond Williams and Edward W. Said, "Media, Margins, and Modernity," in Raymond Williams, *The Politics of Modernism: Against the New Conformists* (London: Verso, 1989), 187.
62. *ESR*, 423.
63. Ibid., 39.
64. *JC*, vii; cf. *RE*, 563.
65. *JC*, 60, 58, 38, 17.

66. EWS to Geoffrey Hartman, Dec. 4, 1967, EWSP, 30:3:I.1.
67. 被引用於 Richard Macksey and Eugenio Donato, "The Space Between—1971," in *The Structuralist Controversy: The Languages of Criticism and the Sciences of Man* (Baltimore: Johns Hopkins University Press, 1972), x.
68. EWS to Richard Kuhns, Jan. 25, 1973, EWSP, 5:4:I.1.「讀大量德勒茲吧，但要思考。雖然他非常傑出，但需要一個好的編輯。」(EWS to Richard Macksey, Feb. 7, 1973, EWSP, 5:5:I.1). 薩依德認為德勒茲政治上保守，但主張的知識理論具有「革命性」。(EWSP, 97:1:III.1; *B*, 377).
69. 此想法亦見於 "An Unpublished Text," quoted in Claude Lefort's editor's preface to Maurice Merleau-Ponty, *The Prose of the World*, trans. John O'Neill (1969; Evanston, Ill.: Northwestern University Press, 1973), xiii.
70. *JC*, 38, 119.
71. Ibid., 49.
72. EWS, "Labyrinth of Incarnations," *RE*, 11; EWSP, 97:27:III.1.
73. EWS to Chomsky, March 13, 1972, EWSP, 28:12:I.1.
74. Lucien Goldmann, *The Hidden God: A Study of Tragic Vision in the "Pensees" of Pascal and the Tragedies of Racine*, trans. Philip Tody (1955; London: Verso, 2016), 235.
75. *OP*, 256.
76. 舉例，見 *PPC*, 6; *RE*, 16.
77. EWS, "Sense and Sensibility," 628, 在那裡，他寫道：赫希（E. D. Hirsch）的理解其實是理解必然性的主張是沒有鳴謝地取自「海德格對荷德林的書寫。」Gerald Graff et al. to EWS, Feb. 20, 1969, EWSP, 5:1:I,1.
78. *JC*, 195–96.
79. *B*, 323.
80. *LS*, 78.
81. EWS, review of *Joseph Conrad: A Psychoanalytic Biography*, by Bernard C. Meyer, *Journal of English and Germanic Philology* 67, no. 1 (Jan. 1968): 176–78; *JC*, 102.
82. EWS, "Phenomenology, Structural Thought, and Literature," American Council of Learned Societies application, Nov. 15, 1965, ST, 17–19.
83. EWSP, 97:1:III.1.
84. *PPC*, 225.
85. Joseph Farag, *Palestinian Literature in Exile: Gender, Aesthetics, and Resistance in the Short Story* (London: I. B. Tauris, 2016), 118 (of his typescript).
86. EWS, "Diary: My Encounter with Sartre," *London Review of Books*, June 1, 2000, 42–43.
87. Ali.
88. EWS, "The Arab Portrayed," in *The Arab-Israeli Confrontation of June 1967: An*

Arab Perspective, ed. Ibrahim Abu-Lughod (Evanston, Ill.: Northwestern University Press, 1970), 6.

89. EWS, "Diary."
90. Maurice Merleau-Ponty, *The Phenomenology of Perception*, trans. Donald Landes (1945; London: Routledge, 2012), 466.
91. EWS, "The Totalitarianism of Mind," review of *The Savage Mind*, by Claude Levi-Strauss, *Kenyon Review* 29, no. 2 (March 1967): 256.
92. Ibid., 258.
93. Ibid., 249.
94. Ashrawi; Bergson, A.; Khalidi, T. See, for example, his miscellaneous notes on structuralism, as well as his forty-nine-page general account of the movement in EWSP, 97:27:III.1.
95. Chomsky.
96. EWS to de Man, Jan. 7, 1968, EWSP, 30:3:I.1.
97. *PD*, xv.
98. Ibid., xvi.
99. EWS, "A Palestinian Voice," *Columbia Forum* 12, no. 4 (Winter 1969): 27.
100. Lehman to EWS, Feb. 28, 1973, EWSP, 5:6:I.1.
101. Stern, D.
102. EWSP, 76:18:II.3.
103. EWS to Robert Alter, Nov. 2, 1967, EWSP, 28:9:I.1.
104. EWSP, 76:18:II.3.
105. Ibid.; EWS to Quentin Anderson, Nov. 28, 1967, EWSP, 28:9:I.1.
106. EWS to Ronit and Jerome Lowenthal, Dec. 15, 1967, EWSP, 28:22:I.1.
107. Including many of the original notes for *Beginnings*. See EWSP, 97:2:III.1.
108. EWS to Ronit and Jerome Lowenthal, Dec. 15, 1967.
109. Chomsky.
110. EWS, "Himself Observed," review of *George Steiner: A Reader*, *Nation*, March 2, 1985.
111. Jerome Lowenthal to EWS, Jan. 7, 1968, EWSP, 28:22:I.1.
112. EWS to Levin, June 28, 1965, HL.
113. EWS to Robert Alter, April 2, 1968, EWSP, 28:22:I.1.
114. 見 Barbara Epstein, "The Rise, Decline, and Possible Revival of Socialist Humanism," in *For Humanism*, ed. David Alderson and Robert Spencer (London: Pluto, 2017). 她指出，戈德曼「也是活躍地參與『青年衛士』（Hashomer Hatzair）。『青年衛士』是一個社會主義錫安主義組織，對資本主義將人人彼此孤立的傾向多所批判。」
115. Harry Levin, *Grounds for Comparison* (Cambridge, Mass.: Harvard University Press,

1972), 37.

116. EWS to Robert Alter, Nov. 2, 1967, EWSP, 28:9:I.1.

117. Bell to EWS, Nov. 1, 1966, EWSP, 110:18:III.3.

118. EWS, "Swift as Intellectual," in *WTC*, 72. "That realm has come to resemble the ambiance of a club" (73).

119. EWS to Trilling, Jan. 1973, EWSP, 5:4:I.1.

120. EWS to Maud Wilcox, Dec. 11, 1980, EWSP, 5:22:I.1.

121. EWS, "Swift's Tory Anarchy," *Eighteenth Century Studies* 3, no. 1 (Fall 1969): 48.

122. R. P. Blackmur, *A Primer of Ignorance*, ed. Joseph Frank (1940; New York: Harcourt, Brace & World, 1967), 13.

123. EWS, "Notes on the Characterization of a Literary Text," *MLN* 85, no. 6 (Dec. 1970): 768.

124. EWS, "Swift as Intellectual," 74.

125. Ibid., 54.

126. EWS to George Mayhew, Feb. 3, 1968, EWSP, 30:3:I.1.

127. EWS, "Swift's Tory Anarchy," in *WTC*, 57.

128. EWS, "Swift in History," EWSP, 110:16:III.3.

129. EWS to Angus Fletcher, Nov. 28, 1968, EWSP, 28:9:I.1.

130. EWSP, 76:18:II.3.

131. EWS to Israel Shahak, Dec. 14, 1977, EWSP, 30:13:I.1.

132. EWS to "Robert," April 2, 1968, EWSP, 28:22:I.1.

133. Blythe.

第五章　奧斯陸協議之前

1. EWSP, 77:32:II.4. Undated, but ca. 1957–62. 在 1960 年代早期，他把這首詩和其他詩投到《塞沃尼評論》（*The Sewanee Review*）、《長青評論》（*Evergreen Review*）和其他文學雜誌。
2. Lorette to EWS, Oct. 20, 1972, EWSP, 5:2:I.1.
3. Guttenplan.
4. Rosenthal.
5. Mintz.
6. Levin to Hatfield, April 30, 1968; HL.
7. Leibowitz to EWS, May 5, 1968, EWSP, 28:22:I.1.
8. Stern, M.
9. *PPC*, 209.
10. Michael Stern, "Professors Show Little Enthusiasm for Election Strike, "*Columbia Dai-*

ly Spectator, Nov. 4, 1968.

11. Friedman.
12. Eqbal Ahmad to BBC Television, Dec. 7, 1992, EWSP, 29:14:I.1.
13. Yelin.
14. Michael Stern, "Radicals Interrupt Nearly 40 Classes in NROTC Drive,"*Columbia Daily Spectator*, Feb. 27, 1969.
15. Friedman.
16. Stern, M.
17. Trilling to EWS, March 3, 1973, EWSP, 5:4:I.1.
18. EWS to Trilling, Jan. 25, 1973, EWSP, 5:4:I.1.
19. Michael Widlanski, "350 Hear Debate on Mideast War at Campus Forum," *Columbia Daily Spectator*, Oct. 25, 1973.
20. Ahmad Besharah, "Re-focusing on the Middle East," *Columbia Daily Spectator*, April 16, 1970.
21. Mintz.
22. Delaney. A clarification of his stand on violence can be found in "Chomsky and the Question of Palestine" (1975), in *PD*, 333, and "Identity, Negation, and Violence" (1988), in *PD*, 346, written during the first intifada.
23. EWS, "Traveling with Conrad," interview with Peter Mallios, Feb. 28, 2003, EWSP, 80:41:II.5.
24. Bergson, A.; Farer; Delaney.
25. Najla Said, *Looking for Palestine* (New York: Riverhead Books, 2013), 10.
26. EWS, "Palestine, Then and Now: An Exile's Journey Through Israel and the Occupied Territories," *Harper's Magazine*, Dec. 1992, 47.
27. EWS to "Dash," Nov. 29, 1972, EWSP, 5:3:I.1; EWS to Tom Farer, April 6, 1973, EWSP, 5:6:I.1.
28. EWS to Farer, April 6, 1973.
29. EWS to Dickstein, Jan. 27, 1973, EWSP, 5:4:I.1.
30. EWS to Monroe Engel, Nov. 29, 1972, EWSP, 5:3:I.1.
31. *PD*, 5.
32. Mariam Said, introduction to *A World I Loved: The Story of an Arab Woman*, by Wadad Makdisi Cortas (New York: Nation Books, 2009), xxx.
33. *PD*, 271.
34. Said Makdisi.
35. 貝魯特是「阿拉伯世界的流亡者之都」。但自以色列 1982 年入侵後，這角色結束了。*Exiles: Edward Said*, directed by Christopher Sykes (BBC2, 1986).
36. EWS to Chomsky, Nov. 7, 1973, EWSP, 5:3:I.1.
37. EWS to Sami Al-Banna, Feb. 7, 1973; EWSP, 5:5:I.1.

38. EWS, "Michel Foucault as an Intellectual Imagination," *boundary 2* 1, no. 1 (Fall 1972): 1–36.
39. EWS, "My Guru," *London Review of Books*, Dec. 13, 2001, 20.
40. *PPC*, 208; EWS, "Palestine, Then and Now," 54.
41. Shafiq Al-Hout, *My Life in the PLO* (London: Pluto Press, 2011), 107.
42. EWS to Sami Al-Banna, Feb. 7, 1973.
43. *B*, 34.
44. EWS, "Molestation and Authority in Narrative Fiction," in *Aspects of Narrative: Selected Papers from the English Institute*, ed. J. Hillis Miller (New York: Columbia University Press, 1971), 47–68.
45. Miller; 他在康拉德研究圈子裡聲名鵲起的證據另見薩依德和華特的通信 (IW).
46. EWS to Carol Malmi, March 6, 1978, EWSP, 30:6:I.i.
47. EWS to Michael Rosenthal, March 10, 1973, EWSP, 5:5:I.1.
48. EWS to "Erwin," March 20, 1973, EWSP, 5:5:I.1.
49. EWS to Engel, Nov. 29, 1972, EWSP, 5:3:I.1.
50. EWS to "Dash," Nov. 29, 1972, EWSP, 5:3:I.1.
51. Said, N.
52. EWS to Monroe Engel, June 28, 1973, EWSP, 5:6:I.1.
53. Davis.
54. EWS to Ferial Ghazoul, Jan. 6, 1973, EWSP, 5:4:I.1.
55. Said, M.
56. Abdallah Laroui, *The Crisis of the Arab Intellectual* (1974; Berkeley: University of California Press, 1976), 3.
57. Ibid., 5.
58. Ibid., 6.
59. EWS to Farer, April 6, 1973.
60. EWS, "Living in Arabic," *Al-Ahram*, Feb. 12–18, 2004.
61. EWS to Richard Macksey, Jan. 2, 1973, EWSP, 5:5:I.1.
62. Ibid.
63. EWS, "Living in Arabic."
64. EWS to Rosenthal, March 10, 1973.
65. EWS to Richard Macksey, Feb. 7, 1973, EWSP, 5:5:I.1.
66. EWS to Farer, April 6, 1973.
67. 布丹（1576）和夏丹（1680）利用赫勒敦的史學，並在法國推廣他。維柯在《新科學》向布丹致意。
68. *RE*, 564; *EPP*, 244; EWSP, 71:8:II.2.
69. *WTC*, 36.
70. Ibn Khaldun, *Muqaddimah: An Introduction to History*, trans. Franz Rosenthal (1377;

Princeton, N.J.: Princeton University Press, 1967), 756.

71. *The Qur'an*, trans. Tarif Khalidi (New York: Penguin Classics, 2009), sura 55:「至仁主……祂創造了人，並教人修辭。」
72. EWSP, 77:19:II.4.
73. Al-Hout.
74. EWS, "Speaking and Language," *New York Times Book Review*, Feb. 20, 1972, 21.
75. EWSP, 97:23:III.1 and 104:8:III.
76. EWS, "Linguistics and the Archeology of Mind," *International Philosophical Quarterly* 11, no. 1 (March 1971): 104–34. 他至少在 1968 年便開始寫這篇文章，當時他去信出版社要了一本杭士基的《句法理論》（*Theory of Syntax*）和一本拉岡的《羅馬講座》（*Discours de Rome: Réponses aux Interventions,* 1953）。
77. Chomsky to the author, Feb. 13, 2016.
78. 要知道他研究杭士基語言學的技術層面有多仔細，可參考他讀《笛卡爾式語言學》（*Cartesian Linguistics*）時所做的筆記。EWSP, 97:3:III.1.
79. EWS to Chomsky, March 13 and April 15, 1972, EWSP, 28:12:I.1.
80. EWS to Chomsky, April 15, 1972.
81. EWS to Chomsky, March 13, 1972.
82. EWS to Chomsky, March 4, 1972, EWSP, 28:12:I.1.
83. Ibid. 薩依德批評杭士基大多使用以色列資料來源而非阿拉伯資料來源。
84. EWS, "*Al-tamanu' wa al-tajanub wa al-ta'aruf*," *Mawaqif* (March 1972). 這篇文章薩依德原是用英語撰寫，標題為 "Witholding, Avoidance, and Recognition," EWSP, 72:14:II.2.
85. EWS to Sami Al-Banna, July 31, 1972, EWSP, 30:4:I.1.
86. Najm to EWS, Dec. 13, 1971, EWSP, 72:14:II.2.
87. EWS, "Notes on the Arab Intellectuals at Home and Abroad," undated lecture to the Association of Arab-American University Graduates (AAUG), ca. 1977, EWSP, 77:2:II.3.
88. Adonis to EWS, Oct. 25, 1971, EWSP, 72:14:II.2.
89. Sadik Al-Azm, *Self-Criticism After the Defeat*, trans. George Stergios (1968; Beirut: Saqi, 2011), 165.
90. EWS, "Witholding, Avoidance, and Recognition," 2.
91. EWS to Sami Al-Banna, July 31, 1972.
92. EWS, "Witholding, Avoidance, and Recognition," 23–24.
93. Ibid., 2.
94. Ibid., 7–9.
95. EWS, "Arabs and Jews," *Journal of Palestine Studies* 3, no. 2 (Winter 1974).
96. EWS to Amr Armenazi, May 30, 1973, EWSP, 5:6:I.1.
97. EWS to George Kardouche, July 5, 1973, EWSP, 5:6:I.1.

98. EWS to Armenazi, May 30, 1973.
99. Ibrahim Abu-Lughod, *Resistance, Exile, and Return: Conversations with Hisham Ahmed-Fararjeh* (Birzeit: Ibrahim Abu-Lughod Institute of International Studies at Birzeit University, 2003), 72. 班燕本人是知名運動家，她在博士論文裡寫了巴解組織的史前史。這論文在 1981 年以阿拉伯文出版，原來的標題是 The Palestinian Leaderships and Institutions（1917–1948）。
100. Al-Hout, *My Life in the PLO*, 121.
101. Mariam Said to the author, Oct. 31, 2017.
102. Chomsky.
103. Hovsepian.
104. Al-Hout, *My Life in the PLO*, 58.
105. Al-Hout.
106. Said, G.
107. Alexander Cockburn, "The Failure of the P.L.O. Leadership," *Nation*, March 12, 1988, 330.
108. *PD*, 101.
109. EWS, "Solidly Behind Arafat," *New York Times*, Nov. 15, 1983.
110. EWS, "Meeting with the Old Man," *Interview*, Dec. 12, 1988, 112–15, 194.
111. *IES*, 42.
112. EWS, "Rhetorical Questions," *New Statesman*, May 8, 1978.
113. *RE*, 231.
114. EWSP 111:32:II.2; cf. *WTC*, 40.
115. *ESR*, 423. 舉個例子，見 "Interpreting the Algiers PNC" (EWSP, 70:2:II.2), 發表於 "Palestine Agenda," *Nation*, Dec. 12, 1988.
116. EWS to *Middle East*, April 22, 1979, EWSP, 30:4:I.1.
117. EWS to Halliday, June 8, 1979, EWSP, 5:11:I.1.
118. *PD*, 226.
119. Najla Said, *Looking for Palestine*, 32.
120. Al-Azm.
121. EWS to Robert Alter, Aug. 13, 1979, EWSP, 30:4:I.1.

第六章　外邦人的智慧

1. Keats to Benjamin Robert Haydon, May 10–11, 1817, in *Letters of John Keats to His Family and Friends*, ed. Sidney Colvin (London: Macmillan, 1925), 14–17.
2. FBI, Feb. 28, 1983.
3. 例如，EWS, "Intellectuals and the Crisis," in *EPP*, 119.

4. EWS, "Identity, Negation, and Violence," in *PD*, 341–59.
5. Wypijewski.
6. 例如，可見 EWS to "Emile," Feb. 7, 1975 (EWSP 30:8:I.1), about setting up an Arab foundation and Arab studies institute with Suliman S. Olayan. Or his letter to the Honorable James Carter, Sept. 16, 1992, for help in getting human rights recognition for Palestine (EWSP, 17:6:I.1).
7. Christopher Hitchens, *Hitch-22: A Memoir* (New York: Twelve, 2010), 386.
8. EWS to Salim Tamari, Feb. 21, 1972, EWSP, 5:1:I.1. 位於拉馬拉郊區的比爾宰特女子學校在 1975 年成為了大學。
9. Foxworthy to EWS, March 18, 1976, EWSP, 29:24:I.1.
10. Elaine Hagopian, "Ibrahim and Edward," *Arab Studies Quarterly* 26, no.4 (Fall 2004): 3–22; EWS to Kuwaiti ambassador, Nov. 19, 1973 (EWSP, 30:10:I.1), 談到哥大設立阿拉伯語教席的原因。
11. Fouad Moughrabi, "Remembering the AAUG," *Arab Studies Quarterly* 29, no. 3–4 (Summer/Fall 2007): 97–103.
12. EWS to Abourezk, Feb. 12, 1980, EWSP, 5:16:I.1.
13. EWS, interview by W. J. T. Mitchell, in *Edward Said and the Work of the Critic: Speaking Truth to Power*, ed. Paul A. Bove (Durham, N.C.: Duke University Press, 2000), 43.
14. "Prepared Statement of Edward W. Said," with Abu-Lughod, "Questions and Discussion," U.S. Congress, House, Special Subcommittee on Investigations of the Committee on International Relations, The Palestinian Issue in Middle East Peace Efforts, Hearings, 94th Cong., 1st sess., Sept. 30, 1975 (Washington, D.C.: U.S. Government Printing Office, 1976), 28–31, 31–36, 36–62.
15. EWS, "Contemporary American Society and the Palestine Question," July 19, 1979, EWSP, 83:III.1.
16. EWS to Patricia M. Derian (assistant secretary for human rights and humanitarian affairs at the U.S. State Department), Sept. 12, 1980, EWSP, 5:20:I.1.
17. Elaine Hagopian, "Reversing Injustice: On Utopian Activism," *Arab Studies Quarterly* 29, no. 3–4 (Summer/Fall 2007): 57–73.
18. Al-Banna.
19. Hagopian, "Ibrahim and Edward."
20. Hovsepian.
21. Farer.
22. FBI; David Price, "How the FBI Spied on Edward Said," *CounterPunch*, Jan. 13, 2006.
23. FBI.
24. Price, "How the FBI Spied on Edward Said."
25. *PPC*, 171; *PD*, 30.

26. Shafiq Al-Hout, *My Life in the PLO* (London: Pluto Press, 2011), 9, 78.
27. Al-Banna.
28. Jim Schachter, "Said Says He Would Not Take Offer to Be Palestinian Rep," *Columbia Daily Spectator*, Nov. 15, 1977.
29. David Margules and Megan Gallagher, "Press Service Calls Said Sadat's Pick," *Columbia Daily Spectator*, Nov. 16, 1977.
30. *PD*, xxii.
31. EWS to "Erwin," March 20, 1973, EWSP, 5:5:I.1; *PPC*, 271.
32. *B*, 373.
33. EWS to Monroe Engel, Nov. 29, 1972, EWSP, 5:3:I.1.
34. EWS, "Between Worlds," in *RE*, 563.
35. *RE*, 319.
36. Barbara Harlow, conversation with author, ca. 1998.
37. *RE*, 322.
38. Ibid., 48–49.
39. Ibid., 56–57.
40. EWS to David Grossvogel (*Diacritics* editor), July 10, 1973, EWSP, 5:6:I.1.
41. Klein to EWS, March 11, 1977, EWSP, 109:1:II.1.
42. Engel to EWS, n.d., EWSP, 28:22:I.1.
43. Wieseltier.
44. Tanner to EWS, July 7, 1976, EWSP, 29:25:I.1.
45. EWS, "Interview," *Diacritics* 6, no. 3 (Fall 1976): 30–47.
46. EWSP, 40:23:II.1.
47. 見 Mohammad Shaheen, ed., *Edward Said: Riwayah lilajyal* [Edward Said: A story for the future] (Beirut: Arab Institute for Research and Publication, 2004).
48. 見 EWS to Ellen Graham, June 2, 1976, EWSP, 29:25:I.1. 他對後結構主義的觀點演進可見於他對哈特曼的《曠野中的文學批評》大體正面的審閱報告。報告中他抱怨哈特曼有時會表現出「德希達最讓我不能信服的那一面，也就是殘留著胡塞爾式傾向性和浮誇的一面。」
49. *HDC*, 11–12, 51.
50. EWSP, 97:1:III.1.
51. EWS, "The Return to Philology" (talk delivered at the American University of Cairo, Dec. 1994), EWSP, 75:1:II.3.
52. *ESR*, 436.
53. *B*, 378.
54. Ibid., 316.
55. EWS, "Witholding, Avoidance, and Recognition," 22, EWSP, 72:14:II.2.
56. EWSP, 77:32:II.4. 這個意見埋藏在他的小說和詩的手稿裡，並未標示日期（約

寫於 1960 年代早期）。

57. EWS, "Witholding, Avoidance, and Recognition," 23.
58. Max Harold Fisch, introduction to *The Autobiography of Giambattista Vico*, trans. Max Harold Fisch and Thomas Goddard Bergin (Ithaca, N.Y.: Cornell University Press, 1944), xxi.
59. 會議的其中一個主辦人塔利亞科佐（Giorgio Tagliacozzo）就住在紐約，1946 至 1961 年間是新學院的觀念史講師。他在 1974 年幫助維倫（Donald Phillip Verene）成立「維柯研究中心」。兩人都和薩依德有固定通信。(EWSP, 29:21:I.1, 29:22:I.1, 29:24:I.1).
60. John Simon to EWS, July 30, 1980, EWSP, 5:16:I.1.
61. EWS, "Michel Foucault (1927–1984)," *Raritan* 4, no. 2 (1984): 188.
62. EWS, "An Ethics of Language: The Archaeology of Knowledge and the Discourse of Language by Michel Foucault," *Diacritics* 4, no. 2 (Summer 1974): 31.
63. Ibid., 28.
64. Yelin.
65. EWS, "Ethics of Language," 28.
66. EWS, "Michel Foucault as an Intellectual Imagination," *boundary 2* 1, no. 1 (Fall 1972): 2.
67. EWS to Cixous, Jan. 15, 1973, EWSP, 5:4:I.1.
68. Foucault to EWS, n.d. (ca. Dec. 1972), EWSP, 5:3:I.1 (trans. Emilie Pons and the author).
69. EWS to Foucault (in French), Jan. 15, 1973, EWSP, 5:4:I.1 (my translation).
70. 到了 1979 年，薩依德認定傅柯支持以色列。EWS, "Diary: My Encounter with Sartre," *London Review of Books*, June 1, 2000.
71. EWS, "Foucault as an Intellectual Imagination," 5.
72. Ibid., 25.
73. Ibid., 2.
74. EWS, "Michel Foucault (1927–1984)," 192.
75. Ibid., 194. 在 An Ethic of Language 一文，薩依德認定傅柯沒明言的靈感來源是博藍尼（Michael Polanyi）、孔恩（Thomas Kuhn）和康吉來姆（Georges Canguilhem）。
76. *B*, 334, 337.
77. EWS to Louise Adler, Sept. 16, 1981, EWSP, 5:5:I.1.
78. EWS, recommendation for James Merod, Oct. 23, 1981, EWSP, 5:6:I.1.
79. Gabriel Kolko, *Main Currents in Modern American History* (New York: Harper & Row, 1976), vii–viii.
80. EWSP, 31:3:I.2; EWS to Raskin, March 25, 1983, EWSP, 6:21:I.1.
81. Jonah Raskin, *The Mythology of Imperialism: A Revolutionary Critique of British*

Literature and Society in the Modern Age (New York: Monthly Review Press, 1972), 3–4, 11–12.

82. *Columbia Daily Spectator*, Nov. 22, 1977.
83. Levin to EWS, July 29 [incorrectly marked June 29], 1976, HL.
84. EWS to Levin, Aug. 2, 1976, HL.

第七章　從西貢到巴勒斯坦

1. 出自一本美國空軍歌本，sent by Keith and Anne Buchanan to EWS on Sept. 12, 1987, EWSP, 10:9:I.1.
2. Khalidi, T.
3. *O*, 5.
4. *WTC*, 282, 250.
5. *O*, 22.
6. Ibid., 20.
7. Daniel Martin Varisco, *Reading Orientalism: Said and the Unsaid* (Seattle: University of Washington Press, 2007); Ibn Warraq, *Defending the West: A Critique of Edward Said's "Orientalism"* (Amherst, N.Y.: Prometheus Books, 2007); Robert Irwin, *For Lust of Knowing: The Orientalists and Their Enemies* (London: Penguin, 2006).
8. EWS to Ms. Toby Gordan, March 22, 1978, EWSP, 111:2:II.1.
9. EWS to Levin, Jan. 26 and Feb. 7, 1978, HL.
10. Said, 杭士基認為這種安排妥當：「我們談過所有這些話題。」
11. Chomsky to EWS, Aug. 7, 1976, EWSP, 29:25:I.1.
12. 《東方主義》的草稿，見 EWSP, 47:19:II.1 and 47:20:II.1.
13. 不只是越南。這書的出版比尼加拉瓜、薩爾瓦多、格瑞那達和菲律賓的社會主義革命僅僅早一年。
14. EWS to Shahak, Jan. 7, 1978, EWSP, 116:33:II.4.
15. EWS to Ferial Hopkins, April 19, 1976, EWSP, 29:24:I.1; Research Statement to the Center for Advanced Study in the Behavioral Sciences (1975–76); *PPC*, 168.
16. EWS to Ferial Hopkins, April 19, 1976, EWSP, 29:24:I.1.
17. EWS to Roger Owen, July 19, 1976, EWSP, 29:25:I.1.
18. EWS to Roger Owen, July 19, 1976.
19. Al-Banna.
20. Ibid.
21. Tom Farer to EWS, June 14, 1976, EWSP, 29:25:I.1.
22. Cole.
23. Alpers.

24. Cole.
25. Alpers.
26. Chomsky to EWS, July 28, 1976, EWSP, 29:25:I.1.
27. *O*, 307.
28. Seymour M. Hersh, "The Gray Zone: How a Secret Pentagon Program Came to Abu Ghraib," *New Yorker*, May 24, 2004.
29. M. Cherif Bassiouni, "The AAUG: Reflections on a Lost Opportunity," *Arab Studies Quarterly* 29, no. 3–4 (Summer/Fall 2007): 29–30.
30. EWS, "Diary: My Encounter with Sartre," *London Review of Books*, June 1, 2000, 42.
31. Naseer Aruri, ed., *Middle East Crucible: Studies on the Arab-Israeli War of October 1973* (AAUG Monograph Series, 1975); Abdel-Malek to EWS, June 14, 1976, EWSP, 29:25:I.1.
32. 阿卜杜勒—馬利克有理地回答說，薩依德的相關作品在 1970 至 71 年前幾乎全未出版。Abdel-Malek to EWS, July 9, 1976, EWSP, 29:25:I.1.
33. EWS to Abdel-Malek, July 14, 1976, EWSP, 29:25:I.1.
34. 其中一個由 James Clifford 作出的指控見 "On Orientalism," in *The Predicament of Culture: Twentieth-Century Ethnography, Literature, and Art* (Cambridge, Mass.: Harvard University Press, 1988); see EWS, "A Palestinian Voice," *Columbia Forum* 12, no. 4 (Winter 1969): 24–31.
35. *PD*, 15; EWS to Mr. Locke of *The New York Times Book Review*, Nov. 22, 1972, EWSP, 5:4:I.1.
36. Burns.
37. EWSP, 71:8:II.2; EWS, foreword to *Jewish History, Jewish Religion: The Weight of Three Thousand Years*, by Israel Shahak (1994; London: Pluto Press, 1997); EWSP, 70:16:II.2.
38. *PD*, 391.
39. Nancy Elizabeth Gallagher, "Interview with Albert Hourani," in *Approaches to the History of the Middle East: Interviews with Leading Middle East Historians* (Berkshire, U.K.: Ithaca Press, 1996); *PD*, 391. 海卡爾是開羅《金字塔報》1957 至 1974 年的總編輯。Abdullah Laroui, *La crise des intellectuels arabes: Traditionalisme ou historicisme?* (Paris: Maspero, 1974), 2, 5.
40. Basim Musallam, "Power and Knowledge," *MERIP Reports* 79 (June 1979): 20.
41. 有趣的是，傑索普是湯普森（E. P. Thompson）的外公。
42. Gallagher, "Interview with Albert Hourani," 39.
43. EWS, "Unfinished Intellectual Work," EWSP, 71:1:II.2.
44. EWS to Zurayk, Feb. 18, 1974, EWSP 30:5:I.1.
45. EWS, "The Special Relationship Between Thoughts and the Intellectual," trans. from the Arabic by Joseph Farag, *Al-Majallah*, Jan. 30, 1990, 24–25.

46. Hani A. Faris, "Constantine K. Zurayk: Advocate of Rationalism in Modern Arab Thought," in *Arab Civilization: Challenges and Responses*, ed. George N. Atiyeh and Ibrahim M. Oweiss (Albany: State University of New York Press, 1988), 4.
47. "Unfinished Intellectual Work," EWSP, 71:1:II.2.
48. Ibid.
49. Ibid.
50. EWS to Tom Farer, Feb. 13, 1976, EWSP, 30:23:I.1.
51. Emanuel Hamon, dir., *Selves and Others: A Portrait of Edward Said* (2004).
52. *O*, 6.
53. *ESR*, 436; *O*, 14.
54. Roger Scruton, *Thinkers of the New Left* (London: Longman, 1985). 薩依德的照片出現在此書美國版的封面，封面上還有拉岡、沙特、傅柯和其他人的照片。
55. EWS, Obituary for Raymond Williams (draft), EWSP, 67:1:II.2.
56. Yelin.
57. Conversation with the author, fall 1982, New York.
58. EWS, "Raymond Williams," *Nation*, March 5, 1988; *PD*, 93; Raymond Williams and Edward W. Said, "Media, Margins, and Modernity," in Raymond Williams, *The Politics of Modernism: Against the New Conformists* (London: Verso, 1989), 178.
59. EWS, "Raymond Williams."
60. *PD*, 93.
61. Raymond Williams, "Media, Margins, and Modernity, 178.
62. Raymond Williams, *The Country and the City* (Oxford, U.K.: Oxford University Press, 1973), 289.
63. Ibid., 302.
64. Ibid., 279.
65. Ibid., 285–86.
66. *B*, 353–54.
67. In his Gauss lectures, Said assigned Foucault's "Questions on Geography," which appeared in *Herodote* (1976); *WTC*, 220.
68. EWS to Ferial Ghazoul, Feb. 28, 1978, EWSP, 30:7:I.1. The thirty-page lecture in French was untitled: EWSP, 116:33:II.4.
69. EWS, "Arabs, Islam, and the Dogmas of the West," *New York Times Book Review*, Oct. 31, 1976; see EWSP, 90:8:II.2.
70. EWS to Dr. Mary Ellen Lundstein, Nov. 21, 1978, EWSP, 5:9:I.1; West to EWS, n.d. (ca. 1978), EWSP, 5:9:I.1.
71. Said, G.
72. Said Makdisi.
73. Kairallah.

74. Al-Azm.
75. EWS to Al-Azm,
Nov. 10, 1980, EWSP 30:15:I.1.
76. 後來會有另兩個《東方主義》的阿拉伯文譯本出版。薩依德其他書本和文章的譯者中，高度受讚揚的包括了特拉布爾西（Fawwaz Traboulsi）、莎欣（Mohammad Shaheen）和哈迪迪（Subhi Hadidi）。特拉布爾西翻譯的《鄉關何處》是薩依德在阿拉伯世界最廣為閱讀的書籍。
77. Al-Azm.
78. Abu-Deeb.
79. Varisco, *Reading Orientalism*, 23.
80. Ibid.; Warraq, *Defending the West*, 19; Irwin, *For Lust of Knowing*, 283.
81. Irwin, *For Lust of Knowing*, 197.
82. Ibid., 296.
83. Mahdi Amel, *Hal al-Qalb li ash-Sharq wa al-' Aql li al-Gharb?* [Intelligence for the West and passion for the East?] (Beirut: Dar al-Farabi, 1985).
84. Mintz.
85. Jacques Berque, "Au dela de 'l'orientalisme,' " *Qantara: Le Magazine de l'Institut du Monde Arabe* 13 (Oct./Dec. 1994).
86. Warner.
87. EWS to Westminster College, May 24, 1982, EWSP, 6:11:II.1.
88. Shahak to EWS, Sept. 5, 1993, EWSP, 29:11:I.1.
89. *PD*, 307.
90. The proceedings were published in *Journal of Palestine Studies* 16, no. 2 (Winter 1987): 85–104.
91. Kairallah.
92. Wieseltier.
93. 1982 年 2 月 4 日，薩依德寫信給萊頓大學的柯寧斯維爾德博士（Dr. P. S. van Koningsveld），表示樂見他認為赫爾格隆耶是個間諜的觀點獲得對方證實。
94. *O*, 93.
95. EWS, "Interview," *Diacritics* 6, no. 3 (Autumn 1976): 45.
96. EWS, "The Problem of Textuality: Two Exemplary Positions." *Critical Inquiry* 4, no. 4 (Summer 1978): 673–714.
97. *WTC*, 183.
98. Quoted by Wood; Mitchell.
99. EWS, "An Exchange on Deconstruction," *boundary 2* 8, no. 1 (Fall 1979): 71.
100. Burns.
101. *O*, 52.
102. Ibid., 11.

103. Ibid., 204.

104. Wood.

105. *O*, 8.

106. Martin Kramer, "Said's Splash," in *Ivory Towers on Sand: The Failure of Middle Eastern Studies in America* (Washington, D.C.: Washington Institute for Near East Policy, 2001), 27–28.

107. Aijaz Ahmad, *In Theory: Classes, Nations, Literatures* (London: Verso, 1992), 197.

108. David Riesman to EWS, March 19, 1975, EWSP, 29:21:I.1.

109. "Edward Said: Bright Star of English Lit and P.L.O.," *New York Times*, Feb. 22, 1980, A2.

110. *QP*, 56–57.

111. EWS, "Projecting Jerusalem," *Journal of Palestine Studies* (Autumn 1995): 5–14.

112. "Alice" to EWS, Jan. 4, 1974, EWSP, 30:5:I.1.

113. Mary Ann Lash to EWS, March 15, 1978, EWSP, 54:6:II.1.

114. EWS to William Warner, Sept. 27, 1978, EWSP, 5:9:I.1.

115. *QP*, 218.

116. Zurayk to EWS, Feb. 20, 1980, EWSP, 53:7:II.1; EWS to Ronit Lentin, March 17, 1981, EWSP, 5:25:I.1.

117. 根據 Clare Carroll，這些人包括 Diana Trilling, John Romano, and Quentin Anderson.

118. EWSP, 48:16:II.1.

119. 見 Clovis Maksoud, *The Arab Image* (Delhi: Ramlochan, 1963), 12.

120. 薩依德也為教科文組織的《多種聲音，一個世界》（*Many Voices, One World*,1981）推銷。《多種聲音，一個世界》是諾貝爾和平獎得主麥克布賴德（Seán MacBride）主持編寫的報告，旨在呼籲建立「一個世界資訊的新秩序」。湊巧地，麥克布賴德也主持另一個教科文報告《以色列在黎巴嫩》（*Israel in Lebanon*, 1983）的編寫，該報告毫無保留地認定以色列在黎巴嫩犯了戰爭罪。編寫委員會把以色列的行動形容為「族群屠殺」。(*PD*, 247–50).

121. EWS to Shahak, Jan. 7, 1978. 杭士基說薩依德的「媒體批評」和他的「相近」。

122. EWS to Alan G. Thomas, Nov. 4, 1992, EWSP, 17:2:I.1. He was particularly fond of Debray's *Teachers, Writers, and Celebrities: The Intellectuals ofModern France* (1981).

123. EWSP, 75:21:II.3.

124. *PD*, 65.

125. EWS, "Palestinian Voice," 24.

126. EWS, "Notes on the Arab Intellectuals at Home and Abroad" (undated speech to the AAUG), EWSP, 77:2:II.3.

第八章　反對虛假諸神

1. *JC*, 28.
2. EWS to "Mr. Mann," July 15, 1978, EWSP, 5:9:I.1.
3. Abdel-Malek to EWS, June 11, 1978, EWSP, 30:6:I.1.
4. EWS to Al-Banna, July 31, 1972, EWSP, 30:6:I.1.
5. Salman Rushdie, *Joseph Anton* (New York: Random House, 2012), 233–34.
6. Najla Said, *Looking for Palestine* (New York: Riverhead Books, 2013), 36; EWS, "The Acre and the Goat," *New Statesman*, May 11, 1979, 685–88.
7. Said, *Looking for Palestine*, 85.
8. EWS to Tony Tanner, Aug. 4, 1979, EWSP, 30:5:I.1.
9. EWS to Ellison Findly, Oct. 1, 1982, EWSP, 6:16:I.1.
10. Unsigned letter to EWS, June 27, 1982, EWSP, 6:13:I.1.
11. Anonymous to EWS, March 19, 1990, EWSP, 13:18:I.1.
12. Deborah Poole to Joy Hayton, Sept. 23, 1985, EWSP, 8:14:I.1.
13. Jim Naughton, "The Emerging Voices of the Palestinians," *Washington Post*, June 7, 1988.
14. Poole.
15. Cole.
16. EWS, "Leaving Palestine," *New York Review of Books*, Sept. 23, 1999.
17. Said Makdisi.
18. *IES*, 19–35; EWS to *Middle East*, April 2, 1979.
19. EWS to To Whom It May Concern, Nov. 20, 1989, EWSP, 13:6:I.1.
20. EWS to Musa Mazzawi, Aug. 9, 1983, EWSP, 7:2:I.1.
21. Ibid.
22. EWS to Kalid el Fahoum and Yasir Arafat, Feb. 16, 1983, EWSP, 75:25:II.3.
23. *RE*, 118; *WTC*, 4, 25; Fred Halliday, *The Making of the Second Cold War* (London: Verso, 1983)，此書受薩依德推薦。亦見 *WTC*, 25; *C&I*, 27, 284; *PD*, 54.
24. Miller.
25. *C&I*, 37.
26. Conor Cruise O'Brien, Edward Said, and John Lukacs, "The Intellectual in the Post-colonial World: Response and Discussion," *Salmagundi*, no. 70/71 (Spring–Summer 1986): 69; Wood.
27. President and Mrs. Reagan to EWS, Dec. 1987, EWSP, 10:15:I.1.
28. EWS to Gary F. Waller, Dec. 17, 1981, EWSP, 6:7:I.1. *The Shadow of the West*, written and narrated by EWS, directed by Geoff Dunlop (VATV in association with Kufic Films, 1982).

29. Burns.
30. EWS, Commencement Lecture, AUC, June 17, 1999, EWSP, 31:10:I.2.
31. *PS*, 41; David Gerrard, "Said Leads Undergrad Seminar," *Columbia Daily Spectator*, Jan. 21, 2000.
32. Taken from his quotation of Morris Lazerowitz's *Studies in Metaphilosophy* (1964), EWSP, 97:1:III.
33. In Michael Waldman's "Question of Edward Said," *Columbia Daily Spectator*, March 4, 1982, 薩依德報告說他正在「從事對二十世紀知識分子角色的大型研究」。
34. EWS to Massimo Bacigalupo, Oct. 5, 1979, EWSP, 5:12:I.1:「兩本書會在明年出版。」指《世界・文本・批評者》和《盧卡奇與葛蘭西》。EWS to Wilcox, Nov. 19, 1979, EWSP, 5:14:I.1.
35. 薩依德從此書知道伯納爾的故事：Gary Werskey's *Visible College: Scientists and Socialists in the 1930s* (New York: Viking, 1978), 他在 1980 年代的討論課指定學生閱讀此書。
36. EWS to Wilcox, Nov. 19, 1979.
37. EWS to National Endowment for the Humanities, Oct. 12, 1979, EWSP, 5:13:I.1.
38. Anderson to EWS, April 24, 1978, EWSP, 30:6:I.1. 在 1977 年，薩依德讀了《美學與政治》（*Aesthetics and Politics*）中的馬克思主義者文化辯論、費爾本（Paul Feyerabend）的《反對方法》（*Against Method*）、阿多諾的《最低限度的道德》（*Minima Moralia*）和科萊蒂（Lucio Colletti）的《馬克思主義與黑格爾》（*Marxism and Hegel*）。EWS to New Left Books, Sept. 27, 1977, EWSP, 30:13:I.1.
39. EWS to Wilcox, Nov. 4, 1980, EWSP, 5:21:I.1.
40. EWS to Bacigalupo, Oct. 5, 1979.
41. EWS to Wilcox, Dec. 11, 1980, EWSP, 5:22:I.1.
42. EWS to Albert Sonnenfeld, Aug. 23, 1978, EWSP, 5:9:I.1.
43. Dan O'Hara to EWS, April 12, 1983, EWSP, 83:11:III.1.
44. Michel Chodkiewicz to EWS, Feb. 3, 1983, EWSP, 6:21:I.1.
45. EWS to Wilcox, Dec. 11, 1980.
46. EWS, "The Problem of Textuality: Two Exemplary Positions," *Critical Inquiry* 4, no. 4 (Summer 1978): 673.
47. EWS to Kamal Abu-Deeb, Dec. 8, 1977, EWSP, 29:27:I.1.
48. EWS to Monroe Engel, Nov. 29, 1972, EWSP, 5:3:I.1.
49. Jacqueline Onassis to EWS, Oct. 16, 1989, EWSP, 13:3:I.1.
50. EWS to Jonathan Arac, April 19, 1976, EWSP, 29:24:I.1.
51. *WTC*, 191.
52. Yelin; Dickstein; Ghazoul.
53. Gold to EWS, Aug. 26, 1978, EWSP, 5:7:I.1.

54. *PPC*, 198.
55. EWS to Herb Leibowitz, Dec. 4, 1967, EWSP, 28:22:I.1.
56. *PPC*, 198; *HDC*, 12, 32, 39, 136.
57. *RE*, 144.
58. *HDC*, 39.
59. EWS, “Comparative Literature as Critical Investigation,” 14, EWSP, 70:16:II.2.
60. Ibid.
61. *RE*, 125–26.
62. *O*, 141. 另見 “Renan’s Philological Laboratory,” in *Art, Politics, and Will: Essays in Honor of Lionel Trilling*, ed. Quentin Anderson, Stephen Donadio, and Steven Marcus (New York: Basic Books, 1977), 59–98.
63. *O*, 140.
64. *HDC*, 71.
65. Noam Chomsky, *Language and Responsibility* (New York: Pantheon, 1979), 175.
66. *WTC*, 249–51; EWS, “An Ethics of Language,” *Diacritics* 4, no. 2 (Summer 1974): 32; Donald Phillip Verene, preface to *On the Study Methods of Our Time*, by Giambattista Vico (Ithaca, N.Y.: Cornell University Press, 1990), 7.
67. Rosenthal.
68. EWS, Seminar Notes for “History of Critical Theories” (1971), EWSP, 83:1:III.1.
69. Ibid.
70. EWS, “Beginnings,” *Salmagundi* 2, no. 4 (Fall 1968): 45. 在這裡，他對黑格爾的態度要較肯定：「借黑格爾的話，我們可以說開端的難題就是難題的開端。」(41).
71. Ali.
72. EWS to Albert Sonnenfeld, Oct. 27, 1978, EWSP, 5:9:I.1.
73. EWS to Anders Stephanson, Feb. 23, 1976, EWSP, 29:23:I.1.
74. EWSP, 66:6:II.2.
75. EWS, “On Critical Consciousness: Gramsci and Lukacs,” EWSP, 78:10:II.4; *RE*, 565.
76. *WTC*, 290.
77. Ibid., 291.
78. EWS, “Beginnings,” 45.他跟編輯們的通信（EWSP, 40:23:II.1）和他為《開端》寫的筆記（EWSP, 65:2:II.1）證實了這書是對科莫德的一個直接回應。
79. EWS, “On Critical Consciousness, 4.
80. Ibid., 11.
81. Massimo Bacigalupo to EWS, Sept. 21, 1979, EWSP, 5:12:I.1.
82. Marginal note to Jean Stein interview of EWS, Aug. 23, 1993, New York.
83. EWS, Obituary for Raymond Williams (draft), EWSP, 67:1:II.2. The obituary appeared in *The Nation* on March 5, 1988.

84. 另見他對德勒茲是否保守主義者的模稜兩可態度 (EWSP, 97:1:III.1).

85. Raymond Williams and Edward W. Said, "Media, Margins, and Modernity," in Raymond Williams, *The Politics of Modernism: Against the New Conformists* (London: Verso, 1989), 182; *WTC*, 5; *PD*, 316; *WTC*, 267.

86. EWS, "Conspiracy of Praise," *MERIP Reports* 15 (Nov.–Dec. 1985).

87. 他對事實的立場最清晰見於他寫給「聯合國發展計畫」的一封信：重要的是它們怎樣和一個假設關聯，以及真理是怎樣和利益關聯。(EWSP, 28:6:I.1).

88. EWS to "Doris," June 8, 1978, EWSP, 30:6:I.

89. EWS to Jameson, Nov. 9, 1977, EWSP, 30:7:I.1.

90. *PPC*, 56–57.

91. Miller.

92. EWS to Lawrence Lipking, Feb. 5, 1981, EWSP, 5:2:I.1.

93. *PPC*, 192:「在 1988 年……或左右，一度沸沸洋洋……人們重讀法農，但也同時把他貶得一文不值。我感覺那其實是對法農的一種誤讀，一種背叛。」巴巴哈的文章——他把法農形容為一個心理矛盾而非帶來革命性改變的人——出現在 *New Formations* (Spring 1987).

94. EWS to William Bernhardt, Oct. 14, 1972, EWSP, 5:2:I.1.

95. Lindsay Waters to EWS, April 2, 1981, EWSP, 5:26:I.1.

96. 不包括他和其他人合寫的書和他的小冊子 *Yeats and Decolonization* (Cork: Cork University Press and Field Day Pamphlets, 1988).

97. *RE*, 152.

98. 他還有其他楷模：Sarah Graham-Brown's photo essay *The Palestinians and Their Society* (1980), Susan Meiselas's *Nicaragua* (1981), and Malek Alloula's *Le harem colonial* (1986).

99. Mohr.

100. Ibid.

101. *ALS*, 6.

102. Derrida to EWS, Jan. 10, 1987, EWSP, 8:17:I.1 (my translation).

103. Carol Coulter to EWS, June 24, 1988, EWSP, 11:12:I.1.

104. Monroe Engel to EWS, Jan. 5, 1989, EWSP, 13:14:I.1.

105. EWS, Obituary for Arthur Gold, Feb. 26, 1989, EWSP, 78:5:II.4.

106. Monroe Engel to EWS, Jan. 5, 1990, EWSP, 13:14:I.1; William E. Cain, "Studying America's Aristocrats: An Interview with Arthur R. Gold," *ALH* 2, no. 2 (Summer 1990): 358–73.

107. "The Shultz Meeting with Edward Said and Ibrahim Abu-Lughod," *Journal of Palestine Studies* 17, no. 4 (Summer 1988): 160.

108. George Shultz, *Turmoil and Triumph: My Years as Secretary of State* (New York: Scribner's, 1993), 1029.

109. *PD*, xxviii; Susan Schendel (Shultz's assistant) to the author, Dec. 12, 2015.
110. EWS, "Palestine Agenda," *Nation*, Dec. 12, 1988, 637; *PD*, 147.
111. EWS to Karl Kroeber, March 5, 1974, EWSP, 30:11:I.1; EWS to Jonathan Cole, May 7, 1990, EWSP, 13:24:I.1.
112. Ben Letzler, "Sometimes Wrong, Never in Doubt," *Columbia Daily Spectator*, Jan. 28, 2000.
113. Stern, D.
114. David.
115. Stern, D.
116. Yelin.
117. Wieseltier.
118. Burns.
119. EWS, "An Unresolved Paradox," *MLA Newsletter* (Summer 1999): 3.
120. Said, N.
121. Yerushalmi.
122. Poole.
123. Said, N.
124. EWS to Engel, Nov. 22, 1972, EWSP, 5:3:I.1.
125. Ruth Halikman, "West Advocates," *Columbia Daily Spectator*, Oct. 18, 1993.
126. EWS to "Jimmy," Dec. 16, 1972, EWSP, 5:4:I.1.
127. Miller.
128. Burns.
129. Davis.

第九章　幾個簡單的觀念

1. Alain, a.k.a. Emile Auguste Chartier, "Propos sur la religion" (1924). 薩依德在《鄉關何處》提到，他待在開羅的那一年（1957 年）讀了 Alain 的作品。(285).
2. *PPC*, 205.
3. Ibid., 139.
4. Poole; Said, N.
5. Said, W.
6. Harry Levin, *Grounds for Comparison* (Cambridge, Mass.: Harvard University Press, 1972), 129.
7. Guttenplan.
8. Wypijewski.
9. Carroll; Said, W.

10. Said, W.
11. EWS, Mount Hermon Commencement Speech, June 2002.
12. Said, N.
13. Greene.
14. Said, N.
15. Said Makdisi.
16. Phone message from EWS to Jean Stein, Nov. 19, 1994. Sent by Stein to the author on Feb. 24, 2017.
17. Ben Sonnenberg, "My Montparnasse," *Raritan* 10, no. 4 (Spring 1991).
18. 他的媒體通路沒有完全被切斷。格林菲爾德（James L. Greenfield）邀請他參加《紐約時報雜誌》1989 年 3 月 14 日的編輯午餐會，希望他們的交流會帶來一篇文章。(EWSP, 12:6:I.1).
19. Except for letters to the editor. See, however, Barbara Epstein to EWS in March 1989 asking him to write on the Albanian novelist Ismail Kadare (EWSP, 12:8:I.1).
20. EWS to Silvers, Jan. 9, 1983, EWSP, 7:21:I.1.
21. Wanger.
22. Ibid.
23. Salman Rushdie, *Joseph Anton* (New York: Random House, 2012), 232–33.
24. Warner.
25. Ibid.
26. Ibid.
27. Wilmers.
28. Ibid.
29. Rosenthal.
30. Wilmers.
31. Hovsepian.
32. EWS, "Who's in Charge?," *Arena Magazine*, April 4, 2003, 40; Glass.
33. Wypijewski.
34. Ibid.
35. Said, M.
36. JoAnn Wypijewski, "Mementos," sent to the author on Feb. 19, 2016.
37. Said, N.
38. Sifton.
39. Margaronis.
40. *PPC*, 76.
41. Michael Riffaterre, "A Stylistic Approach to Literary Theory," *New Literary History* 2, no. 1 (Autumn 1970): 39, 46.
42. *WTC*, 19–20.

43. EWSP, 70:16:II.2.
44. WTC, 118.
45. EWS to *Independent*, Aug. 29, 1990, EWSP, 71:6:II.2.
46. Notes sent to EWS by Chomsky, July 20, 1985, EWSP, 8:17:I.1.
47. Whitman to MLA, Sept. 11, 1998, EWSP, 70:8:II.2.
48. EWS to MLA, Oct. 8, 1998, EWSP, 70:8:II.2.
49. EWS to *Ha'aretz*, Aug. 28, 2000, EWSP, 71:1:II.2.
50. *WTC*, 28.
51. 舉例來說，包括阿梅爾（Mahdi Amel）、艾賈斯・艾哈邁德（Aijaz Ahmad）、辛格（Manfred Sing）、尤尼斯（Miriam Younes）和阿赫卡爾（Gilbert Achcar）。其中以艾哈邁德說得最好，因為他了解薩依德的文學出發點。
52. Seamus Deane, "A Late Style of Humanism," *Field Day Review* 1 (2005): 198.
53. 例如，在 *The New Republic*; *RE*, 141. 薩依德從前的學生韋斯蒂爾（Leon Wieseltier）在一篇評《東方主義》的書評所說。薩依德在 1979 年 4 月 10 日在同一本雜誌回應這個誹謗的指控時說：「這不過是麥卡錫和科恩之流的扣紅帽子手法。」(EWSP, 5:15:I.1)
54. EWS to Redgrave, Oct. 9, 1992, EWSP, 17:5:I.1.
55. EWS, "A Palestinian Voice," *Columbia Forum* 12, no. 4 (Winter 1969): 31. 文中，他認為蘇聯的支持雖然重要，卻是遲了和不充分。
56. EWS, "Palestinian Prospects Now: Edward W. Said Speaks with Mark Bruzonsky," *Worldview* 22, no. 5 (May 1979): 8.
57. EWS, "Palestinian Voice," 27.
58. 例如，古巴本來在 2000 年邀請他演講，但他以排不出檔期放棄：Cuban Book Institute to EWS, March 23, 2000, EWSP, 31:2:II.2; EWSP, 32:49:II.2; EWS to Alexander G. Bearn, Feb. 8, 2001, EWSP, 31:2:II.2.
59. Christopher Hitchens, *Hitch-22* (New York: Twelve, 2010), 386.
60. Yelin; Rosenthal; Al-Banna.
61. *HDC*, 21.
62. Ibid.
63. 見於他為美國社會主義經濟學家暨《每月評論》共同主編馬格多夫（Harry Magdoff）——他被比作蘇格拉底——所寫的熱情推薦信。(EWSP, 8:2:I.1).
64. *ESR*, 435.
65. *WTC*, 238–41.
66. Ibid., 19–20.
67. *CI*, 50.
68. *CI*, 49; *PPC*, 335.
69. EWS, "The Limits of the Artistic Imagination," EWSP, 75:21:II.3.
70. Mitchell.

71. Traboulsi; Wood.
72. Al-Azm.
73. Chomsky.
74. 在哈佛的畢業典禮演講的問答時間，一個聽眾問他：「你認為你有哪些科目需要加強？」他回答說：「經濟學，對，經濟學。」Bergson, D.
75. Aijaz Ahmad, *In Theory: Classes, Nations, Literatures* (London: Verso, 1992); Mahdi Amel, *Hal al-Qalb li ash-Sharq wa al-'Aql li al-Gharb?* [Intelligence for the West and passion for the East?] (Beirut: Dar al-Farabi,1985).
76. EWS, "Interview," *Diacritics* 6, no. 3 (Fall 1976): 36.
77. *QP*, 56.
78. *RE*, 143; EWS, "Interview," *Diacritics*, 39.
79. EWSP, 29:25:I.1.
80. *WTC*, 78.
81. EWSP, 77:24:II.4.
82. EWS, "Notes on the Arab Intellectuals at Home and Abroad" (undated speech to the AAUG), EWSP, 77:2:II.3.
83. *EPP*, 30.
84. EWS to Sami Al-Banna, Feb. 7, 1973, EWSP, 5:5:I.1.
85. Sharon.
86. *B*, 158.
87. Macleod.
88. Said, M.; Said, W.
89. EWSP, 112:25:III.2.
90. EWS, "Swift's Tory Anarchy," *Eighteenth-Century Studies* (Fall 1969): 60.
91. EWS to Jack Goellner, Johns Hopkins University Press, Oct. 28, 1968, EWSP, 97:23:III.1.
92. EWS to al-Banna, July 31, 1972, EWSP, 30:6:I.1.
93. EWS, "Witholding, Avoidance, and Recognition," EWSP, 72:14:II.2.
94. EWS to Al-Banna, July 31, 1972.
95. Hannah Arendt, *The Portable Hannah Arendt*, ed. Peter Baehr (New York: Penguin, 2000), 169.
96. 有一份研究獎金建議書交給薩依德，徵求他的意見。see EWS to Nadim Rouhana, Aug. 9, 1983, and the proposal itself (EWSP, 7:3:I.1).
97. Said quoting Josef Yarushalmi, in *FNE*, 31.
98. *FNE*, 41; *EPP*, xiv; *PD*, 119.
99. EWS to Brown, Dec. 6, 1972, EWSP, 5:4:I.1.
100. Rose.
101. EWS, "Joseph Conrad and the Fiction of Autobiography," undated draft, EWSP,

46:1:II.1.

102. EWS, "Linguistics and the Archaeology of Mind," *International Philosophical Quarterly* 11, no. 1 (March 1971).

103. EWSP, 110:11:III.3.

104. *FNE,* 53.

105. *FNE*, 52. See in this respect, EWS, "A Jew Without Jewishness," review of *The Counterlife*, by Philip Roth, *Guardian*, March 13, 1987.

106. David.

107. *PPC*, 61.

108. Ibid., 217.

109. EWS to unstated addressee, Oct. 31, 1989, EWSP, 13:3:I.1.

110. *RE*, xx.

111. *PPC*, 147.

112. *ME*, xv.

113. Ibid., 43.

114. Ibid., 44.

115. EWS, "Music," *Nation*, Feb. 7, 1987, 160.

116. Rose; *FNE*, 72–75.

117. Said, M.

118. *OP*, 11; Said, G.

119. Ali; Wypijewski.

120. Bilgrami.

第十章　第三世界說話

1. EWS, "The Castle," written in 1952, MH.
2. Interview with EWS in *Al-Qabas*, Oct. 7–8, 1989, reprinted in *Israel & Palestine Political Report* 153 (Oct. 1989): 4.
3. EWS to Shahid, March 28, 1991, EWSP, 15:3:I.1.
4. Jerome M. Segal to EWS, May 16, 1988, EWSP, 11:5:I.1; EWS to *Nation*, July 2, 1990, EWSP, 71:8:II.2.
5. Jerome M. Segal, "Why Israel Needs Arafat," *New York Times*, Feb. 7, 1988.
6. EWS, "Response," *Critical Inquiry* 15, no. 3 (Spring 1989): 634–46.
7. EWS, "Freedom and Resistance," EWSP, 78:5:II.4.
8. Jean-Francois Lyotard, "The Wall, the Gulf, the System," in *Postmodern Fables*, trans. Georges Van Den Abbeele (Minneapolis: University of Minnesota Press, 1997), 67–82.
9. Said, G.

10. Tariq Ali, *Conversations with Edward Said* (Oxford, U.K.: Seagull Books, 2006), 125, 123.
11. 小說的手稿和筆記是麥克・伍德在 2016 年 8 月 8 日寄給筆者。
12. 「艾蜜麗」是哈達德媽媽的名字。有趣的是，薩依德住皇后區的堂哥阿比的媽媽也叫艾蜜麗——他在《鄉關何處》中對這位伯母的描寫有點不敬。
13. Hanan Ashrawi to EWS, March 3, 1980, EWSP, 5:19:I.1.
14. EWS, "The Limits of the Artistic Imagination," EWSP, 75:21:II.3.
15. EWS et al., July 2, 1991, EWSP, 30:3:I.2.
16. *OP*, 215.
17. *ESR*, xi.
18. Said, M.
19. Rai.
20. *OP*, 216.
21. EWS, "Said's Lost Essay on Jerusalem: 'The Current Status of Jerusalem,'" *Jerusalem Quarterly* 45 (2011): 57–72.
22. Bergson, D.; Parry.
23. *RE*, 291.
24. EWS to Carter, Sept. 16, 1992, EWSP, 17:6:I.1.
25. 他在 1998 年 3 月 31 日發表 "A Conversation with Edward Said on the Middle East," *Council on Foreign Relations Annual Report*, July 1,1997–June 30, 1998, 6, 61. 1989 年 9 月，由 Cyrus Vance 和 Richard W. Murphy 主持，他被正式要求回應中情局有關敘利亞的報告。
26. Rockefeller to EWS, April 31, 1984, EWSP, 7:18:I.1.
27. Interview with EWS in *Al-Qabas International*, 4.
28. Chomsky to EWS, April 6, 1982, Chomsky Papers, MIT.
29. Elena Cabral, "CU Professors Awarded Fellowships at Academy," *Columbia Daily Spectator*, June 12, 1991.
30. Becky Geller, "Ceremony Honors Professors," *Columbia Daily Spectator*, April 12, 1994.
31. EWS to George Rupp, June 10, 1993, EWSP, 29:7:I.1.
32. Phone conversation with the author, Aug. 2003.
33. Said, N.
34. *OP*, 215.
35. Said, W.
36. EWS to George Rupp, June 10, 1993.
37. Bergson, A.
38. 哈佛網羅他的內情，見 IW 中的通信。
39. Wood.

40. Habachy.
41. EWS to Levin, Dec. 26, 1985, HL.
42. Nathaniel Daw and Saara Bickley, "Said Rejects Offer to Teach at Harvard," *Columbia Daily Spectator*, April 22, 1993.
43. EWSP, 29:12:I.1.
44. 他在法蘭西學院發表的演講（有些方面不同於《論晚期風格》）是以「追求對文化形式的一個重新詮釋」為總題目。
45. EWS to Bourdieu, Aug. 1, 1996, EWSP, 31:3:I.2 (my translation).
46. Rose.
47. 在 1967 年 11 月 22 日寫給斯塔羅賓斯基的信中，薩依德表示自己特別景仰盧卡奇的《歷史與階級意識》(1923)。「物化」的概念在這書裡得到精煉化。(EWSP, 30:3:I.1)
48. EWS to Starobinski, Nov. 22, 1967.
49. EWS to Engel, Feb. 7, 1989, EWSP, 12:2:I.1.
50. EWSP, 71:12:II.2.
51. *C&I*, 13.
52. Harry Levin, *The Gates of Horn: A Study of Five French Realists* (New York: Oxford University Press, 1963), viii.
53. *C&I*, 5.
54. EWS to Monroe Engel, Feb. 7, 1989.
55. Susan Fraiman, "Jane Austen and Edward Said: Gender, Culture, and Imperialism," *Critical Inquiry* 21, no. 4 (Summer 1995); Ralph Locke, "*Aida* and Nine Readings of Empire," *Nineteenth-Century Music Review* 3 (2006).
56. Al-Azm.
57. Chomsky.
58. Robert Hughes, "Envoy to Two Cultures," *Time*, June 21, 1993, 60.
59. *C&I*, 8.
60. Ibid., 292.
61. Cole.
62. *C&I*, xii–xiii.
63. Ibid., 9; 例如，見 Conor Cruise O'Brien, Edward Said, and John Lukacs, "The Intellectual in the Post-colonial World: Response and Discussion," *Salmagundi*, no. 70/71 (Spring–Summer 1986): 69.
64. EWS to Harvard University Press, Jan. 11, 1996, EWSP, 29:6:I.1.
65. *C&I*, 28, 30.
66. Ibid., 332.
67. Ibid., 24, 65.
68. Ibid., 53, 278.

69. Ibid., 41.
70. Ibid., 194.
71. Ibid.
72. Locke, "*Aida* and Nine Readings of Empire," 59.
73. The historian in question was Nell Painter. See H. L. Gates to EWS, Jan. 3, 1992, EWSP, 16:7:I.1.
74. EWS, "The Politics of Knowledge," in *RE*, 372–74.
75. EWS, "Identity, Authority, and Freedom: The Potentate and the Traveler," in *RE*, 387.
76. Camille Paglia, "Junk Bonds and Corporate Raiders: Academe in the Hour of the Wolf," *Arion: A Journal of Humanities and the Classics* 1, no. 2 (Spring 1991): 176–77.
77. EWS to Paglia, Aug. 15, 1991, EWSP, 15:21:I.1.
78. Conversation with the author, New York, Oct. 1997.
79. Bilgrami.
80. EWS to Lionel Trilling, Jan. 25, 1973, EWSP, 5:5:I.1.
81. Ibid.; *B*, 376.
82. *RE*, 63.
83. 例如，*Deutsche Literatur im Zeitalter des Imperialismus* [1947; German literature of the imperialist period], *The Young Hegel* (1938), and *The Destruction of Reason* (1933, 1942, 1954).
84. EWS, "Opponents, Audiences, Constituencies, and Community" in *The Anti-aesthetic: Essays on Postmodern Culture*, ed. Hal Foster (Port Townsend, Wash.: Bay Press, 1982), 141.
85. *C&I*, 186.
86. Georg Lukacs, "The Ideology of Modernism," in *The Lukacs Reader*, ed. Arpad Kadarkay (Oxford, U.K.: Blackwell, 1995), 187–88; *C&I*, 188.
87. *C&I*, 189.
88. EWS to Highsmith, June 17, 1988, EWSP, 11:6:I.1.
89. *PPC*, 77.
90. "Reflections on Twenty Years of Palestinian History," EWSP, 70:16:II.2.
91. *WTC*, 114.
92. EWS, "The Totalitarianism of Mind," review of *The Savage Mind*, by Claude Levi-Strauss, *Kenyon Review* 29, no. 2 (March 1967): 262.
93. Stern, M.
94. EWS, from the poem "Retrospect," EWSP, 77:32:II.4.
95. EWS, "Hans von Bulow in Cairo," EWSP, 77:32:II.4.
96. *RE*, 562.
97. EWS, "The Music Itself: Glenn Gould's Contrapuntal Vision," in *Glenn Gould: By Himself and His Friends*, ed. John McGreevy (Toronto: Doubleday, 1983), 54.

98. *ML*, 5.

99. Ibid., 253.

100. Nicholas Cook, review of *ME*, *Music and Letters* 73, no. 4 (Nov. 1992): 617–19.

101. *ME*, xix:「古典音樂參與了社會空間的分化，你喜歡的話也可以說是精密化。」

102. Ibid., 84.

103. Ibid., 119.

104. Ferruccio Busoni, *Sketch of a New Esthetic of Music* (New York: G. Schirmer, 1911), 2.

105. EWS, graduate student notes, EWSP, 77:32:II.4.

106. Seminar notes, "Music, Cultural Analysis, and Critical Theory," 1987, EWSP, 77:32:II.4.

107. EWS, "The Future of Criticism" (1984), in *RE*, 165–72. The author attended these seminars.

108. Cook, review of *ME*.

109. EWSP, 77:18:II.4.

110. Painter.

111. *ME*, xvii.

112. 見 *ML*, 3–95, 特別是"Music and Feminism." 例如，他在 1991 年的討論課分派學生閱讀的杜蘭特（Alan Durant）的《音樂的條件》（*Condition of Music,* 1984），以及萊伯特（Richard Leppert）和麥克拉瑞（Susan McClary）合著的《音樂與社會》（*Music and Society,* 1987）。

113. Subotnik to EWS, June 1, 1987, EWSP, 10:4:I.1.

114. Kofi Agawu, "Wrong Notes," *Transition* 55 (1992): 162–66.

115. Frisch to EWS, April 30, 1993, EWSP, 29:7:I.1.

116. Abu-Deeb; Archive of the Salzburger Festspiele.

117. *C&I*, 116–17.

118. *ML*, 200, 161, 152.

119. Barenboim.

120. 例如 EWS to *London Review of Books*, Sept. 9, 1997, EWSP, 29:8:I.1.

121. *ML*, ix.

122. *ME*, 66, 122, 137.

123. *ML*, 89.

124. Menuhin to EWS, July 25, 1990, EWSP, 13:29:I.1; EWS to Menuhin, June 17, 1991, EWSP, 15:15:I.1.

125. Grimshaw.

126. James to EWS, Aug. 13, 1987, EWSP, 10:8:I.1.

127. *ML*, 206.

128. Allen Evans, *Ignaz Friedman: Romantic Master Pianist* (Bloomington: Indiana University Press, 2009), 242.

第十一章　兩個民族住在同一片土地上

1. *EPP*, 56.
2. Eli Sanders, "Chomsky, Said Criticize 'So-Called Peace Process,' " *Columbia Daily Spectator*, April 12, 1999.
3. Said, W.
4. Al-Banna.
5. Oded Balaban, "The Other Edward Said," *Masharef* 23 (Winter 2003).
6. EWS to Roselle Tekiner, March 8, 1989, EWSP, 12:7:I.1; Dr. Naseer Aruri, "A Jewish Thinker in the Tradition of Humanistic Universalism," *Washington Report on Middle East Affairs* (Jan./Feb. 1997): 24, 84.
7. Ella Shohat, "The 'Postcolonial' in Translation: Reading Said in Hebrew," in *Edward Said: A Legacy of Emancipation and Representation*, ed. Adel Iskandar and Hakem Rustom (Berkeley: University of California Press, 2010), 343.
8. *CR*, 5.
9. Ashrawi.
10. *PeD*, 121.
11. Ibid., 7.
12. Alexander Cockburn, "Said's Legacy," *Mother Jones*, Sept. 30, 2003.
13. Ashrawi.
14. *PeD*, 119–25.
15. *CR*, 5, 13, 17.
16. *EPP*, xvi.
17. Musallam.
18. EWSP, 31:1:I.2.
19. Istrabadi.
20. EWS to Al-Rashid, Sept. 25, 1990, EWSP, 14:1:I.1.
21. Ashrawi.
22. Said, N.
23. 「如果我有對大眾文化感興趣的話，我現在感興趣的是阿拉伯世界的大眾文化。」(*PPC*, 156).
24. EWS, preface to *After the Last Sky* (New York: Columbia University Press, 1999), vi.
25. EWS to Atlas, Feb. 1, 1988. 阿特拉斯同意刊登這篇文章，因為它是自傳性而不是政治性。Atlas to EWS, Feb. 24, 1988, EWSP, 10:23:I.1, also 30:23:I.1.
26. Mitchell.
27. Said, G.
28. Said, M.

29. EWS, "On Critical Consciousness: Gramsci and Lukacs," EWSP, 78:10:II.4.
30. *ESR*, 420.
31. *OP*, 83.
32. Don Guttenplan to EWS, Dec. 16, 1994, EWSP, 29:10:I.1; *Exiles: Edward Said*, directed by Christopher Sykes (BBC2, 1986).
33. *OP*, viii; Wanger.
34. Said Makdisi. 他聲稱擁有一種照相般的記憶力，對幾個妹妹說：「妳們沒有。」
35. *New York Times*, May 5, 2000, EWSP, 31:3:II.2.
36. Said, N.
37. Gordimer to EWS, Sept. 13, 2000, EWSP, 28:13:I.1.
38. Roth to EWS, Feb. 4, 1985, EWSP, 8:2:I.1; EWS to Theroux, Sept. 12, 1990, EWSP, 14:4:I.1.
39. Robert Hughes, "Envoy to Two Cultures," *Time*, June 21, 1993, 60.
40. Ali.
41. *OP*, 239.
42. EWS, "An Ark for the Listener," EWSP, 77:2:II.3.
43. Highsmith to EWS, May 27, 1988, EWSP, 11:6:I.1.
44. Oe to *Grand Street* about EWS, Sept. 9, 2003, EWSP, 28:13:I.1.
45. Oe to EWS, Jan. 28, 2002, EWSP, 28:13:I.1.
46. Gordimer to EWS, Oct. 7, 2001, EWSP, 28:13:I.1.
47. Rai.
48. Gordimer to EWS, Jan. 8, 2002, EWSP, 28:13:I.1.
49. Ahdaf Soueif, *The Map of Love* (London: Bloomsbury, 1999), 51; Dominique Edde, *Kite*, trans. Ros Schwartz (London: Seagull, 2012), published originally as *Cerf-volant* (Paris: L'Arpenteur, 2003).
50. Soueif, *Map of Love*, 49.
51. Edde, *Kite*, 114–15.
52. David Lehman, "Goodbye Instructions," in *Some Nerve* (New York: Columbia Review Press, 1973).
53. Shahak to EWS, Oct. 6, 1986, EWSP, 28:15:I.1.
54. EWS, "The Limits of the Artistic Imagination," EWSP, 75:21:II.3.
55. Ashrawi to EWS, March 3, 1980, EWSP, 5:19:I.1.
56. JoAnn Wypijewski, "Mementos," sent to author, Feb. 19, 2016.
57. Said, M.
58. Eqbal Ahmad, *The Selected Writings of Eqbal Ahmad*, ed. Carollee Bengelsdorf et al. (New York: Columbia University Press, 2006).
59. Eqbal Ahmad, *Confronting Empire*, forewords by Edward W. Said and Pervez Hoodb-

hoy (Cambridge, Mass.: South End Press, 2000).

60. Ahmad to Tim May and Frank Hanly, BBC Television, Dec. 7, 1992, EWSP, 29:14:I.1.
61. *OI*, 98, 102.
62. *EPP*, 278.
63. Ibid., 11, 74–107, 249–55, 303–11.
64. Ashrawi.
65. Said, W.
66. Tom Farer to EWS, March 12, 1991, EWSP, 15:3:I.1.
67. *OI*, 155.
68. Ibid., 228–29.
69. Shahak to EWS, June 25, 1980, EWSP, 5:16:I.1.
70. Hadidi.
71. EWS to Zahi Khoury, July 20, 1989, EWSP, 12:14:I.1.
72. Ibid.; EWS, "Palestine, Then and Now: An Exile's Journey Through Israel and the Occupied Territories," *Harper's Magazine*, Dec. 1992, 51.
73. Discussion with Carol Hakim, Jens Hanssen, and Joe Farag, April 10, 2017, Minneapolis.
74. Ashrawi.
75. Ammar.
76. Eisenzweig to EWS, Nov. 10, 1979, EWSP, 5:14:I.1.
77. EWS, "Palestine: Memory, Invention, and Place," quoted in Elaine Hagopian, "Palestinian Landscape," a review of *The Landscape of Palestine: Equivocal Poetry*, ed. Ibrahim Abu-Lughod, Roger Heacock, and Khaled Nashef, Trans Arab Research Institute.
78. Said, M.; Said, W.; Traboulsi.
79. Traboulsi to author, March 31, 2018.
80. "Columbia Prof Admits to Stoning," *New York Daily News*, July 8, 2000, 2.
81. Cole.
82. Karen W. Arenson, "Columbia Debates a Professor's 'Gesture,' " *New York Times*, Oct. 19, 2000, B3.
83. Hovsepian.
84. Said, M.
85. Ibid.
86. Barenboim.
87. Ibid.
88. *ML*, 261.
89. Barenboim.
90. Said, G.

91. *PP*, x.
92. Barenboim.
93. *PP*, 29.
94. Barenboim.
95. Rose.

第十二章　與時間賽跑

1. Theodor Adorno, *Minima Moralia: Reflections from Damaged Life* (1951; London: Verso, 1999), 25.
2. *OP*, 105.
3. Wood.
4. Said, M.
5. Said, W.; Said, N.
6. Rai.
7. Said, M.
8. Soueif.
9. EWSP, 78:13:II.4.
10. Alexander Cockburn, "Edward Said: A Mighty and Passionate Heart," *CounterPunch*, Sept. 25, 2003.
11. Rai.
12. Emily Eakin, "Look Homeward, Edward," *New York*, Sept. 27, 1999.
13. EWS, "Timeliness and Lateness: Health and Style," talk delivered at the Faculty of Medicine, College of Physicians and Surgeons of Columbia University, Dec. 12, 2000), EWSP, 75:12:II.3.
14. Rai.
15. Ben Letzler, "Edward Said: Fat," *Columbia Daily Spectator*, Sept. 25, 2000.
16. 引用於 Awi Federgruen and Robert Pollack, "Rock-Throwing by Said Should Not Be Excused," *Columbia Daily Spectator*, Sept. 5, 2000.
17. Shaheen.
18. Mariam Said to author, Feb. 24, 2019.
19. H. Aram Veeser, *Edward Said: The Charisma of Criticism* (New York: Routledge, 2010).
20. *RE*, 116.
21. Alexander Cockburn, "Remembering Ben Sonnenberg," *CounterPunch*, Sept. 16, 2010.
22. Dominique Edde, *Edward Said: Le roman de sa pensee* (Paris: La Fabrique, 2017).
23. Khalidi, R.

24. 他說卡繆「枯燥無味」等等。(*C&I*, 176, 179)他說歐威爾「的冷戰思維……舒舒服服地躲開了歷史『吵吵嚷嚷的大驚小怪』」等等。(ibid., 21, 27).
25. Blythe.
26. Abu-Deeb.
27. EWS, review of *Walter Lippmann and the American Century*, by Ronald Steel, *London Review of Books*, March 5–18, 1981, 7.
28. EWS, "Introduction to Noam Chomsky," EWSP, 75:11:II.3.
29. EWS, "Chomsky and the Question of Palestine," in *PD*.
30. Aijaz Ahmad, *In Theory: Classes, Nations, Literatures* (London: Verso, 1992).
31. *HDC*, 71.
32. 包括 "Intellectuals and Comparative Literature," EWSP, 111:20:II.3; and "Comparative Literature as Critical Investigation" 與 "Translation and the New Humanism," EWSP, 70:16:II.2.
33. 特別是為阿拉伯報社寫的文章："Millennial Reflections: Heroism and Humanism," *Al-Hayat*, Jan. 12, 2000; and "Humanism: Backlash and Backtrack," *Al-Ahram Weekly*, Sept. 27–Oct. 3, 2001.
34. Dan Laidman, "Prof. Said Speaks on Humanism," *Columbia Daily Spectator*, Feb. 17, 2000.
35. *PPC*, 70; Harry Levin, *Grounds for Comparison* (Cambridge, Mass.: Harvard University Press, 1972), 92.
36. EWS, "Humanism and Heroism," *Al-Ahram*, Jan. 6–12, 2000.
37. *PPC*, 191.
38. 這三次演講分別是在哥大義大利高級研究學院、倫敦大學和牛津大學沃爾森學院進行。
39. *B*, 260.
40. "Too Much Work" (1999), EWSP, 71:12:II.2, published in *Al-Ahram*, Feb. 7, 2001.
41. *B*, 261.
42. EWS, "Diary: My Encounter with Sartre," *London Review of Books*, June 1, 2000.
43. David Shapiro to EWS, April 5, 1984, EWSP, 7:11:I.1; Andreas Huyssen to EWS, Jan. 9, 1984, EWSP, 7:7:I.1; the essay in question was "Remembrances of Things Played" (1985). See *ML*, 17–19.
44. EWSP, 97:9:III.1.
45. *ML*, 272–73.
46. Ibid., 153.
47. Ibid., 33.
48. Ibid., 51.
49. *LS*, 14.
50. Ibid., 21.

51. Class notes for the seminar "Culture and Criticism," EWSP, 97:4:III.1.
52. Theodor W. Adorno, "Late Style in Beethoven," trans. Susan H. Gillespie, *Raritan* 13, no. 1 (Summer 1993): 102–107.
53. Ibid.
54. *ML*, 300–301.
55. *FNE*, 28–29.
56. EWSP, 80:41:II.5.
57. EWS, "Adorno as Lateness Itself," in *Apocalypse Theory and the Ends of the World*, ed. Malcolm Bull (Oxford, U.K.: Blackwell, 1995), 264–81.
58. *PPC*, 458.
59. Hovsepian.
60. Stone to EWS, 1978, EWSP, 28:15:I.1.
61. Said, W.
62. EWS, "*Cosi fan tutte* at the Limits," *Grand Street* 16, no. 2 (Fall 1997): 93–106.
63. Giuseppe di Lampedusa, *The Leopard*, trans. Archibald Colquhoun (1958; New York: Pantheon, 1960), 205.
64. Luchino Visconti, *The Leopard* (film), 1963; cf. the novel, 209.
65. 與作者電話談話（2003 年 6 月）。
66. EWS to Oe, March 6, 2002, EWSP, 28:13:I.1.
67. EWS interview with Oe, *Grand Street*, 1995, EWSP, 80:19:II.5.
68. EWS to Oe, n.d. (ca. Jan. 2002), EWSP, 28:13:I.1.
69. EWS to Rachel Feldhay Brenner, Dec. 11, 1991, EWSP, 15:28:I.1.
70. Berger.
71. Sharon.
72. R. P. Blackmur, *A Primer of Ignorance*, ed. Joseph Frank (1940; New York: Harcourt, Brace & World, 1967), 7.
73. Wypijewski, "Mementos,"2016 年 2 月 19 日寄給作者。

參考書目

薩依德著作

After the Last Sky: Palestinian Lives. Photographs by Jean Mohr. New York: Columbia University Press, 1986.

The Arabs Today: Alternatives for Tomorrow. Cleveland: Follet, 1972.

Beginnings: Intention and Method. Baltimore: Johns Hopkins University Press, 1975.

Conversations with Edward Said (interview with Tariq Ali). Oxford, U.K.: Seagull Books, 2006.

Covering Islam: How the Media and the Experts Determine How We See the Rest of the World. New York: Pantheon, 1981.

Culture and Imperialism. New York: Alfred A. Knopf, 1993.

Culture and Resistance: Interviews by David Barsamian. Cambridge, Mass.: South End Press, 2003.

The Edward Said Reader. Edited by Moustafa Bayoumi and Andrew Rubin. New York: Vintage, 2000.

The End of the Peace Process: Oslo and After. New York: Pantheon, 2000.

Entre guerre et paix. Translated by Beatrice Vierne. Preface by Tzvetan Todorov. Paris: Arlea, 1997.

Freud and the Non- European. New York: Verso, 2003.

From Oslo to Iraq and the Road Map. New York: Pantheon Books, 2004.

Humanism and Democratic Criticism. New York: Columbia University Press, 2004.

Interviews with Edward Said. Edited by Amritjit Singh and Bruce G. Johnson. Jackson: University Press of Mississippi, 2004.

Israel, Palestine: L'egalite ou rien. Translated by Dominique Edde and Eric Hazan. Paris: La Fabrique, 1999.

Joseph Conrad and the Fiction of Autobiography. Cambridge, Mass.: Harvard University Press, 1966.

Musical Elaborations. New York: Columbia University Press, 1991.

Music at the Limits. New York: Columbia University Press, 2008.

On Late Style: Music and Literature Against the Grain. New York: Pantheon, 2006.

Orientalism. New York: Vintage, 1978.

Out of Place: A Memoir. New York: Vintage, 1999.

Peace and Its Discontents: Essays on Palestine in the Middle East Peace Process. New York: Vintage, 1993.

The Pen and the Sword: Conversations with David Barsamian. Chicago: Haymarket Books, 1994.

The Politics of Dispossession: The Struggle for Palestinian Self-Determination,1969–1994. New York: Pantheon, 1994.

Power, Politics, and Culture: Interviews with Edward Said. Edited by Gauri Viswanathan. New York: Vintage, 2001.

The Question of Palestine. New York: Times Books, 1979.

Reflections on Exile and Other Essays. Cambridge, Mass.: Harvard University Press, 2000.

Representations of the Intellectual. New York: Pantheon, 1994.

The World, the Text, and the Critic. Cambridge, Mass.: Harvard University Press, 1983.

Yeats and Decolonization. Cork: Cork University Press and Field Day Pamphlets, 1988.

合著

Acts of Aggression: Policing Rogue States. With Noam Chomsky and Ramsey Clark.New York: Seven Stories, 1999.

Blaming the Victims: Spurious Scholarship and the Palestinian Question. With Christopher Hitchens. New York: Verso, 1988.

The Entire World as a Foreign Land. With Mona Hatoum and Sheena Wagstaff. London: Tate Gallery, 2000.

Intellectuals. With George Steiner, William Pfaff, and John Lukacs. Edited by Robert Boyer. Saratoga Springs, N.Y.: Skidmore College, 1986.

Nationalism, Colonialism, and Literature. With Terry Eagleton and Fredric Jameson. Minneapolis: University of Minnesota Press, 1990.

Parallels and Paradoxes: Explorations in Music and Society. With Daniel Barenboim. Edited by Ara Guzelimian. New York: Vintage, 2002.

A Profile of the Palestinian People. With Ibrahim Abu-Lughod, Janet L. Abu-Lughod, Muhammed Hallaj, and Elia Zureik. Chicago: Palestine Human Rights Campaign, 1983.

Reaction and Counterrevolution in the Contemporary Arab World. With Walter Carroll and Samih Farsoun. N.p.: AAUG, 1978.

編輯著作

The Arabs Today: Alternatives for Tomorrow. With Fuad Suleiman. Columbus, Ohio: Forum Associates, 1973.

Henry James: Complete Stories, 1884–1891. New York: Library of America, 1999.

Kim. By Rudyard Kipling. London: Penguin, 1987.
Literature and Society: Selected Papers from the English Institute, 1978. Baltimore: Johns Hopkins University Press, 1980.

導論、序、前言、跋

"Afterword: The Consequences of 1948." In *The War for Palestine: Rewriting the History of 1948*. Edited by Eugene Rogan and Avi Shlaim. London: Cambridge University Press, 2001.
Foreword to *Beyond the Storm: A Gulf Crisis Reader*. Edited by Phyllis Bennis and Michel Moushabeck. Brooklyn: Olive Branch Press, 1991.
Foreword to *The Fateful Triangle: The United States, Israel, and the Palestinians*, by Noam Chomsky. Chicago: Haymarket, 1983.
Foreword to *I Saw Ramallah*, by Mourid Barghouti. Cairo: American University of Cairo Press, 2000.
Foreword to *Jewish History, Jewish Religion: The Weight of Three Thousand Years*, by Israel Shahak. London: Pluto Press, 1997.
Foreword to *Language and Colonial Power: The Appropriation of Swahili in the Former Belgian Congo, 1880–1938*, by Johannes Fabian. Berkeley: University of California Press, 1986.
Foreword to *The Oriental Renaissance: Europe's Rediscovery of India and the East, 1680–1880*, by Raymond Schwab. Translated by Gene Patterson-Black and Victor Reinking. New York: Columbia University Press, 1984.
Foreword to *Peace Under Fire: Israel, Palestine, and the International Solidarity Movement*. Edited by Ghassan Andoni, Huwaida Arraf, Nicholas Blincoe, Hussein Khalili, Marissa McLaughlin, Radhika Sainath, and Josie Sandercock. New York: Verso, 2004.
Foreword to *The Performing Self: Compositions and Decompositions in the Languages of Contemporary Life*, by Richard Poirier. New Brunswick, N.J.: Rutgers University Press, 1992.
Foreword to *Selected Subaltern Studies*. Edited by Ranajit Guha and Gayatri Chakravorty Spivak. Oxford: Oxford University Press, 1988.
Foreword to *Thoughts on a War*. Edited by Phyllis Bennis et al. Edinburgh: Canongate, 1992.
Foreword to *Unholy Wars: Afghanistan, America, and International Terrorism*, by John Cooley. London: Pluto Press, 1999.
Introduction to *The Cairo Trilogy: Palace Walk, Palace of Desire, Sugar Street*, by

Naguib Mahfouz. London: Everyman's Library, 2001.
Introduction to *The Language of Modern Music*, by Donald Mitchell. London: Faber & Faber, 1993.
Introduction to *Mimesis: Representations of Reality in Western Literature*, by Erich Auerbach. Princeton, N.J.: Princeton University Press, 2003.
Introduction to *Moby-Dick*, by Herman Melville. New York: Vintage, 1991.
Introduction to "*Saint Francois d'Assise*: An Excerpt from an Opera in 3 Acts and 8 Tableaux," by Olivier Messiaen. *Grand Street* 36 (1990).
Introduction to *Three Novels*, by Joseph Conrad. New York: Washington Square Press, 1970.
"Introduction: Homage to Joe Sacco." In *Palestine*, by Joe Sacco, Seattle: Fantagraphics Books, 1997.
"Introduction: The Right of Return at Last." In *Palestinian Refugees: The Right of Return*. Edited by Naseer Aruri. London: Pluto Press, 2001.
Preface to *Beirut Reclaimed*, by Samir Khalaf. Beirut: Al-Nahar Press, 1993.
Preface to *CIA et Jihad, 1950–2001: Contre l'URSS une desastreuse alliance*, by John K. Cooley. Paris: Autrement, 2002.

未出版作品

創作

"An Ark for the Listener" (short story, 1957–65)
"Betrayal" (novel draft, 1987–92)
Elegy (novel draft, 1957–62)
Poetry: "The Castle," "A Celebration in Three Movements," "Desert Flowers,""The early morning gently forges ... ," "Hans von Bulow in Cairo," "Little Transformation," "Old People of the Village," "Requiem," "Retrospect,""Song of an Eastern Humanist," "Vision's Haze," "Windy corners of empty corridors ... ," "Wistful Music"

論文與演講

"Adonis and Arab Culture" (address to the UN, October 3, 1980)
"The Arab Nation: What Future?"
"The Arabs and the West and the Legacies of the Past"
"Comparative Literature as Critical Investigation"
"Freedom and Resistance"
"Great Issues of Our Time: India and Palestine"
"History, Literature, and Geography" (1994)
"Intellectuals and Comparative Literature"

"Introduction" to B. Rajan (on Milton and the East India Company)
"Jonathan Swift" (Columbia lecture, May 4, 1967)
"Language as Method and Imagination"
"Lecture on Critical Theory"
"Literary Criticism and Politics?"
"Literary Criticism and the Problematic of Language"
"Living with Conrad"
"The Media and Cultural Identity: National Authority or Exilic Wandering?"
"Modernity and Critical Consciousness"
"Note on the Arab Intellectuals at Home and Abroad"
"On Critical Consciousness: Gramsci and Lukacs"
"Response to Richard Kuhns's 'Affect and Reality in Philosophy and Literature'"
"The Second and a Half World"
"T. E. Lawrence Lecture"
"Translation and the New Humanism"
"Unresolved Geographies, Embattled Landscapes"
"Witholding, Avoidance, and Recognition" (published only in Arabic)

薩依德拍攝電影

In Search of Palestine, a segment of "Films for the Humanities and Sciences." Directed by Charles Bruce. BBC, 1998.

In the Shadow of the West, a segment of *The Arabs: A Living History*, a ten-part series. Directed by Geoff Dunlop. Landmark Films, 1986.

The Palestinians. With Ibrahim Abu-Lughod. Two-part documentary. Directed by David Edgar. BBC Channel 4, 1988.

Pontecorvo: The Dictatorship of Truth. BBC TV, 1992.

關於薩依德的電影

Exiles: *Edward Said.* Directed by Christopher Sykes. BBC2, 1986.

The Other (*El Akhar*, *L'autre*). French/Egyptian feature film. Directed by Youssef Chahine. 1999.

Out of Place: Memories of Edward Said. Directed by Makoto Sato. 2006.

Selves and Others: A Portrait of Edward Said. Directed by Emmanuel Hamon. Wamip Films, 2004.

薩依德演講和訪談的影片的小取樣

"Altered States," *Relative Values*. Directed by Jake Auerbach. BBC, 1991.

"The Arab World: Who They Are, Who They Are Not." With Bill Moyers. April 1, 1991. www.youtube.com/watch?v=eI6mjFL80xE.

"Edward Said: The Last Interview." Directed by Michael Dibb. Icarus Films, 2004. www . youtube.com/watch?v=CxW0uJBWVIY.

"Edward Said on Orientalism." Directed by Sut Jhally. Media Education Foundation, 1998. www .youtube.com/watch?v=fVC8EYd_Z_g.

"End of Millennium Conversation: Sebastiao Salgado, Eduardo Galeano, Edward Said, South African National Assembly Speaker Frene Ginwala, Noam Chomsky, Manning Marable, Film Maker John Pilger." *Democracy Now!*, Dec. 29, 2000. www .democracynow.org/2000/12/29/end_of_millennium_conversation_sebastiao_salgado.

"Global Empire: A Conversation with Edward Said." Tariq Ali, 1994. www.youtube.com/watch?v=YvR3qeroQ2M.

"In Conversation—Daniel Barenboim and Edward Said." BBC, 2005.

"The MESA Debate: The Scholars, the Media, and the Middle East." With Christopher Hitchens, Bernard Lewis, and Leon Wieseltier. Nov. 22, 1986. www .youtube.com/watch?v=hnVHuA6xlOo.

"Professionals and Amateurs." Edward Said: Representations of the Intellectual, *The Reith Lectures* 4. BBC Radio 4, July 14, 1993. www .bbc.co.uk/programmes/p00gxqz0.

Raymond Williams and the Legacy of His Work. British Film Institute, 1989.

"The Reith Lecturer Interview: Edward Said." BBC Radio 4, 1993. www.youtube.com/watch?v=7R-mOAtzEc4&t =449s.

《東方主義》的入門介紹影片

Clip from Aladdin: www .youtube.com/watch?v=fgbuTSxky3A.

"Edward Said: An Introduction to Orientalism." MACAT: Macat Analysis. www .youtube.com/watch?v=1aNwMpV6bVs.

"Orientalism" (Eilwen Jones). www .youtube.com/watch?v=UI-cbPX8hoI.

"Orientalism Explained" with clips from Disney's *Aladdin*, *Indiana Jones*, *Pirates of the Caribbean*, and so on (Dania Khan and Sarah Kaddour). www .youtube.com/watch?v=dH4s7ezptv4.

部分性書目舉隅

Yasmine Ramadan, "A Bibliographical Guide to Edward Said," Alif: Journal of Comparative Poetics, no. 25 (2005), 270–87.

Eddie Yeghiayan, "A Bibliography" (prepared for the Wellek Lectures of 1989), https://www.lib.uci.edu/about/publications/wellek/said/index.html.

文庫

EA: The Eqbal Ahmad Papers, 1956–1999. Archives, Hampshire College, Amherst, MA 01002.

NC: Noam Chomsky Papers, Chomsky-Said Correspondence, MC 600, Box 85, MIT Library.

內容簡介

二十世紀最有影響力、最有爭議和最著名的巴勒斯坦知識分子的第一部全面性傳記

布倫南曾師從薩依德，又一直是他的好朋友直到他在二〇〇三年去世為止，所以有非常難得的機會可以近距離了解自己這位論文導師的思想與遺緒。在這部權威著作中，薩依德現身為後殖民研究的先驅、祖土巴勒斯坦的不懈捍衛者和淵博的文學批評家，以自疑、溫柔、雄辯的方式大力主張文學對政治和公民生活的影響力非同小可。

《心靈的棲地》穿梭於薩依德思想發展的錯綜路線，刻劃出他的眾多不同面向：一個勸誘者和戰略家，一個眷戀貝魯特的紐約知識分子，威瑪和拉馬拉的管弦樂團的經理人，一個在全國性電視節目侃侃而談的受邀者，一個代表巴勒斯坦人跟國務院談判的代表，一個在電影中扮演自己的人。

布倫南追溯了阿拉伯文化對薩依德思想的影響，以及他是如何在黎巴嫩政治家、另類現代主義藝術家和紐約文人的指導下，成長為一位學者，以他大有影響力的著作永遠改變了大學生活的面貌。挾著令人生畏的才華和魅力，薩依德將這些資源熔鑄為自創新猷的激進人文主義，睥睨科技掛帥主義和宗教戰爭。以無與倫比的清晰，他在雷根主義的時代賦予人文學一種新的權威性，影響力持續至今。

借助家人、朋友、學生和對手等人的證詞，並在FBI文件、傳主未發表著作、小說草稿和私人信件的幫助下，《心靈的棲地》將薩依德的思想廣度和影響力綜合為一幅前所未有的、親暱的和引人入勝的肖像畫，唯妙唯肖地刻劃出二十世紀一位大思想家的面貌。

作者簡介

提摩西・布倫南 Timothy Brennan

美國知名學者、文學理論家與演說家，明尼蘇達大學比較文學與文化研究系和英語系教授，他也是薩依德的學生與朋友。著作包括《立場之戰：左翼和右翼的文化政治》（*Wars of Position: The Cultural Politics of Left and Right*）、《借光：維柯、黑格爾和殖民地》（*Borrowed Light: Vico, Hegel, and the Colonies*）、《安居於世界：如今的世界主義》（*At Home in the World: Cosmopolitanism Now*）、《薩爾曼・拉什迪與第三世界：關於民族的各種神話》（*Salman Rushdie and the Third World: Myths of the Nation*）等。其作品亦刊登於《國家》、《泰晤士報文學增刊》及其他媒體。

譯者簡介

梁永安

台灣大學文化人類學學士、哲學碩士。專業翻譯者，譯著超過百本，包括《文化與抵抗》（*Culture and Resistance* / Edward W. Said）、《啟蒙運動》（*The Enlightenment* / Peter Gay）、《現代主義》（*Modernism: The Lure of Heresy* / Peter Gay）等。

國家圖書館出版品預行編目 (CIP) 資料

心靈的棲地：愛德華.薩依德傳／提摩西・布倫南 (Timothy Brennan) 作；梁永安譯. -- 初版. -- 新北市：立緒文化事業有限公司，民 111.11
面；　公分. --（新世紀叢書）
譯自：Places of mind : a life of Edward Said.
ISBN 978-986-360-200-2（平裝）

1. 薩依德 (Said, Edward W.) 2. 知識分子 3. 傳記 4. 美國

785.28　　111017159

心靈的棲地：愛德華・薩依德傳

Places of Mind: A Life of Edward Said

出版——立緒文化事業有限公司（於中華民國84年元月由郝碧蓮、鍾惠民創辦）
作者——提摩西・布倫南（Timothy Brennan）
譯者——梁永安

發行人——郝碧蓮
顧問——鍾惠民

地址——新北市新店區中央六街62號1樓
電話——(02)22192173
傳真——(02)22194998
E-mail Address——service@ncp.com.tw
劃撥帳號——1839142-0號 立緒文化事業有限公司帳戶
行政院新聞局局版臺業字第6426號

總經銷——大和書報圖書股份有限公司
電話——(02)8990-2588 傳真——(02)2290-1658
地址——新北市新莊區五工五路2號
排版——菩薩蠻數位文化有限公司
印刷——尖端數位印刷有限公司

法律顧問——敦旭法律事務所吳展旭律師

分類號碼——785.28
ISBN——978-986-360-200-2
出版日期——中華民國 111 年 12 月 初版 一刷（1～1,500）

定價◎ 560 元 立緒